高等学校“十三五”规划教材

道路勘测设计

周枫桃　李　博　主编
李卓英　王志强　信志刚　副主编

北　京
冶 金 工 业 出 版 社
2021

内容提要

本书以满足高等学校的人才培养为宗旨，以突出技术应用、注重解决道路工程方面的实际问题为特色，紧密结合现行公路工程技术标准和相关设计规范。全书共9章，系统地介绍了公路与城市道路路线勘测和设计的基本理论、基本原理和设计方法，主要内容包括：绪论，汽车行驶理论，道路平面、纵断面和横断面设计，路线的选线和定线方法，道路平面与立体交叉设计等。

本书可作为高等院校桥梁与渡河工程专业及土木工程专业教材，也可供从事公路与城市道路设计、施工、管理与研究等方面的技术人员参考。

图书在版编目(CIP)数据

道路勘测设计/周枫桃，李博主编. —北京：冶金工业出版社，2018.10（2021.6 重印）
高等学校“十三五”规划教材
ISBN 978-7-5024-7926-8

Ⅰ.①道… Ⅱ.①周… ②李… Ⅲ.①道路测量—高等学校—教材 ②道路工程—设计—高等学校—教材 Ⅳ.①U412

中国版本图书馆 CIP 数据核字（2018）第 230013 号

出版人 苏长永
地　址 北京市东城区嵩祝院北巷39号 邮编 100009 电话 (010)64027926
网　址 www.cnmip.com.cn 电子信箱 yjcbs@cnmip.com.cn
责任编辑 俞跃春 杜婷婷 美术编辑 彭子赫 版式设计 禹 蕊
责任校对 郑 娟 责任印制 禹 蕊
ISBN 978-7-5024-7926-8
冶金工业出版社出版发行；各地新华书店经销；北京建宏印刷有限公司印刷
2018年10月第1版，2021年6月第4次印刷
787mm×1092mm 1/16；17印张；406千字；257页
45.00元

冶金工业出版社 投稿电话 (010)64027932 投稿信箱 tougao@cnmip.com.cn
冶金工业出版社营销中心 电话 (010)64044283 传真 (010)64027893
冶金工业出版社天猫旗舰店 yjgycbs.tmall.com
（本书如有印装质量问题，本社营销中心负责退换）

前　言

本书为培养新世纪土建类应用型人才而编写，服务对象是高等院校道路桥梁与渡河工程专业及土木工程专业（公路与城市道路方向）的学生。本书是该专业的一门主干专业课教材，具有较强的综合性和实践性。通过本书的理论教学和相应实践教学环节，可使学生具有公路与城市道路路线设计的基础理论知识，熟悉道路勘测设计程序，内业、外业工作内容和方法，以及公路工程基本建设项目设计文件的编制方法等。

本书以突出技术应用、注重解决道路工程方面的实际问题为特色，对课程内容和体系进行优化组合，以掌握概念、强化应用为重点，适当精简理论推导，加强技能培养。本书紧密结合现行公路工程技术标准和相关设计规范。

本书由呼伦贝尔学院周枫桃，内蒙古交通职业技术学院李博担任主编，内蒙古大学交通学院李卓英、王志强、信志刚担任副主编。全书由周枫桃、李博统编定稿，具体编写分工如下：第 3 章、第 9 章由周枫桃编写；第 7 章、第 8 章由李博编写；第 5 章由李卓英编写；第 1 章、第 6 章由王志强编写；第 2 章、第 4 章由信志刚编写。

限于编者学识水平疏浅，书中不足和疏漏之处，恳请有关专家和读者提出宝贵建议，以便进一步完善。

编　者

2018 年 7 月

目　录

1 绪　论

1.1 交通运输网构成

我国幅员辽阔，物产丰富，人口众多，为了促进国民经济的发展，提高人民的物质文化生活水平，确保国防安全，就必须有一个四通八达的交通运输网。交通运输是国民经济的大动脉，是联系工业与农业、城市与乡村、生产与消费的纽带，是国民经济的先行官。要实现国民经济的现代化，首先必须实现交通运输的现代化。

1.1.1 交通运输网的构成

交通运输网是由铁路、公路、水运、空运和管道运输等组成的现代交通运输体系。铁路运输运量大、运程远，对大宗货物及人流运输起着主要的作用；水运在通航的地区起着廉价运输的作用，运输成本低；航空运输主要用于快速运输旅客、运载贵重物资或紧急物资；管道运输多用于运输液态或气态物质，如石油、煤气等；而公路运输具有机动灵活的特点，分布广，对于客货运输，特别是短途运输，其效益十分显著。

以上各种方式，相互交错，合理分工，协调发展，互相衔接，取长补短，形成统一的综合运输体系。

1.1.2 交通运输的特点

道路分公路和城市道路。公路是指城市郊区以外的道路，起连接城市与城市的作用，线路较长；城市道路是指城市范围内的道路。城市道路作为城市的公共空间，是城市建设的基础设施，是城市交通运输和人民生活的必要设施，是城市总平面布置的骨架。

道路运输在整个交通运输中起着主要的作用，其特点是：

（1）有高度的灵活性，能在规定的时间和地点迅速地集中和分散货物；

（2）能深入到货物集散点直接装卸而不需要中转，可大大节约时间和费用，对短途运输效益显著；

（3）可深入到各中、小城市和偏僻山区、农村，以加快货物的运输；

（4）与其他运输方式相比，公路运输投资少，资金周转快，社会效益显著；

（5）随着高速公路在我国的修建，公路运输不仅在短途运输中有优势，而且在中、长途运输中将发挥越来越大的作用。

1.2 我国道路现状与发展规划

1.2.1 道路发展简况

道路的发展史，从一个侧面反映了人类社会的发展史。秦始皇于公元前 259 ~ 210 年统一六国后，为巩固政权、便利通商，大修驰道，颁布了“车同轨”法令，使道路建设得到了较大的发展。例如，秦“直道”是秦始皇统一六国后修筑的军事要道，全长近千公里，从其当时的规模和筑路技术来看，是一个可与万里长城相媲美的巨型工程。

公元前2世纪，我国通往中亚和欧洲的丝绸之路就开始逐渐发展起来。古代丝绸之路起点是中国的长安，长安是汉朝和唐朝的国都，当时各地丝绸和其他商品集中在长安以后，再由各国商人组成商队，爬上陕甘高原，越过乌鞘岭，经过甘肃武威，穿过河西走廊，到达当时的中西交通要道敦煌。

唐代是我国古代道路建设发展的鼎盛时期，初步形成了以城市为中心的道路网，但限于当时生产力水平的限制，城市规模比较小，道路等级也低，基本上都是土路。到清代全国已基本形成了层次分明、功能较为完善的道路系统。但由于封建社会对生产力的严重束缚，使我国道路发展相对极为缓慢，交通运输工具也很少改进，基本上停留在人力和畜力拉车的水平。

1902年第一批汽车输入我国，公路建设逐步发展起来。1906年我国开始修建第一条汽车公路，为广西友谊关—龙州公路。我国道路发展的历史本应自此进入一个良好的建设时期，但旧中国多灾多难，历经清末、北洋军阀、“中华民国”、抗日战争、解放战争等各个历史时期，社会不稳定，经济落后，道路建设受到很大阻碍，且以军用为主。到1949年底，旧中国只修建公路约13万千米，其中能勉强维持通车的公路不过8万千米，主要分布于沿海地区，没有高级及次高级路面，严重缺乏桥涵等构造物。

中华人民共和国成立以后，为了迅速恢复和发展国民经济，巩固国防，国家对道路建设做出了很大的努力。到20世纪60年代，达到县县通车，主要铺筑渣油路面，修建的桥梁多为石拱桥。1988年10月中国大陆上第一条高速公路——沪嘉高速公路建成通车（18.5km）；1990年大陆上第一条标准高速公路（沈大高速）建成通车。

据国家统计局2002年2月6日发布的第二次全国公路普查结果，到2000年12月31日，全国通车里程已达到167.98万千米，其中高速公路总里程达到1.6万千米。98%的乡镇和89%的行政村通了公路。我国基本建成了以北京为中心，沟通全国各地的道路网。

交通部发布的《二零零五年公路水路交通行业发展公报》结果显示，到2005年底，全国公路总里程达到193.05万千米，比上年末增加5.99万千米，比“九五”期末增加25.07万千米。全国县道、乡道里程达到147.57万千米，总里程达340.6万千米，其中高速公路总里程达4.1万千米。全国等级公路里程159.18万千米，占公路总里程的82.5%。全国公路桥梁达33.66万座、1474.75万延米。全国通公路的乡（镇）占全国乡（镇）总数的99.81%，通公路的行政村占全国行政村总数的94.3%，还有75个乡镇和38426个行政村不通公路。

到2010年底，全国公路总里程达到398.4万千米。2012年全年新增公路通车里程8.7万千米，其中高速公路1.1万千米，新改建农村公路19.4万千米，到2012年末高速公路总里程9.6万千米。

2013年末全国公路总里程435.6万千米，公路密度45.38千米/百平方千米。西藏墨脱县于2013年10月31日结束了不通公路的历史。

2014年末全国公路总里程446.39万千米，比上年末增加10.77万千米。公路密度

46.50千米/百平方千米，提高了1.12千米/百平方千米。公路养护里程435.38万千米，占公路总里程的97.5%。全国等级公路里程390.08万千米，比上年末增加14.53万千米。等级公路占公路总里程的87.4%，提高1.2个百分点。其中，二级及以上公路里程54.56万千米，增加2.13万千米，占公路总里程的12.2%，提高0.2个百分点。各行政等级公路里程分别为：国道17.92万千米（其中普通国道10.61万千米）、省道32.28万千米、县道55.20万千米、乡道110.51万千米、专用公路8.03万千米，比上年末分别增加0.24万千米、0.49万千米、0.52万千米、1.45万千米和0.35万千米。全国高速公路里程11.19万千米，比上年末增加0.75万千米。其中，国家高速公路7.31万千米，增加0.23万千米。全国高速公路车道里程49.56万千米，增加3.43万千米。全国农村公路（含县道、乡道、村道）里程388.16万千米，比上年末增加9.68万千米，其中村道222.45万千米，增加7.71万千米。全国通公路的乡（镇）占全国乡（镇）总数的99.98%，全国公路桥梁75.71万座、4257.89万米，比上年末增加2.18万座、280.09万米。其中，特大桥梁3404座、610.54万米，大桥72979座、1863.01万米。全国公路隧道有12404处、1075.67万米，增加1045处、115.11万米。其中，特长隧道626处、276.62万米，长隧道2623处、447.54万米。

1.2.2 我国道路现状

我国道路建设取得了很大成就，但目前道路建设的规模仍然不能适应现代化建设的需要。归纳起来，主要存在以下几个方面的问题：

（1）数量少、密度低。目前通车里程虽已近120万千米，但按国土面积而言，密度仍然很低。我国是一个多山的国家，山岭地区占我国总面积的60%，这些地区公路密度更低，地区之间交通连不上、通不过的现象还很普遍。

（2）质量差、标准低。在通车里程中，二级以上的公路只占总里程的6%左右，单车道的四级公路却占70%多，还有达不到技术标准的“等外路”，约占24%左右。没有路面铺装，属晴通雨阻的土路占11%多。有的公里防护设施不全，抗灾差，据不完全统计，每年水毁公里累计损失高达几亿元；另外，由于公路质量差，行车速度达不到设计速度和经济时速的要求，因而浪费动力和燃料的现象相当严重。

（3）公路基础设施差，公路桥梁大部分宽度不够、承载力低。还有几百个渡口由于未建桥梁，使通过能力降低，并经常受雨水的影响而中断交通。

（4）车辆管理调度不善，造成严重的交通事故，汽车使用率也不高。

以上情况如不迅速改善，将给国家经济发展、国防建设、人民物质文化生活，以及发展旅游事业等带来更大的阻碍。

据不完全统计，我国干线公路有50%以上的路段，其交通量都在2000辆/昼夜，处于超负荷运行状态。也就是说，有50%以上的现有国道需要改造成二级以上的公路。对原有公路不断进行改造，是世界各国交通事业发展的重要措施和必然趋势。世界上一些经济发达的国家近几十年来公路建设上的重点是改善和提高原有公路的等级和技术标准，将中、低级路面改造为高级、次高级路面，以及大力修建高速公路网等。

1.2.3 我国道路发展规划

1.2.3.1 发展方向

(1) 提高等级与加大密度并举——新建公路，沟通断头路，加快国道主干线高速公路网建设；

(2) 运输工具向专业化方向发展——引导大型车、小型车发展，控制中型车；

(3) 运输服务向高效优质发展——现代综合运输枢纽建设；

(4) 管理信息化发展——加快综合运输管理和公共信息服务平台建设。

1.2.3.2 发展规划

A 1981年国家干线公路网规划

1981年，国家计划委员会（以下简称国家计委）、国家经济贸易委员会（以下简称国家经委）、中华人民共和国交通运通部以下简称（交通部）联合颁布了《国家干线公路网（试行方案）》，在全国范围内共规划确定了三类70条国道，总长约10.9×10^4km。包括首都放射线12条（约2.3×10^4km）、南北纵线28条（约3.7×10^4km）、东西横线30条（约4.9×10^4km）等。

B 1990年国道主干线系统规划

我国计划从“八五”时期开始用30年左右的时间建设公路主骨架、水运主通道、港站主枢纽和交通支持系统（简称“三主一支持”）。其中的公路主骨架即国道主干线系统，总里程约3.5万千米，由五纵七横12条路线组成。1990~2020年，总长3.5万千米“五纵七横”国道主干线公路全部建成高速公路。在2005年前重点支持建设同江—三亚、北京—珠海、连云港—霍尔果斯、上海—成都等两纵两横主干线和北京—沈阳、北京—上海、重庆—北海等3个重要路段。这个目标建筑里程约1.85万千米。2007年底已经全部建成通车，比规划提前13年。

C 2004年国家高速公路网规划

2005年1月交通部发布《国家高速公路网规划》，确定国家高速公路网采用放射线与纵横网格相结合的布局形态，构成由中心城市向外放射以及横连东西、纵贯南北的公路交通大通道，包括7条首都放射线、9条南北纵向线和18条东西横向线，可以简称为“7918网”，总规模大约为8.5万千米。规划的国家高速公路网将连接所有现状人口在20万人以上的319个城市，包括所有的省会城市以及港澳台地区。这个网络能够覆盖10多亿人口，直接服务区域的GDP占全国总量的85%以上；实现东部地区平均30分钟、中部地区平均1h、西部地区平均2h抵达高速公路，客货运输的机动性将有显著提升。

D 2013年国家公路网规划（2013~2030年）

该计划方案由普通国道和国家高速公路两个层次构成，总规模约40.1×10^4km。普通国道的规模由10.9×10^4km增加到26.5×10^4km，增加了15.6×10^4km。国家高速公路的规模由8.5×10^4km增加到11.8×10^4km，增加了3.3×10^4km。普通国道提供普遍的、非收费的交通基本公共服务，国家高速公路提供高效、快捷的运输服务。该计划是我国公路交通基础设施的中长期布局规划，充分体现了新时期国家发展综合交通运输的战略方针，是指导国家公路长远发展的纲领性文件，必将对我国公路交通发展产生深远影响。

普通国道全面连接县级及以上行政区、交通枢纽、边境口岸和国防设施。普通国道由12条首都放射线、47条南北纵线、60条东西横线和81条联络线组成，总规模 26.5×10^4km，新增里程 15.6×10^4km。新增连接县级行政区域900多个，实现全国所有县级及以上行政区域都有普通国道连接。

国家高速公路全面连接地级行政中心、城镇人口超过20万人的中等及以上城市、重要交通枢纽和重要口岸。国家高速公路由7条首都放射线、11条南北纵线、18条东西横线及地区环线、并行线、联络线组成，总规模 11.8×10^4km，新增里程 3.3×10^4km。

总目标：未来我国公路网总规模约 580×10^4km，其中国家公路 40.1×10^4km，占总规模的7%，省道9%，县乡道路84%。

1.3 道路的功能、分级与技术标准

1.3.1 道路的功能

道路是供各种车辆和行人等通行的工程设施的总称。按其使用特点可分为公路、城市道路、厂矿道路以及乡村道路等。道路的功能是指道路能为用路者提供的交通服务的特性，包括通过功能和通达功能。通过功能是道路能为用路者提供安全、快捷、大量交通的特性；通达功能是道路能为用路者提供与出行端点连接的特性。

道路的功能主要有：(1) 交通功能；(2) 形成国土结构功能；(3) 公共空间功能；(4) 防灾功能；(5) 繁荣经济。

1.3.2 道路的分类

1.3.2.1 公路

A 按功能分

公路按功能可划分为干线公路、集散公路和联络公路（地方公路）三类。其中干线公路又分为主干线公路和次干线公路，集散公路分为主集散公路和次集散公路。

(1) 干线公路。应为用路者提供高效的通过性，尽量减少或消除平面交叉、出入口和支路汇入。分为主干线公路和次干线公路。

(2) 集散公路。为干线公路和地方道路的连接公路，以汇集地方交通、疏散干线交通为主，应控制平面交叉、出入口和支路汇入。分为主集散公路和次集散公路。

(3) 联络公路（地方道路）。应直接与用路者的出行端点连接，以提供通达性为主，开放平面交叉、出入口和支路汇入。

B 按行政管理属性分

公路按行政管理属性可划分为国道、省道、县道、乡道以及专用道路五类。

(1) 国家干线公路（简称国道）。是指具有全国性政治、经济、文化以及国防意义的公路，包括重要的国际公路、国防公路以及连接各省、市、自治区、重要大中城市、港口枢纽、工农业基地等的主要干线公路。

(2) 省级干线公路（简称省道）。在省公路网中，具有全省性的政治、经济、国防意

义，并经确定为省级干线的公路。

（3）县级公路（简称县道）。具有全县性的政治、经济意义，并经确定为县级干线的公路。

（4）乡级公路（简称乡道）。主要为乡村生产、生活服务，并经确定为乡级的公路。

（5）专用道路。专用公路由工矿、农林部门等投资修建，主要供相关部门使用的公路。

1.3.2.2 城市道路

城市道路是在城市范围内，供车辆及行人通行的道路。城市道路的功能除了把城市各部分联系起来为城市交通服务外，还起着形成城市布局主骨架的作用，同时为通风、采光、防火、绿化、商业活动等提供公共空间。

（1）厂矿道路。在工厂、矿山范围内，供运输车辆和行人通行的道路。

（2）林区道路。在林区主要供各种林业运输工具通行的道路。由于林区地形及运输木材的特征，其技术要求应按专门制定的林区道路技术标准执行。

（3）乡村道路。是指修建在乡村、农场，主要供行人和农业运输工具通行的道路。由于乡村道路主要为农业生产服务，一般不列入国家公路等级标准。

1.3.3 公路的分级与技术标准

1.3.3.1 公路分级

交通部2014年颁布的《公路工程技术标准》（JTG B01—2014）（以下简称《技术标准》）中，将公路按其交通量及其使用任务、性质分为高速公路、一级公路、二级公路、三级公路和四级公路五个等级。按需求进行分等级公路建设。

（1）高速公路，为具有特别重要的政治、经济意义，专供汽车分向、分车道高速行驶并全部控制出入的多车道公路，一般年平均日设计交通量为15000辆小客车以上。

四车道高速公路一般能适应按各种汽车折合成小客车的远景设计年限年平均昼夜交通量为25000~55000辆。

六车道高速公路一般能适应按各种汽车折合成小客车的远景设计年限年平均昼夜交通量为45000~80000辆。

八车道高速公路一般能适应按各种汽车折合成小客车的远景设计年限年平均昼夜交通量为60000~100000辆。

（2）一级公路，专供汽车分向、分车道高速行驶，可以根据需要控制出入的多车道公路，一般年平均日设计交通量为15000辆小客车以上。

四车道一级公路应能适应将各种汽车折合成小客车的年平均日交通量15000~30000辆；

六车道一级公路应能适应将各种汽车折合成小客车的年平均日交通量25000~55000辆；

（3）二级公路，专供汽车行驶的双车道公路，一般年平均日设计交通量为5000~15000辆小客车。

（4）三级公路，供汽车、非汽车混合行驶的双车道公路，一般年平均日设计交通量为2000~6000辆小客车。

（5）四级公路，供汽车、非汽车混合行驶的双车道或单车道公路，双车道四级公路年平均日设计交通量为 2000 辆以下小客车；单车道四级公路年平均日设计交通量宜为 400 辆小客车以下。

1.3.3.2 公路技术标准

技术标准是指一定数量的车辆在车道上以一定的设计速度行驶时，对路线和各项工程的设计要求。公路工程技术标准是法定的技术要求，公路设计时必须遵守。各级公路的具体标准是由各项技术指标来体现的，主要技术指标一般包括设计速度、行车道数及宽度、路基宽度、最大纵坡、平曲线最小半径、行车视距、桥梁设计荷载等。路线在公路网中具有重要经济、国防意义者，交通量较大者，地形平易者，设定较高的设计速度；反之，设定较低的设计速度。各级公路的技术标准汇总见表 1.1，具体指标应用在以后章节中介绍。

（1）设计速度。设计速度是技术标准中最重要的指标，对工程费用和运输效率的影响最大。各级公路设计速度应符合表 1.1。

（2）地形分类可参考下述地形特征划分：

1）平原是指地形平坦、无明显起伏、地面自然坡度一般在 3°以内的地形。

2）微丘是指地面自然坡度在 20°以下、相对高差在 100m 以下、地形起伏不大的丘陵；一般情况下，平原和微丘地带设线不受地形限制。

3）重丘是指地面自然坡度在 20°以上的连续起伏的山丘，且有深谷和较高的分水岭。

表 1.1 各级公路技术标准

公路等级		高速公路、一级公路									二级、三级、四级公路					
设计速度/$km \cdot h^{-1}$		120			100			80		60	80	60	40	30	20	
车道数		8	6	4	8	6	4	6	4	4	2	2	2	2	2	1
行车道宽/m		2×15.0	2×11.5	2×7.5	2×15.0	2×11.5	2×7.5	2×11.5	2×7.5	2×7.0	7.5	7.0	7.0	6.0	6.0	3.5
路基宽度/m	一般值	45.0	34.5	28.0	44.0	33.5	26.0	32.0	24.5	23.0	12.0	10.0	8.5	7.5	6.5	4.5
	变化值	42.0		26.0	41.0		24.5		21.5	20.0	10.0	8.5				
极限最小半径/m		650			400			250		125	250	125	60	30	15	
停车视距		210			160			110		75	110	75	40	30	20	
最大纵坡/%		3			4			5		6	5	6	7	8	9	
汽车荷载等级		公路—Ⅰ级									公路—Ⅱ级					

4）山岭是指地面自然坡度在 20°以上的山脊、陡峻山坡、悬崖、峭壁、峡谷、深沟等复杂地形；对于重丘和山岭地形，路线的平面、纵断面、横断面大部分受地形限制。

（3）公路等级的选用。我国幅员辽阔，各地地理位置和自然条件各不相同，故对《技术标准》的掌握应视具体情况，在满足基本要求的前提下，结合实际灵活运用。使用《技术标准》时必须注意：一是不考虑路线的作用和运输长远发展的要求，采用低标准以压低工程投资；二是盲目轻率、贪大求全，采用高标准，既增加了投资，又多占了土地。

确定一条公路的等级，应首先确定该公路的功能（干线公路或集散公路），然后根据预测交通量初拟公路等级，然后再结合地形、交通组成等确定具体设计速度、路基宽度。

公路技术等级选用应遵循下列原则：

1）公路技术等级选用应根据路网规划、公路功能，结合交通量论证确定。

2）主要干线公路应选用高速公路。

3）次要干线公路应选用二级及二级以上公路。

4）主要集散公路宜选用一、二级公路。

5）次要集散公路宜选用二、三级公路。

6）支线公路宜选用三 、四级公路。

公路等级应根据公路网的规划和远景交通量，从全局和长远利益出发，结合公路的使用任务、性质等综合确定。公路等级一经确定，工程的规模、设计的技术标准和工程投资等就基本确定下来了。如果公路等级确定不当，不是使工程设计标准过高、投资过大，就是使工程设计标准过低，建成后不久就不在适用，造成资金上的浪费。因此，在选用上应注意以下几点：

1）确定公路等级的主要因素是交通量，各级公路所能适应的年平均昼夜交通量是指远景设计年限的交通量。远景设计年限为：高速公路和一级公路为 20 年；二级公路为 15 年；三、四级公路为 10 年。因此，在确定公路等级时，应首先确定远景设计交通量。

2）在同一地形范围内，一条公路可根据交通量等情况分段采用不同的等级，但相邻设计路段的计算行车速度之差不宜超过 20km/h。

3）一条公路通过不同地形分区时，因相邻路段计算行车速度一般相差较大，在相互衔接处一定长度范围内，应结合地形变化，主要技术指标随之过渡（即设置过渡段），避免出现突变，且同一公路相邻路段公路等级之差不应超过一级。

4）按不同设计速度设计的各路段，其长度不宜过短。高速公路和一级公路长度一般不小于 20km，特殊情况下可减至 10km；其他等级公路和城市出入口一级公路一般不小于 10km，特殊情况下可减至 5km。

5）不同设计路段的衔接地点，应选择在交通量发生较大变化处，如交叉路口、互通式立体交叉处等；或者驾驶者能够明晰判断前方需要改变行车速度处，如桥梁、村镇、地形急剧变化等处，以免造成安全事故。

6）技术指标的规定值是在一定车速下的极限值（如最大纵坡、极限最小平曲线半径）。当在地形平坦的情况下，定线不困难且不过分增加工程量时，应尽可能采用较高的指标，以提高公路的使用质量。只有在地形困难或受限制的情况下，才采用相应指标的极限值。

1.3.4 城市道路分级与技术标准

1.3.4.1 城市道路分级

城市道路依所处的地位、交通功能及对沿线建筑物的服务功能，可分为下述四类。

（1）快速路。快速路是较高车速的长距离交通的重要道路。主要为城市大中量、长距离、快速交通服务，其特征如下：

对向车道间应设中间分车带；有自行车通行时，加设两侧带；进出口采用全控制或部分控制；与高速公路、快速路、主干路相交时采用立体交叉；与次干路相交可采用平面交叉；与支路不能直接相交；过路行人集中点设置过街天桥或地道；两侧不应设置吸引大量车流、人流的建筑物的进出口；当进出口较多时，宜在两侧另建辅道。

（2）主干路。主干路是连接城市各主要分区的干路，以交通功能为主，是城市道路网的骨架。当自行车交通量较大时，宜采用机动车与非机动车分隔方式。同样，主干路两侧不应设置吸引大量车流、人流的建筑物的进出口。

（3）次干路。次干路是城市的交通干路，兼有服务功能。次干路与主干路配合组成城市道路网，具有集散交通的作用。

（4）支路。支路是次干路与街坊路的连接线，解决局部地区交通，以服务功能为主。

1.3.4.2 城市道路技术标准

各类各级城市道路主要技术指标参见表 1.2。除快速路外，其他各类道路又分为Ⅰ、Ⅱ、Ⅲ级。

大城市应采用Ⅰ级标准；中等城市应采用Ⅱ级标准；小城市应采用Ⅲ级标准。大城市指非农业人口总数在 50 万人以上城市，中等城市指非农业人口总数在 20 万~50 万人的城市，小城市指非农业人口总数在 20 万人以下城市。《城市道路路线设计规范》（CJJ 37—2012）（以下简称《城规》）规定城市道路设计年限：快速路、主干路为 20 年，次干路为 15 年，支路 10~15 年。

表 1.2 各级城市道路技术指标

类别	级别	设计车速 /km·h^{-1}	双向机动车道数/条	机动车道宽度/m	分隔带设置	横断面梁用形式
快速路	—	80，60	≥4	3.75	必须设	双、四幅
主干路	Ⅰ	60，50	≥4	3.75	应设	单、双、三、四
	Ⅱ	50，40	3~4	3.75	应设	单、双、三
	Ⅲ	40，30	2~4	3.75~3.5	可设	单、双、三
次干路	Ⅰ	50，40	2~4	3.75	可设	单、双、三
	Ⅱ	40，30	2~4	3.75~3.5	不设	单
	Ⅲ	30，20	2	3.5	不设	单
支路	Ⅰ	40，30	2~4	3.5	不设	单
	Ⅱ	30，20	2	3.5	不设	单
	Ⅲ	20	2	3.5	不设	单

1.4 道路勘测设计控制要素

1.4.1 设计车辆

公路几何设计所采用的代表性车型，其外廓尺寸、载质量和动力性能是确定公路几何参数的主要依据。行驶在道路上的汽车，按使用目的、结构或发动机的不同分成各种类型，作为道路设计可分为五类，即小客车、大型客车、铰接客车、载重汽车、铰接列车。

公路设计采用的设计车辆外廓尺寸规定见表 1.3。

表 1.3 设计车辆外轮廓尺寸

车辆类型	总长/m	总宽/m	总高/m	前悬/m	轴距/m	后悬/m
小客车	6	1.8	2	0.8	3.8	1.4
大型客车	13.7	2.55	4	2.6	6.5+1.5	3.1
铰接客车	18	2.5	4	1.7	5.8+6.7	3.8
载重汽车	12	2.5	4	1.5	6.5	4
铰接列车	18.1	2.55	4	1.5	3.3+11	2.3

注：铰接列车的轴距“3.3+11”中的“3.3m”为第一轴至铰结点的距离，“11m”为铰结点至最后轴的距离。

汽车外廓尺寸限界即对汽车的总高、总宽、总长的限制规定，这项规定适用于公路和城市道路运输用的汽车及汽车列车。

公路路线与路线交叉几何设计所采用的设计车辆应根据公路功能、车辆组成等因素选用，应符合下列规定：

（1）干线公路和主要集散公路应满足所有设计车辆的通行要求。

（2）次要集散公路应满足小客车、载重汽车和大型客车的通行要求。

（3）支线公路应满足小客车和大型客车的通行要求。

（4）有特殊通行要求的公路，其设计车辆可论证确定。

1.4.2 设计速度（计算行车速度）

设计速度是确定公路设计指标并使其相互协调的设计基准速度。设计速度是指在气候正常、交通密度小的情况下，汽车运行只受道路本身条件的影响时，一般驾驶员能保持安全而舒适的行驶的最大行车速度。

汽车在道路上行驶时，驾驶员是按地形和沿线条件来选择合适的驾驶速度。也就是说在设计速度低的路段，当道路本身几何组成要素超过安全行驶的需要，而外部条件（如交通密度、地形、气候等）又较好时，实际行车速度往往接近或超过设计速度。在道路设计时计算行车速度取得越低，出现这种现象的概率就越大。考虑上述特点，同一等级的公路按不同地形条件采用不同的车速是合适的。

设计速度是确定公路几何形状的基本参数，是用以设计各级公路最小平曲线半径、最大纵坡等的主要依据。各级公路的设计速度见表 1.4。一级至四级公路，分为平原微丘和山岭重丘两种地形；高速公路由于设计车速高、技术标准高、工程造价大，因此分为平原微丘、重丘和山岭三种地形，其设计车速分为四级，从 120km/h 到 60km/h。

表 1.4 各级公路设计速度

公路等级	高速公路			一级公路			二级公路		三级公路		四级公路	
设计速度 /$km \cdot h^{-1}$	120	100	80	100	80	60	80	60	40	30	30	20

作为干线功能的一级公路，设计速度宜采用100km/h；受地形、地质等条件限制，可采用80km/h；作为集散功能的一级公路，设计速度宜采用80km/h；受地形、地质等条件限制，设计速度可采用60km/h。

高速公路和作为干线的一级公路的特殊困难局部路段，且因新建工程可能诱发工程地质病害时，经论证，该局部路段的设计速度可采用60km/h，但长度不宜大于15km，或仅限于相邻两互通式立体交叉之间的路段。

作为干线的二级公路，设计速度宜采用80km/h；受地形、地质等条件限制，可采用60km/h。作为集散的二级公路，设计速度可采用60km/h；受地形、地质等条件限制，可采用40km/h。

三级公路设计速度宜采用40km/h；受地形、地质等条件限制，可采用30km/h。四级公路设计速度宜采用30km/h；受地形、地质等条件限制，可采用20km/h。城市道路与公路相比，具有功能多样、组成复杂、行人交通量大、车辆多、类型杂、车速差异大、道路交叉点多等特点，平均行驶车速较之公路有较大的降低。《城市道路设计规范》（CJJ 37—2012）（以下简称《城规》）规定的各类各级城市道路的设计车速见表1.5。

表1.5 各类各级道路设计速度

道路类别	快速路	主干路			次干路			支路		
道路级别	—	Ⅰ	Ⅱ	Ⅲ	Ⅰ	Ⅱ	Ⅲ	Ⅰ	Ⅱ	Ⅲ
设计速度/$km \cdot h^{-1}$	80，60	60，50	50，40	40，30	50，40	40，30	30，20	40，30	30，20	20

1.4.3 交通量

交通量是指单位时间内通过道路某断面的交通量，即单位时间通过道路某断面的车辆数目。其具体数值由具体调查和交通预测来确定。交通调查、分析和交通量预测是公路建设项目可行性研究阶段进行现状评价、综合分析建设项目必要性和可行性的基础；也是确定公路建设项目建设规模、技术等级、工程设施、经济效益评价及公路几何线形设计的主要依据。交通量主要有日交通量、小时交通量和年累计交通量。

1.4.3.1 设计交通量

设计交通量是指欲建公路到达远景设计年限时所能达到的年平均日交通量（AADT，辆/日），它在确定道路等级、投资和道路结构设计时有重要作用，但直接用于几何设计却不适宜。因为在一年中的每月、每日、每小时交通量都会变化，在某段时期实际交通量可能会高出年平均日交通量数倍，所以其不宜作为道路几何设计的依据。设计交通量可根据历年交通观测资料来推算，即：

$$N_d = N_0 (1 + r)^{n-1} \tag{1.1}$$

式中 N_d——预测年限的年平均日交通量，辆/d；

N_0——起始年的年平均日交通量，辆/d；

R——预测期内的年平均增长率，%；

n——远景设计年限。

1.4.3.2 设计小时交通量

小时交通量（辆/小时）是以小时为计算时段的交通量，是确定车道数和车道宽度的依据。大量的实际调查表明，在一天以及全年期间，小时交通量的变化是相当大的。如果用一年中最高峰小时交通量作为设计依据，那肯定是浪费的；但如果采用年平均日交通量则不能满足实际需要，将造成交通拥挤，甚至堵塞。

为了使设计交通量的取值既保证交通安全畅通，又使工程造价经济合理，可采用下述方法确定小时交通量：

将一年中所有小时交通量按其与年平均日交通量的百分数的大小顺序排列起来，并画成曲线，如图 1.1 所示。从该图可以看出，在 30~50 位小时交通量附近，曲线急剧变化，从此向右曲线明显变缓，而在它的左侧曲线坡度急剧增大。根据上述曲线变化规律，设计小时交通量的合理取值应在 30~50 位小时的范围以内。如果以第 30 个小时的交通量作为

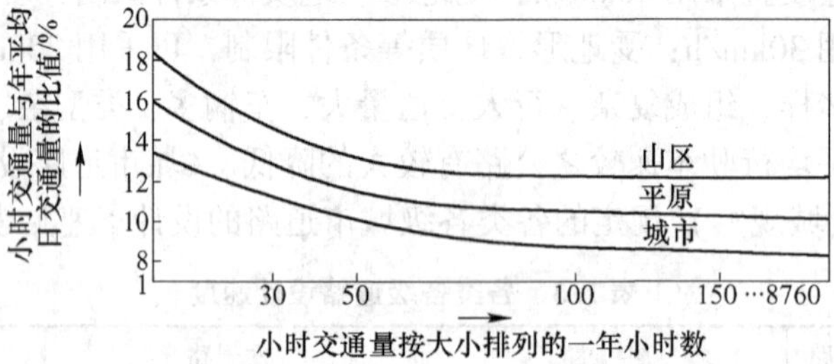

图 1.1 年平均日交通量与小时交通量关系曲线

设计依据，意味着在一年中有 29 个小时的交通量超过设计值，将发生拥挤或堵塞。而 29 个小时只占全年小时数的 0.33%，也就是说，能顺利通过的保证率达 99.67%。目前世界上许多国家，包括我国均采用第 30 个小时的交通量作为设计依据。

我国《技术标准》规定：公路设计小时交通量宜采用年第 30 位小时交通量，也可根据公路功能采用当地的年第 20~40 位小时之间最为经济合理时位的小时交通量。

设计小时交通量计算公式：

高速公路、一级公路： $$DDHV = AADT \cdot D \cdot K \tag{1.2a}$$

二级公路、三级公路： $$DHV = AADT \cdot K \tag{1.2b}$$

式中 $DDHV$——单项设计小时交通量，辆/h；

DHV——设计小时交通量，辆/h；

$AADT$——预测年度的年平均日交通量，辆/h；

D——方向不均匀系数，%，宜取 50%~60%，也可根据当地交通量观测资料确定；

K——设计小时交通量系数，%，为选定时位的小时交通量与年平均日交通量的比值。

缺乏观测资料时，K 值按以下公式计算：

高速公路—— $K = [-4.1056\ln(AADT) + 49.9271] \times (1 + A) + \Delta$

一级公路—— $K = [-2.4283\ln(AADT) + 31.7370] \times (1 + A) + \Delta$

二、三级公路—— $K = [-1.5648\ln(AADT) + 23.1640] \times (1 + A) + \Delta$

A——地区气象修正系数，$-10\% \leqslant A \leqslant 10\%$；一年中气候变化显著则选大值，平稳则取小值，其中，华北地区平均值为-9.23%，东北地区平均值为

8.31%，西北地区平均值为7.18%，华东、中南和西南地区可不修正；

Δ——公路所在位置的修正系数，城市近郊取0，公路取4%。

在确定设计小时交通量时，应首先绘制路线交通量变化图。有平时观测资料的公路，必须使用观测资料；没有观测资料的，可参考性质相似、交通情况相仿的其他道路的观测资料来进行推算。

1.4.3.3 交通量折算

我国的城市道路和二、三、四级道路都是混合式交通，非机动车占较大比重。非机动车辆速度低，行驶规律性差，影响机动车辆的正常行驶。在机动车和非机动车混合行驶的公路上，其交通量是将公路上行驶的各种车辆折合成中型载重汽车或小客车的数量来表示。我国《技术标准》规定交通量换算采用小客车为标准车型。

各种车辆折合成中型载重汽车的折算系数如下：

载重汽车为1.0（包括大客车、重型载重汽车、三轮汽车、胶轮拖拉机带挂车）；带挂车的载重汽车为1.5（包括大平板车）；小汽车为0.5（包括吉普车、摩托车）；兽力车为2.0；架子车为0.50（包括人力车）；自行车为0.1。

各种车辆折合成小客车的折算系数如下：

小汽车为1.0；载重汽车为2.0；带拖挂载重汽车、铰接式公共汽车为3.0。

1.4.4 通行能力

道路通行能力是在一定的道路和交通条件下，道路上某一路段单位时间内通过的最大车辆数，单位时间通常以小时计，即辆/h。多车道道路通常用一条车道的通过数表示，双车道公路用往返车道合计通过数表示。

1.4.4.1 基本通行能力 C

基本通行能力是指在理想条件下，单位时间内一个车道或一条车道某一路段可以通过的小客车最大数，是计算各种通行能力的基础。所谓理想条件包括道路本身和交通两个方面，即道路本身应车道宽，线形、视距和路面均良好；交通上只有小客车行驶，没有其他车型混入且不限制车速。现在所有的道路即便是高速公路，也不具备理想的条件，可能通过的车辆数一般都低于基本通行能力。

基本通行能力的计算可采用"车头时距"或"车头间距"来推求。车头时距是指连续两车通过车道上同一地点的时间间隔；车头间距是指交通流中连续两车之间的距离。若以"车头时距"来计算，则一条车道的通行能力按下式计算：

$$C = 3600/t \tag{1.3}$$

式中 t——连续车流平均车头间隔时间，s 。

1.4.4.2 可能通行能力 Q_k

可能通行能力是由于现实的道路与交通条件与理想条件有较大差距，对基本通行能力进行修正后得到的通行能力。

1.4.4.3 设计通行能力 Q_S

设计通行能力是指公路交通的运行状态保持在某一设计的服务水平时，单位时间内公路上某一路段可以通过的最大车辆数。设计通行能力是实际道路可能接受的通过能力，考虑了人为主观对道路的要求，按照道路运行质量要求及经济、安全、出入口交通条件等因素进行设计。

A　公路服务水平

公路服务水平是车辆在公路上运行过程中驾驶员和乘客所感受的质量量度。道路上交通量少，行车自由度就大，行车舒适性、安全性就高，服务水平就高；反之，行车交通量大时，行车就会受到限制，服务水平就低。为了说明公路交通负荷状况，以交通流状态为划分条件，定性地描述交通流从自由流稳定流到饱和流和强制流的变化阶段，我国《技术标准》将公路服务水平划分为六级，各级公路设计采用的服务水平应不低于表 1.6 中的规定。

表 1.6　各级公路采用的服务水平

公路等级	高速公路	一级公路	二级公路	三级公路	四级公路
服务水平	三级	三级	四级	四级	—

注：1. 一级公路作为集散公路时，设计服务水平可降低一级。

2. 长隧道及特长隧道路段、非机动车及行人密集路段、互通式立体交叉的分合流区段、交织区段，设计服务水平可降低一级。

与每一级服务水平相应的交通量称为服务交通量，指在普通的道路、交通和管制条件下，在规定时间周期内能保持规定的服务水平时，道路某一断面或均匀路段所能通过的最大小时交通量。服务交通量愈小，驾驶自由度就愈大，舒适性和安全性就愈好，运行质量就愈高；反之，服务交通量大，则服务水平低。

各级服务水平的含义为：

一级服务水平：交通流处于完全自由流状态。交通量小、速度高、行车密度小，驾驶员能自由地按照自己的意愿选择所需速度，行驶车辆不受或基本不受交通流中其他车辆的影响。在交通流内驾驶的自由度很大，为驾驶员、乘客或行人提供的舒适度和方便性非常优越。较小交通事故或行车障碍的影响容易消除，在事故路段不会产生停滞排队现象，很快就能恢复到一级服务水平。

二级服务水平：交通流状态处于相对自由流状态。驾驶员基本上可按照自己的意愿选择行驶速度，但是要注意到交通流内其他使用者，驾驶人员身心舒适水平很高。较小交通事故或行车障碍的影响容易消除，在事故路段的运行服务情况比一级低些。

三级服务水平：交通流状态处于稳定流的上半段，车辆间的相互影响变大，选择行驶速度受到其他车辆的影响，变换车道时驾驶员要格外小心。较小交通事故仍能消除，但事故发生路段的服务质量大大降低，严重阻塞后面而形成排队车流，驾驶员心情紧张。

四级服务水平：交通流状态处于稳定流范围下限，车辆运行明显受到交通流内其他车辆的相互影响，速度和驾驶的自由度受到明显的限制。交通量稍有增加就会导致服务水平的明显降低，驾驶人员身心舒适水平降低，即使较小交通事故也难以消除，会形成很长的排队车流。

五级服务水平：为交通流拥堵流的上半段，其下是达到最大通行能力时的运行状态，对于交通流的任何干扰，例如车流从匝道驶入或车辆变更车道，都会在交通流中产生一个干扰波，交通流不能消除这种干扰，任何交通事故都会形成长长的排队车流、车流行驶灵活性极端受限，驾驶人员身心舒适水平很差。

六级服务水平：是拥堵流的下半段，是通常意义上的强制流或阻塞流。这一服务水平下，交通设施的交通需求超过了其允许的通过量，车流排队行驶，队列中的车辆出现停停走走现象，运行状态极不稳定，可能在不同交通流状态间发生突变。

高速公路、一级公路以车流密度作为划分服务水平的主要指标；二、三级路以延误率和平均运行速度作为主要指标；交叉口则用车辆延误来描述其服务水平。高速公路服务水平分级见表 1.7，一级公路及二、三级公路服务水平分级表可参见 JTG D20—2017《公路路线设计规范》（以下简称《规范》）。

表 1.7 高速公路服务水平分级

服务水平	v/c 值	设计速度/km · h^{-1}		
		120	100	80
		最大服务交通量/pcu ·（h · ln）$^{-1}$		
一	≤0.35	750	730	700
二	0.35~0.55	1200	1150	1100
三	0.55~0.75	1650	1600	1500
四	0.75~0.90	1980	1850	1800
五	0.90~1.00	2200	2100	2000
六	>1.00	0~2200	0~2100	0~2000

B 设计通行能力

（1）高速公路、一级公路路段的设计通行能力可按下式计算：

$$C_d = MSF_i \cdot f_{HV} \cdot f_p \cdot f_f \tag{1.4}$$

式中 C_d——设计通行能力，veh/(h · ln)；

MSF_i——设计服务水平下的最大服务交通量，pcu/(h · ln)，见表 1.8~表 1.10；

f_{HV}——交通组成修正系数，按$f_{HV}=\dfrac{1}{1+\sum P_i(E_i-1)}$计算，其中：$P_i$ 为车型 i 的交通量占总交通量的百分比；E_i 为车型 i 的车辆折算系数，可按照表 1.14 选取；

f_f——路侧干扰修正系数，高速公路取 1.0，其他可按照表 1.11~表 1.13 选用；

f_p——驾驶人总体特征修正系数，通常在 0.95~1.0 之间。

（2）二级公路、三级公路的设计通行能力可按下式计算：

$$C_d = MSF_i \cdot f_{HV} \cdot f_d \cdot f_w \cdot f_f \tag{1.5}$$

式中 C_d——设计通行能力，veh/(h · ln)；

MSF_i——设计服务水平下的最大服务交通量，pcu/(h · ln)，见表 1.14 和表 1.15；

f_{HV}——交通组成修正系数，按$f_{HV}=\dfrac{1}{1+\sum P_i(E_i-1)}$计算，其中：$P_i$ 为车型 i 的交通量占总交通量的百分比；E_i 为车型 i 的车辆折算系数，可按照表 1.15 选取；

f_d——方向修正系数，可按照表 1.16 选取；

f_w——车道宽度、路肩宽度修正系数，可按照表 1.17 选取；

f_f——路侧干扰修正系数，高速公路取 1.0，其他可按照表 1.11 和表 1.13 选用。

表 1.8　高速公路一条车道设计服务水平下的最大服务交通量

设计速度/km·h^{-1}	120	100	80
二级服务水平下的最大服务交通量/pcu·(h·ln)$^{-1}$	1200	1150	1100
三级服务水平下的最大服务交通量/pcu·(h·ln)$^{-1}$	1650	1600	1500

表 1.9　一级公路一条车道设计服务水平下的最大服务交通量

设计速度/km·h^{-1}	100	80	60
三级服务水平下的最大服务交通量/pcu·(h·ln)$^{-1}$	1400	1250	1100
二级服务水平下的最大服务交通量/pcu·(h·ln)$^{-1}$	1800	1600	1450

表 1.10　二级公路、三级公路设计服务水平下的最大服务交通量

公路技术等级	设计速度 /km·h^{-1}	基准通行能力 /pcu·h^{-1}	不准超车区比例 /%	v/c	设计服务水平下的最大服务交通量 /pcu·(h·ln)$^{-1}$
二级公路	80	2800	<30	0.64	1800
	60	1400	30~70	0.48	650
	40	1300	>70	0.35	450
三级公路	40	1300	<30	0.54	700
	30	1200	>70	0.35	400

表 1.11　路侧干扰等级

路侧干扰等级		典型状况描述
1	轻微干扰	公路条件符合标准、交通状况基本正常，各类路侧干扰因素很少
2	较轻干扰	公路设施两侧为农田，有少量行车、行人出行或横穿公路
3	中等干扰	公路穿过村镇或路侧偶有停车，被交支路有少量车辆出入
4	严重干扰	公路交通流中有较多的非机动车混合行驶
5	非常严重干扰	路侧有集市、摊位，交通管理或交通秩序很差

表 1.12　路侧干扰修正系数表

路侧干扰等级	1	2	3	4	5
修正系数	0.98	0.95	0.90	0.85	0.80

表 1.13　路侧干扰修正系数表

路侧干扰等级	1	2	3	4	5
修正系数	0.95	0.85	0.75	0.65	0.55

表 1.14 高速公路、一级公路路段车辆折算系数

汽车代表车型	交通量 /pcu·(h·ln)$^{-1}$	设计速度/km·h^{-1}		
		120	100	≤80
中型车	≤800	1.5	1.5	2.0
	800~1200	2.0	2.5	3.0
	1200~1600	2.5	3.0	4.0
	>1600	1.5	2.0	2.5
大型车	≤800	2.0	2.5	3.0
	800~1200	3.5	4.0	5.0
	1200~1600	4.5	5.0	6.0
	>1600	2.5	3.0	4.0
汽车列车	≤800	3.0	4.0	5.0
	800~1200	4.5	5.0	7.0
	1200~1600	6.0	7.0	9.0
	>1600	4.5	4.5	6.0

表 1.15 双车道公路路段车辆折算系数

汽车代表车型	交通量 /pcu·(h·ln)$^{-1}$	设计速度/km·h^{-1}		
		80	60	40
中型车	≤400	2.0	2.0	2.5
	400~900	2.0	2.5	3.0
	900~1400	2.0	2.5	3.0
	≥1400	2.0	2.0	2.5
大型车	≤400	2.5	2.5	3.0
	400~900	2.5	3.0	4.0
	900~1400	3.5	5.0	7.0
	≥1400	2.5	3.5	3.5
汽车列车	≤400	2.5	2.5	3.0
	400~900	3.0	3.5	5.0
	900~1400	4.0	5.0	6.0
	≤1400	3.5	4.5	5.5

表 1.16 方向分布修正系数

方向分布/%	50/50	55/45	60/40	65/35	70/30
修正系数	1.00	0.97	0.94	0.91	0.88

表 1.17　车道宽度、路肩宽度修正系数

车道宽度/m	3.0	3.25	3.5	3.75			
路肩宽度/m	0	0.5	1.0	1.5	2.5	3.5	≥4.5
修正系数	0.52	0.56	0.84	1.00	1.16	1.32	1.48

1.5　本课程研究内容

道路是一种带状的三维空间结构物，包括路面、路基、桥涵、隧道等工程实体。道路设计是从几何和结构两大方面进行研究的。

在结构方面，对路面、路基、桥涵、隧道等工程设计的总要求是：用最小的投资，尽可能少的外来材料及合理的养护力量，使结构能在自然破坏力和汽车行驶所产生的各种力的作用下，在设计年限内保持使用质量。这些工程都将分别开设专门课程进行学习研究。

在道路几何设计方面则属于本课程研究的范围，主要研究汽车行驶与道路各个几何元素的关系，以保证在设计速度、预计交通量及地形和其他自然条件下，行驶安全、经济、旅客舒适及路容美观。因此，实际上涉及的是人、车、路、环境的相互关系，驾驶者的心理等。汽车运行的轨迹、动力性能及交通流量和交通特性都和道路的几何设计有着直接关系；要做好道路设计必须研究这些问题。但因篇幅有限，书中未加讨论。

本课程是一门综合性课程，为了使学生初步掌握综合设计和勘测方法，加深对理论的理解，纸上定线的课程作业和野外测设的实践环节是必不可少的。

习　题

1.1　简述现代交通运输体系的构成。
1.2　说明我国公路等级的划分情况及划分依据。
1.3　简要说明城市道路网的基本结构形式。
1.4　简述公路设计速度、基本通行能力的概念。
1.5　预测交通量时为什么要进行交通量折算，如何进行折算？
1.6　道路通行能力的定义有几种，通行能力与交通量有何异同？
1.7　简述道路勘测设计的控制要素有哪些。
1.8　我国现行的《公路工程技术标准》对公路的服务水平是如何划分的，怎样采用？

2 汽车行驶理论

道路设计是以满足汽车行驶的要求为前提的。汽车运动的基本规律及对公路的要求是指导公路设计，保证公路的使用品质、服务质量的依据。汽车行驶对道路的基本要求是安全、迅速、经济与舒适，它是通过人、车、路和环境等方面来保证的。安全即保证汽车的行驶稳定性，避免发生翻车、倒溜、侧滑等现象；迅速即应保证足够高的行驶速度，是评价汽车运输工作效率的重要指标；经济即运输成本低，运输生产率高；舒适是从视觉上（线形美观、赏心悦目、自然环境与景观协调）、生理上（平稳、不颠簸，离心力小等）和心理上（轻松、有安全感、心情愉快等）保证乘车的舒适感。因此，在道路线形设计时，需要研究汽车在道路上的行驶特性及其对道路设计的具体要求，这是道路线形设计的理论基础。本章主要研究汽车的驱动力和行驶阻力，分析汽车运动的基本规律，研究汽车主要动力性能，分析影响汽车主要使用性能的因素。

2.1 汽车的动力、行驶阻力及汽车的行驶条件

2.1.1 汽车的牵引力

汽车行驶需要不断克服行驶中所遇到的各种运动阻力，为克服这些阻力，汽车必须具备足够的动力——牵引力。汽车的动力来自它的内燃发动机，燃料在发动机内燃烧，将热能转变为机械能，产生有效功率 N_e，使发动机的曲轴上具有扭矩 M_4, M_e 通过传动系统传到驱动轮，产生牵引力，从而推动汽车以一定的速度行驶。

2.1.1.1 汽车发动机外特性曲线

由功率基本计算公式得：

$$N_e = M_e \omega / 1000$$

$$\omega = 2\pi n_e / 60$$

则：

$$N_e = M_e n_e / 9549 \tag{2.1}$$

式中 N_e ——发动机有效功率，kW；

M_e ——发动机曲轴扭矩，N · m；

n_e ——发动机曲轴转速，r/min；

ω ——发动机曲轴转动角速度，rad/s。

式（2.1）为发动机功率 N_e 、扭矩 M_e 和转速间的关系式，它表征发动机的特性。如将 N_e 、M_e 以及单位燃料消耗量 q_e 和转速 n_e 之间的函数关系以曲线表示，则此曲线称为发动机特性曲线。汽车油门的开度不同，发动机的特性曲线亦不相同。发动机油门全开时的特性曲线称为发动机的外特性曲线。在研究汽车牵引性能时，发动机特性曲线上可省去单

位燃料消耗量 q_e 曲线。

图 2.1 所示为某一汽车发动机的外特性曲线。图中的 N_e-n_e 曲线通过汽车台架试验获得，N_e-n_e 曲线按式（2.1）转绘而来，$n_{e,\ min}$ 为发动机的最小稳定工作转速，随着曲轴转速的不断提高，发动机所发出的扭矩及功率都在增加。当曲轴转速为 n_M 时，发动机扭矩达最大值 $M_{e,\ max}$，如果进一步提高曲轴转速则发动机扭矩下降，但是发动机功率仍将继续增加，直至其最大值 N_{max}（发动机的最大功率 $N_{e,\ min}$ 和最大扭矩 $M_{e,\ min}$ 以及与其相应的曲轴转速 n_N 及 n_M，通常记载在发动机的技术说明书中）。如再继续提高曲轴转速，则发动机所发出的功率由于气缸充气恶化，机械损失加剧等原因将逐渐降低。此时，发动机的磨损甚为剧烈，因此一般发动机设计时均使其最大转速 $n_{e,\ min}$ 不大于最大功率时的转速 n_N 的 10%~25%。

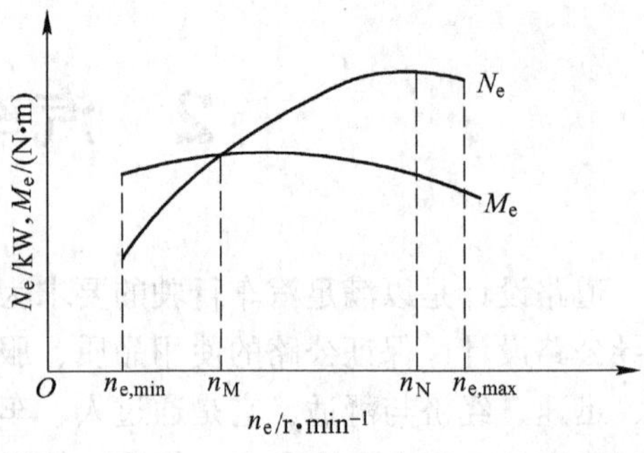

图 2.1　某汽油发动机的外特性曲线示意图

如找不到发动机的实验数据，发动机外特性曲线也可由下面近似公式来估算：

$$N_e = M_{e,\ max}\left[\frac{n_e}{n_N} + \left(\frac{n_e}{n_N}\right)^2 - \left(\frac{n_e}{n_N}\right)^3\right] \tag{2.2}$$

$$M_e = M_{e,\ max} - \frac{M_{e,\ max} - M_n}{(n_N - n_M)}(n_N - n_M)^2 \tag{2.3}$$

式中　M_n ——最大功率所对应的扭矩。

2.1.1.2　牵引力与曲轴扭矩的关系

A　发动机扭矩的传递

发动机曲轴的扭矩，经传动系的离合器、变速箱、传动轴、主传动器而传到汽车的驱动轮上。当离合器接合时，发动机曲轴上的扭矩 M_e 就传到变速箱中。在变速箱中，扭矩随所用排挡的传动比 i_k（发动机曲轴转速与变速箱输出转速之比）和机械效率 η_k 而变，因此传到传功轴的功率 M_n 为：

$$M_n = M_e i_k \eta_k \tag{2.4}$$

这一扭矩经传动轴被传到主传动器上后，还要随主转动器的主传动比 i_0（传动器输入和输出的转速之比）和机械效率 η_0 而变。因此，经主传动器的半轴而传到汽车驱动轮上的扭矩值为：

$$M_k = M_n i_0 \eta_0 = M_e i_0 \eta_0 i_k \eta_k$$

令 $\eta_m = \eta_0 \eta_k$，η_k 称为传动系的机械效率，对于载重汽车一般为 0.8~0.85，对于小客车一般为 0.85~0.95，则：

$$M_k = M_e i_k i_0 \eta_m \tag{2.5}$$

B　牵引力 F_t 与曲轴扭矩 M_e 的关系

由于受力情况不同，汽车车轮有驱动轮与从动轮之分。驱动轮上有发动机曲轴传来的扭矩 M_k，在扭矩 M_k 的作用下车轮滚动，车轮与路面的摩擦力对路面产生向后的水平力，路面对车轮产生向前的反作用力，即为车辆的牵引力来源。该牵引力经车架传到从动轮的轮轴上产生向前的运动，一般汽车（载重车及客车）均为前轮从动，后轮驱动，而某些特殊用途的汽车（如越野车及牵引车）也有前后轮均为驱动轮的。

图 2.2 所示为驱动轮的受力情况，在驱动轮上作用有扭矩 M_k 、行驶的总阻力 R 、驱动轮垂直负荷 G 及路面对车轮的垂直反力 G_i 和水平反力 F 。为计算方便，用一对力偶 F_t 和 F_k 代替 M_k ，F_k 作用于路面与轮缘上，与路面水平反力 F 抗衡；F_k 作用于驱动轮轮轴上，克服行驶阻力 R ，推动汽车行驶，即为汽车牵引力。有：

$$F_t = \frac{M_k}{r_k} = \frac{M_k i_0 i_k \eta_m}{r_k} \tag{2.6}$$

式中 F_t——汽车牵引力，N；

r_k——车轮工作半径，即计入轮胎弹性变形后的车轮半径，m。它与内胎气压、外胎构造、路面的刚性与平衡性及车轮上的荷载有关。其值一般为 $0.93r_0$ ~ $0.96r_0$，r_0 为未变形前轮胎的自由半径。常见车型未变形车轮直径见表 2.1。

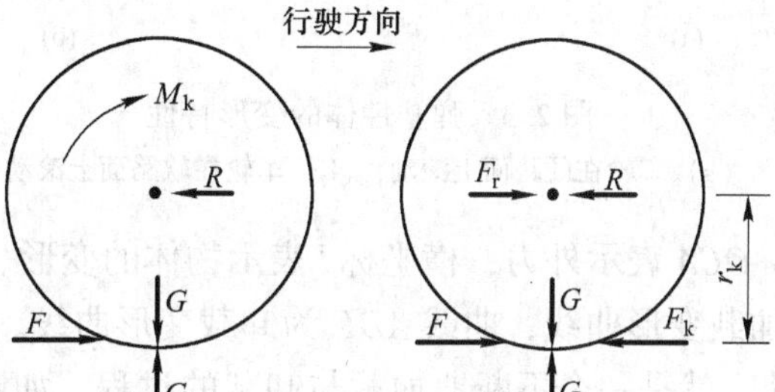

图 2.2 驱动轮的受力分析

表 2.1 常见车型后轮未变形车轮直径

车型	解放 CA-10B	东风 EQ-140	黄河 JN-150	跃进 NJ-130	上海 SH-760A
直径/mm	1018±5	1018±5	1018±8	940±8	755±5

此时，驱动器上发转速 n_k 为 $n_k = \dfrac{n_e}{i_0 i_k}$ ，相应的车速 V 为（车速 V 与发动机转速关系）：

$$V = 2\pi r_k \frac{n_e}{i_0 i_k}\frac{60}{1000} = 0.377\frac{n_e r_k}{i_0 i_k} \tag{2.7}$$

则驱动力 F_t 与行车速度之间的函数关系式为：

$$F_t = 0.377\frac{n_e}{V}M_e\eta_m \tag{2.8}$$

同样，通过式（2.1）也可推导出驱动力 F 与功率之间的关系式为：

$$F_t = 3600\frac{N_e}{V}\eta_m \tag{2.9}$$

2.1.2 汽车的行驶阻力

汽车运动时需要不断克服运动中所遇到的各种阻力，这些阻力来自汽车赖以行驶的路面，或来自汽车周围的介质——空气，通常将前者称为滚动阻力 R_f，而后者称为空气阻力 R_w。此外，汽车上坡行驶时，所需克服的汽车重力在平行于路面方向上的分力称为坡度阻力 R_i；汽车加速行驶时，所需克服的惯性阻力称为惯性阻力 R_j。

2.1.2.1　滚动阻力

汽车的轮胎具有弹性，所以当车轮滚动时，轮胎会连续反复地发生变形。车轮轮胎的变形属弹塑性体的变形，其变形特性如图 2.3 所示。

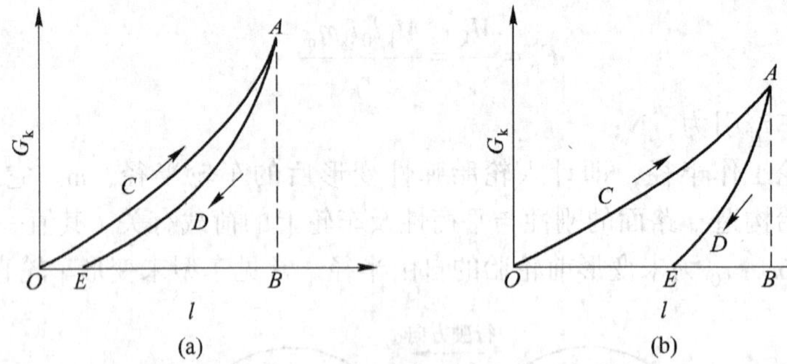

图 2.3　弹塑性体的变形特性

（a）车轮在硬路面上滚动；（b）车轮在软路面上滚动

图 2.3 中纵坐标 G_k OCA 表示外力，横坐标 l 表示物体的变形。带有箭头的曲线表示变形曲线；曲线 OCA 为加载变形曲线，曲线 ADE 为卸载变形曲线。

车轮在路面上滚动，就是一个不断地加载与卸载的过程。如图 2.4（a）所在法线 ab 左边，车轮逐渐滚向路面，这就是加载（压缩）过程，此时变形曲线相当于图 2.3 中的 OCA 曲线，在法线 ab 处具有最大变形。在法线 ab 右边车轮逐渐离开路面，这是卸载（恢复）过程，此时变形曲线相当于图 2.3 中的 ADE 曲线。

停车状态下，车轮的变形在法线 ab 的左右侧是对称的，换句话说，就是车轮的变形在法线 ab 的左右对称点上是相同的。但在行驶状态下，车轮法线 ab 两侧的变形不再对称，沿法线的左边为压缩区，右边为恢复区，所以其受力大小不同，在压缩区中受力较大。此时，车轮与路面的接触面上，法向单位压力法线 ab 是不对称的，其分布情况如图 2.4（a）所示。

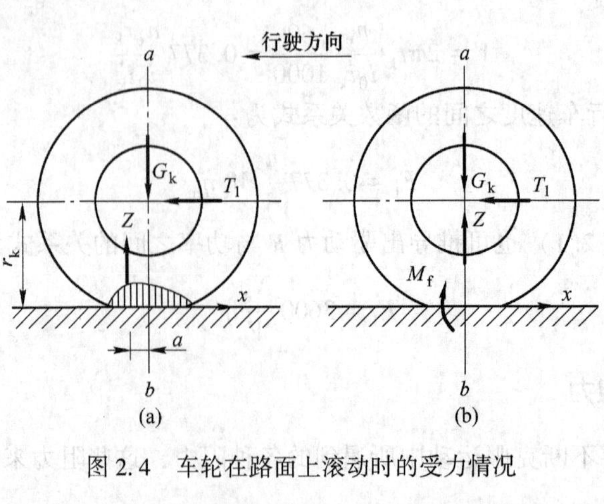

图 2.4　车轮在路面上滚动时的受力情况

如果以 Z 表示法向单位压力的合力（即车轮法向反作用力）。则力 Z 就与车轮负荷 G_k 大小相等、方向相反。但法向反作用力 Z 的作用点较车轮法线前移了一个距离 a，因而产生一个滚动阻力矩 M_f，其值为：

$$M_f = G_k g a \tag{2.10}$$

如将法向反作用力 Z 平移至车轮法线位置，则车轮在路面上滚动时的受力情况可画成图 2.4（b）所示形式，即滚动时有滚动阻力矩 M_f 阻碍车轮滚动。欲使车轮在路上作等速滚动，必须在车轮中心加一推力 T_1，它与地面切向反作用力构成一力偶矩来克服滚动阻力矩。由平衡条件得 $M_f = T_1 g r_k$。

$$T_1 = M_f / v_k = G_k g a / r_k$$

令 $f = a/r_k$，则：

$$T_1 = Ggf \quad 或 \quad f = T_1/G_k$$

f 称为滚动阻力系数。由上述可知，滚动阻力系数是车轮在一定条件下滚动时所需推力与车轮负荷之比，即单位车重所需的推力。

以上分析是针对单个车轮进行的。整个车辆为克服滚动阻力矩所必需的推力 T 为：

$$T = \sum T_1 = Ggf \tag{2.11}$$

汽车在行驶时，为克服滚动阻力矩所需的推力对汽车而言是一种行驶阻力，称为滚动阻力 R_f，即：

$$R_f = G_a f \tag{2.12}$$

式中 G_a ——汽车总重量。

当汽车在坡度角 α 的公路上行驶时，其车轮负荷变为 $G_a \cos\alpha g f$，则其滚动阻力为：

$$R_f = G_a \cos\alpha g f \tag{2.13}$$

滚动阻力系数与路面种类、行驶速度及轮胎的性质等因素有关。不同种类路面其表面的平整度、形状和刚度均不相同，其滚动阻力系数相差很大。当车速、轮胎类型和压力一定时，不同路面类型的 f 值见表 2.2。滚动阻力系数受行驶速度的影响如图 2.5 所示。

表 2.2 各种路面滚动阻力系数

路面类型	水泥混凝土及沥青混凝土路面	表面平整的黑色碎石路面	碎石路面	干燥平整的土路	潮湿不平的土路
f	0.01~0.02	0.02~0.025	0.03~0.05	0.04~0.05	0.07~0.15

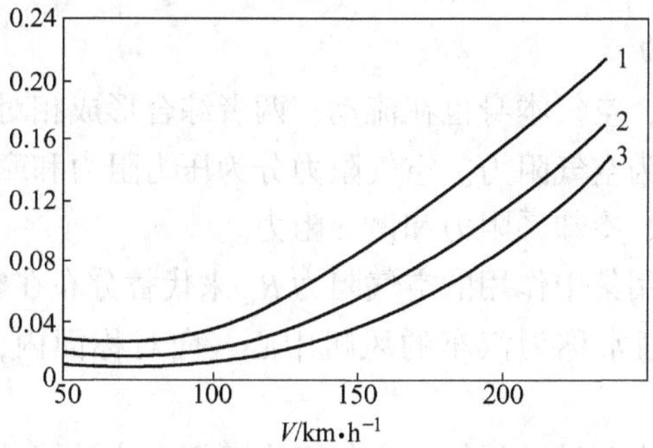

图 2.5 滚动阻力系数与形式速度之间的关系

1—胎压为 0.15MPa；2—胎压为 0.25MPa；3—胎压为 0.35MPa

轮胎的性质包括轮胎的气压、材料和结构等。变形越小，滚动阻力系数也小。轮胎的材料及结构直接影响轮胎的变形和刚度如图 2.6 所示。合理选择轮胎的胎的橡胶材料、花纹形式和轮胎内部结构，有利于减小滚动阻力系数，这也是提高汽车燃油经济性的主要措施之一。

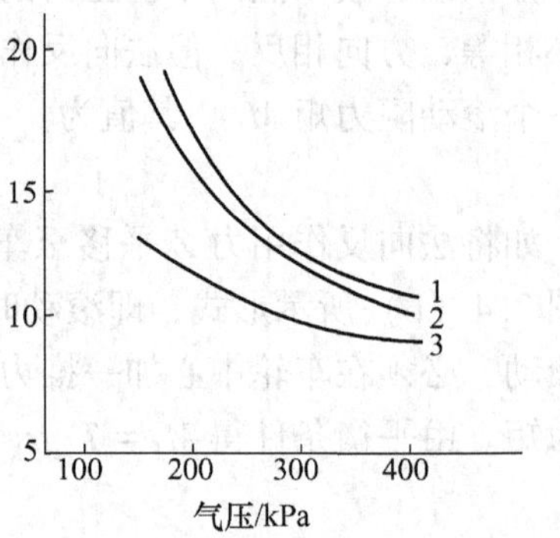

图 2.6　滚动阻力系数与轮胎气压之间的关系
1—斜交胎；2—带束斜交胎；3—子午线轮胎

2.1.2.2　坡度阻力

汽车在坡道上行驶时，汽车重力在路面方向上的分力，称为坡度阻力（见图 2.7）。其值为：

$$R_i = \pm G_a \sin\alpha \quad (2.14)$$

式中　R_i ——坡度阻力，N；

α ——道路坡度角；

"±"——"+" 表示汽车上坡行驶，R_i 与汽车行进方向相反，阻碍汽车行驶，"-" 表示汽车下坡行驶，R_i 与汽车行驶方向相同，形成坡度阻力。

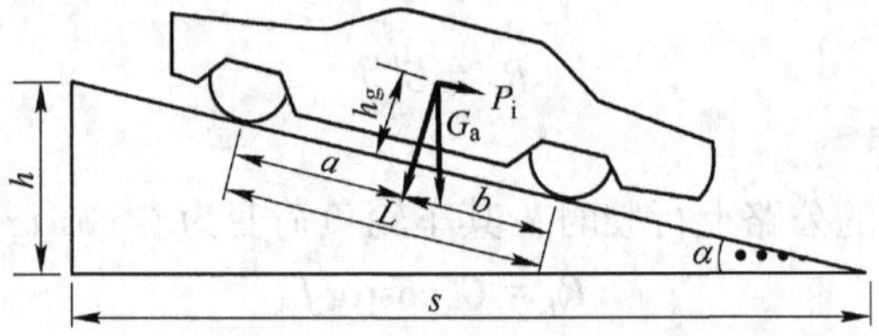

图 2.7　汽车的坡度阻力

公路纵向斜坡的陡缓程度通常用坡度 i 来表示，坡度是纵坡的垂直高度与其水平长度之比的百分率。则：

$$i = h/s = \tan\alpha \quad (2.15)$$

由于公路纵坡的坡度角 α 很少超过 10°，故可用 $\tan\alpha$ 代替 $\sin\alpha$。因此，坡度阻力可写为：

$$R_i = \pm G_a \tan\alpha = \pm G_a i \quad (2.16)$$

2.1.2.3　空气阻力

汽车在空气中运动，空气本身也在流动，两者综合形成相对运动，从而使空气质点对汽车行驶产生阻力，称为空气阻力。空气阻力分为压力阻力和摩擦阻力，而压力阻力又分为压差阻力、干扰阻力、冷却系阻力和诱导阻力。

为了简化计算，采用集中作用的空气阻力 R_w 来代替分布在整个汽车各部位上的阻力。汽车阻力 R_w 的作用点通常称为汽车的风帆中心，向对称面内，其位置可用试验方法来确定。

由空气动力学的研究和试验得知，空气阻力可用下式计算：

$$R_w = C\rho A v_H^n \quad (2.17)$$

式中 R_w ——空气阻力，N；

C ——流线型系数；

ρ ——空气密度，kg/m^3，一般 $\rho = 1.2258kg/m^3$；

A ——汽车迎风面面积，m^2；

v_H ——汽车与空气相对速度，m/s；

n ——随车速变化的指数，$v_H < 1m/s$ 时，$n = l$，$l < v_H < 330m/s$ 时，$n = 2$，$v_H > 330m/s$ 时，$n = 3$。

在汽车行驶中，一般 n 取 2，地面空气密度变化甚小，可视为常数，将式（2.17）的 C 与 ρ 的乘积以系数 K 取代之，在计算中又近似地取相对速度 v_H 等于车速 v（单位为 m/s），则：

$$R_w = KAv^2 = KAV^2/13 \tag{2.18}$$

汽车列车的空气阻力较其牵引车单独行驶时的空气阻力大，但并不等于牵引车与挂车单独行驶时的空气阻力之和。汽车列车的空气阻力与挂车的数目及各节车之间的相对位置有关，处于列车中部的挂车空气阻力较小，最后一节挂车的空气阻力较大。在近似计算时，可取每节挂车的空气阻力为其牵引车的 20%，则对 n 节挂车的汽车列车，其空气阻力为：

$$R_w = (1 + 0.2n)KAV^2/13 \tag{2.19}$$

汽车的迎风面积，即汽车在纵轴的垂直面上的投影面积，也可用下列公式计算。

载重汽车和公共汽车：

$$A = BH \tag{2.20}$$

小客车：

$$A = 0.78B_1H \tag{2.21}$$

式中 B ——汽车轮距，m；

H ——汽车总高度，m；

B_1 ——汽车的最大高度，m。

KA 称为汽车流线型因数，可用以评价汽车的整体流线性特征，一般汽车的空气阻力系数与迎风面积见表 2.3。

表 2.3 汽车的空气阻力系数与迎风面积

车 型	空气阻力系数 $K/kg \cdot m^{-3}$	迎风面积 A/m^2
小客车	0.32~0.50	1.4~1.9
载重汽车	0.60~1.00	3.0~7.0
大客车	0.50~0.80	4.0~7.0

2.1.2.4 惯性阻力

汽车变速行驶时，需要克服其质量变速运动时所产生的平移惯性力和车上各回转部件变速时的惯性力矩，即惯性阻力 R_j。

汽车平移质量的惯性阻力 R_j 为：

$$R_{j1} = \frac{G_a}{g} \cdot \frac{dv}{dt} \tag{2.22}$$

汽车上各回转部件（如飞轮、离合器、变速器、齿轮、传动轴、主传动器、车轮等）的转动惯量，以发动机飞轮及汽车车轮的数值为最大，通常忽略其他部件的影响而不计。

如以 J_1，$\sum J_k$ 分别表示发动机飞轮和全部车轮的转动惯量，以 $d\omega_e/dt$、$d\omega_k/dt$ 分别表示发动机飞轮和车轮的角加速度，则飞轮的惯性力矩 M_{je} 和车轮的惯性力矩 M_{jk} 为：

$$M_{je} = J_e g d\omega_e/dt \tag{2.23}$$

$$M_{jk} = \sum J_k g d\omega_k/dt \tag{2.24}$$

将上述惯性力矩换算成作用在车轮上的力矩，并除以车轮工作半径 r_k，则回转部件的惯性阻力 R_{j2} 为：

$$R_{j2} = \frac{J_e \cdot \dfrac{d\omega_e}{dt} \cdot i_0 \cdot i_k \cdot \eta_m}{r_k} + \frac{\sum J_k \cdot \dfrac{d\omega_k}{dt}}{r_k} \tag{2.25}$$

R_{j2} 与 R_{j1} 之和即汽车的惯性阻力 R_j（单位为 N）。为简化计算引入一个系数 ρ，得：

$$R_j = R_{j1} + R_{j2} = \delta \frac{G_a}{g} \times \frac{dv}{dt} \tag{2.26}$$

式中 δ——汽车回转质量换算系数。δ 主要与飞轮的转动惯量、车轮的转动惯量及传动系的传动比有关，其值可用下式计算：

$$\delta = 1 + \delta_l + \delta_2 i_k^2 \tag{2.27}$$

其中 δ_1，δ_2——分别考虑汽车车轮和发动机飞轮的惯性影响而引用的两个系数。对一般汽车而言其数值变化不大，δ_1 取 0.03～0.05；δ_2 对于小客车取 0.05～0.07，对于载重汽车取 0.04～0.05。

当汽车滑行或制动时，发动机系脱开，则：

$$\delta = 1 + \delta_1 \tag{2.28}$$

汽车车轮的回转质量换算系数 δ 还可按下面经验公式进行计算。

小客车： $\delta_1 = 0.05 G_0/G_a$

载重车： $\delta_1 = 0.07 G_0/G_a$

式中 G_0——汽车空车重力；

G_a——汽车满载总重力。

按上式计算所得的各种国产车型的 δ_1 值见表 2.4。

表 2.4 几种国产汽车的 δ_1 值

车 型	空气重力 G_0/N	总重力 G_a/N	轮胎规格（数目）	δ_1
北京 BJ-130	18000	39950	6.5-16（6）	0.032
上海 SH-130	17550	39500	7.5-16（4）	0.021
跃进 NJ-130	27100	53600	7.5-20（6）	0.036
解放 CA-10B	38000	80250	9.0-20（6）	0.032
东风 EQ-140	40800	92900	9.0-20（6）	0.030
黄河 JN-150	68000	150600	11.0-20（4）	0.032
上海 SH-760	14400	17650	6.7-13（4）	0.042
红旗 CA-770	27300	32900	8.9-16（4）	0.041

2.1.3 汽车的行驶条件

2.1.3.1 汽车行驶的必要条件

为使汽车运动，汽车的牵引力必须与汽车运动时所遇到各项阻力之和平衡，即：

$$F_t = R_f \pm R_i \pm R_w \pm R_j \tag{2.29}$$

将前面的有关公式代入得：

$$\frac{M_e i_0 i_k \eta_m}{r_k} = G_a f \pm G_a i + \frac{KAV^2}{13} \pm \delta \frac{G_a}{g} a \tag{2.30}$$

式中，R_i 前的“+”表示上坡，“-”表示下坡；R_j 前的“+”表示加速，“-”表示减速；R_f 与 R_w 恒为正值。

式（2.29）又称为牵引平衡方程。即汽车的牵引力 F_t 必须等于各行驶阻力之和才能保证车辆正常行驶，即汽车行驶的必要条件（亦称驱动条件）。

2.1.3.2 汽车行驶的充分条件

由汽车驱动轮的受力分析（图 2.2）可知，汽车的牵引力与路面对车轮的水平反力大小、方向均相同，而路面对车轮的水平反力受轮胎与路面间附着条件的制约。若轮胎与路面间摩擦力很小，不能提供足够的水平反力，则轮胎将在路面上打滑，甚至空转。因此，汽车的牵引力 F_t 不会超过轮胎与路面间的摩擦力（路面对轮胎水平反力的极限值，单位为 N），即：

$$F_t \leqslant Gg\varphi \tag{2.31}$$

式中 G——驱动轮荷重，N，对于全轮驱动的汽车，为汽车总重，对于后轮驱动的汽车，一般取小汽车：$G = 0.5G_a \sim 0.65G_a$，载重汽车：$G = 0.65G_a \sim 0.85G_a$；

φ——轮胎与路面间的摩擦系数。

式（2.31）即为汽车行驶的充分条件，亦称附着条件。

把式（2.29）和式（2.31）结合起来，便是汽车行驶的充分必要条件，亦称为汽车运动的驱动与附着条件，即：

$$F_t = R_f \pm R_i \pm R_w \pm R_j \tag{2.32}$$

2.1.3.3 道路摩擦系数

摩擦系数 φ 与路面的粗糙程度、潮湿泥泞程度、轮胎花纹和气压、车速荷载重量等因素有关。各类路面 φ 的平均值见表 2.5。

表 2.5 各类路面的摩擦系数平均值

路面类型	路面状况			
	干燥	潮湿	泥泞	冰滑
水泥混凝土路面	0.7	0.5	—	—
沥青混凝土路面	0.6	0.4	—	—
过渡式及低级路面	0.5	0.3	0.2	0.1

2.2　汽车的动力特性

2.2.1　动力因数和动力特性图

2.2.1.1　动力因素

分析汽车牵引平衡方程中的各个力，可以知道牵引力 F_t 和空气阻力 R_w 直接与汽车的构造及行驶速度有关，滚动阻力 R_f 和坡度阻力 R_i 取决于汽车所行驶的道路情况与坡度，而惯性阻力 R_j 则取决于汽车的行驶状态。因此，可将牵引平衡方程写为：

$$F_t - R_w = G_a f \pm G_a i \pm \delta \frac{G_a}{g} \cdot \frac{dv}{dt} \tag{2.33}$$

式中，等号左边的 $F_t - R_w$ 称为汽车的后备牵引力，其值与汽车的构造和行驶速度有关；等号右边的各项阻力与道路状况和行驶状态有关，在一般行驶速度范围内，可认为不受行驶速度的影响。

利用式（2.33），虽可以对汽车的动力性能进行各种分析，但是由于在上述公式中，包含汽车的构造参数（如 M_e 、G_a 、K 和 δ 等），各种汽车是不相同的，故很难对不同汽车的动力性能进行比较。例如，具有相同牵引力的两种汽车，如果其重量不同或者外形不同时，则与汽车总重量 G_a 成正比例的滚动阻力 R_f 、坡度阻力 R_i 以及惯性阻力 R_j 亦有所不同，空气阻力 R_w 也有差异。显然，重量轻而外形较好的汽车具有较好的动力性。因此比较各种汽车的牵引性能，应尽可能消去汽车的构造参数。将式（2.33）两侧除以汽车总重 G_a ，就得到汽车单位重号的牵引平衡方程：

$$\frac{F_t - R_w}{G_a} = f \pm i \pm \frac{\delta}{g} \frac{dv}{dt} \tag{2.34}$$

令 $\frac{F_t - R_w}{G_a} = D$，称为动力因数。其含义是：某型汽车在海平面高度上，在满载情况下，单位车重所具有的后备牵引力（又叫单位车重所具有的牵引潜力）。

当汽车作等速行驶时，$dv/dt = 0$，则：

$$D = f \pm i = \psi \tag{2.35}$$

式中　ψ ——道路阻力系数，$\psi = f \pm i$ ，仅与道路状况和坡度有关。

2.2.1.2　动力特性图

由于 F_t 和 G_a 只取决于汽车的结构特点，和道路条件无关，因此如已知汽车发动机的外特性曲线，则可绘出动力因数 D 与车速 V 间的关系曲线，称为动力特性图。图 2.8 所示为国产解放 CA-10B 和东风 EQ-140 汽车的动力特性图。动力因素 D 与车速 V 的关系亦可用二次函数方程解算出来。

$$D = PV^2 + QV + W$$

其中

$$P = -\frac{I}{G_a}\left[\frac{7.036U\gamma^3\eta_m(M_{e,\max} - M_n)}{\gamma^3(n_N - n_M)^2} + \frac{KA}{21.15}\right] \tag{2.36}$$

$$Q = \frac{5.305U\gamma^2 - \eta_m n_M}{\gamma^2 G_a (n_N - n_M)^2}(M_{e, max} - M_n)$$

$$W = -\frac{U\gamma\eta_m}{rG_a}\left[M_{e, max} - \frac{M_{e, max} - M_n}{(n_N - n_M)^2}\right]$$

式中 U——负载率，即实际装载重力与满载重力的比值；

γ——总变速比，$\gamma = i_0 \cdot i_k$ 。

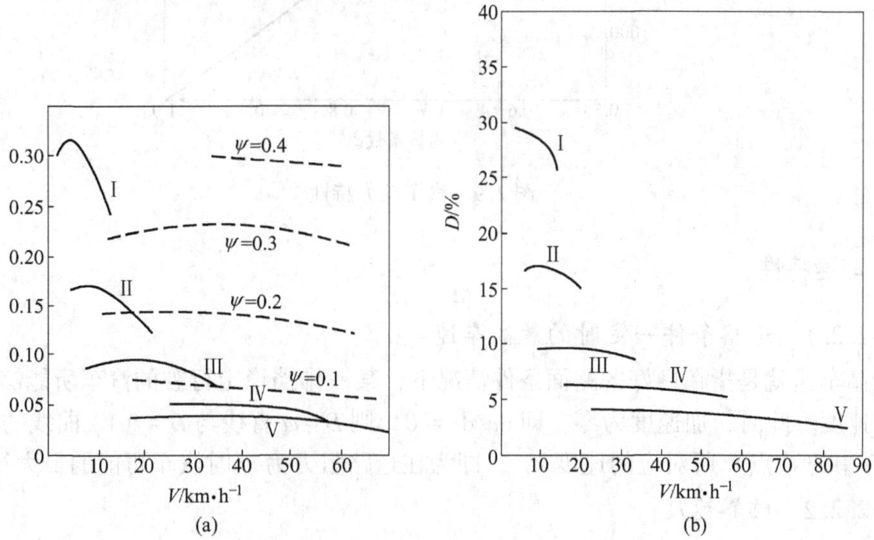

图 2.8 汽车动力特性

（a）解放 CA-10B；（b）东风 EQ-140

2.2.1.3 海拔荷载系数

动力特性图是按海平面及汽车满载的情况下绘制的，对不同海拔、荷载下的动力因数应进行修正，其修正系数称为海拔荷载系数 λ ，有：

$$\lambda = \xi \frac{G_a}{G_T} \tag{2.37}$$

式中 λ——海拔荷载系数；

ξ——海拔系数；

G_a——满载时汽车重力，N；

G_T——实际装载时汽车重力，N。

考虑海拔荷载系数后，式（2.34）应改写为：

$$\lambda D = f \pm i \pm \frac{\delta}{g}\frac{dv}{dt} = \psi \pm \frac{\delta}{g}\frac{dv}{dt}$$

$$D = \frac{1}{\lambda}\left(\psi \pm \frac{\delta}{g}\frac{dv}{dt}\right) \tag{2.38}$$

在以后的讨论中，为方便计算均不考虑海拔荷载系数，但在实际应用时，动力因数值须乘以 λ 后再按计算式计算。图 2.9 所示为东风 EQ-140 汽车的海拔系数图。

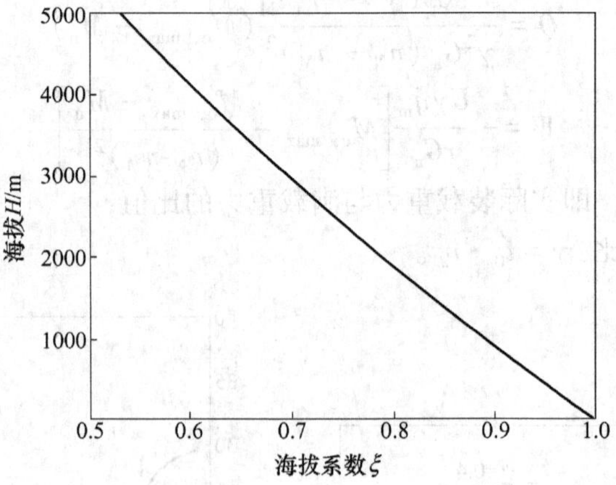

图 2.9 汽车动力特性

2.2.2 车速特性

2.2.2.1 道路条件一定时的最高车速

最高车速就是指在良好的路面条件情况下，某一排挡稳定行驶的汽车所能够达到的最大行驶速度。此时，加速度为零，即 $dv/dt = 0$，则 $D=\psi$ 直线与 $D=f(V)$ 曲线的交点（如图 2.10 中的 C 点）所对应的速度 V_C，即为在道路阻力为 ψ 时汽车可能的最大行驶速度。

2.2.2.2 临界速度

对某一排挡的动力特性曲线，动力因数 D 均有一定的使用范围，且存在一个最大值 D_{max}，如图 2.10 中的 d 点，其所对应的速度 V_k 称为该挡的临界速度。

当汽车采用 $V_1 > V_k$ 的速度行驶时，如图 2.10 中 1 点，在 d-1 的曲线范围内，A 与 D 成反比关系。当所遇道路阻力增加时，则汽车可降低车速，增加 D 值以克服道路阻力。若增加的阻力消失，则速度很容易提高到 V_I 行驶。这种行驶情况称为稳定行驶。

若汽车采用 $V_2 < V_k$ 的速度行驶，如图 2.10 中的 2 点，在 2-d 曲线范围内 V 与 D 成正比关系。此时，若道路阻力增加，汽车降低车速行驶，而 D 值反而减小，这样动力因数更加不足，迫使汽车熄火停车。这样的行驶情况称为不稳定行驶。

由此可知，临界速度 V_k 是汽车稳定行驶的极限最小速度。因此，一般汽车行驶速度均应采用大于同一挡位的 V_k 值。

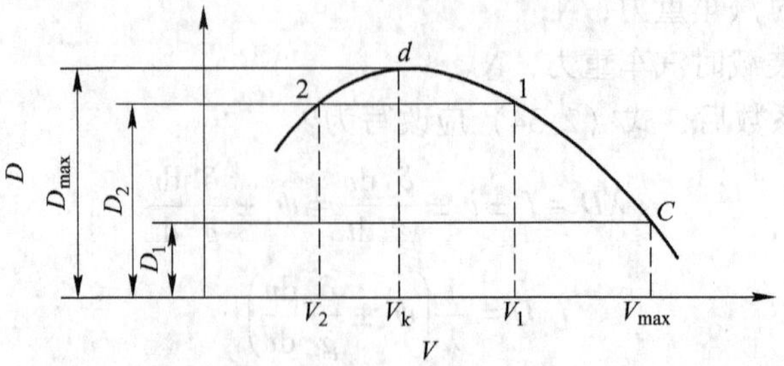

图 2.10 汽车某挡的动力特性图

2.2.2.3 最高速度

汽车的最高速度是指油门全开、汽车满载（不带挂车），在路面平整坚实的平直路段上，以直接挡稳定行驶时所能达到的最大速度。

2.2.2.4 最小稳定速度

汽车的最小稳定速度是指汽车满载（不带挂车）在路面平整坚实的平直路段上，以最低挡（I挡）行驶时的临界速度；而且以该速度行驶时，传动系不发生颤动或敲击声，在突然踏下加速踏板时发动机不熄火。

汽车的最高速度和最小稳定速度是评价汽车动力性能的主要指标。两者的差值越大，表示汽车对公路阻力的适应性能越强。因此，在进行公路设计时，应对行驶在道路上的主要车型的这两项指标加以了解，以便在设计时控制公路阻力的变化范围。

2.2.3 汽车爬坡性能

2.2.3.1 汽车的最大爬坡度

汽车的爬坡性能是指汽车克服坡度的能力，通常用汽车最大爬坡度来评定，而汽车最大爬坡度是指汽车在坚硬的路面上，用最低挡位作稳定行驶时所能克服的最大坡度。

当汽车作上坡稳定行驶时，$dv/dt = 0$，则由前述可知：

$$i = D - f \tag{2.39}$$

由于低排挡时，汽车的爬坡能力比较大，坡度角 α 也比较大，因此 $\cos\alpha < l$，$\sin\alpha \neq \tan\alpha = i$，则：

$$D_{max} = f \cdot \cos\alpha \cdot \sin\alpha \tag{2.40}$$

解此三角函数方程可得最大坡度角，即：

$$\alpha_{max} = \arcsin \frac{D_{max} - f \cdot \cos\sqrt{1 - D_{max}^2 + f^2}}{1 + f^2} \tag{2.41}$$

则汽车的最大爬坡度为：

$$i_{max} = \tan\alpha_{max} \tag{2.42}$$

式中 α_{max} ——用最低排挡可爬的最大坡度角；

D_{max} ——最低排挡的最大动力因数；

i_{max} ——最大爬坡度。

2.2.3.2 汽车的动力上坡

在实际行驶时汽车通常在上坡之前加速，让汽车得到较高的车速，然后利用上坡时的减速惯性力来提高爬坡能力，这种用惯性力克服坡度的方法叫动力上坡。

假定汽车用一个排挡动力上坡，以速度 V_1 驶入坡段，并以速度 V_2 驶出坡段，则可能克服的坡度 i_1 和相应的坡长 s_1 可用下面方法求得，如图 2.11 所示。

由速度 V_1 和 V_2 在动力特性曲线上可求得相应的动力因数值 D_1 和 D_2，则由公式可得相应的加速度为：

$$j_1 = \frac{g}{\delta}(D_1 - \psi)$$

$$j_2 = \frac{g}{\delta}(D_2 - \psi)$$

为简化计算，假设汽车在整个坡道上行驶时为匀减速行驶，则可近似地取其平均值为 j_v，即：

$$\frac{dv}{dt} = j_v = \frac{g}{\delta}\left(\frac{D_1 + D_2}{2} - \psi\right)$$

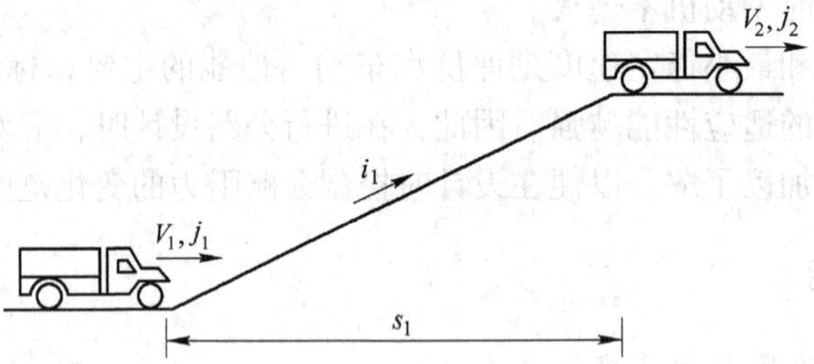

图 2.11　汽车动力上坡

因为 $v\mathrm{d}t = \mathrm{d}s$，将上式左边乘以 $v\mathrm{d}t$，右边乘以 $\mathrm{d}s$。所以：

$$v\mathrm{d}v = \frac{g}{\delta}\left(\frac{D_1 + D_2}{2} - \psi\right)\mathrm{d}s$$

$$\frac{g}{\delta}\int_{V_1}^{V_2} v\mathrm{d}v = \left(\frac{D_1 + D_2}{2} - \psi\right)\int_0^{s_1}\mathrm{d}s$$

$$\frac{\delta(V_2^2 - V_1^2)}{2G} = \left(\frac{D_1 + D_2}{2} - \psi\right)s_1$$

$$\frac{\delta(V_2^2 - V_1^2)}{254} = \left(\frac{D_1 + D_2}{2} - f - i_1\right)s_1$$

$$s_1 = \frac{\delta(V_2^2 - V_1^2)}{254\left(\frac{D_1 + D_2}{2} - f - i_1\right)} \tag{2.43}$$

$$i = \frac{D_1 + D_2}{2} - f - \frac{\delta(V_2^2 - V_1^2)}{254} \tag{2.44}$$

式中　i_1——汽车变速行驶时所能克服的坡度；

s_1——汽车变速行驶时所能克服的坡长；

v，V——分别为以 m/s 和 km/h 为单位计的速度值。

由式（2.43）和式（2.44）可知，汽车在坡道上作变速行驶时，所能克服坡道的坡度与长度相关联。当 i_1 值大时，则 s_1 值小；反之，i_1 值小时，s_1 值大。

求汽车在坡道上以某一排挡作动力上坡时所能克服的最大坡度与坡长，通常取驶入坡道的速度为该挡位的最大速度 V_{max}，驶出坡道的速度为该挡位的临界速度 V_k，代入式（2.43）和式（2.44）计算。

2.3 汽车行驶的稳定性

汽车行驶稳定性是指汽车在行驶过程中，在外部因素作用下，尚能保持或者很快自行恢复原行驶状态和方向，而不致丧失控制产生侧滑、倾覆等现象的能力。

汽车行驶稳定性从不同方向来看，有纵向稳定性和横向稳定性。从丧失稳定的方式来看，有滑动稳定性和倾覆稳定性。分析和研究汽车行驶的稳定性，对于合理设计汽车结构尺寸、正确设计公路、确保行车安全等均有十分重要的意义。

2.3.1 汽车行驶的纵向稳定性

汽车在行驶过程中，随着运动状态的改变，作用在前后车轮上的法向反作用力亦有相应的变化。若汽车在某一运动状态下，前轮的法向反作用力为零时，则汽车将发生前轴车轮离地而导致纵向倾覆。当汽车上坡时由重力产生的下滑力大于车轮与路面间的附着力时，汽车将丧失行驶的可能，出现纵向倒溜，此两种情况均为汽车的纵向失稳。下面通过对汽车行驶中的受力情况分析来研究汽车行驶的纵向稳定性。

2.3.1.1 纵向倾覆

如图 2.12 所示，后轴驱动的汽车，在硬路面的直坡道上以低速度等速行驶，并忽略了空气阻力、惯性阻力影响后的受力情况。若对汽车后轮着地点 B 取矩，则可求得前轮垂直反力。

$$Z_1L = G \cdot \cos\alpha \cdot L_2 - G \cdot \cos\alpha \cdot h$$

$$Z_1 = \frac{G\cos\alpha L_2 - G\cos\alpha h}{L} \tag{2.45}$$

当处于极限平衡状态时，前轮的法向作用力为零，将发生汽车纵向倾覆。若令 $Z_1 = 0$，即可得到纵向倾覆稳定的极限平衡条件，即：

$$\tan\alpha_0 = \frac{L_2}{h} = i_0 \tag{2.46}$$

式中　α_0, i_0——分别为 $Z_1 = 0$ 时的极限坡角值及坡度值。

从式（2.46）可知，汽车重心至后轴的距离 L_2 越大，汽车重心高度 h 越低，则汽车所能克服的纵向坡度愈大，汽车的纵向稳定性也就愈好。汽车纵向倾覆稳定性仅与汽车结构参数 L_2 和 h 有关，一般 L_2 和 h 的数值在汽车设计中考虑，其比值 $L_2/h = 1$，因此，一般来说汽车的纵向倾覆稳定条件是很容易满足的。

2.3.1.2 纵向滑移（驱动轮滑转）与倒溜

从驱动轮的牵引附着条件看，对于后轮驱动的汽车，驱动轮不发生滑转的临界状态为下滑力与最大附着力相等，即：

$$G\sin\alpha_\varphi = Z_2\varphi \tag{2.47}$$

如图 2.12 所示，对前轮着地点 A 取矩即可得到后轮垂直反力：

$$Z_2L = G\cos\alpha_\varphi L_1 - G\cos\alpha\varphi h$$

$$Z_2 = \frac{G\cos\alpha_\varphi L_1 - G\cos\alpha\varphi h}{L}$$

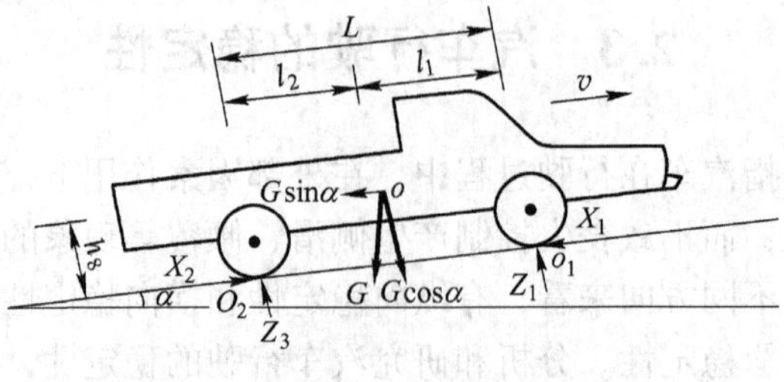

图 2.12　汽车在直坡道的受力分析

将上式代入式（2.47）可得：

$$\tan\alpha_{\varphi} = \frac{L_1 \varphi}{L + h\varphi} \tag{2.48}$$

因 $h\varphi$ 比较小，可略去不计，且 $\frac{L_1}{L} \gg \frac{G_2}{G}$。所以：

$$\tan\alpha_{\varphi} \gg \frac{L_1}{L} g\varphi \gg \frac{G_2}{G} g\varphi = i_{\varphi} \tag{2.49}$$

由式（2.49）可知，当公路的坡度角 $\alpha \geqslant \alpha_{\varphi}$ 或坡度 $i \geqslant i_{\varphi}$ 时，由于驱动轮受附着条件的限制，所能产生的牵引力不足以克服该坡度，汽车将发生驱动轮滑转（纵向滑移）。对于载重汽车，一般 $G_2/G = 0.66 \sim 0.76$，$\varphi = 0.2$（泥泞时）或 $\varphi = 0.1$（冰滑时），则汽车不产生驱动轮滑转条件一般是 $i < 0.13 \sim 0.15$（泥泞时）。此时尚不致发生倒溜，若前后轮与路面的摩擦力 $G \cdot \varphi$ 不足以克服下滑力 $G\sin\alpha_{\varphi}$ 时，即 $G\sin\alpha_{\varphi} \geqslant G\varphi$，$\sin\alpha_{\varphi} = \tan\alpha_{\varphi} \geqslant \varphi$ 时，则发生倒溜。

2.3.1.3　纵向稳定性的保证

分析式（2.46）和式（2.49），一般 i_0 接近 1，远大于 i_{φ} 时，则汽车在坡道上行驶时发生纵向滑移的可能性高于纵向倾覆。为保证汽车行驶的纵向稳定性，道路设计应以满足不发生纵向滑移现象为条件，这样也就避免了发生纵向倾覆。所以，保证汽车行驶纵向稳定性的条件为：

$$i < i_{\varphi} = \frac{G_2}{G}\varphi$$

汽车行驶纵向稳定条件是公路极限纵坡、最大超高坡度、合成坡度等公路设计标准指定的理论依据之一。

2.3.2　汽车行驶的横向稳定性

汽车行驶时，常常要受到横向力的作用。当车轮的横向反作用力达到轮胎与路面的附着力时，汽车将沿着横向力的方向滑动；横向力同时还将引起左右车轮法向反力的改变，当一侧车轮上的法向反力变成零时，汽车将发生横向倾覆。

当汽车在曲线上行驶时，所受横向力除重力分力外，还有离心力、惯性力等，情况尤为复杂，对汽车行驶的横向稳定性影响也较大，下面对此进行分析介绍。

2.3.2.1　汽车在曲线上行驶受到的横向作用力

如图 2.13 所示，汽车在平曲线上行驶时，受到的垂直于路面的竖向力总和 Y 为：

$$Y = G\cos\beta \pm F\sin\beta \tag{2.50}$$

式中 G——汽车总重，N；

F——汽车在曲线上行驶受到的离心力，N；

β——路面横向坡度角；

"±"——"+"表示路面横坡倾斜方向指向圆心，"-"表示路面横坡倾斜方向指向圆曲线外侧。

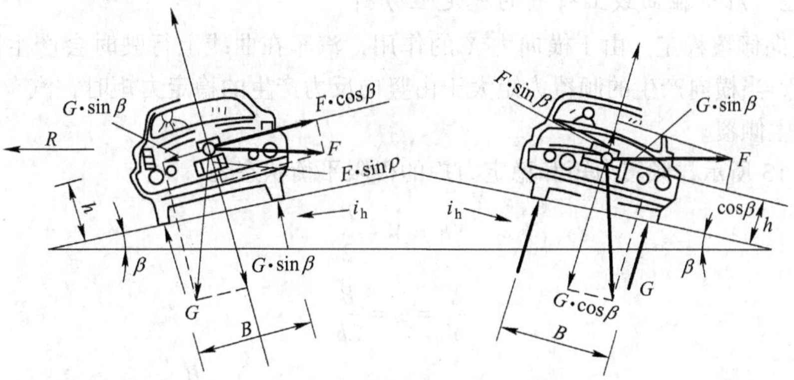

图 2.13 汽车在曲线上行驶的受力分析

汽车在平曲线上行驶时受到的平行于路面的横向力总和 X 为：

$$X = F\cos\beta \pm G\sin\beta \tag{2.51}$$

通常 β 角很小，$\cos\beta \approx 1$，$\sin\beta \approx \tan\beta \approx i_h$，则：

$$X = F \pm Gi_h \tag{2.52}$$

式中 i_h——路面横坡；

"±"——"+"表示路面横坡倾斜方向指向圆曲线外侧，"-"表示路面横坡倾斜方向指向圆心。

上式中的离心力 F 可用下式计算：

$$F = \frac{G}{g} \cdot \frac{v^2}{R} \tag{2.53}$$

式中 v——汽车在平曲线上行驶的速度，m/s；

R——汽车转弯时轨迹半径，m。

将式（2.53）代入式（2.52）中，即可得到汽车在平曲线上行驶时所受到的横向作用力 X：

$$X = \frac{G}{g} \cdot \frac{v^2}{R} \pm Gi_h = G\left(\frac{v^2}{gR} \pm i_h\right) \tag{2.54}$$

式（2.54）仅反映了汽车在平曲线上行驶时受到的横向力大小，并不能反映汽车转弯时横向稳定性的好坏。因为汽车的横向稳定性还与汽车受到的竖向反力有关，汽车横向稳定性的好坏并不取决于 X 的绝对值，而是决定于横向力与法向反力的比值 μ，即：

$$\mu = \frac{X}{Y} = \frac{F\cos\beta \pm G\sin\beta}{G\cos\beta \pm F\sin\beta} \approx \frac{F \pm Gi_h}{G \pm Fi_h}$$

由于 B 角较小，Fi_h 值很小，可以忽略，故：

$$\mu = \frac{X}{Y} \approx \frac{v^2}{gR} \pm i_h = \frac{v^2}{127R} \pm i_h \tag{2.55}$$

式中 μ——横向力系数，即单位车重所受横向力的大小；

v——汽车行驶速度，km/h；

“±”——路面横坡向曲线内侧倾斜取“-”，向外侧倾斜取“+”。

2.3.2.2 汽车在曲线上行驶的稳定性分析

（1）横向倾覆稳定。由于横向力 X 的作用，汽车在曲线上行驶时会产生向弯道外侧方向的倾覆。当横向产生的倾覆力矩大于由竖向反力产生的稳定力矩时，汽车将绕外侧车轮旋转而发生倾覆。

如图 2.13 所示，倾覆力矩和稳定力矩的极限平衡状态是：

$$Xh = Y \cdot \frac{B}{2}$$

$$\frac{X}{Y} = \mu = \frac{B}{2h} \tag{2.56}$$

此式即为汽车不产生倾覆的稳定平衡条件。当满足 $\mu \leqslant \frac{B}{2h}$ 条件时，汽车在平曲线上行驶就不会产生倾覆。

相应地，如将 $\mu = \frac{B}{2h}$ 代入式（2.55），还可得到汽车在平曲线上行驶不发生横向倾覆的最大车速 v_{max} 和最小平曲线半径 R_{min}，即：

$$v_{max} = \sqrt{gR(\mu \pm i_h)} = \sqrt{gR\left(\frac{B}{2h} \pm i_h\right)} \tag{2.57}$$

$$R_{max} = \frac{v^2}{g(\mu \pm i_h)} = \frac{v^2}{g\left(\frac{B}{2h} \pm i_h\right)} \tag{2.58}$$

（2）横向滑移稳定。汽车在平曲线上行驶时，既存在着使汽车向外侧滑移的横向力 X，同时也存在着阻止汽车向外侧滑移的横向反力 X'。横向反力 X' 受附着条件的限制，即横向反力 $X'_{max} = Y \cdot \varphi_X$，此横向反力的极限值称为横向附着力。当横向力 X 大于横向附着力 X'_{max} 时，汽车将发生横向滑移。因此，汽车不发生横向滑移的条件是：

$$X \leqslant X'_{max} = Y \cdot \varphi_X \tag{2.59}$$

式中 φ_X——横向附着系数，其值与车速、路面种类和状态、轮胎类型等有关。一般干路面为 0.4~0.8；潮湿黑色路面高速行驶时为 0.25~0.40；路面结冰积雪时为 0.2~0.3；平滑的冰雪路面小于 0.20。

将式（2.59）变换形式后可得到汽车在曲线上行驶时，不产生横向滑移的条件，即：

$$\frac{X}{Y} = \mu \leqslant \varphi_X \tag{2.60}$$

相应地，将式（2.60）代入式（2.55）即可得到汽车在横向滑移极限平衡状态时最大可能的车速和最小曲线半径为：

$$v_{max} = \sqrt{gR(\varphi_X \pm i_h)} \tag{2.61}$$

$$R_{max} = \frac{v^2}{g(\varphi_X \pm i_h)} \tag{2.62}$$

(3) 横向稳定性的保证。由式（2.60）和式（2.56）可知，汽车在平曲线上行驶时的横向稳定性主要取决于横向力系数μ值的大小。在现代汽车设计中，一般轮距较宽，重心较低，通常$\frac{B}{2h} \approx l$；而根据试验资料，一般情况下$\varphi_X \leqslant 0.5$，故一般$\varphi_X < \frac{B}{2h}$，即汽车在平曲线上行驶时，在发生横向倾覆之前先发生横向滑移现象。因而在通常情况下，只要满足横向力系数$\mu \leqslant \varphi_X$，就能保证汽车的横向稳定性。

2.4 汽车的制动性能

汽车的制动性能是指汽车在行驶中强制降低行驶速度或在下坡时保持一定速的能力。汽车制动性能的好坏，直接关系到汽车行驶的安全。只有当汽车具有良好的制动性能时，才能保证行车安全，提高汽车的行驶速度，获得较高的运输生产率。

2.4.1 汽车的制动过程与制动力

汽车的制动过程就是人为地增加汽车的行驶阻力，使汽车的动能或位能（当汽车下坡行驶时）转化为其他形式的能（一般为热能）。车轮制动是利用制动器内的摩擦阻力矩来形成与汽车运动方向相反的路面对车轮的切向摩擦阻力，简称为车轮制动力。

车轮上的制动力随制动摩擦阻力矩的增加而增加，但由于制动力F_T受到车轮与路面间的附着力（即反作用力）限制，在极限状态下，汽车的最大制动力取决于轮胎与路面间的附着力，其值等于车轮对地面的垂直荷载G与轮胎和路面的摩擦系数φ的乘积，即：

$$F_{T,\ max} = G\varphi \tag{2.63}$$

式中 G——传到制动轮上的车重力，现代汽车全部轮子均为制动轮，故G值为汽车的总重力；

φ——轮胎与路面间的摩擦系数，考虑到汽车轴间荷载的分配，制动减速度不宜过大等因素，在公路设计中，确定摩擦系数φ值时，一般采用路面状况为潮湿时的φ值。

当汽车制动减速行驶时，作用于车轮上的力矩方向与行驶方向相反，其余各项运动阻力与牵引行驶时一样存在。因此，这时的汽车运动力平衡方程可写为：

$$-F_t = R_f \pm R_i \pm R_w \pm R_j \tag{2.64}$$

在制动时，一般车速下降很快，速度较小，故空气阻力的影响可忽略不计，因此制动时汽车运动方程式（2.64）可简化为：

$$F_t + R_f \pm R_i \pm R_j = 0$$

即

$$G\varphi + G\varphi \pm \frac{\delta G}{g} \cdot \frac{dv}{dt} = 0 \tag{2.65}$$

2.4.2 汽车制动性的评价指标

评价汽车制动性的指标主要有制动效能、制动效能的热稳定性及制动时汽车的方向稳定性三个方面。其中制动效能的热稳定性及制动时汽车的方向稳定性两个评价指标主要在汽车设计制造时考虑。评价汽车制动效能的指标主要有制动减速度、制动时间和制动距离。下面对这三项评价指标的计算做扼要介绍。

2.4.2.1 制动减速度

由制动时汽车的运动方程式（2.65）可得：

$$j_s = \frac{dv}{dt} = -\frac{g}{\delta}(\varphi + \psi) \tag{2.66}$$

式中 j_s——制动减速度，m/s^2。

其余符号意义同前。

按式（2.66）计算制动减速度 j_s 时，在路面干燥（$\varphi = 0.5 \sim 0.7$）状态下计算出减速度 j_s 可达 $7 \sim 9m/s^2$。在实际使用中，过大的制动减速度不仅要增加燃料消耗和轮胎磨损，而且还会使乘客感到不舒适和货物在车厢内碰撞。因此，一般情况下不应使制动减速度大于 $1.5 \sim 2.5m/s^2$，只有在紧急情况下，制动减速度才超过 $4m/s^2$。

2.4.2.2 制动时间

汽车制动时，如果地面制动力达到了附着极限而且保持不变，而可以认为这时的汽车是作等减速行驶。因此，从理论上开始制动到车辆停止的制动时间 t_s（单位为 s）可按下式计算：

$$t_s = \int_{V_B}^{0} \frac{1}{j_s} dV = -\frac{\delta}{g(\varphi + \psi)} \int_{V_B}^{0} \frac{dV}{3.6}$$

$$t_s = \frac{\delta V_B}{3.6g(\varphi + \psi)} \tag{2.67}$$

式中 V_B——汽车制动时的初速度，km/h。

在汽车制动过程中，实际的制动时间要比式（2.67）所确定的大，因为从驾驶者开始得到制动信号起，到制动器完全发生作用为止，需要经过一段时间。这段时间取决于驾驶者的反映时间和制动生效时间两项之和。在公路设计时，常取这两部分时间之和为 1.0~2.5s。

2.4.2.3 制动距离

制动距离是指汽车以速度 V_B 行驶时，从驾驶员发现障碍物，并判断是否刹车到汽车安全停止所行驶的距离 S_s（单位为 km），由式（2.67）可得：

$$S_s = \int_0^s ds = \int_{V_1}^{V_2} t_s dV = \frac{-\delta}{13g(\varphi + \psi)} \int_{V_1}^{V_2} V dV = \frac{V_1^2 - V_2^2}{254(\varphi + \psi)} \tag{2.68}$$

式中 V_1——制动初速度，km/h；

V_2——制动末速度，km/h。

若制动到汽车安全停止时 $V_2 = 0$，则制动距离 S_s 为：

$$S_s = \frac{V_1^2}{254(\varphi + \psi)} \tag{2.69}$$

若考虑到驾驶者的反映时间和制动生效时间，以及实际使用中有时制动不充分等情况，可采用一个使用系数（或简称为制动系数）K 予以修正。此时汽车制动减速行驶的全部制动距离应为：

$$S_s=\frac{v_1}{3.6}\cdot t_s+\frac{Kv_1^2}{254(\varphi+\psi)} \tag{2.70}$$

式中 K——制动实际使用系数（或称制动系数），其值取 1.0~1.4，公路设计时通常采用 1.2。

2.5 汽车的燃油经济性

汽车完成运输工作所消耗的燃油量称为燃油消耗量。汽车的燃油经济性是指汽车行驶一定里程（或消耗一定燃油）所耗用燃油（或行驶里程）的多少。从道路设计的角度，减少单位运输中的燃油消耗量，可以降低运输成本。同时，一条道路的燃油消耗量也是评定道路质量的重要经济指标之一。

2.5.1 汽车的燃油经济性评价指标

评价汽车的燃油经济性指标有两类，一类是以行驶一定里程（或一定运量）所消耗的能量来衡量，如每行驶 100km 的耗油量（单位为 kg）、每吨千米运量的耗油量（单位为 kg）等；另一类是消耗单位燃油所行驶的里程，如每千克燃油所行驶的里程（单位为 km）。上述指标与发动机的燃油经济性有关。

通常发动机的燃油消耗率用 g_e 表示。燃油消耗率是指发动机发出每千瓦小时功率的燃料消耗量。已知发动机的功率 N 和转速 n 后，可在发动机台架试验获得的发动机负荷特性图上查出燃油消耗率 g_e。

发动机的燃油消耗率 g_e 与曲轴转速 n 及发出的功率 N 有关。由发动机外特性曲线可知，当转速在某值时，发动机燃油消耗率 g_e 最小，高于或低于该转速时耗油量均较大。故汽车在某挡位下，行驶速度与耗油量有关。当汽车以某速度行驶耗油量最小时，称该速度为经济速度。该速度可通过发动机特性图并借助试验来确定。

汽车以等速 V 在道路上行驶时，每百千米的燃油消耗量 Q（单位 N/100km）为：

$$Q=\frac{Wg_e}{100}\cdot 9.8=\frac{Ng_e}{1.02V} \quad 或 \quad Q=\frac{g_e}{3672\gamma\eta_T}\left(G\psi+\frac{KAv^2}{21.15}\right)$$

式中 g_e——燃油消耗率，g/(kW·h)；

γ——燃油重度，N/L，汽油为 6.96~7.15N/L，柴油为 7.94~8.13N/L；

W——汽车行驶时每百千米所做的功，kW·h；

N——汽车发动机的功率，kW。

2.5.2 影响汽车燃油经济性的因素

2.5.2.1 汽车使用方面

主要与汽车的行驶速度、挡位选择、挂车的应用、正确调整保养等因素有关。这些属于汽车运用与维修研究课题。

2.5.2.2 汽车结构方面

汽车结构方面主要从改进汽车发动机、提高燃油质量、改进润滑油质量、改进传动系统、改进底盘及车身设计等方面着手。这些属于汽车设计研究的课题。

2.5.2.3 道路设计方面

从道路线形和结构设计着手，提高道路路面质量和线形标准，对节省燃油消耗有着十分重要的意义，这是道路设计的一个重要任务。

习 题

2.1 已知 $\lambda = 0.8$，$i_1 = 1\%$，$\delta = 1.01$，若东风 EQ-140 型载重车以 80km/h 的速度开始在 3%的坡道上爬坡，当该坡长为 600m 时，求到达坡顶的车速。

2.2 假定某弯道的最大横向力系数为 0.10，则：

（1）当 $R=500$m 时，$i_h = 5\%$ 时，允许最大车速多少？

（2）当 $V=80$km/h，$i_h = -2\%$（反超高）时，平曲线半径至少应为多大？

3 道路平面设计

3.1 概 述

3.1.1 路线

道路是带状的三维空间结构实体，一般由线形、路基、路面、桥梁、涵洞、隧道和沿线设施等组成。道路中心线是一条空间曲线，它在水平上的投影称作路线的平面；沿路中线竖直剖切，再行展开就得到路线的纵断面；过路中线上任意一点的法向切面即为该点的横断面。道路的平面、纵断面和各个横断面都是道路的几何组成，路线设计是指确定路线的空间位置和各组成部分几何尺寸的工作。为了研究和设计上的方便，通常把它分解为路线的平面设计、纵断面设计和横断面设计。三者既需要分别进行设计，又需要综合考虑。

不论是公路还是城市道路，其路线的位置的选定都会受到社会经济、自然地理和技术条件等多重因素制约。需要设计者在进行充分调查、掌握大量可靠资料的基础上，利用现行的技术标准和设计规范，结合当地的地形、地质和地物等条件，设计出一条经济、实用且与自然景观相协调的路线。道路平面设计就是在平面图上确定道路中线几何形状及尺寸的过程。

3.1.2 平面线形要素

现在道路是供汽车行驶的，在路线的平面设计中，应考察汽车行驶轨迹。只有当平面线形与这个轨迹相符合或相接近时，才能保证行车的预适与安全，特别是在高速行驶的情况下，对行驶的轨迹的研究更为重要。行驶中的汽车其导向轮旋转面与车身纵轴的夹角有下列三种情况，行驶轨迹线各不相同。

（1）角度为零。汽车行驶轨迹线为直线。

（2）角度为常数。汽车行驶轨迹线为圆曲线。

（3）角度为变数。汽车行驶轨迹线为一种曲率半径逐渐变化的过渡——缓和曲线。

现在道路平面线形就是由上述三种基本线形构成的，其既能适应地形变化又能符合汽车的行驶轨迹，被称为平面线形三要素。直线是最简单的平面线形，然而从道路的起点到终点之间往往不能用一条直线将其连接起来，由于受地形、地物等因素的制约，线路在平面上往往出现很多的转折，为了保证行车的安全性和平稳性，在转折处需要用圆曲线加以链接。如果圆曲线半径较小，就要进行曲率过渡，也即加设缓和曲线。三要素是道路平面线形最基本的组成，在道路上各要素所占比例难以量化规定，但只要各组成要素使用合理、组合得当，均可以得到较为理想的平面线形。

低等级道路（如四级公路）上行车速度较低，为简化设计，也可以只是用直线和圆曲线两种线形要素，而不加设缓和曲线。现代一些高速公路也有只用曲线而不用直线的情况。

3.1.3　平面设计的基本要求

大量的观测研究表明，行驶中的汽车，其轨迹在几何性质上有以下特征：

（1）轨迹连续。轨迹是连续的和圆滑的，即在任何一点上下不出现错头和破折。

（2）曲率连续。其曲率是连续的，即轨迹上任一点不出现两个曲率值。

（3）曲率变化连续。其曲率的变化率是连续的，即轨迹上任一点不出现两个曲率变化率值。

公路平面线形应与汽车轨迹相拟合。

图 3.1 所示路线不满足上述第（1）条的要求。图 3.2 所示路线满足了上述第（1）条，但不满足第（2）条的要求。图 3.3 所示路线同时满足了第（1）、（2）条要求，但不满足第（3）条的要求。现代高等级道路一般采用图 3.3 和图 3.2 的平面线形，它与汽车的行驶轨迹偏离不大，虽不是完全符合行驶轨迹，但实践证明已经是很好的线形。

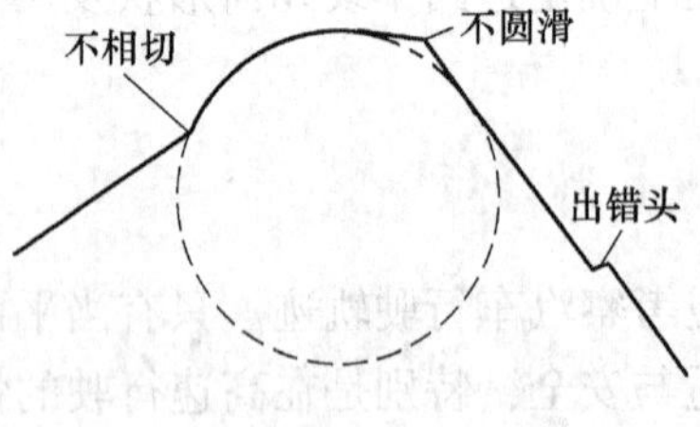

图 3.1　线形不连续的路线

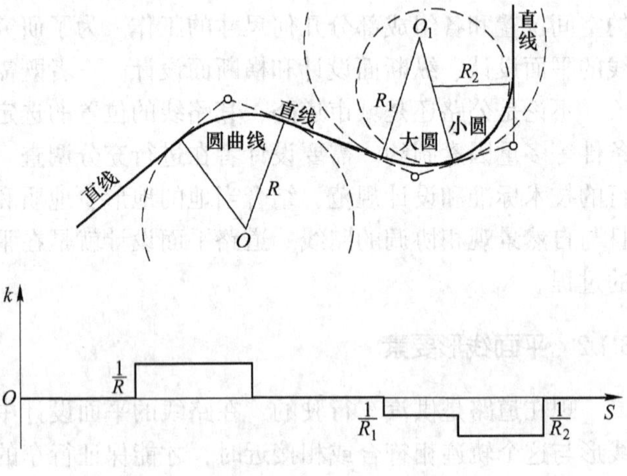

图 3.2　曲率不连续的路线

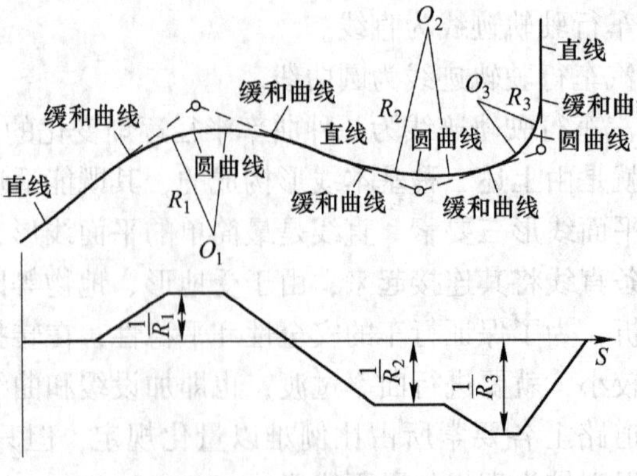

图 3.3　曲率连续的路线

3.2 直 线

3.2.1 直线的特点

作为平面线形要素之一的直线，在公路和城市道路中的使用最为广泛，当地势平坦、地物障碍较小时，定线人员往往首先考虑使用直线线形通过。这是因为两点之间的连接长度直线最短；汽车在直线上行驶时受力简单、方向明确、驾驶操作容易；同时路线测设简单、方便。基于直线的上述优点，其在各种等级的公路线形中都占有重要的地位。

直线线形也有其缺点：直线线形灵活性差，难以与地形、地物等周围的环境相协调；过长的直线易使驾驶人员感到单调、疲倦、注意力难以集中；直线路段上难以准确目测车辆之间的距离；长直线容易导致高速行车，引发交通事故等。

3.2.2 直线的运用

直线的运用应注意同地形、环境的协调与配合。采用直线线形时，其长度不宜过长。

3.2.2.1 适宜采用直线的路段

为了更好地与环境相协调、节约耕地和工程造价以及保证必要的视距条件，通常情况下平面线形适宜采用直线的地段有：

（1）农田、河渠规整的平坦地区、城镇近郊规划等以直线条为主体时，宜采用直线线形。

（2）特长、长隧道或结构特殊的桥梁等构造物所处的路段宜采用直线线形。

（3）路线交叉点前后的路段宜采用直线线形。

（4）双车道公路为超车所提供的路段宜采用直线线形。

3.2.2.2 长直线路段的注意事项

在平面线形设计中，当采用了长直线时，应结合沿线的具体情况采取相应的技术措施，以弥补景观单调的缺陷，并需要注意以下事项：

（1）长直线上纵坡不宜过大，因为长直线与陡坡相重合的路段容易导致下坡方向的高速行驶。

（2）长直线下坡方向的尽头平曲线半径应尽量大一些，以保证线形的连续性，除了保证曲线超高、视距等符合相应的规定外，还必须采取设置标志，增加路面抗滑能力等必要的安全措施。

（3）为了缓和长直线带来的呆板，长直线宜与大半径凹形竖曲线组合为宜。

（4）道路两侧地形过于空旷时，宜采取不同的植被条件或设置建筑物、雕塑、广告牌等各种措施，以改善单调的景观。

3.2.2.3 直线长度的限制

（1）直线的最大长度。我国地域辽阔，各地区的地形条件差异非常大，很难统一规定直线的最大长度。我国现行公路设计规范没有明确规定最大值，只是笼统地提出直线的长度不宜过长，受地形条件或其他特殊情况限制而采用长直线时，应结合沿线具体情况采取相应的技术措施。

(2) 直线的最小长度。为了保证行车安全，相邻两圆曲线间以直线径相连接时，直线的长度不宜过短。这个直线长度是指前一曲线的终点（*HZ* 或 *YZ*）到后一曲线起点（*ZH* 或 *ZY*）之间的长度。

1) 设计速度大于或等于 60km/h 时，同向圆曲线间最小直线长度（以 m 计）以不小于设计速度 *V*（以 km/h 计）的 6 倍（6*V*）为宜；反向圆曲线间的最小直线长度（以 m 计）以不小于设计速度 *V*（以（km/h）的 2 倍（2*V*）为宜），如图 3.4 所示。

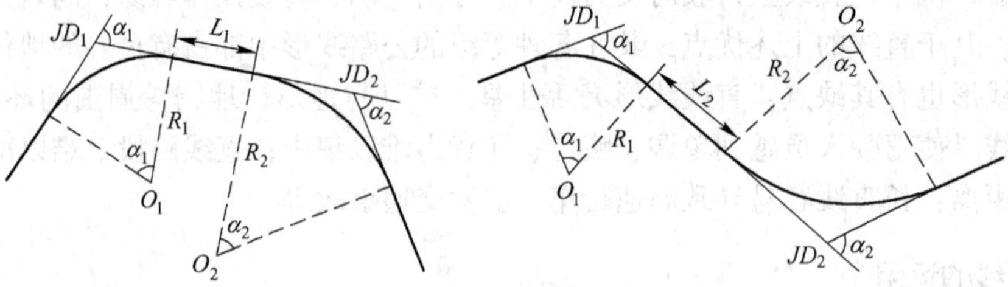

图 3.4 同向和反向曲线

2) 设计速度小于或等于 40km/h 时，可参照上述规定执行。

3.3 圆 曲 线

3.3.1 圆曲线的几何要素

圆曲线也是道路平面设计中常用的线形之一，各级公路和城市道路不论转角大小，在转折处均应设置平曲线，圆曲线是平曲线中的主要组成部分。圆曲线具有易与地形相适应、可循性好、线形美观、易于测设等优点，故应用十分广泛。

圆曲线的几何要素（见图 3.5）如下。

切线长 $$T = R \cdot \tan\frac{\alpha}{2}$$

曲线长 $$L = \frac{\pi}{180}\alpha R$$

外距 $$E = R\left(\sec\frac{\alpha}{2} - 1\right)$$

校正值 $$J = 2T - L$$

式中 T——切线长，m；

L——曲线长，m；

E——外距，m；

J——校正值（或称切曲差），m；

R——圆曲线半径，m；

α——转角，(°)。

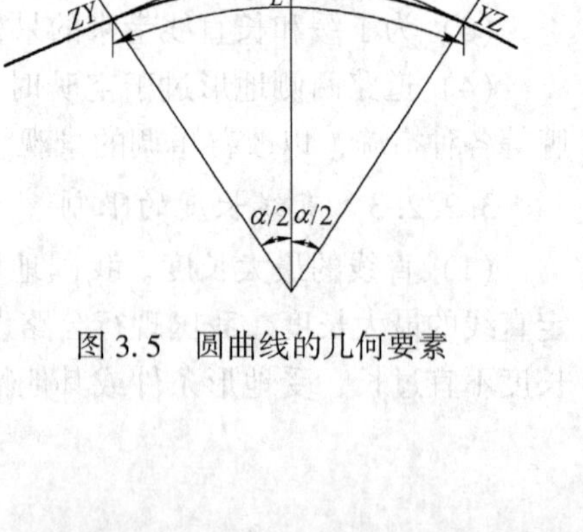

图 3.5 圆曲线的几何要素

3.3.2 圆曲线半径

半径是圆曲线最重要的技术指标，选定了半径，圆的大小和曲率就确定了。行驶在曲线上的汽车由于受到离心力作用，其稳定性和安全性受到影响，而离心力的大小又与曲线半径密切相关，半径越小所受的离心力越大。所以，在选择平曲线半径时应尽可能采用较大的值，只有在地形或其他条件受到限制时，才使用较小的曲线半径。为了保证行车的安全与舒适，《技术标准》规定了圆曲线半径在不同情况下的最小值。如图 3.6 所示。

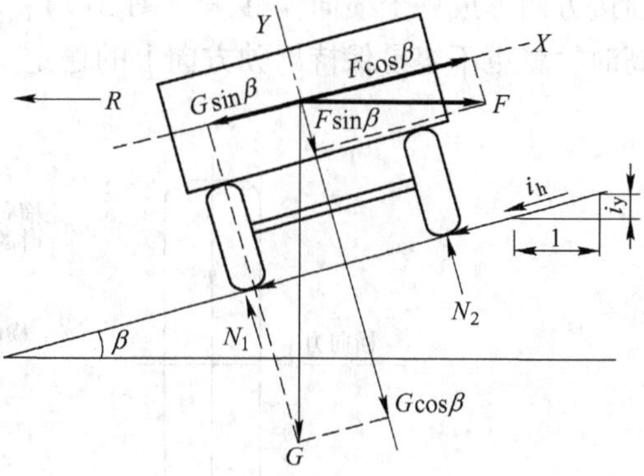

图 3.6 曲线上汽车受力分析

3.3.2.1 圆曲线半径的计算公式与影响因素

根据汽车在曲线上行驶的横向力系数计算式（2.55）可得：

$$R = \frac{V^2}{127(\mu \pm i_h)} \tag{3.1}$$

式中 R——圆曲线半径，m；

V——行车速度，km/h；

μ——横向力系数；

i_h——路拱横坡度，%；

“±”——路拱横坡向曲线内侧倾斜取“+”，向外侧倾斜取“−”。

当公路等级确定后，设计车速 V 也就确定了，圆曲线半径 R 的大小就只取决于横向力系数 μ 和曲线段的路拱横坡度 i_h 的取值范围。

A 横向力系数 μ 的确定

横向力的存在对行车产生不利影响，而且 μ 越大越不利，μ 值的确定主要考虑以下几方面。

a 考虑汽车行驶的横向稳定性

汽车在圆曲线上行驶的稳定性包括横向倾覆稳定性和横向滑移稳定性，由于汽车在设计和制造时，充分考虑横向倾覆稳定性，将其重心定得足够低，可以保证横向倾覆稳定性高于滑移稳定性。因此，在平曲线设计过程中，只要考虑横向滑移稳定性，保证轮胎不在路面上产生滑移即可。为此，需要满足横向力 $X \leqslant$ 轮胎与路面之间的摩阻力 F，因为 $X = \mu \cdot G$，$F \approx fG$，所以只需要满足式（3.2）条件，就能保证横向稳定性。

$$\mu \leqslant f \tag{3.2}$$

式中 f——轮胎与路面间的摩阻系数。

f 值的大小与车速、路面种类及状态、轮胎状态等有关。在干燥路面上 f 约为 0.4～0.8；在潮湿的黑色路面上汽车高速行驶时，降低到 0.25～0.40；路面结冰和积雪时，降到 0.2 以下；在光滑的冰面上可降到 0.06（不加防滑链）。

b　考虑驾驶操作

弯道上行驶的汽车，在横向力作用下，轮胎会产生横向变形，使轮胎的中间平面与轮迹前进方向形成一个横向偏移角（图 3.7），增加汽车在方向操纵上的困难，尤其是车速较高时，就更不容易保持驾驶方向上的稳定。

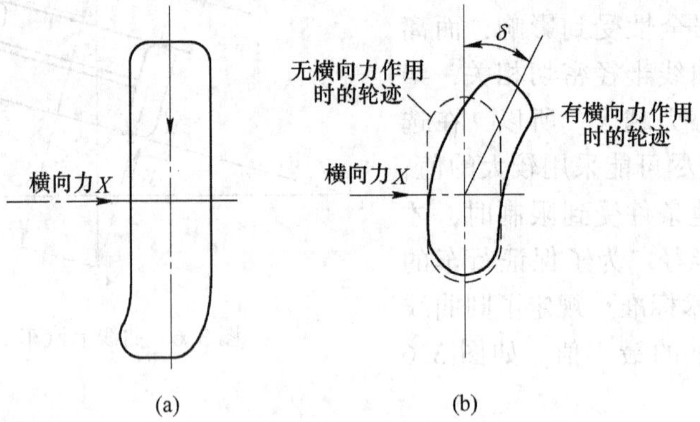

图 3.7　汽车轮胎的横向偏移角

（a）轮胎横向变形；（b）轮迹的偏移角

c　考虑燃料消耗和轮胎磨损

由于横向力的影响，行驶在曲线上的汽车比在直线上的燃料消耗和轮胎磨损都要大。这是因为当汽车在曲线上行驶时，除了要克服行驶阻力外，还要克服横向力对行车的作用，才能使汽车沿着正确的方向行驶，为此增加了燃料的消耗；与此同时，在曲线上行驶时，横向力的作用会使汽车轮胎发生变形，致使轮胎的磨耗也额外增加了。表 3.1 中列出了由于横向力系数μ的存在，使车辆的燃油消耗和轮胎磨损增加的百分比。

表 3.1　横向力系数μ与燃料消耗、轮胎磨损关系

横向力系数	燃料消耗/%	轮胎磨损/%
0	100	100
0.05	105	160
0.10	110	220
0.15	115	300
0.20	120	390

d　考虑乘车的舒适性

汽车行驶在曲线上，随横向力系数值的大小不同，乘客将有不同的感受。据试验，乘客随μ的变化其感觉和心理反应如下：

（1）当$\mu<0.10$时，不感到有曲线存在，很平稳。

（2）当$\mu=0.15$时，稍感到有曲线存在，尚平稳。

（3）当$\mu=0.20$时，已感到有曲线存在，稍感不平稳。

（4）当$\mu=0.35$时，感到有曲线存在，已感到不平稳。

（5）当$\mu\leqslant 0.40$时，非常不稳定，站不住，有倾倒的危险感。

μ 值的采用影响行车的安全、经济与舒适等。在计算最小平曲线半径时，应综合考虑以上各方面的因素，采用一个适当的值。

经分析得出的取值范围：μ 值最好不大于 0.10，最大不大于 0.16。

B　路拱横坡度 i_h 的确定

曲线路段内有两种可能的路拱横坡，即正常双向路拱横坡与设置超高的单向内倾横坡。由式（2.55）可知，设置超高后可有效地减小横向力系数值，显著降低横向力对行车的影响。因此在曲线路段，一般情况下应设置超高，超高横坡度值的取值应注意以下问题。

a　最大超高横坡度 $i_{b,\ max}$

在车速较高的情况下为了平衡离心力要采用较大的超高横坡度，但道路上行驶车辆的速度并不一致，特别是在混合交通的道路上，需要兼顾快、慢车的行驶安全。对于慢车，特别是因故暂停在弯道上的车辆，其离心力接近于 0 或等于 0。如超高横坡度过大，超出轮胎与路面间的横向摩阻系数，车辆有沿着路面最大合成坡度方向下滑的危险，因此必须满足：

$$i_{b,\ max} \leqslant f_w \tag{3.3}$$

式中　f_w——一年中气候恶劣季节路面的横向摩阻系数。

制定最大超高横坡度 $i_{b,\ max}$ 除需考虑道路所在地区的气候条件外，还必须给予驾驶者和乘客以心理上的安全感。对山岭重丘区、城市附近、交叉口以及有相当数量非机动车行驶的道路，最大超高横坡度比一般道路还要小些。

我国对公路最大超高横坡度的规定见表 3.2，城市道路最大超高横坡度见表 3.3。

表 3.2　各级公路圆曲线最大超高横坡度值

公路等级	高速	一级	二级	三级	四级
一般地区/%	8 或 10		8		
积雪冰冻地区/%	6				

注：高速公路、一级公路正常情况下采用 8%；交通组成中小客车比例高时可采用 10%。

表 3.3　城市道路最大超高横坡度值

设计速度/$km \cdot h^{-1}$	80	60	50	40	30	20
最大超高横坡度/%	6	4		2		

b　最小超高横坡度 $i_{b,\ max}$

道路的超高横坡度不应该小于道路直线段的路拱横坡度，否则不利于道路的排水，因此有：

$$i_{b,\ max} = i_h \tag{3.4}$$

3.3.2.2　圆曲线最小半径的计算

圆曲线的最小半径包括极限最小半径、一般最小半径和不设超高的最小半径。

A　极限最小半径的计算

极限最小半径是指各级公路对按设计速度行驶的车辆，能保证其安全行车的最小允许半径。它是圆曲线半径允许采用的极限最小值，只有当地形条件特殊困难或受其他条件严格限制时，方可采用。

横向力系数μ根据设计车速采用0.10~0.16，最大超高横坡度$i_{b,\ max}$一般取8%等规定值，可按式（3.1）计算得“极限最小半径”。我国现行《技术标准》和《城规》中所制定的极限最小半径是考虑了我国的具体情况，并参照国外资料，将其结果进行取整和归纳，其取值见表3.4。

表3.4 极限最小半径μ、$i_{b,max}$取值

设计速度/$km\cdot h^{-1}$	120	100	80	60	40	30	20
μ	0.10	0.11	0.12	0.13	0.14	0.15	0.16
$i_{b,\ max}$/%	8	8	8	8	8	8	8

B 一般最小半径

一般最小半径是指通常情况下各级公路对按设计速度行驶的车辆，能保证其安全性和舒适性行车的推荐采用的最小半径。它是一般情况下或地形条件限制时，采用的低限值。

圆曲线的最小半径，既考虑汽车在这种半径的曲线上以设计速度或以接近设计速度行驶时有一定的舒适感，又注意到在地形比较复杂的情况下不会过多地增加工程量。为此，现行《技术标准》和《规范》规定了“一般最小半径”，其μ和$i_{b,\ max}$的取值见表3.5。

表3.5 一般最小半径的μ、$i_{b,max}$取值

设计速度/$km\cdot h^{-1}$	120	100	80	60	50	40	30	20
μ	0.05	0.05	0.06	0.06	0.06	0.06	0.05	0.05
$i_{b,\ max}$	0.06	0.06	0.07	0.08	0.07	0.07	0.06	0.06

C 不设超高的最小半径

当平曲线半径较大时，离心力影响将变得非常小，仅有路面的摩阻力就可以保证汽车有足够的稳定性，此时就不需要设置超高，而在道路横向上设置与直线段上相应的双向横坡形式。

此时，不设超高，对于行驶在曲线外侧车道上的车辆来说是“反超高”。其i_b值为负，大小与路拱坡度相同。从行车的舒适和安全的角度考虑，μ也应取尽可能小的值，以使乘客在曲线上有与在直线上基本相同的感觉。我国《技术标准》所制定的“不设超高的最小半径”是取$\mu=0.035$，按路拱，$i_1\leqslant 2.0\%$和路拱$i_1>2.0\%$两种情况，由式（3.1）计算并取整得到的。

我国分别在现行《技术标准》和《城规》中规定了公路和城市道路的圆曲线各种最小半径，见表3.6和表3.7。

表3.6 公路圆曲线最小半径

设计速度/$km\cdot h^{-1}$		120	100	80	60	40	30	20
一般值/m		1000	700	400	200	100	65	30
极限值/m		650	400	250	125	60	30	15
不设超高最小半径/m	路拱≤2.0%	5500	4000	2500	1500	600	350	150
	路拱>2.0%	7500	5250	3350	1900	800	450	200

表 3.7 城市道路圆曲线最小半径

设计速度/km·h^{-1}	80	60	50	40	30	20
不设超高最小半径/m	1000	600	400	300	150	70
设超高推荐半径/m	400	300	200	150	85	40
设超高最小半径/m	250	150	100	70	40	20

3.3.2.3 圆曲线的最大半径

选用圆曲线半径时，在地形、地物等条件允许时，应尽量采用较大曲线半径。但是，当半径大到一定程度时，其几何性质与直线区别不大，而且容易给驾驶人员造成判断上的错误，带来不良后果。因此，《规范》规定圆曲线的最大半径不宜超过10000m。

3.3.2.4 圆曲线半径的运用

圆曲线能较好地适应地形的变化，并可以获得圆滑的线形。设置圆曲线时应与地形相适应，宜尽量采用较大曲线半径，以优化线形和改善行车条件。确定圆曲线半径时，应注意以下几点：

（1）在条件许可时，争取选用不设超高的圆曲线半径。

（2）在一般情况下，以采用超高为2%~4%的圆曲线半径为宜。

（3）条件受限制时，可采用大于或接近于圆曲线最小半径的“一般值”；地形条件特殊而不得已时，方可采用圆曲线最小半径的“极限值”。

（4）设置圆曲线时，应同相衔接路段的平、纵线形要素相协调，使之构成连续、均衡的曲线线形，并避免小半径圆曲线与陡坡相重合的线形。

3.4 缓和曲线

缓和曲线是道路平面线形要素之一，它是设置在直线与圆曲线之间或两个圆曲线之间的曲率半径逐渐变化的线形。《技术标准》规定，除四级公路可不设缓和曲线外，其余各级公路在其半径小于不设超高的最小半径时都应设置缓和曲线。在高速公路和城市道路上，缓和曲线均得到广泛的应用。

3.4.1 缓和曲线的作用与线形

3.4.1.1 缓和曲线的作用

（1）曲率逐渐变化，便于驾驶操作。当汽车从直线进入圆曲线时，司机应逐渐地改变前轮转向角，使其适应圆曲线的需要，前轮的转向是在进入圆曲线前的路段范围内逐渐完成的。直线上的曲率半径为无穷大，曲率为零；圆曲线上的半径为一定值 R，曲率为 $1/R$。若两种线形径相衔接，则在连接处构成了曲率的突变点，尤其是当半径较小时，这种变化就更加突然和明显。若汽车高速驶过该点附近，汽车很可能超越原来的车道驶出一条很长的过渡性的轨迹线。从安全和易于驾驶的角度出发，非常有必要设置一条曲率逐渐变化的曲线，以符合汽车的行驶轨迹。

（2）离心加速度逐渐变化，消除了离心力突变。汽车行驶在直线段上时没有离心力影响，而在圆曲线上会受到离心力的作用，并且离心力的大小与曲线的曲率成正比。汽车由直线驶入圆曲线或由圆曲线驶入直线，离心力是突然产生或消失的，这对行车的安全性和舒适性非常不利。离心力从无到有、从小到大的变化应该是逐渐的，所以应在直线与细曲线之间或半径不同的两圆曲线之间设置一条过渡性的曲线以缓和离心加速度的变化。

(3) 为设置超高和加宽提供过渡段。为了保证线形的顺畅、避免或减少转折的出现，当弯道上需要设置超高或加宽时，应在缓和曲线内完成超高或加宽的渐变过程，为此缓和曲线的长度应满足设置超高或加宽缓和段长度的需要。

(4) 与圆曲线配合得当，美化线形。圆曲线与直线径相连接，在连接处曲率突变，视觉效果差，产生折点和扭曲现象，加设缓和曲线以后，曲率渐变，线形连续圆滑，增加线形的美观程度。同时，能产生良好的视觉效果和心理感受，如图 3.8 所示。

图 3.8　直线与曲线连接视觉效果图

3.4.1.2　缓和曲线的形式

A　缓和曲线的线形要求

从缓和曲线的作用可以看出，其应满足汽车从直线逐渐驶入圆曲线的行驶轨迹，只有满足汽车由直线进入圆曲线行驶轨迹的线形，才可以作为缓和曲线使用。在分析汽车在这一行驶过程中的轨迹线时，首先做以下假定：

(1) 汽车作等速行驶，速度为 v，单位为 m/s。

(2) 方向盘转动是匀速的，转动角速度为 ω，单位为 rad/s。

汽车从直线开始，行驶了时间 t（单位为 s）后，行驶的距离为 l（单位为 m），方向盘转动角度为 φ，前轮相应转动角度为 φ（图 3.9），它们之间的关系为：

$$\phi = \kappa\varphi \tag{3.5}$$

式中　κ——小于 1 的系数。而：

$$\varphi = \omega t \tag{3.6}$$

式中　ω——方向盘转动的角速度，rad/s；

t——行驶时间，s。

此时汽车前轮的转向角为：

$$\phi = \kappa\varphi = \kappa\omega t$$

设汽车前后轮轴距为 d，前轮转动 ϕ 后，汽车的行驶轨迹曲线半径为 ρ，由图 3.9 上可得到：

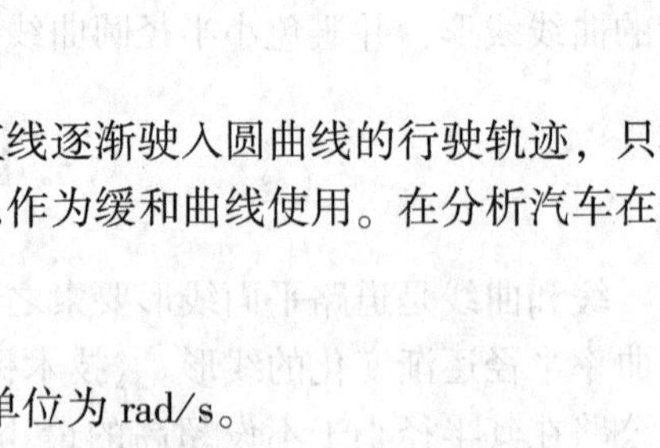

图 3.9　汽车转弯行驶

$$\rho = \frac{d}{\tan\phi} \tag{3.7}$$

由于 ϕ 很小，可以近似地有：

$$\rho \approx \frac{d}{\phi} = \frac{d}{\kappa\omega t} \tag{3.8}$$

汽车以 v（单位为 m/s）等速行驶，经时间 t（单位为 s）以后，其行驶距离（弧长）为 l，即 $l = v \cdot t$

由式（3.8）近似得到： $t = \dfrac{d}{\kappa\omega\rho}$

代入上式得： $$l = v\frac{d}{\kappa\omega} \cdot \frac{1}{\rho} \tag{3.9}$$

式中 v, d, κ, ω——常数，令 $l\dfrac{d}{\kappa\omega} = C$，则 $l = \dfrac{C}{\rho}$ 或：

$$\rho \cdot l = C \tag{3.10}$$

式中 l——汽车自直线终点开始转弯，经时间 t（单位为 s）后行驶的距离，m；

ρ——汽车行驶时间 t 后在 l 处的曲率半径，m；

C——常数。

式（3.10）的推证过程表明，汽车从直线匀速进入圆曲线（或从圆曲线进入直线）其行驶轨迹的弧长与曲线的曲率半径的乘积为一常数，这一性质与数学上的回旋线定义正好相符。

B 回旋线作为缓和曲线。

回旋线是曲率随着曲线的长度的增加而成正比例增大的线形。根据其定义可以得到回旋线的数学表达式为：

$$\frac{1}{\rho} = C' \cdot l \tag{3.11}$$

式中 C'——比例常数。

式（3.10）也即为：

$$\rho \cdot l = \frac{1}{C'} \tag{3.12}$$

由于 C 与 $\dfrac{1}{C'}$ 均为常数，因此，式（3.10）和式（3.12）的形式是一致的，由此说明，回旋线符合汽车匀速从直线进入圆曲线（或从圆曲线进入直线）的行驶轨迹，可以满足缓和曲线的线形要求。

3.4.1.3 其他形式的缓和曲线

除了回旋线可以作为缓和曲线外，高次抛物线（$n \geqslant 3$）和双纽线等其他线形也能满足缓和曲线的需要。回旋线、三次抛物线和双纽线在极角较小时的区别非常小，但随着极角的增大，回旋线的曲率半径减小得最快，而三次抛物线的曲率半径减小得最慢。

我国《技术标准》规定采用回旋线作为缓和曲线。

3.4.2　缓和曲线的布设

3.4.2.1　回旋线的数学表达式

回旋线是公路路线设计中最靠里的一种缓和曲线，我国现行《技术标准》规定缓和曲线采用回旋线。为了更好地认识这种线形，下面对回旋线进行进一步的分析和研究。

回旋线的基本公式表示为：

$$\rho \cdot l = C = A^2 \tag{3.13}$$

式中　ρ——回旋线上某点的曲率半径，m；

l——回旋线上某点到原点的曲线长，m；

A——回旋线的参数。

由于$\rho \cdot l$的单位是长度的二次方（即单位为 m^2），为使量纲一致，令轨迹曲线式（3.10）中的常数 $C = A^2$，A 表征回旋线曲率变化的缓急程度。在回旋线的任意点上，ρ是随l的变化而变化的，但在缓和曲面的终点处，$l = L_s$，$\rho = R$，则式（3.13）可写作：

$$RL_s = A^2 \tag{3.14}$$

则：

$$A = \sqrt{RL_s} \tag{3.15}$$

式中　R——回旋线所连接的圆曲线半径；

L_s——回旋线型的缓和曲线长度。

如图3.10所示，在回旋线上任意点P处取微分单元，则有：

$$dl = \rho \cdot d\beta$$

$$dx = dl\cos\beta \tag{3.16}$$

$$dy = dl\sin\beta \tag{3.17}$$

式中　β——回旋线上任意点P的半径方向与y轴的夹角，称为回旋线的旋转角；

x，y——回旋线上任意点P在直角坐标系中的坐标值。

其他符号意义同前。

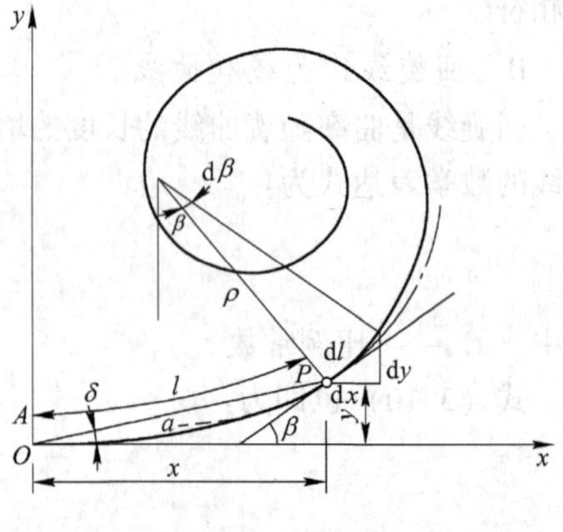

图3.10　回旋线

将$\rho l = A^2$代入得：

$$dl = \frac{A^2}{l}d\beta$$

$$l dl = A^2 d\beta$$

将等式两端同时积分得：

$$\frac{1}{2}l^2 = A^2\beta$$

$$\beta = \frac{l^2}{2A^2} \tag{3.18}$$

把式（3.16）和式（3.17）中 $\sin\beta$、$\cos\beta$ 用级数展开，并将式（3.18）代入得：

$$\sin\beta = \beta - \frac{\beta^3}{3!} + \frac{\beta^5}{5!} - \frac{\beta^7}{7!} + \cdots = \frac{l^2}{2A^2} - \frac{l^6}{48A^6} + \cdots \tag{3.19}$$

$$\cos\beta = \beta - \frac{\beta^2}{2!} + \frac{\beta^4}{4!} - \frac{\beta^6}{6!} + \cdots = 1 - \frac{l^4}{8A^4} + \frac{l^8}{384A^8} - \cdots$$

将上面结果代入微分方程中的 dx、dy，分别积分并整理得回旋线的直角坐标表达式为：

$$x = l - \frac{l^5}{40R^2L_s^2} + \frac{l^9}{3456R^4L_s^4} - \cdots \tag{3.20}$$

$$y = \frac{l^3}{6RL_s} - \frac{l^7}{336R^3L_s^3} + \cdots \tag{3.21}$$

在回旋线终点处，$l = L_s$，于是有

$$x_0 = L_s - \frac{L_s^3}{40R^2} + \frac{L_s^5}{3456R^4} - \cdots \tag{3.22}$$

$$y_0 = \frac{L_s^2}{6R} - \frac{L_s^5}{336R^3} + \cdots \tag{3.23}$$

式中 l——任意点的弧长，m，指计算点 P 离开缓和曲线起点的距离；

L_s——缓和曲线长度，m；

R——圆曲线半径，m。

3.4.2.2 回旋线的几何要素

（1）切线角。在图 3.10 中，设回旋线上任意点 P 处的切线与回旋线起点 ZH 或 HZ 点的切线（x 轴）的交角 B，被称作切线角。该角值与 P 点至回旋线起点 ZH 的曲线长度 l 所对应的圆心角相等。即：

$$\beta = \frac{l^2}{2A^2} = \frac{l^2}{2RL_s}(\text{rad}) \tag{3.24}$$

在回旋线终点 HY 或 YH 点处 $l = L_s$，该点的切线角表示为 β_0（见图 3.11）。

$$\beta_0 = \frac{L_s}{2R} \tag{3.25}$$

β_0 为缓和曲线全长 L_s 所对应的中心角或切线角，也称为缓和曲线旋转角。

（2）内移值。在直线与圆曲线之间插入回旋线后，原有的圆曲线向曲线内侧移动距离 p（见图 3.11），才能保证缓和曲线与圆曲线相切，且在起点与直线相切。圆曲线内侧移动的距离 p 被称作内移值。由图 3.11 可得：

$$p = y_0 + R(\cos\beta_0 - 1) \tag{3.26}$$

若用泰勒级数展开，则

$$p = \frac{L_s^2}{24R} - \frac{L_s^4}{2688R^3} \tag{3.27}$$

（3）切线增值。由图 3.11 可以看到，在直线与圆曲线之间插入回旋线后，其切线长度也增加了 Q，该值被称作切线增值。

$$q = x_0 - R\sin\beta_0 \tag{3.28}$$

展开得：
$$q=\frac{L_s}{2}-\frac{L_s^3}{240R^2} \tag{3.29}$$

3.4.2.3　有缓和曲线的平曲线的曲线要素及主点里程桩号计算

道路平面线形三要素的基本组成是：直线—回旋线—圆曲线—回旋线—直线。图 3.12 所示的组合形式是最常见的在直线与圆曲线之间加设缓和曲线后的形式。

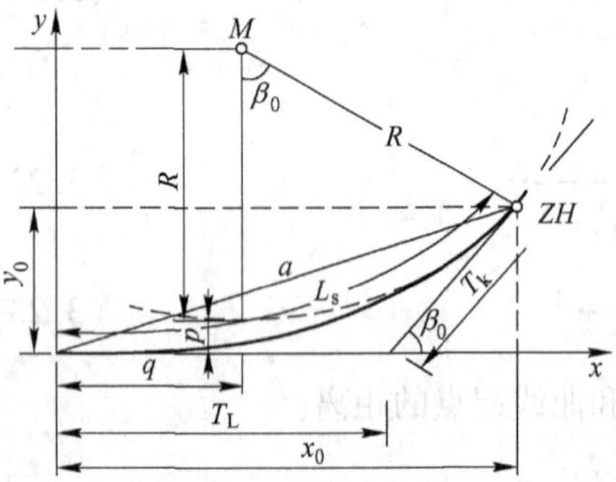

图 3.11　回旋线要素

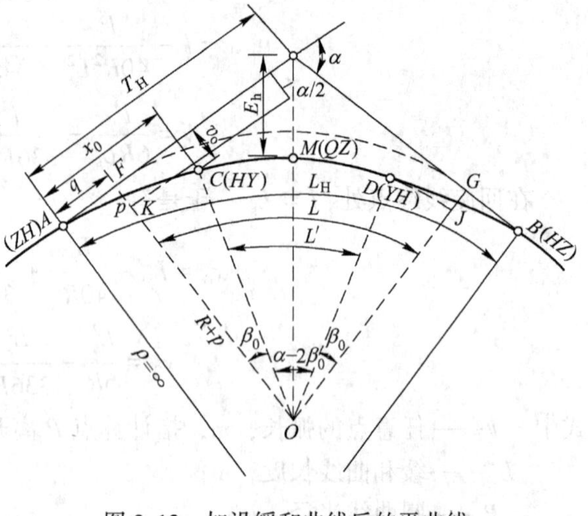

图 3.12　加设缓和曲线后的平曲线

A　曲线要素的计算公式

切线长：
$$T_h=(R+p)\tan\frac{\alpha}{2}+q \tag{3.30}$$

曲线长：
$$L_h=(\alpha-2\beta_0)\frac{\pi}{180°}R+2L=\alpha R\frac{\pi}{180°}+L_s \tag{3.31}$$

外距：
$$E_h=(R+p)\sec\frac{\alpha}{2}+R \tag{3.32}$$

切曲差：
$$J_h=2T_h-L_h \tag{3.33}$$

B　主点里程桩号计算

直缓点：　$ZH=JD-T_h$

缓圆点：　$HY=ZH+L_s$

圆缓点：　$YH=HY+(L_h-2L_s)=HZ-L_s$

缓直点：　$HZ=YH+L_s=ZH+L_h$　(3.34)

曲中点：　$QZ=HZ-L_h/2=ZH+L_h/2$

交点：　$JD=QZ+J_h/2$（校核）

C　主点测设方法

在交点位置用经纬仪分别标定前后切线方向，分别在该切线方向上量取切线长 T，即为 ZH 和 HZ 点；在交点处沿角分线方向量取外距 E，即可得 QZ 点；分别从 ZH 点和 HZ 点沿切线方向量取 x_0值，再在切线的法线方向上量取 y_0值，即可得 HY 和 YH 点。

D　平曲线测设方法（切线支距法）

缓和曲线上各桩号的测设：先计算缓和曲线各桩的直角坐标值 x、y，从 ZH 或 HZ 点沿切线方向量取 x 值，在切线的垂线方向量取支距 y 值定点即可，如图 3.13 所示。

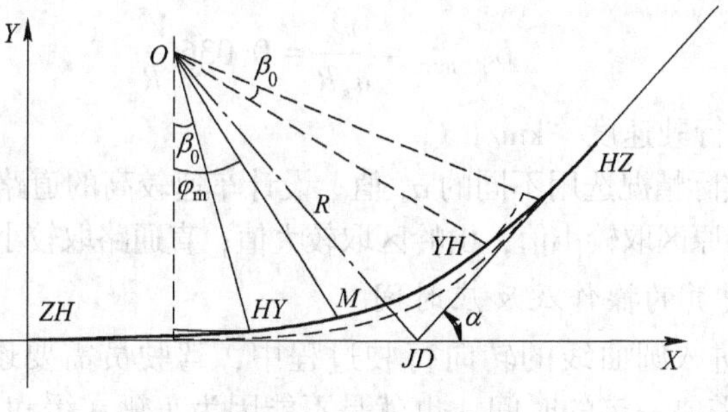

图 3.13　圆曲线段切线支距值计算

圆曲线上各桩号的测设：原理同缓和曲线，先计算圆曲线上各桩号的直角坐标值 x、y，从 ZH 或 HZ 点沿切线方向量取 x 值，在切线的垂线方向量取支距 y 值定点即可。圆曲线上各桩号的直角坐标计算公式为：

$$x = q + R\sin\varphi_m \tag{3.35}$$

$$y = p + R(1 - \cos\varphi_m) \tag{3.36}$$

$$\varphi_m = \delta + \beta_0 = 28.6479\left(\frac{2l_m + L_s}{R}\right)$$

式中　l_m——圆曲线上任意点 M 至缓和曲线终点的弧长，m；

　　δ——弧长 l_m 所对应的圆心角，rad，$\delta = l_m / R$ 。

3.4.3　缓和曲线的最小长度

为使车辆在缓和曲线上安全平稳地完成曲率的过渡与变化，保证线形顺适美观，同时为在圆曲线上设置的超高和加宽提供过渡段，应规定缓和曲线的最小长度。该值的大小需要考虑以下因素。

3.4.3.1　离心加速度的变化率

以速度 v 匀速行驶在缓和曲线上的汽车，其离心加速度将随着缓和曲线的变化而变化，若变化得过快，将使乘客有不适的感觉。

离心加速度 a 为：

$$a = \frac{v^2}{R}$$

离心加速度的变化率 a_s 为：

$$a_s = \frac{a}{t} = \frac{v^2}{Rt} \tag{3.37}$$

式中　v——汽车行驶速度，m/s；

　　t——汽车在缓和曲线上的行驶时间，s；

　　R——圆曲线半径，m。

在等速行驶的情况下，$t = \frac{L_S}{v}$，故有

$$a_s = \frac{v^3}{RL_S}$$

从行车舒适的观点出发，取一个保证乘客舒适的最大的 a_s 可得到在一定的车速和一定圆曲线半径下的最短缓和曲线长度，此时的 a_s 称作“缓和系数”。铁路上取值 $a_s \leqslant 0.3\text{m/s}^3$，参考这一规定，公路上取值 $a_s \leqslant 0.6\text{m/s}^3$。

由此可推出缓和曲线的最小长度（经验公式）为：

$$L_{\mathrm{S,\ min}} = \frac{v^3}{a_s R} = 0.036\frac{V^3}{R} \tag{3.38}$$

式中 v——汽车的行驶速度，km/h。

设计中可根据实际情况选用不同的 a_s 值。设计车速较高的道路取较小值，设计车速较低的道路取较大值；平原区取较小值，山岭区取较大值；直通路取较小值，交叉口取较大值。

3.4.3.2 驾驶员的操作及反应时间

在汽车从直线进入圆曲线的转向行驶过程中，驾驶员需要逐渐把方向盘转动一个角度，这一操作过程需要一定的时间，也就是不能因为车辆在缓和曲线上的行驶时间过短而使司机驾驶操作过于匆忙。一般认为汽车在缓和曲线上的行驶时间至少应有 3s，于是得到：

$$L_{\mathrm{S,\ min}} = vt = \frac{V}{3.6}\times 3 = \frac{V}{1.2} \tag{3.39}$$

我国现行《技术标准》就是按 3s 行程制定各级公路缓和曲线最小长度指标（表 3.8）。现行《城规》制定了城市道路的最小缓和曲线长度指标，见表 3.9。

表 3.8 各级公路缓和曲线最小长度

设计速度/km · h^{-1}	120	100	80	60	40	30	20
缓和曲线最小长度/m	100	85	70	50	35	25	20

注：四级公路为超高、加宽缓和长度。

表 3.9 城市道路缓和曲线最小长度

设计速度/km · h^{-1}	80	60	50	40	30	20
缓和曲线最小长度/m	70	50	45	35	25	20

3.4.3.3 超高渐变率

由于在缓和曲线上设置有超高缓和段，而且要求超高渐变是在缓和曲线全长范围内进行的，如果缓和段太短则会因路面急剧地由双坡变为单坡而形成一种扭曲的面，对行车和路容均不利。

在超高过渡段上，路面外侧逐渐抬高，从而形成一个附加坡度，当圆曲线上的超高值一定时，这个附加坡度就取决于缓和段的长度，这个附加坡度称作超高渐变率。超高渐变率太大不利于行车，太小又对排水不利。《规范》规定了超高渐变率，由此可导出一个计算缓和段最小长度的公式为：

$$L_{\mathrm{S,\ min}} = \frac{B\Delta i}{p} \tag{3.40}$$

式中 B——旋转轴至行车道（设路缘带时为路缘带）外侧边缘的宽度；

Δi——超高坡度与路拱坡度 i 的代数差，%，若采用绕行车道边线旋转，$\Delta i = i_b$，若采用绕路中线旋转，$\Delta i = i_b + i_h$；

p——超高渐变率，即旋转轴线与行车道外侧边缘线之间的相对坡度。

3.4.3.4 视觉条件

从视觉连续性的角度出发，缓和曲线长度应随圆曲线半径的增大而增长。特别是当圆曲线半径较大、车速较高时，应特别注意选择适宜的缓和曲线长度，以调整线形适应地形与景观要求，使视觉更为顺适，为此对回旋线参数的最小允许值应作出规定。

当使用回旋线作为缓和曲线时，回旋线参数 A 宜依据地形条件及线形要求确定，并与圆曲线半径相协调。其与所连接的圆曲线半径保持的关系式一般为：

$$R/3 \leqslant A \leqslant R \tag{3.41}$$

需要说明的是这种关系只适用 R 在某范围之间。根据经验，当 R 小于 100m 时，A 宜大于或等于 R；当 R 近于 100m 时，A 宜等于 R；当 R 大或接近于 3000m 时，A 宜等于 $R/3$；当 R 大于 3000m 时，A 宜小于 $R/3$。

将式（3.41）两端同时平方，得：

$$\frac{R^2}{9} \leqslant A^2 \leqslant R^2$$

把 $A^2 = R \cdot L_s$ 代入并简化后，可以得：

$$\frac{R}{9} \leqslant L_S \leqslant R \tag{3.42}$$

实际应用中按式（3.42）确定缓和曲线长度 L_S 并不方便，一般做法是按缓和曲线长度与圆曲线长度 1∶1∶1 的关系确定，这样即可获得视觉美观的线形（详见 3.5.2 节）。

综合考虑上面各项因素的影响，取满足上述各项要求的最大值（最好取 5 的整倍数）就可得到缓和曲线的最小长度。但值得注意的是，该值只是满足各项要求的最小值，在设计中应综合考虑缓和曲线与相邻平面线形的协调性、与对应的纵面线形的组合关系及与地形、地物等自然环境的相适应，针对每一个平曲线确定出更为合理的缓和曲线长度作为设计值。

例 3.1 某二级公路，设计速度 $V=80$km/h，有一平曲线半径 R 为 420m，超高横坡度 6%。试确定该平曲线的最小缓和曲线长度。

解：（1）按离心加速度的变化率计算：

$$L_{S,\ min} = 0.036\frac{V^3}{R} = 0.036 \times \frac{80^3}{420} = 43.89\text{m}$$

（2）按驾驶员的操作及反应时间计算：

$$L_{S,\ min} = \frac{V}{1.2} = \frac{80}{1.2} = 67.50\text{m}$$

（3）按超高渐变率计算：

由表 3.10 查得行车道宽度为 3.75m，按绕行车道内边线旋转，$B = 2 \times 3.75\text{m} = 7.50\text{m}$。

表 3.10 车道宽度

设计速度/km · h^{-1}	120	100	80	60	40	30	20
车道宽度/m	3.75	3.75	3.75	3.50	3.50	3.25	3.00 （单车道 3.50）

注：高速公路为八车道时，当设置左侧硬路肩时，道宽度可采用 3.5m。

按绕行车道内边线旋转，$\Delta i = i_b = 0.06$。

由表 3.11 查得 $p = 1/150$，则：

$$L_{s,\ min} = \frac{B\Delta i}{p} = \frac{7.5 \times 0.06}{1/150} = 67.50\text{m}$$

表 3-11　超高的渐变率

设计速度/km · h⁻¹	超高旋转轴位置		设计速度/km · h⁻¹	超高旋转轴位置	
	中线	边轴		中线	边轴
120	1/250	1/200	40	1/150	1/00
100	1/225	1/175	30	1/125	1/75
80	1/200	1/150	20	1/100	1/50
60	1/175	1/125			

（4）按视觉条件计算：

$$L_{s,\ min} = \frac{R}{9} \sim R = \frac{420}{9} \sim 420 = (46.67 \sim 420)\text{m}$$

综合以上各项得：$L_{s,\ min} = 67.50\text{m}$，最终取 5 的整倍数得到 $L_{s,\ min} = 70\text{m}$。

3.5　平面线形设计

公路线形是三维立体线形。线形设计应做好公路平面、纵断面、横断面三者间的组合，并同自然环境相协调。线形设计除应符合行驶力学要求外，还应考虑用路者的视觉、心理与生理方面的要求，以提高汽车行驶的安全性、舒适性与经济性。线形设计的要求与内容应随公路功能和设计速度的不同而各有侧重。

公路线形设计基本要求：

（1）高速公路和县干线功能的二级公路，应注重立体线形设计，做到线形连续、指标均衡、视觉良好、景观协调、安全舒适。设计速度愈高，线形设计组合所考虑的因素应愈周全，以提供高的服务质量。

（2）县集散功能的一二级公路，应根据混合交通情况确定公路横断面布置设计，并注重路线交叉等处的线形设计组合，以保障通视良好，行驶通畅、安全。

（3）设计速度等于或小于 40km/h 的双车道公路，在保证行驶安全的前提下，应正确地运用线形要素的规定值（含最大、最小值），合理地组合各线形要素，或采取设置相应交通工程设施等技术措施，以充分发挥投资效益。

3.5.1　平面线形设计一般原则

（1）平面线形应直捷、连续、均衡，并与地形、地物相适应，与周围环境相协调。在地势平坦开阔的平原区，路线直捷舒顺，在平面线形三要素中直线所占比例较大；而在地势有很大起伏的山岭区，路线多弯曲，曲线所占比例则较大。如果在没有任何障碍物的开阔地区故意设置一些不必要的弯道，或者在高低起伏的山地硬拉长直线都将给人以不协调的感觉。路线与地形相适应，这既美化线形，也满足工程经济和保护生态环境的要求。

直线、圆曲线、回旋线三种平面线形的选用与合理组合取决于地形、地物等具体条件，不应当片面强调路线应以直线为主或以曲线为主。

（2）各级公路不论转角大小均应敷设曲线，并尽量选用较大的圆曲线半径。当公路转角过小时，应设法调整平面线形，当不得已而设置了小于 7°的转角时，必须设置足够长的平曲线。

（3）两同向曲线间应设有足够长度的直线，不得以短直线相连。否则，应调整线形，使之成为一条单曲线或复曲线，也可以运用回旋线组合成卵形、C 形、复合形等曲线。

若在互相通视的同向平曲线间插以短直线，容易产生把直线和两端的曲线看成为反向曲线的错觉，当直线过短时甚至把两个曲线看成是一个曲线，这种组合破坏了线形的连续性，容易造成驾驶的操作失误，设计中应尽量避免。通常的做法是将两曲线拉开，也就是限制中间直线的最短长度。《规范》规定同向曲线间的最短直线长度以不小于 6V 宜。否则，就干脆不插入直线段，而形成平面线间的组合线形。

（4）两反向曲线间夹有直线段时，以设置不小于最小直线长度的直线段为宜。否则，应调整线形或运用回旋线而组合成 S 形平曲线。

在转向相反的两圆曲线之间，考虑到为设置超高和加宽缓和段的需要及驾驶人员转向操作的需要，宜设置一定长度的直线。《规范》规定反向曲线间最小直线长度（以 m 计）以不小于设计速度（以上 km/h 计）的 2 倍为宜，即 2V 设计速度等于或小于 40km/h 的双车道公路，两相邻反向圆曲线无超高时可径相衔接，无超高有加宽时应设置长度不小于 10m 的加宽过渡段；两相邻反向圆曲线设有超高时，地形条件特殊困难路段的直线长度不得小于 15m。

（5）六车道及其以上的高速公路，同向或反向圆曲线间插入的直线长度，还应符合路基外侧边缘超高过渡渐变率规定的要求。

（6）曲线线形应特别注意技术指标的均衡性与连续性。为使一条公路上的车辆尽量以均匀的速度行驶，应注意各线形要素保持连续性。在设计时应注意长直线的尽头不能接小半径曲线。长直线和长的大半径曲线会导致较高的车速，若突然出现小半径曲线，可能因减速不及而造成事故。同时，要注意在高、低技术指标之间要有过渡。同一等级的公路或同一条公路按不同设计速度的各路段之间可能会遇到技术指标的变化。遇有这种情况时，除满足有关设计路段在长度和坡度的要求外，还应结合地形的变化，使路线的平面线形指标逐渐过渡，避免出现突变。

（7）应避免连续急转弯的线形。设计速度等于或小于 40km/h 的双车道公路，应避免连续急弯的线形。连续急弯的线形给驾驶者造成不便，同时也给乘客的视觉、心理和舒适性等产生不良影响。地形条件特殊不得已而设置时，应在曲线间插入规定的直线长度或回旋线，以缓解这种频繁变化。

3.5.2 平面线形要素的组合与衔接

3.5.2.1 直线与曲线的组合

直线与曲线在平面线形设计中往往是交替运用的，为保证线形设计质量，直线与曲线的组合与过渡应协调匀顺。平曲线的半径及其设计使用长度应与邻近的直线长度相适应。

长直线容易导致高速行车，所以长直线的尽端应避免使用小半径的曲线，当直线长度

$L>500$m 时，宜有 $R\geqslant500$m；而较短的直线与小半径的平曲线连在一起，频繁转弯，会造成驾驶员操作紧张，此时的曲线不宜太小，当 $L\leqslant500$m 时，宜有 $R\geqslant L$。

直线和曲线组合得当，将提高道路线形设计质量和汽车行驶质量。良好的平面线形应保证其自身的协调及与周围环境的协调。

3.5.2.2　曲线与曲线的组合

A　复曲线

复曲线是指半径不同的两同向圆曲线径相连接的组合形。各级公路构成复曲线应符合的条件：

（1）当小圆半径大于或等于“不设超高的最小半径时”。

（2）小圆半径大于表 3.12 中所列半径，且符合下列条件之一时：

1）小圆曲线按规定设置相当于最小回旋线长的回旋线时，其大圆与小圆的内移值之差不超过 0.10m。

2）设计速度 $V\geqslant80$km/h 时，大圆半径（R_1）与小圆半径（R_2）之比小于 1.5。

3）设计速度 $V<80$km/h 时，大圆半径（R_1）与小圆半径（R_2）之比小于 2。

表 3.12　复曲线中的小圆临界曲线半径

设计速度/km · h^{-1}	120	100	80	60	40	30	20
临界曲线半径/m	2100	1500	900	500	250	130	—

B　回头曲线

回头曲线是指转角接近、等于或大于 180°的圆曲线。《规范》规定，越岭路线应利用地形自然展线，避免设置回头曲线。三、四级公路在自然展线无法争取需要的距离以克服高差，或因地形、地质条件所限不能采取自然展线时，可采用回头曲线。

回头曲线前后的线形应有连续性，两端以布设过渡性的曲线为宜，并设置限速标志，采取保证通行良好的技术措施等。这样，回头曲线一般由主曲线（回头曲线）和两个副曲线（过渡曲线）组成，如图 3.14 所示。主、副曲线均应设置规定长度的缓和曲线，即图中 l_1、l_2 长度应至少能够满足设置两相邻圆曲线的对应缓和曲线。

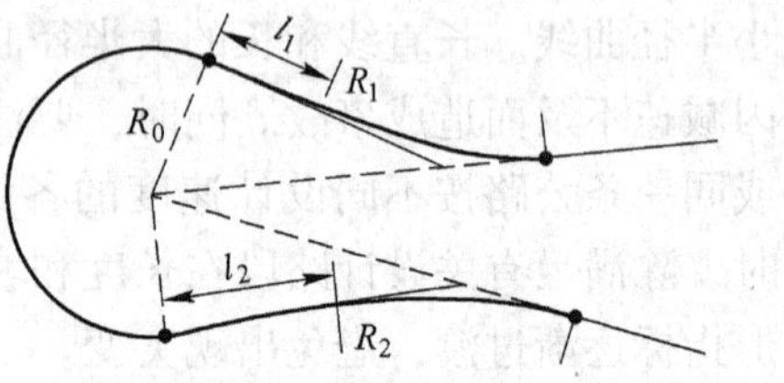

图 3.14　回头曲线

两相邻回头曲线之间，应有较长的距离。由一个回头曲线的终点至下一个回头曲线起点的距离，当设计速度为 40km/h、30km/h、20km/h 时，分别应不小于 200m、150m、100m。回头曲线各部分的技术指标规定见表 3.13。

表 3.13　回头曲线技术指标

主线设计速度/km · h^{-1}	40		30	20
回头曲线设计速度/km · h^{-1}	35	30	25	20

续表 3.13

圆曲线最小半径/m	40	30	20	15
缓和曲线最小长度/m	35	30	25	20
超高横坡度/%	6	6	6	6
双车道路面加宽值/m	2.5	2.5	2.5	3.0
最大的纵坡/%	3.5	3.5	4.0	4.5

3.5.2.3 平面线形的组合

A 基本型

基本型是按直线—回旋线—圆曲线—回旋线—直线的顺序组合的线形，如图 3.15 所示。

基本型中的回旋线参数、圆曲线最小长度都应符合有关规定。两回旋线参数可以相等，构成对称基本型；也可以根据地形条件设计成非对称的曲线，但 $A_1 : A_2$ 不应大于 2.0。非对称形曲线的计算公式和计算方法见 3.5.4 节“平面线形设计计算实例”部分。

为使线形连续协调，回旋线—圆曲线—回旋线的长度以大致接近为宜，即三者长度之比接近 1∶1∶1。

若按该长度比 1∶1∶1 设计时，缓和曲线长度 L_s 和圆曲线半径 R 有下面关系：

$$L_s = \frac{\alpha}{2} \cdot R \cdot \frac{\pi}{180°} \tag{3.43}$$

式中 α——转角，(°)。

B S 形

S 形是两个反向圆曲线用回旋线连接的组合，如图 3.16 所示。S 形相邻两个回旋线参数 A_1 与 A_2 宜相等。当采用不同的回旋线参数时，A_1 与 A_2 之比应小于 2.0，有条件时以小于 1.5 为宜。当 $A_2 \leqslant 200$ 时，A_1 与 A_2 之比应小于 1.5（A_2 为两回旋线参数之小者）。

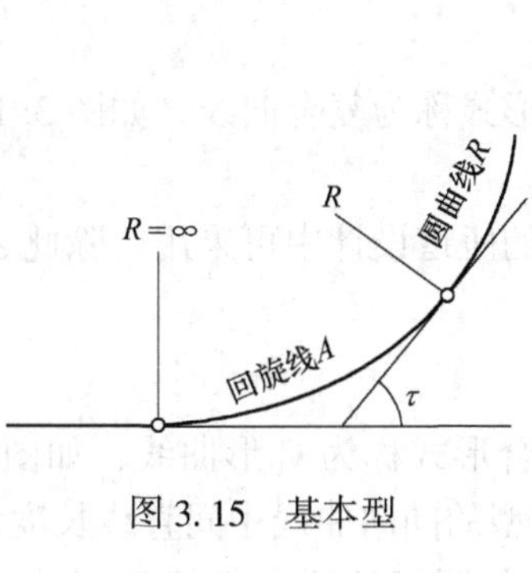

图 3.15 基本型

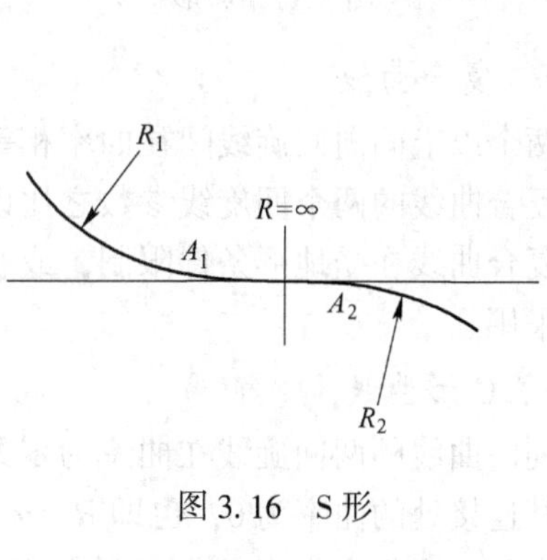

图 3.16 S 形

两圆曲线半径之比不宜过大，以 $R_1/R_2 \leqslant 2$ 为宜（R_1 为大圆曲线半径，R_2 为小圆曲线半径）。

C　卵形

用一个回旋线连接两个同向圆曲线的组合形式称为卵形，如图 3.17 所示。

(1) 卵形组合的前提条件：

1) 大圆必须把小圆完全包含在内，但不是同心圆。

2) 延长两相邻圆曲线的圆弧不能相互交叉。

3) 连接的回旋线不是由回旋线的原点开始，而是曲率为 $1/R_1 \sim 1/R_2$ 的部分。

(2) 卵形的设计使用条件：

1) 卵形曲线的回旋线参数宜选 $R_2/2 \leqslant A \leqslant R_2$（$R_2$ 为小圆曲线半径）。

2) 两圆曲线半径之比，以 $R_2/R_1 = 0.2 \sim 0.8$ 为宜。

3) 两圆曲线的间距，以 $D/R_2 = 0.003 \sim 0.03$ 为宜（D 为两圆曲线间的最小间距）。

D　凸形

凸形是在两个同向回旋线间不插入圆曲线而径相衔接的组合，如图 3.18 所示。凸形曲线尽管在各衔接处的曲率是连续的，但因中间圆曲线的长度为 0，给驾驶操作带来不便，所以凸形曲线只有在路线严格受地形限制，且对接点的曲率半径相当大时方可采用。凸形曲线应满足以下要求：

(1) 凸形曲线的回旋线参数及其对接点的曲率半径，应分别符合容许最小回旋参数和圆曲线最小半径的规定。

(2) 在对接点附近 $0.3V$（以 m 计；其中 V 为设计速度，按 km/h 计）长度范围内，应保持以对接点的曲率半径确定的路拱横坡度。

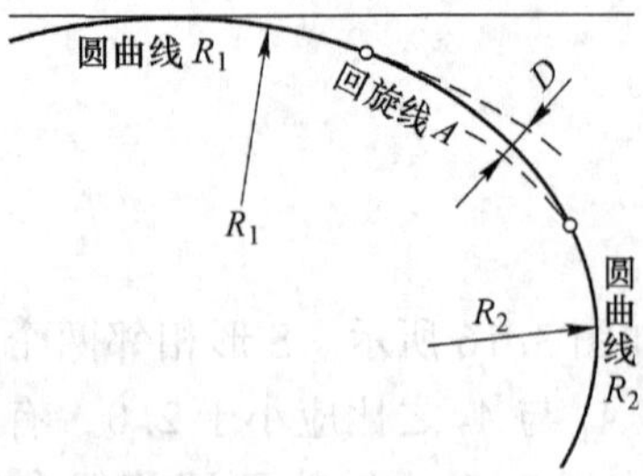

图 3.17　卵形

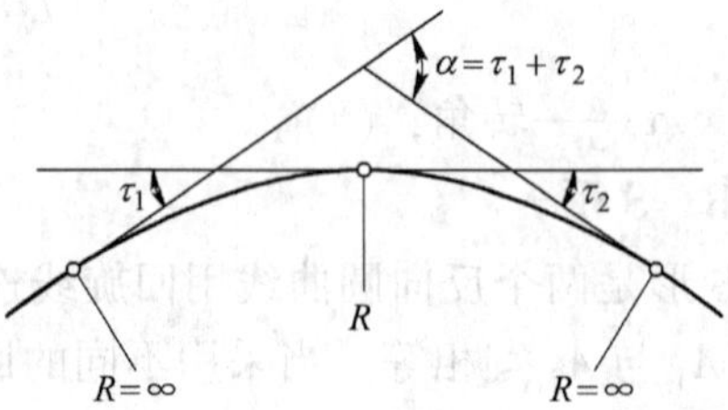

图 3.18　凸形

E　复合曲线

两个以上同向回旋线间在曲率相等处相互连接的形式称为复合曲线，如图 3.19 所示。

复合曲线的两个回旋线参数之比以小于 1.5 为宜。

复合曲线在受地形条件限制，或互通式立体交叉的匝道设计中可采用。除此之外一般很少采用。

F　C 形曲线

同向曲线的两回旋线在曲率为零处径相衔接的组合形式称为 C 形曲线，如图 3.20 所示。其连接处的曲率为 0，也即 $R=\infty$，相当于两基本型的同向曲线中间直线长度为 0，其对行车和线形都会带来一些不利影响，所以 C 形曲线仅限于地形条件特殊困难，路线严格受限制时方可采用。

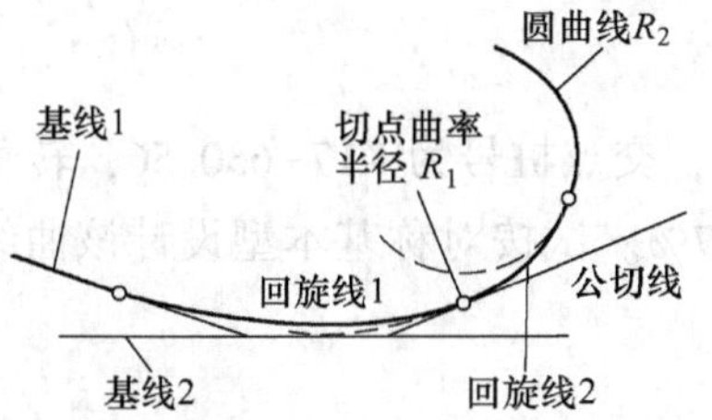

图 3.19 复合曲线

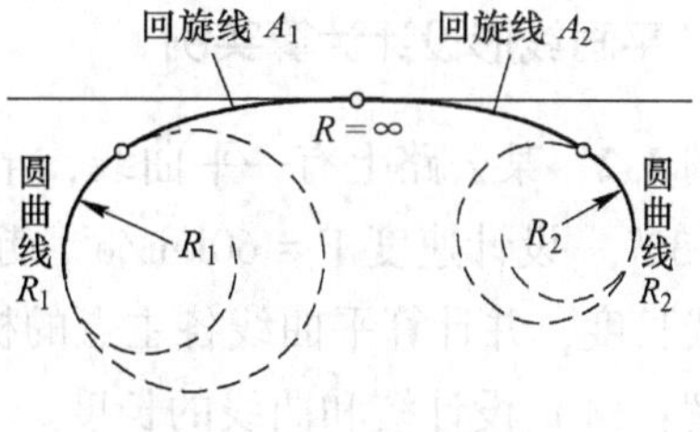

图 3.20 C 形曲线

3.5.3 平曲线的最小长度

汽车在平曲线上行驶时，如果曲线太短，会使驾驶员操作频繁而紧张，这在高速行驶的情况下是非常危险的，同时也会给乘客带来不良反应。另外，当公路转角过小，曲线可能就会很短，也容易形成不好的平面线形。因此，设置一定长度的平曲线是很有必要的。

3.5.3.1 平曲线的最小长度

当条件受限时，为方便驾驶员在曲线上行驶时，不感到方向盘操作困难，按汽车 6s 行程设置曲线。此时回旋线在曲率相等处直接连接，圆曲线长度等于 0。平曲线的最小长度是由两段回旋线构成的。一般情况下平曲线应由两段回旋线与一段圆曲线组成，中间圆曲线也宜有一定的长度，以便于驾驶操作，且圆曲线与回旋线长度均不宜采用极限指标。现行《规范》规定了平曲线（包括圆曲线及其两端的回旋线）最小长度的最小值和一般值，见表 3.14。一般值约为最小值的 3 倍。

表 3.14 平曲线最小长度

设计速度/km · h^{-1}		120	100	80	60	40	30	20
平曲线最小长度/m	一般值	600	500	400	300	200	150	100
	最小值	200	170	140	100	70	50	40

注：“一般值”为正常情况下采用值，“最小值”为条件受限制时可采用的值。

3.5.3.2 公路转角小于 7°时的平曲线长度

路线转角的大小反映了路线的舒顺程度，小一些好。但转角过小，即使设置了较大的半径也容易把曲线长看成比实际的要短，造成急转弯错觉。这种倾向转角越小越显著，以致造成驾驶者枉作减速转弯的操作。

当路线转角等于或小于 7°时，应设置较长的平曲线，其长度规定见表 3.15。

表 3.15 公路转角等于或小于 7° 时的平行曲线长度

设计速度/km · h^{-1}	120	100	80	60	40	30	20
平曲线长度/m	1400/Δ	1200/Δ	100/Δ	700/Δ	500/Δ	350/Δ	280/Δ

注：表中 Δ 为路线转角值，(°)，当 $\Delta < 2°$ 时，按 $\Delta = 2°$ 计算。

3.5.4　平面线形设计计算实例

例 3.2　某公路上有一平曲线，半径 R 为 200m，交点桩号为 K17+630.56，转角 α 为 43°28′30″，设计速度 V = 60km/h，超高横坡度为 7%。试按对称基本型设计该曲线的缓和曲线长度，并计算平曲线各主点的桩号。

解：(1) 设计缓和曲线的长度。

按回旋线—圆曲线—回旋线长度比 1∶1∶1 计算缓和曲线长度：

$$L_s = \frac{\alpha}{2}R \cdot \frac{\pi}{180°} = 43°28'30'' \times 100 \times \frac{\pi}{180°} = 75.88\text{m}$$

一般来说按长度比 1∶1∶1 计算的回旋线长度值往往是比较大的，该值同时可满足缓和曲线长度计算需考虑的其他条件，一般可不必逐一计算。本例设计速度为 60km/h，由表 3.8 查得缓和曲线最小长度为 50m。L_s = 75.88m > 50m，即满足规范要求。取整 5m，L_s =75m。

(2) 主点里程桩号计算。

1) 曲线要素的计算：

$$p = \frac{L_s^2}{24R} - \frac{L_s^4}{2384R^3} = \frac{75^2}{24 \times 200} - \frac{75^4}{2384 \times (200)^3} = 1.170\text{m}$$

$$q = \frac{L_s}{2} - \frac{L_s^3}{240R^2} = \frac{75}{2} - \frac{75^3}{240 \times 200^2} = 37.456\text{m}$$

$$T_h = (R + p)\tan\frac{\alpha}{2} + q = (200 + 1.170)\tan\frac{43°28'30''}{2} + 37.456 = 117.66\text{m}$$

$$L_h = \alpha\frac{\pi}{180°}R + L_s = 43°28'30'' \times \frac{\pi}{180°} \times 200 + 75 = 226.76\text{m}$$

$$E_h = (R + p)\sec\frac{\alpha}{2} - R = (200 + 1.170)\sec\frac{43°28'30''}{2} - 200 = 16.57\text{m}$$

$$J_h = 2T_h - L_h = (2 \times 117.66 - 226.76) = 8.56\text{m}$$

直缓点：　$ZH = JD - T_h$

缓圆点：　$HY = ZH + L_s$

圆缓点：　$YH = HY + (L_h - 2L_s) = HZ - L_s$

缓直点：　$HZ = YH + L_s = ZH + L_h$

曲中点：　$QZ = HZ - L_h/2 = ZH + L_h/2$

交　点：　$JD = QZ + J_h/2$（校核）

2) 主点桩号计算：

$$ZH = JD - T_h = \text{K}17 + 630.56 - 117.66 = \text{K}17 + 512.90$$

$$HY = ZH + L_s = K17 + 512.90 + 75 = K17 + 587.90$$

$$YH = HY + (L_h - 2L_s) = K17 + 587.90 + (226.76 - 2 \times 75) = K17 + 664.66$$

$$HZ = YH + L_s = K17 + 664.66 + 75 = K17 + 739.66$$

$$QZ = HZ - \frac{L_h}{2} = K17 + 739.66 - 226.76/2 = K17 + 626.28$$

$$JD = QZ + \frac{J_h}{2} = K17 + 626.28 + 8.56/2 = K17 + 630.56(\text{计算无误})$$

例 3.3 某山岭区二级公路上有一平曲线（图 3.21），半径 R 为 250m，交点桩号为 K9+522.38，偏角 α 为 25°35′36″，第一、第二缓和曲线长度分别为 $L_{s1} = 60\text{m}$，$L_{s2} = 35\text{m}$。试计算非对称基本型平面曲线各驻点的桩号。

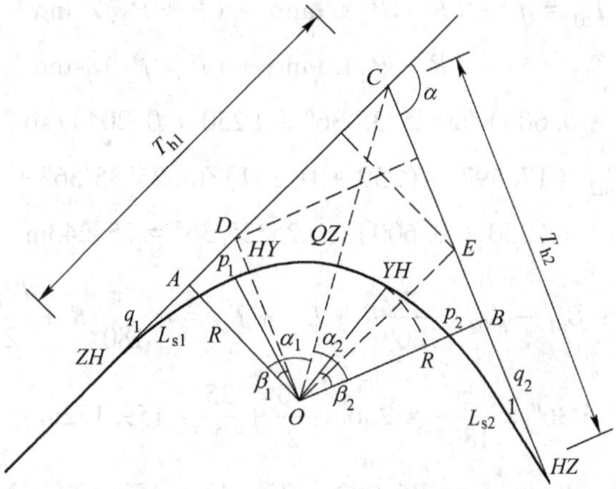

图 3.21 非对称基本型平曲线

解： 验算非对称曲线的回旋线参值是否满足《规范》要求。

$$A_1 = \sqrt{RL_{s1}} = \sqrt{250 \times 60} = 122.474\text{m}$$

$$A_2 = \sqrt{RL_{s2}} = \sqrt{250 \times 35} = 93.541\text{m}$$

$A_1 : A_2 = 122.474/93.541 = 1.309 < 2$，满足《规范》对非对称曲线缓和曲线参数的要求。

曲线要素计算

$$P_1 = \frac{L_{s1}^2}{24R} - \frac{L_{s1}^4}{2384R^3} = \left(\frac{60^2}{24 \times 250} - \frac{60^4}{2384 \times 250^3}\right) = 0.600\text{m}$$

$$P_2 = \frac{L_{s2}^2}{24R} - \frac{L_{s2}^4}{2384R^3} = \left(\frac{35^2}{24 \times 250} - \frac{35^4}{2384 \times 250^3}\right) = 0.204\text{m}$$

$$q_1 = \frac{L_{s1}}{2} - \frac{L_{s1}^3}{240R^2} = \left(\frac{60}{2} - \frac{60^3}{240 \times 250^2}\right) = 29.986\text{m}$$

$$q_2 = \frac{L_{s2}}{2} - \frac{L_{s2}^3}{240R^2} = \left(\frac{35}{2} - \frac{35^3}{240 \times 250^2}\right) = 17.497\text{m}$$

$$\beta_1 = \frac{L_{s1}}{2R} \cdot \frac{180^\circ}{\pi} = \frac{60}{2 \times 250} \cdot \frac{180^\circ}{\pi} = 6^\circ 52' 32$$

$$\beta_2 = \frac{L_{s2}}{2R} \cdot \frac{180°}{\pi} = \frac{35}{2 \times 250} \cdot \frac{180°}{\pi} = 4°00'39''$$

为计算非对称缓和曲线的切线长度，通过圆心 O 分别作两切线的平行线 OD 和 OE，则根据图 3.21 的几何关系，可得两切线长分别为：

$$T_{h1} = q_1 + \overline{AD} + \overline{DC}，\ T_{h2} = q_2 + \overline{BE} + \overline{EC}$$

根据几何关系

$$\overline{AD} = (R + P_1)/\tan(\pi - \alpha) = -(R + P_1)/\tan\alpha$$

$$\overline{DC} = (R + P_2)/\sin(\pi - \alpha) = (R + P_2)/\sin\alpha$$

由此得

$$T_{h1} = q_1 - (R + P_1)/\tan\alpha + (R + P_2)/\sin\alpha$$

$$T_{h2} = q_2 - (R + P_2)/\tan\alpha + (R + P_1)/\sin\alpha$$

$$T_{h1} = 29.986 - (250 + 0.600)/\tan25°35'36'' + (250 + 0.204)/\sin25°35'36'' = 85.989\text{m}$$

$$T_{h2} = 17.497 - (250 + 0.204)/\tan25°35'36'' + (250 + 0.600)/\sin25°35'36'' = 75.243\text{m}$$

$$L_h = (\alpha - \beta_{01} - \beta_{02})\frac{\pi}{180°}R + L_{s1} + L_{s2} = \alpha\frac{\pi}{180°}R + \frac{L_{s1}}{2} + \frac{L_{s2}}{2}$$

$$= 25°35'36'' \times \frac{\pi}{180°} \times 250 + \frac{60}{2} + \frac{35}{2} = 159.172\text{m}$$

$$J_h = T_{h1} + T_{h2} - L_h = 85.989 + 75.243 - 159.172 = 2.060\text{m}$$

主点桩号计算：

$$ZH = JD - T_{h1} = \text{K9} + 522.38 - 85.989 = \text{K9} + 436.391$$

$$HY = ZH + L_{s1} = \text{K9} + 436.391 + 60 = \text{K9} + 496.391$$

$$HZ = ZH + L_h = \text{K9} + 496.391 + 159.172 = \text{K9} + 595.563$$

$$YH = HZ - L_{s2} = \text{K9} + 595.563 - 35 = \text{K9} + 560.563$$

QZ 点位于圆心 O 与 JD 连线上，通过计算 α_1 的角度值计算出来。

$$\alpha_1 = \arctan\frac{T_1 - q_1}{R + P_1} = \arctan\frac{85.989 - 29.986}{250 + 0.60} = 12°35'50''$$

外距：

$$E_h = (R + P_1)\sec\alpha_1 - R = (250 + 0.60)\sec12°35'50'' - 250 = 6.781\text{m}$$

上半支曲线长度 L_{h1}：

$$L_{h1} = (\alpha_1 - \beta_{01})\frac{\pi}{180°}R + L_{s1}$$

$$= (12°35'50'' - 6°52'32'')\frac{\pi}{180°} \times 250 + 60 = 84.965\text{m}$$

$$QZ = ZH + L_{h1} = \text{K9} + 436.391 + 84.965 = \text{K9} + 521.356$$

3.6 行车视距

行车视距就是驾驶员在行驶过程中的通视距离。为了保证行车安全，驾驶员应能随时看到前方一定距离的公路及公路上的障碍物或迎面的来车，以便及时刹车或绕过。汽车在这段时间里沿公路路面行驶的必要安全距离，就是行车视距。无论在道路的平面上或纵断面上，都应保证必要的行车视距。

3.6.1 行车视距的计算

行车视距根据通视要求不同，可分为停车视距、会车视距和超车视距三种。

3.6.1.1 停车视距

汽车在单车道或有明显分隔带的双车道上行驶时，如前方遇到障碍物或路面破坏处，而又不能驶入临近车道绕过该处时，只好采取制动汽车的方式，使汽车在障碍物前完全停住，以保证安全。因此，当驾驶员发现前方障碍物后，立即采取制动措施，汽车在障碍物前安全停下来所需要的最短距离，称为停车视距。

停车视距 S_T（单位为 m）由三部分组成，如图 3.22 所示。即：

$$S_T = S_1 + S_Z + S_0$$

式中 S_1——司机反应时间内行驶的距离，m；

S_Z——司机开始制动到完全停止时行驶的距离，即“制动距离”，m；

S_0——安全距离，以保证汽车在障碍物前停车而不致冲到障碍物上，一般可取 3~5m。

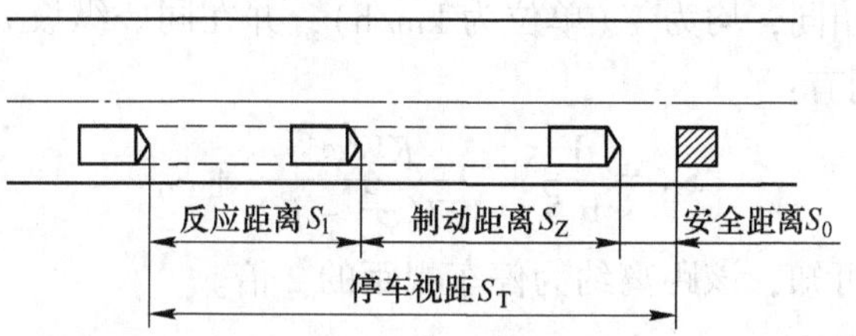

图 3.22 停车视距

汽车驾驶员反应时间包括发现障碍物后反应判断的时间和制动生效的时间。前一时间与司机的机敏程度和障碍物的颜色、大小等有关；后一时间是指从开始制动到闸瓦完全抱死车轮，使车轮处于滑动状态的时间。目前美国和日本规定判断时间为 1.5s，开始制动到制动生效时间为 1.0s，则反应时间共计为 2.5s。我国用 1.2s。汽车在这一时间内所行驶的距离为：

$$S_1 = 1.2v = 1.2 \times \frac{V}{3.6} = \frac{V}{3}$$

制动距离 S_Z 取决于制动力和车速的大小，其计算公式可以表示为：

$$S_Z = \frac{KV^2}{254(\varphi \pm i)}$$

式中 V——计算行车速度，km/h；

K——制动系数，一般取 1.2~1.4；

φ——纵向摩擦系数，一般按潮湿状态考虑；

i——路段的纵断面，上坡为正，下坡为负。

由上所述，停车视距的计算公式为：

$$S_T = S_1 + S_Z + S_0 = \frac{V}{3} + \frac{KV^2}{254(\varphi \pm i)} + S_0 \tag{3.44}$$

3.6.1.2 会车视距

会车视距是指两对向行驶的汽车能在同一车道上及时刹车所必需的距离。

会车视距 S_H（单位为 m）由三部分组成：

（1）在双方驾驶员反应时间和制动生效时间内，汽车所行驶的距离。

（2）双方汽车的制动距离。

（3）安全距离 S_0，如图 3.23 所示。

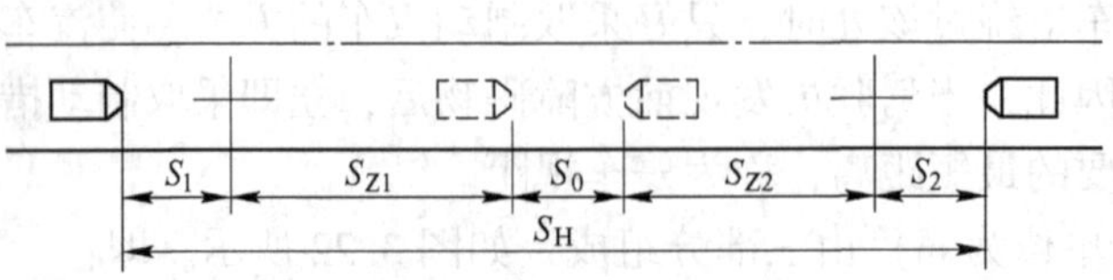

图 3.23 会车视距

如果以 V_1 和 V_2 表示汽车 1 和汽车 2 的车速，而且他们是在 i_1 和 i_2 的纵坡上行驶，则有：

$$S_H = \frac{V_1 + V_2}{3} + \frac{KV_1^2}{254(\varphi \pm i_1)} + \frac{KV_2^2}{254(\varphi \pm i_2)} + S_0 \tag{3.45}$$

如果两汽车车速相同，均为 V（单位为 km/h），并在同一纵坡 i 上行驶（即一辆车上坡、一辆车下坡），则有：

$$S_H = \frac{V}{1.5} + \frac{KV^2\varphi}{127(\varphi^2 - i^2)} + S_0 \tag{3.46}$$

由上面的计算式可知，该距离约为停车视距的 2 倍。

3.6.1.3 超车视距

汽车行驶时为超越前车所必需的视距称作超车视距。超车视距适用于双车道公路，超车视距的全程可分为以下四个阶段。

（1）加速行驶距离 S_1。如图 3.24 所示，尾随在慢车后面的超车汽车经判断认为有超车的可能，于是加速行驶移向对向车道，在进入该车道之前的行驶距离 S_1（单位为 m）为：

$$S_1 = \frac{V_0}{3.6}t_1 + \frac{1}{2}at_1^2$$

式中 V_0——被超汽车的速度，一般认为较设计速度低 10~20km/h；

t_1——加速时间，s，据实测数据一般情况下 t_1 = 2.9~4.5s；

a——平均加速度，m/s^2。

（2）超车汽车在对向车道上行驶的距离 S_2（单位为 m）：

$$S_2 = \frac{V}{3.6}t_2$$

式中 V——超车汽车的速度，一般都按设计速度行驶，km/h；

t_2——在对向车道上行驶的时间，s，一般 $t_2 = 9.3 \sim 10.4$s。

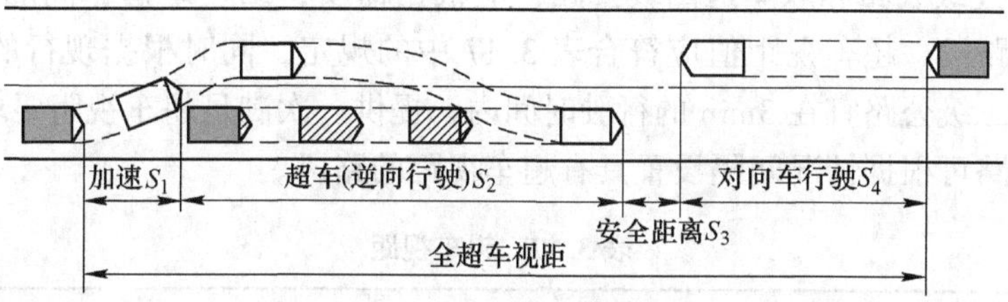

图 3.24 超车视距图示

（3）超车完成时，超车汽车与对向汽车之间的安全距离 S_3：

$$S_3 = 15 \sim 60\text{m}$$

（4）超车汽车从开始加速到超车完成的时间内，对向汽车的行驶距离 S_4（单位为 m）：

$$S_4 = \frac{V}{3.6}(t_1 + t_2)$$

以上四个距离的总和称为全超车视距 S_C（单位为 m），为：

$$S_C = S_1 + S_2 + S_3 + S_4 \tag{3.47}$$

考虑到 S_C 值较大，不太容易满足，实际行车中只需要考虑超车汽车从完全进入对向车道超车完成时所行驶的时间就很安全了。因为，在对向车道上追上被超汽车后，一旦发现对向有来车而其距离不足，司机还可以回到原来的车道上。一般汽车从对向车道赶上前车的时间取 $\frac{1}{3}t_2$，那么从这时开始到超车完成所用的时间为 $\frac{2}{3}t_2$，于是最小必要超车视距 S_{Cmin}（单位为 m）为：

$$S_{Cmin} = \frac{2}{3}S_2 + S_3 + S_4 \tag{3.48}$$

3.6.2 行车视距标准

我国《技术标准》对各级公路的行车视距进行了计算，设计中应满足相应的要求。行车视距的相关规定如下：

（1）高速公路和一级公路应满足停车视距的要求，其停车视距的规定值见表 3.14。

高速公路和一级公路均设置了中间带，没有对向行车，也就不存在同一车道上会车问题；高速公路和一级公路均有 4 个以上的行车道，而且划有分车道线，没有专门的超车道，也不存在到对向车道超车问题。

（2）二、三、四级公路，一般应满足会车视距的要求，其长度不应小于停车视距的 2 倍。受地形条件或其他特殊情况限制而采取分道行驶措施的地段，可采用停车视距。二、三、四级公路的停车视距规定值见表 3.16。

表 3.16　停车视距

设计速度/km · h^{-1}	120	100	80	60	40	30	20
停车视距/m	210	160	110	75	40	30	20

（3）二、三级公路和双车道四级公路，应根据需要，结合地形，间隔设置一定的具有超车视距的路段。超车视距值应符合表 3.17 中的规定，同时根据现行的《规范》，具有干线功能的二级公路宜在 3min 的行驶时间内，提供一次满足超车视距要求的超车路段。其他双车道公路可根据情况间隔设置具有超车视距的路段。

表 3.17　超车视距

设计速度/km · h^{-1}		80	60	40	30	20
超车视距/m	一般值	550	350	200	150	100
	最小值	350	250	150	100	70

注：“一般值”为正常情况下采用值；“最小值”为条件受限时可采用的值。

（4）高速公路、一级公路及大型车比例高的二、三级公路的下坡路段，应采用下坡段货车停车视距对相关路段进行检验。下坡段货车停车视距规定见表 3.18。

表 3.18　下坡段货车停车视距

设计速度/km · h^{-1}		120	100	80	60	40	30	20
下坡方向纵坡坡度/%	0	245	180	125	85	50	35	20
	3	265	190	130	89	50	35	20
	4	273	195	132	91	50	35	20
	5		200	136	93	50	35	20
	6			139	95	50	35	20
	7				97	50	35	20
	8						35	20
	9							20

（5）积雪冰冻地区的停车视距宜适当增长。

3.6.3　平面视距的保证

汽车在弯道上行驶时，弯道内侧行车视线可能被树木、建筑物、路堑边坡或其他障碍物所遮挡而使行车视距受到影响。因此，在路线设计时必须检查平曲线上的行车视距是否能得到保证，如通过检查发现行车视距不能满足要求，则应清除视距区段内侧横净距内的障碍物或采取其他措施，如图 3.25 所示。

平曲线上的视距检查方法有两种：一是最大横净距法；二是视距包络图法。

3.6.3.1　最大横净距法

A　基本概念

（1）驾驶员的视点位置。驾驶员的视点位置的规定如图 3.25 所示。

横向：距路面内缘（为加宽前）1.5m，或距路面中心线 $\frac{B}{2}-1.5\text{m}$；

竖向：视线高为 1.2m。

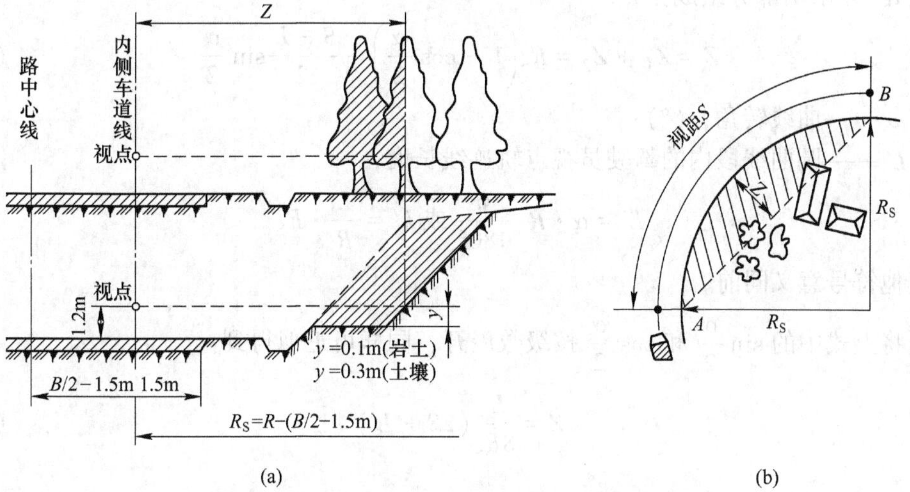

图 3.25 驾驶员视点位置

（2）视点轨迹线与视距线。驾驶员的眼睛位置（即视点位置）沿路线移动所形成的轨迹线（称为视点轨迹线），如图 3.25（b）所示。驾驶员视点轨迹线上长度等于行车视距 S 的任意两点连线称为视距线。如图 3.25（b）中 A、B 为视点轨迹线上的两点，其间的轨迹线长度为行车视距 S，则 AB 的连线即 B 为视距线。在视距线与视点轨迹线之间不应有任何障碍物，否则会遮挡视线，影响行车安全。

（3）横净距与最大横净距。横净距就是驾驶员视点轨迹线到视距线间的最大距离。在有曲线的路段上不同位置的横净距可能不相等。所有横净距中的最大值称为最大横净距。它一般出现在曲线顶点处或曲线定点附近的一段范围内。

B 最大横净距的计算

a 不设回旋线时最大横净距 Z 的计算

（1）曲线长度 L' 不小于视距 S。计算最大横净距时，曲线长度均指驾驶员视点轨迹线的曲线长度，包括圆曲线和缓和曲线。如图 3.26（a）所示，这时的最大横净距出现在视距线两端，均在圆曲线线段内圆弧顶部。

$$Z = R_S\left(1-\cos\frac{\gamma}{2}\right) \tag{3.49}$$

式中 Z ——最大横净距，m；

R_S ——沿内侧车道行驶的驾驶员视点轨迹线半径，m，$R_S = R-\frac{B}{2}-1.5\text{m}$；

γ ——视距长度 S 所对应的圆心角，$\gamma=\frac{S}{R_S}\cdot\frac{180°}{\pi}$。

若将上式中的 $\cos\frac{\gamma}{2}$ 按级数展开，可近似得到：

$$Z \approx \frac{S^2}{8R_S} \tag{3.50}$$

(2) 曲线长度 L' 小于视距 S 。如图 3.26（b）所示，这时的最大横净距出现在圆曲线顶点处, Z 由两部分组成：

$$Z = Z_1 + Z_2 = R_S\left(1 - \cos\frac{\alpha}{2}\right) + \frac{S - L'}{2}\sin\frac{\alpha}{2} \tag{3.51}$$

式中 α——曲线转角，(°)；

L'——圆曲线段内的驾驶员视点轨迹线长度，

$$L' = \alpha \cdot R_S \frac{\pi}{180°} \text{或} L' = \frac{L}{R} \cdot R_S$$

其他符号意义同前。

若将上式中的 $\sin\frac{\alpha}{2}$ 和 $\cos\frac{\alpha}{2}$ 按级数展开，同样可近似得到：

$$Z = \frac{L'}{8R_S}(2S - L') \tag{3.52}$$

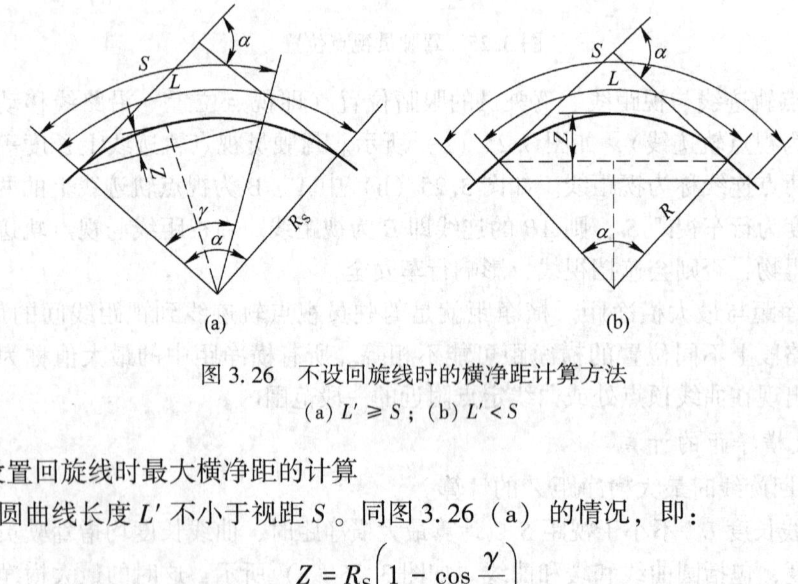

图 3.26 不设回旋线时的横净距计算方法

(a) $L' \geqslant S$；(b) $L' < S$

b 设置回旋线时最大横净距的计算

(1) 圆曲线长度 L' 不小于视距 S 。同图 3.26（a）的情况，即：

$$Z = R_S\left(1 - \cos\frac{\gamma}{2}\right)$$

(2) 平曲线长度 L' >视距 S >圆曲线长度 L'_γ［见图 3.27（a）］。这时的最大横净距出现在曲线顶点处, Z 由两部分组成，即：

$$Z = Z_1 + Z_2 = R_S\left(1 - \cos\frac{\alpha - 2\beta_0}{2}\right) + \sin\left(\frac{\alpha}{2} - \delta\right)(L'_S - l) \tag{3.53}$$

式中 L'——缓和曲线内侧行车轨迹长度, $L'_S = \frac{L_S}{R} \cdot R_S$ ，m；

l——缓和曲线起点到视距线起点的距离, $l = \frac{L' - S}{2}$ ，m；

L'_S——圆曲线段内的驾驶员视点轨迹长度，m；

α ——曲线转角，(°)；

β_0 ——缓和曲线的切线角，$\beta_0 = \dfrac{L_S}{2R} \cdot \dfrac{180°}{\pi}$；

δ ——修正角，$\delta = \arctan\left\{\dfrac{L'_S}{6R}\left[1 + \dfrac{l}{L'_S} + \left(\dfrac{l}{L'_S}\right)^2\right]\right\}$。

（3）平曲线长度 L' 小于视距 S。这时的最大横净距出现在曲线顶点处，Z 由三部分组成［见图 3.27（b）］：

$$Z_1 = R_S\left(1 - \cos\frac{\alpha - 2\beta_0}{2}\right)$$

$$Z_2 = \sin\left(\frac{\alpha}{2} - \delta\right)L'_S$$

$$Z_3 = \sin\frac{\alpha}{2} \cdot \frac{S - L}{2}$$

$$Z = Z_1 + Z_2 + Z_3 = R_S\left(1 - \cos\frac{\alpha - 2\beta_0}{2}\right) + \sin\left(\frac{\alpha}{2} - \delta\right) + \sin\frac{\alpha}{2} \cdot \frac{S - L}{2} \tag{3.54}$$

式中 δ ——转正角，$\delta = \arctan\dfrac{L'_S}{6R_S}$。

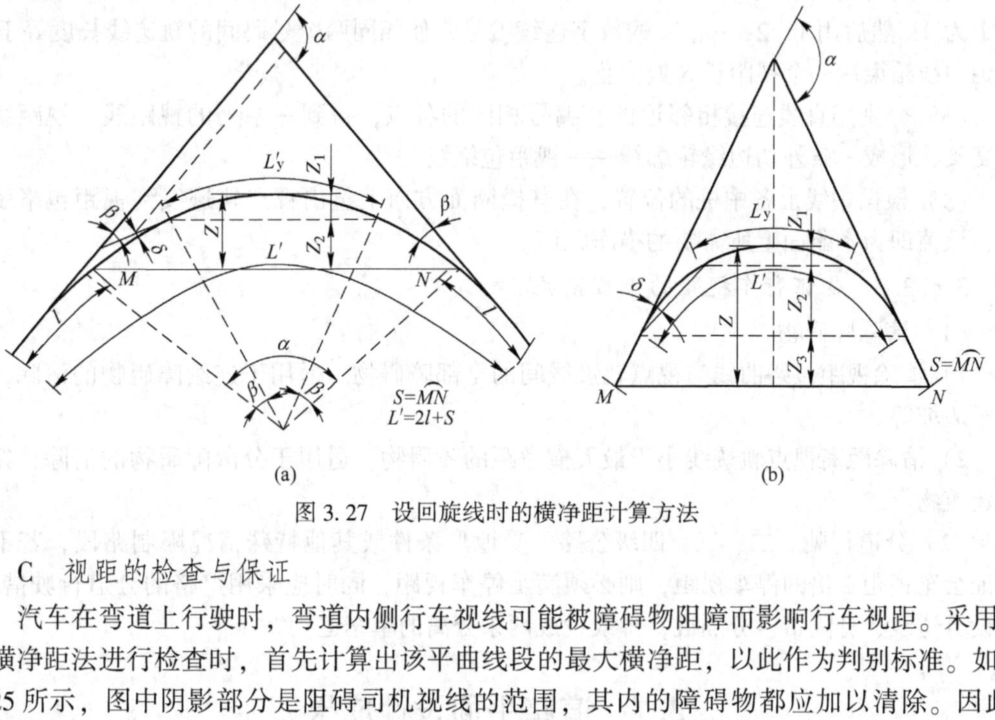

图 3.27 设回旋线时的横净距计算方法

C 视距的检查与保证

汽车在弯道上行驶时，弯道内侧行车视线可能被障碍物阻障而影响行车视距。采用做大横净距法进行检查时，首先计算出该平曲线段的最大横净距，以此作为判别标准。如图 3.25 所示，图中阴影部分是阻碍司机视线的范围，其内的障碍物都应加以清除。因此，在路线设计时必须检查平曲线上的视距是否能得到保证，如遇遮挡时，必须清除视距区段内侧横净距内的障碍物。

3.6.3.2 视距包络图法

视距包络图法就是在驾驶员的视点轨迹线上，每隔一定的间隔绘出一系列的视距线，视距线相互交叉而形成的外边缘线作为清除障碍的界限的方法。如图 3. 28 所示。

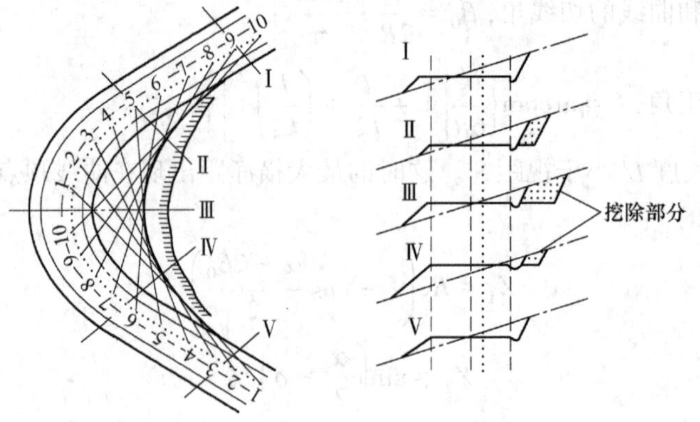

图 3. 28 视距包络图

视距包络图的绘制步骤与方法：

(1) 按一定的比例尺绘出弯道平面图，绘出路基、路面边缘和路中心线，并根据路面宽度绘出驾驶员的视点轨迹线。

(2) 在视点轨迹线上按一定的距离进行量距分点。在轨迹线上从弯道两端相连的直线上距曲线的起点（或终点）为一个视距长 S 处开始，量距步长为 S/n，进行布点。把起点定为 0，然后用 1，2，…，n 的数字连续编号，使相同两个号码间的轨迹线长度等于 S，直到曲线结束后一个视距长 S 处为止。

(3) 分别用直线连接相邻近的、编号相同的各点，得到一系列的视距线。视距线相互交叉，形成一条外切边缘轮廓线——视距包络线。

(4) 根据中线上各中桩的位置，在其横断面方向上量出视点轨迹线到视距包络线距离，该值即为本断面上所需要的横净距值。

3. 6. 3. 3 保证行车视距的工程措施

(1) 清除障碍物：

1) 清除视距包络曲线与视点轨迹线间的全部障碍物。适用于连续障碍物的清除，如路堑边坡等。

2) 清除距离视点轨迹线小于最大横净距的障碍物。适用于分散障碍物的清除，如独立建筑物等。

(2) 分道行驶。二、三、四级公路，受地形条件或其他特殊情况限制路段，若不能保证会车视距 2 倍的停车视距，则必须满足停车视距，同时应采用严格的分道行驶措施。如设分道线、分隔带、分隔桩，抑或设成两条分离的单车道。

3. 7 道路平面设计成果

3.7.1 路线平面设计主要任务及成果

路线平面设计主要任务包括：

（1）确定平面位置与线形、交点位置（里程桩号、交点间距、偏角或坐标等）。

（2）确定平曲线半径及缓和曲线长度（参数 A）。

（3）平面线形设计（线形要素的组合）。

（4）路线里程桩号计算及逐桩坐标计算。

（5）平面视距的检查与保证措施。

道路平面设计的成果主要是图纸和表格。图纸主要有路线平面设计图、路线交叉设计图、道路平面布置图、纸上移线图（有移线时）等。表格主要有直线、曲线及转角表、路线交点坐标表、逐桩坐标表、路线固定表、总里程及断链桩号表等。

3.7.2 直线、曲线及转角表

直线、曲线及转角表是道路设计的主要成果之一，它通过测角、中线丈量和平曲线设计之后获得。该表较为全面地反映了路线的平面位置和路线平面线形的各项技术指标，它含有绘制路线平面设计图的基础数据和基本资料，同时也为路线的纵断面设计、横断面设计和其他构造物设计提供数据。

直线、曲线及转角表应列出交点号、交点桩号、交点坐标、偏角、曲线各要素值、平曲线主要桩位、直线长、交点间距、计算方位角，备注路线起止点桩号、断链桩号、坐标系统等。

3.7.3 路线平面设计图

道路路线平面图是指包括道路中线在内的有一定宽度的带状地形图。它是道路设计文件的重要组成部分，是其他项目设计的主要依据之一。该图全面、清晰地反映了道路的平面位置、路线高度、沿线人工构造物和工程设施的布置情况，以及道路与周围环境、地形、地物的关系。

3.7.3.1 公路平面图

A 一般要求

一般路线平面图采用 1∶2000 的比例尺，地物较少的平原微丘区也可采用 1∶5000 的比例。

路线平面图应绘出沿线的地形、地物、标注出路线（路线的里程桩号、断链、平曲线要素及主要桩位）、水准点、大中桥、路线交叉、隧道、主要沿线设施的位置以及省、市、自治区、县的分界线等。地形图的带宽一般为中线两侧各 200~250m。

高等级公路常用的比例尺有 1∶500 和 1∶1000，由于高等级公路测设标准高、路基宽度大、沿线设施齐全，除上述要求的标注以外，还应标出坐标格网、导线点、交点坐标表、桥涵、沿线排水系统和主要设施的布置等，应标明路中线、中央分割带、路基边线、坡脚（或坡顶）及主要曲线的桩位。

地形图的带宽一般为中线两侧各 100~200m，若有比较线，应将比较线包括进去。

公路路线平面图幅一般采用 A3 幅面。

B 路线平面图的绘制方法

（1）导线展绘。一般采用正切法，切线边长按比例绘出，偏角按正切法绘出，即取

10cm 作为横坐标，用偏角的正切值乘以 10cm 作为纵坐标确定偏角方向。路线导线宜布置在图幅中央位置，每页起、终点宜位于同一条水平线上。路线一律按前进方向从左至右画，在每张图的拼接处画出接图线。在图的右上角注明共×张、第×张。

(2) 平曲线敷设。一般采用切线支距法绘出平曲线上一定间隔的点，并以光滑曲线连接。曲线主点按其测设方法绘出。

(3) 等高线绘制。实测时按观测点构成三角网，在网边线上内插等高线。由其他地形图复制时，按一定间隔（如 50m）的桩号沿横断面方向测量等高线的间距，并复制到平面图上。

(4) 控制点、各种构造物的测绘。各种比例尺的地形图均应按比例原位展绘各等级三角点、导线点、图根点、水准点等，并按规定的符号表示。

(5) 水系及其附属物、植被、地物等的测绘。地形图上应原位标绘出河网水系，河流、水沟等应注明水流流向；各种植被按地段分别用专门的符号表示；各地物按比例尺原位绘出。

公路路线平面图示例如图 3.29 所示。

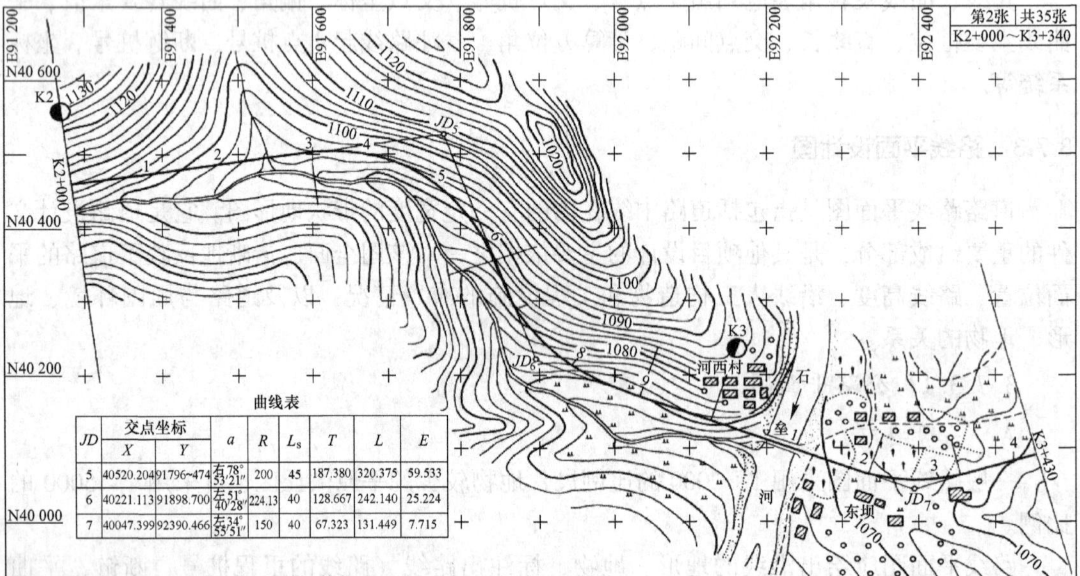

JD	交点坐标 X	交点坐标 Y	a	R	L_s	T	L	E
5	40520.204	91796~474	右78°53′21″	200	45	187.380	320.375	59.533
6	40221.113	91898.700	左51°40′28″	224.13	40	128.667	242.140	25.224
7	40047.399	92390.466	左34°55′51″	150	40	67.323	131.449	7.715

图 3.29　公路路线平面图示例

3.7.3.2　城市道路平面图

城市道路相对于公路，长度较短而宽度较宽，绘图比例尺一般选用 1∶500~1∶1000。绘图的范围根据道路等级而定，等级越高范围越大。通常在道路两侧红线以外各 20~50m，或中线两侧各 50~150m。城市道路平面图应标明路中心线，远、近期的规划红线，车行道线，人行道线，停车场，绿带，交通岛，人行横道线，沿街建筑物出入口，各种地上杆线和地下管线的走向，雨水口，窨井等，标注交叉口及沿线的里程桩。弯道和交叉口处还应注明曲线要素、交叉口侧石的转弯半径等。

习　题

3.1　某三级公路（30km/h）上有一平曲线，半径 R= 100m。试设计该平曲线的最小缓和曲线长度。

3.2　某二级公路（80km/h）上有一平曲线，半径 R = 250m，交点的桩号为 K11 + 210.12，转角为 30°30′24″。试按对称基本型设计该曲线的缓和曲线长度，并计算平曲线各主点的桩号。

3.3　某二级公路（60km/h）上有一平曲线，半径 R = 310m，交点的桩号为 K15 + 150.36，转角为 20°35′18″，L_{s1} = 80m 。试验算缓和曲线长度 L_{s2} = 50m 是否满足要求，若满足要求，请计算非对称基本型平曲线各主点的桩号。

3.4　某二级公路（80km/h）上有两个相邻交点，交点间距 L= 420m，交点 1 的桩号为 K55+096.68，转角 1 为右转弯，α_1 = 19°31′00″，根据地形条件的限制，曲线 1 的半径 R_1 = 820m，缓和曲线长度 L_{s1} = 120m；转角 2 为左转弯，α_2 = 32°30′52″ 试按 S 形平曲线组合设计曲线 2 的半径和缓和曲线长度，并计算平曲线各主点的桩号。

3.5　某双车道公路，设计速度 60km/h，路基宽度 8.5m，路面宽度 7.0m。弯道 R = 125m，L_s = 50m，α = 52°33′58″。弯道内侧中心附近的障碍物距路基边缘 3.2m。试检查该弯道能否保证停车视距和超车视距；若不能保证，清除的最大宽度是多少？

4 道路纵断面设计

4.1 概　　述

沿着道路中线竖直剖切然后展开得到的断面即为路线纵断面。由于自然因素的影响及经济性要求，路线纵断面总是一条有起伏的空间线。纵断面设计就是在路线纵断面图上研究路线线位高度及坡度变化情况的过程，即根据汽车的动力特性、道路等级、当地的自然地理条件及工程经济性等，确定起伏空间线的位置与线形，以便达到行车安全迅速、运输经济合理及乘客感觉舒适的目的。

图 4.1 所示为路线纵断面示意图。纵断面图是道路纵断面设计的主要成果，也是道路设计的重要技术文件之一。将它与平面图结合起来，就能准确地定出道路的空间位置。

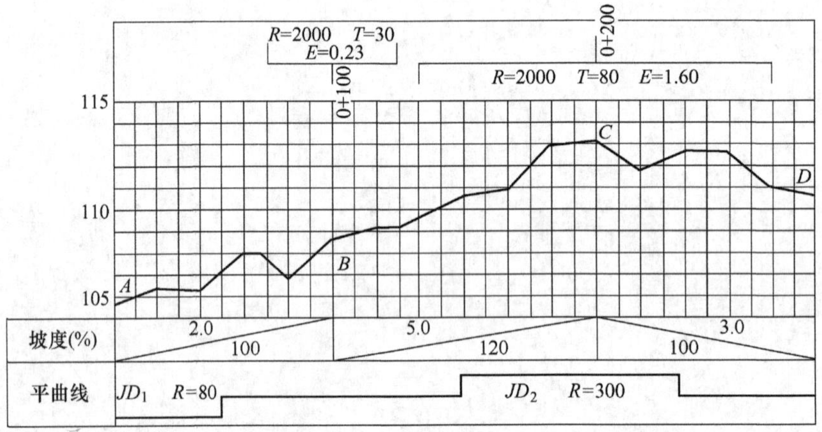

图 4.1　路线纵断面图

在纵断面图上有两条主要的线：一条是地面线，它是根据中线上各桩点的地面高程点绘的一条不规则的折线，反映了沿着中线地面的起伏变化情况；另一条是设计线，它是经过技术、经济及美学等多方面比较后定出的由直坡线和竖曲线组成的一条具有规则形状的几何线形，反映了道路路线的起伏变化情况。它是由中线上各桩点的设计高程点绘出来的。

《规范》对纵断面上的设计高程（亦称设计标高），即路基设计标高规定如下：

（1）新建公路的路基设计标高。高速公路和一级公路宜采用中央分隔带的外侧边缘标高；二级公路、三级公路、四级公路宜采用路基边缘标高。

（2）改建公路的路基设计标高。宜按新建公路的规定执行，也可视具体情况采用中央分隔带中线或行车道中线标高。

纵坡线有上坡和下坡，其坡度和长度影响着汽车的行驶速度和运输的经济及行车的安全，它们的一些临界值的确定和必要的限制，是以通行的汽车行驶性能来决定的。

纵坡线的坡度即路线纵向坡度，简称纵坡，用符号 i 表示，其值按式（4.1）计算：

$$i = \frac{H_1 - H_2}{L} \times 100\% \tag{4.1}$$

式中 i——纵坡,%，按路线前进方向，上坡为正，下坡为负；

H_1，H_2——按路线前进方向为序的坡线两端点的标高，m；

L——坡线两端点间的水平距离，称坡线长度，简称坡长，m。

本章从汽车行驶特性出发，主要讨论纵断面设计线的设计要点和计算。

4.2 纵坡及坡长设计

4.2.1 纵坡设计的一般要求

为了使纵坡设计技术上满足要求经济上又合理，纵坡设计应满足的一般要求为：

（1）纵坡设计必须满足《技术标准》的各项规定。

（2）为保证车辆能以一定速度安全顺适的行驶，纵坡应具有一定的平顺性，起伏不宜过大和过于频繁，应保持视觉连续，并与地形相适应，与周围环境相协调；应尽量避免采用极限纵坡值，并留有一定的余地。

（3）设计应对沿线地形、地质、水文、地下管线、气候和排水等综合考虑，并根据需要采取适当的技术措施，以保证道路的稳定与通畅。

（4）一般情况下纵坡设计应尽量减少土石方和其他工程数量，以降低造价和节省用地。

（5）纵坡设计应考虑填挖平衡，并利用挖方就近作为填方，以减轻对自然地面横坡与环境的影响。

（6）平原及低丘陵地区地下水埋深较浅或地表水分布较多地段，应满足最小填土高度要求，以保证路基稳定（称为包线设计）。

4.2.2 最大纵坡

最大纵坡是指在纵坡设计时各级道路允许采用的最大坡度值，它是道路纵断面设计的重要控制指标。在重丘、山岭地区，它直接影响路线的长短、线形的好坏、使用质量的好坏、工程数量和运输成本。

各级道路允许的最大纵坡是根据汽车的动力特性、道路等级、自然条件、车辆安全行驶及工程、运营经济等因素，通过综合分析，全面考虑，合理确定的。

各级公路最大纵坡的规定见表4.1。

表4.1 各级公路最大纵坡

设计速度/$km \cdot h^{-1}$	120	100	80	60	40	30	20
最大纵坡/%	3	4	5	6	7	8	9

城市道路最大纵坡约相当于公路按设计速度计算的最大纵坡减小 1%。

设计速度为 120km/h、100km/h、80km/h 的高速公路受地形条件或其他特殊情况限制时，经技术经济论证合理，最大纵坡可增加 1%；设计速度为 40km/h、30km/h、20km/h的公路，改建工程利用原有公路的路段，经技术经济论证合理，最大纵坡可增加 1%；四级公路位于海拔 2000m 以上或积雪冰冻地区的路段，最大纵坡不应大于 8%。

4.2.3　高原纵坡折减

在高海拔地区，因空气密度下降而使汽车发动机的功率减小，汽车的驱动力降低，导致汽车的爬坡能力下降；汽车水箱中的水易于沸腾而降低甚至破坏冷却系统。为此，应将《技术标准》中规定的最大纵坡予以折减，在高原地区的道路纵坡设计中应适当采用较小的坡度。

《规范》规定：设计速度小于或等于 80km/h 位于海拔 3000m 以上高原地区的公路，最大纵坡应按表 4.2 的规定予以折减。最大纵坡折减后若小于 4%，则仍采用 4%。

表 4.2　高原纵坡折减值

海拔高度/%	3000~4000	4000~5000	5000~6000
纵坡折减/%	1	2	3

4.2.4　最小纵坡

挖方路段及其他横向排水不畅的路段规定的纵坡最小值称为最小纵坡。从汽车运营的角度出发，希望道路纵坡设计得小一些为好。但是，在长路堑及其他横向排水不通畅地段，为防止积水渗入路基而影响其稳定性，各级公路的纵坡不宜小于 0.3%。

当必须设计平坡或纵坡小于 0.3%时，边沟应作纵向排水设计。在弯道超高横坡渐变段上，为使行车道外侧边缘不出现反坡，设计最小纵坡不宜小于超高允许渐变率。

干旱少雨地区最小纵坡可不受上述限制。

4.2.5　坡长限制

4.2.5.1　最小坡长限制

最小坡长的限制主要是从汽车行驶平顺性和布设竖曲线的要求考虑的。如果坡长过短，使变坡点增多，汽车行驶在连续起伏地段会产生颠簸，导致乘客感觉不舒适，车速越高不适感越突出。从路容美观、相邻两竖曲线的设置和纵面视距等方面也要求坡长应有一定最小长度。

《技术标准》和《城规》规定，各级道路最小坡长应按表 4.3 和表 4.4 选用。在平面交叉口、立体交叉的匝道及过水路面地段，最小坡长可不受此限。

表 4.3　各级公路最小坡长

设计速度/$km \cdot h^{-1}$	120	100	80	60	40	30	20
最小坡长/m	300	250	200	150	120	100	60

表 4.4 城市道路最小坡长

设计速度/km·h^{-1}	80	60	50	40	30	20
最小坡长/m	290	170	140	110	85	60

4.2.5.2 最大坡长限制

道路纵坡的大小及其坡长对汽车正常行驶影响很大。纵坡越陡，坡长越长，对行车影响也越大。主要表现在使行车速度显著下降，甚至要换较低排挡克服坡度阻力；易使水箱“开锅”，导致汽车爬坡无力，甚至熄火；下坡行驶制动次数频繁，易使制动器发热而失效，甚至造成车祸。

所谓最大坡长限制是指控制汽车在坡道上行驶，当车速下降到最低允许速度时所行驶的距离。公路及城市道路不同纵坡的最大坡长见表 4.5 及表 4.6。

表 4.5 各级公路不同纵坡最大坡长

设计速度/km·h^{-1}		120	100	80	60	40	30	20
坡度/%	3	900	1000	1100	1200	—	—	—
	4	700	800	900	1000	1100	1100	1200
	5	—	600	700	800	900	900	1000
	6	—	—	500	600	700	700	800
	7	—	—	—	—	500	500	600
	8	—	—	—	—	300	300	400
	9	—	—	—	—	—	200	300
	10	—	—	—	—	—	—	200

表 4.6 城市道路纵坡长度限制

设计速度/km·h^{-1}	80			60			50			40		
纵坡坡度/%	5	5.5	6	6	6.5	7	6	6.5	7	6.5	7	8
纵坡长度限制/%	600	500	400	400	350	300	350	300	250	300	250	200

高速公路、一级公路连续陡坡由几个不同坡度值的坡段组合而成时，可对纵坡长度受限制的路段采用平均坡度法进行验算。

$$i_{均} = \frac{\sum L_i \cdot i}{\sum L_i} \tag{4.2}$$

式中 $i_{均}$ ——连续陡坡路段的平均纵坡，%；

L_i ——i 坡度的实际坡长，m。

当公路上有大量畜力车通行时，在可能情况下宜在不超过 500m 处设置一段不大于 2%~3%的缓坡，以利于畜力车行驶。城市道路的非机动车车行道纵坡宜小于 2.5%。

4.2.6 缓和坡段

公路连续上坡或下坡时，应在不大于表 4.5 和表 4.6 所规定的纵坡长度之间设置缓和坡段，用以恢复在陡坡上降低的速度，另外，从下坡安全考虑，缓坡也是需要的。

《技术标准》规定缓和坡段的纵坡应不大于3%，其长度应不小于该级公路相应的最小坡长。缓和坡段的具体位置应结合纵向地形起伏情况，尽量减少填挖方工程数量，同时应考虑路线的平面线形要素。通常缓和坡段宜设置在平面的直线或较大半径的平曲线上，以发挥缓和坡段的作用，提高道路的使用质量。在必须设置缓和坡段而地形有困难地段，可以将缓和坡段设于半径比较小的平曲线上，但应适当增加缓和坡段的长度。如三级公路平曲线半径小于40m，四级公路小于20m，此时的缓坡段应予增加，所增加的长度为该平曲线的半径值。

4.2.7 平均纵坡

平均纵坡是指由若干坡段组成的路段所克服的高差与路线长度之比，是衡量线形质量的重要指标，目的是为了合理运用最大纵坡、坡长及缓和坡段的规定，以保证车辆安全顺利地行驶的限制性指标。

道路纵坡设计时有时会出现路线符合最大纵坡、坡长限制及缓和坡段规定，但也不一定能保证行车顺利安全。越岭线平均纵坡大的路段，意味着坡度及坡长值均可能较大。设计者在进行拉坡时可能交替使用极限长度的最大纵坡及缓和坡段，形成“台阶式”纵断面线形，这是一种合法但不合理的做法。一方面，在这种坡道上汽车会较长时间频繁地使用低挡行驶，增加汽车零件磨损，下坡需频繁刹车制动，影响行车安全；另一方面，平均纵坡值并不是越小越好、若过分降低平均坡度值，会导致越岭路段路线长度显著增加，建设费用及营运费用升高，反而不合适。所以平均纵坡控制在一定范围内较为合适。

《规范》规定：二、三、四级公路越岭路线连续上坡（或下坡）路段，相对高差为200~500m时平均纵坡不应大于5.5%；相对高差大于500m时平均纵坡不应大于5%，且任意连续3km路段的平均纵坡不应大于5.5%。城市道路的平均纵坡按上述规定减少1.0%。对于海拔3000m以上的高原地区，平均纵坡应较规定值减少0.5%~1.0%。

平均纵坡指标可控制越岭路段的长度保持在合理范围内。

4.2.8 合成坡度

合成坡度是指由路线纵坡与弯道超高横坡或路拱横坡组合而成的坡度，其方向即流水线方向。合成坡度的计算公式为：

$$I = \sqrt{i_h^2 + i^2} \tag{4.3}$$

式中 I——合成坡度,%；

i_h——超高横坡度或路拱横坡度,%；

i——路线设计纵坡坡度,%。

在有平曲线的坡道上，最大坡度既不是纵坡方向，也不是横坡方向，而是两者组合成的流水线方向。将合成坡度控制在一定范围之内，目的是尽可能地避免急弯和陡坡的不利组合，防止因合成坡度过大而引起横向滑移和行车危险，保证车辆在弯道上安全而顺适地运行。

各级公路最大合成坡度值规定见表4.7。

当陡坡与小半径圆曲线相重叠时，宜采用较小的合成坡度。特别是在冬季路面有积雪结冰的地区、自然横坡较陡峻的傍山路段及非汽车交通量较大的路段，其合成坡度必须小于8%。

表 4.7 各级公路最大合成坡度

公路等级	高速公路			一级公路			二级公路		三级公路		四级公路
设计速度/$km \cdot h^{-1}$	120	100	80	100	80	60	80	60	40	30	20
合成坡度值/%	10.0	10.0	10.5	10.0	10.5	10.5	9.0	9.5	10.0	10.0	10.0

城市道路对合成坡度的规定见表4.8。在积雪地区各级道路合成坡度应小于或等于6%。

表 4.8 城市道路最大合成坡度

设计速度/$km \cdot h^{-1}$	80	60	50	40	30	20
合成坡度/%	7	6.5		7		8

各级道路最小合成坡度不宜小于0.5%。在超高过渡的变化处，合成坡度不应设计为0%。当合成坡度小于0.5%时，应采取综合排水措施，以保证路面排水畅通。

最大合成坡度指标控制陡坡与急弯的重合，而最小合成坡度指标控制平坡与设超高的平曲线重合。

4.3 竖 曲 线

4.3.1 竖曲线的作用及线形

纵断面上相邻两条纵坡线的交点称为变坡点。为保证行车安全、舒适及视距的需要，需在坡段的转折处设置一段曲线来缓和，该曲线称为竖曲线。相邻两条坡度线的坡度差称为变坡角，通常用坡度值之差代替，用 ω 表示，即：

$$\omega = \alpha_2 - \alpha_1 \approx \tan\alpha_2 - \tan\alpha_1 = i_2 - i_1$$

当变坡角 ω 为负时，变坡点在竖曲线的上方，该竖曲线称为凸形竖曲线；当变坡角 ω 为正时，变坡点在竖曲线的下方，该竖曲线称为凹形竖曲线。

竖曲线的主要作用：

(1) 缓冲作用。以平缓的曲线取代折线可消除汽车在变坡点处的冲击。

(2) 保证公路纵向的行车视距。凸形竖曲线可减小纵坡变化产生的盲区，凹形竖曲线可增加下穿路线的视距。

(3) 将竖曲线与平曲线恰当组合，有利于路面排水和改善行车的视线诱导和舒适感。

竖曲线线形可采用抛物线或圆曲线，在使用范围内二者几乎没有差别，但在设计和计算上，抛物线比圆曲线更为方便。《规范》规定采用二次抛物线作为竖曲线的线形。抛物线的纵轴保持直立，且与两相邻纵坡线相切。一般情况下，竖曲线在变坡点两侧是不对称的，但两切线长保持相等。

4.3.2 竖曲线要素的计算公式

取坐标系如图 4.2 所示，设变坡点相邻两纵坡坡度分别为 i_1 和 i_2，二次抛物线一般方程(包含抛物线顶、底部）为：

$$y = \frac{1}{2R}x^2 \tag{4.4}$$

式中 R——抛物线顶点处的曲率半径。

对竖曲线上任一点 P，其斜率（即通过该点的切线的坡度）为：

$$i_P = \frac{dy}{dx} = \frac{x}{R} \tag{4.5}$$

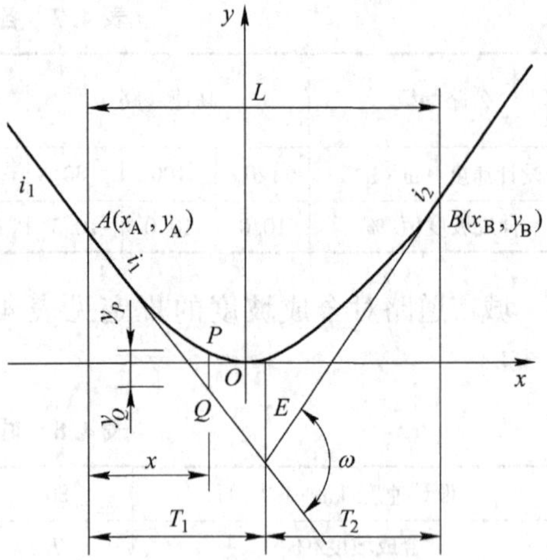

图 4.2 竖曲线要素计算

4.3.2.1 竖曲线长度 L

由于在纵断面设计中长度是指两点间的水平距离，因此竖曲线的长度及切线长均为其在水平面上的投影。故 $L = \overline{AB} = x_B - x_A = Ri_2 - Ri_1 = R(i_2 - i_1) = R\omega$，即：

$$L = R\omega \tag{4.6}$$

4.3.2.2 竖曲线切线长 T

因为 $T = T_1 = T_2$，故：

$$T = \frac{L}{2} = \frac{R\omega}{2} \tag{4.7}$$

4.3.2.3 竖曲线上任一点竖距 h

如图 4.2 所示，因为：

$$h = \overline{PQ} = y_P - y_Q = \frac{x_P^2}{2R} - (y_A - i_1 x) = \left[\frac{x_A^2}{2R} - i_1(x_A - x_P)\right]$$

$$i = \frac{x_A}{R}$$

化简后得：

$$h = \frac{(x_P - x_A)^2}{2R} = \frac{x^2}{2R} \tag{4.8}$$

同理，下半支曲线的竖距 h：

$$h = \frac{(L - x)^2}{2R} \tag{4.9}$$

若设计算点离开竖曲线终点的距离为 x'，$x' = L - x$，则 $h = \frac{x'^2}{2R}$。

4.3.2.4 竖曲线外距 E

上半支曲线 $x = T_1$，$E_1 = \frac{T_1^2}{2R}$；

下半支曲线 $x = T_2$，$E_2 = \frac{T_2^2}{2R}$

由于外距是变坡点处的竖距，$E_1 = E_2 = E$，故：

$$\frac{T_1^2}{2R} = \frac{T_2^2}{2R}$$

即：

$$E = \frac{T^2}{2R} \quad 或 \quad E = \frac{R\omega^2}{8} = \frac{L\omega}{8} = \frac{T\omega}{4} \tag{4.10}$$

为简单起见，将式（4.8）、式（4.9）合并写成：

$$y = \frac{x^2}{2R} \tag{4.11}$$

式中 R——竖曲线半径，m；

L——竖曲线的曲线长，m；

T——竖曲线的切线长，m；

E——竖曲线的外距，m；

ω——两相邻纵坡的代数差，以小数计，在计算竖曲线要素时取其绝对值；

y——竖曲线上任意点到切线的纵距（竖距），即竖曲线上任意点与坡线的高差，m；

x——竖曲线上任意点与竖曲线始点或终点的水平距离，m。

4.3.3 竖曲线的最小半径和最小长度

汽车在凸形竖曲线上行驶时，因前方隆起使驾驶员视线受障碍；在高速公路及城市道路上有许多跨线桥、门式交通标志及广告宣传牌等，如果它们正好处在凹形竖曲线上方，也会影响驾驶员的视线，设计时必须满足这些地段的行车视距要求。当汽车行驶在凹形竖曲线上时，产生的离心力与汽车的重力相同，易产生震动、冲击，甚至因悬挂系统的弹簧超负荷而产生不良的后果，设计时应控制离心力以保证行车的安全、舒适。如果竖曲线长度过短，汽车在竖曲线上行驶时间很短，旅客会感到不舒适。总之，无论是凸形竖曲线还是凹形竖曲线都要受到上述三种因素的控制。需要明确的是，哪一种限制因素为最不利的情况，它才是有效控制因素。

4.3.3.1 凸形竖曲线最小半径和最小长度

凸形竖曲线的主要影响因素是行车视距问题。因此，最小半径应以满足视距要求为主，按竖曲线长度 L 和视距 S 的关系分为两种情况。

（1）当 $L \geqslant S$ 时，如图 4.3（a）所示，$h_1 = \frac{d_1^2}{2R}$，则 $d_1 = \sqrt{2Rh_1}$，得 $h_2 = \frac{d_2^2}{2R}$，则 $d_2 = \sqrt{2Rh_2}$。

则：

$$S = d_1 + d_2 = \sqrt{2R}(\sqrt{h_1} + \sqrt{h_2})$$

$$R_{\min} = \frac{S^2}{2(\sqrt{h_1} + \sqrt{h_2})^2}$$

$$L_{\min} = R_{\min}\omega = \frac{S^2\omega}{2(\sqrt{h_1} + \sqrt{h_2})} \tag{4.12}$$

$$R_{\min} = \frac{L_{\min}}{\omega} \tag{4.13}$$

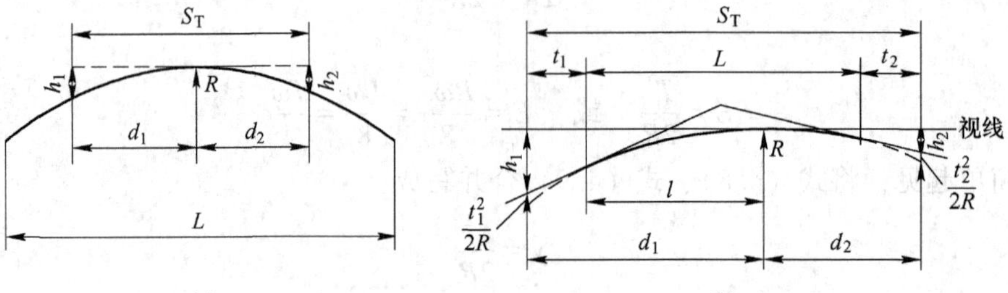

图 4.3 凸形竖曲线 L 和视距 S 的关系

当采用停车视距时，$h_1 = 1.2\text{m}$，$h_2 = 0.1\text{m}$，$(\sqrt{h_1} + \sqrt{h_2})^2 \approx 2$，即：

$$L_{\min} = \frac{S_T^2\omega}{4},\ R_{\min} = \frac{S_T^2}{4} \tag{4.14}$$

当采用会车视距时，$h_1 = h_2 = 1.2\text{m}$，$(\sqrt{h_1} + \sqrt{h_2})^2 \approx 4.8$，即：

$$L_{\min} = \frac{S_H^2\omega}{9.6},\ R_{\min} = \frac{S_H^2}{9.6} \tag{4.15}$$

当采用超车视距时，$h_1 = h_2 = 1.2\text{m}$，$(\sqrt{h_1} + \sqrt{h_2})^2 \approx 4.8$，即：

$$L_{\min} = \frac{S_C^2\omega}{9.6},\ R_{\min} = \frac{S_C^2}{9.6} \tag{4.16}$$

式中 R——竖曲线半径，m；

h_1——司机视线高，即目高取 1.2m；

h_2——采用停车视距时位障碍物高，取 0.1m；采用会车视距、超车视距时为对向驾驶员视线高，取 1.2m。

（2）当 $L<S$ 时，如图 4.3（b）所示，将竖曲线延长到 h_1、h_2 的垂直方向上，计算得：

$$h_1 = \frac{d_1^2}{2R} - \frac{t_1^2}{2R},\ d_1 = \sqrt{2Rh_1 + t_1^2}$$

$$h_2 = \frac{d_2^2}{2R} - \frac{t_2^2}{2R},\ d_2 = \sqrt{2Rh_2 + t_2^2}$$

$$t_1 = d_1 - l = \sqrt{2Rh_1 + t_1^2} - l$$

解得

$$t_1 = \frac{Rh_1}{l} - \frac{l}{2} \tag{4.17}$$

得

$$t_2 = \frac{Rh_2}{L - l} - \frac{L - l}{2} \tag{4.18}$$

代入得：
$$S = t_1 + L + t_2 = \frac{Rh_1}{l} + \frac{L}{2} + \frac{Rh_2}{L - l} \tag{4.19}$$

S 有极小值，令 $\frac{dS}{dl} = 0$，$\frac{dS}{dl} - \frac{Rh_1}{l^2} + \frac{Rh_2}{(L-l)^2} = 0$，解得：

$$l = \frac{\sqrt{h_1}}{\sqrt{h_1 + h_2}} L \tag{4.20}$$

代入整理可得：
$$L_{min} = 2S - \frac{2}{\omega}(\sqrt{h_1} + \sqrt{h_2})^2 \tag{4.21}$$

$$R_{min} = \frac{L_{min}}{\omega} = \frac{2S}{\omega^2}(\sqrt{h_1} + \sqrt{h_2})^2 \tag{4.22}$$

当采用停车视距时，

$$L_{min} = 2S - \frac{4}{\omega},\ R_{min} = \frac{1}{\omega}\left(2S_T - \frac{4}{\omega}\right) \tag{4.23}$$

当采用会车视距时，

$$L_{min} = 2S_H - \frac{9.6}{\omega},\ R_{min}\frac{1}{\omega}\left(2S_H - \frac{9.6}{\omega}\right) \tag{4.24}$$

当采用超车视距时，

$$L_{min} = 2S_C - \frac{9.6}{\omega},\ R_{min} = \frac{1}{\omega}\left(2S_C - \frac{9.6}{\omega}\right) \tag{4.25}$$

式中 R——竖曲线半径，m；

h_1——司机视线高，即目高取 1.2m；

h_2——采用停车视距时为障碍物高，取 0.1m；采用会车视距、超车视距时为对向驾驶员视线高，取 1.2m。

根据以上各式可以计算出不同设计速度时的凸形竖曲线最小半径和最小长度。《技术标准》规定的凸形竖曲线最小半径和最小长度见表 4.9。

表 4.9 凸形竖曲线最小半径和最小长度

设计速度/km·h^{-1}	《技术标准》规定值/m		
	极限最小半径	一般最小半径	竖曲线最小长度
120	11000	17000	100
100	6500	10000	85
80	3000	4500	70
60	1400	2000	50
40	450	700	35
30	250	400	25
20	100	200	20

4.3.3.2 凹形竖曲线最小半径和最小长度

设置凹形竖曲线的主要目的是缓和行车时的离心力，确定凹形竖曲线半径时，应以离心加速度为控制指标。汽车行驶在凹形竖曲线上时产生的离心力方向与重力一致，使重量增加。当增重达到某种程度时，乘客就有不舒适感，同时对汽车的悬挂系统也有不利影响，应对离心加速度加以控制。汽车在竖曲线上行驶的离心力为：

$$F = ma = \frac{Gv^2}{gR} = \frac{GV^2}{127R} \tag{4.26}$$

根据试验，离心加速度 a 应限制在 $0.5 \sim 0.7\text{m/s}^2$ 比较合适。但考虑舒适性及视觉平顺等要求，我国《技术标准》规定采用 $a = 0.278\text{m/s}^2$。

$$R_{\min} = \frac{V^2}{3.6},\ L_{\min} = \frac{V^2\omega}{3.6} \tag{4.27}$$

按式（4.27）可以计算出各设计速度时的凹形竖曲线最小半径和最小长度。《技术标准》规定的凹形竖曲线最小半径见表 4.10。

表 4.10 凹形竖曲线最小半径和最小长度

设计速度/km · h^{-1}	《技术标准》规定值/m		
	极限最小半径	一般最小半径	竖曲线最小长度
120	4000	6000	100
100	3000	4500	85
80	2000	3000	70
60	1000	1500	50
40	450	700	35
30	250	400	25
20	100	200	20

4.3.3.3 按汽车行驶时间的要求确定竖曲线最小长度

汽车在竖曲线上行驶，当变坡角较小时，竖曲线的长度就小，汽车在其上行驶时冲击较大而不舒适，并且驾驶员在视觉上会感觉纵断线形突然转折而增加不安全感，因此有必要按 3s 行程时间来控制竖曲线的长度，即：

$$L_{\min} = \frac{V}{3.6} \times 3 = \frac{V}{1.2} \tag{4.28}$$

《技术标准》规定的竖曲线最小长度即按 3s 行程计算而来，为增加竖曲线的缓冲效果，《技术标准》推荐了竖曲线长度的一般值，约为最小值的 2.5 倍，见表 4.9 和表 4.10。

例 4.1 某山岭区二级公路（V=60km/h）上有一变坡点，其桩号为 K6+100，高程为 138.15m，$i_1 = 4\%$，$i_2 = -5\%$，竖曲线半径 R=3000m。试计算竖曲线要素以及桩号为 K6+060 和 K6+180 处的设计高程。

解：（1）计算竖曲线要素。

$\omega = i_2 - i_1 = -0.05 - 0.04 = -0.09 < 0$，应设置凸形竖曲线。

曲线长：$$L = R\omega = 3000 \times 0.09 = 270\text{m}$$

切线长：$$T = \frac{L}{2} = \frac{270}{2} = 135\text{m}$$

外距：$E = \frac{T^2}{2R} = \frac{135^2}{2 \times 3000} = 3.04\text{m}$

（2）计算竖曲线起终点桩号。

竖曲线起点　$QD = (\text{K}6 + 100) - 135 = \text{K}5 + 965$

竖曲线终点　$ZD = (\text{K}6 + 100) + 135 = \text{K}6 + 235$

（3）计算设计高程。

判断计算点的位置：K6+060<BPD=K6+100，位于上半支竖曲线；

K6+180>BPD=K6+100，位于下半支竖曲线。

1）K6+060 处。

横距：$x_1 = LCZ - QD = (\text{K}6 + 060) - (\text{K}5 + 965) = 95\text{m}$

竖距：$y_1 = \frac{x_1^2}{2R} = \frac{95^2}{2 \times 3000} = 1.50\text{m}$

切线高程：$H_\text{T} = H - i_1(BPD - LCZ)$

$= 138.15 - 0.04 \times [(\text{K}6 + 100) - (K6 + 060)]$

$= 136.55\text{m}$

设计高程：$H_\text{S} = H_\text{T} - y_1 = 136.55 - 1.50 = 135.05\text{m}$

（凸形竖曲线应取减号）

2）K6+180.00 处。

横距：$x_2 = ZD - LCZ = (\text{K}6 + 235) - (\text{K}6 + 180) = 55\text{m}$

竖距：$y_2 = \frac{x_2^2}{2R} = \frac{55^2}{2 \times 3000} = 0.5\text{m}$

切线高程：$H_\text{T} = H - i_2(LCZ - BPD)$

$= 138.15 - 0.05 \times [(\text{K}6 + 180) - (\text{K}6 + 100)] = 134.15\text{m}$

设计高程：$H_\text{S} = H_\text{T} - y_2 = 134.15 - 0.50 = 133.65\text{m}$

4.4 爬坡车道

爬坡车道是陡坡路段正线行车道外侧增设的供载重车行驶的专用车道。

4.4.1 设置爬坡车道的条件

我国《规范》规定：四车道高速公路、四车道一级公路及二级公路连续上坡路段，符合下列情况之一者，宜在上坡方向行车道右侧设置爬坡车道：

（1）沿连续上坡方向载重汽车的运行速度降低到表 4.11 的容许最低速度下时。

表 4.11　上坡方向容许最低速度

设计速度/km · h^{-1}	120	100	80	60	40
容许最低速度/km · h^{-1}	60	55	50	40	25

（2）上坡路段的设计通行能力小于设计小时交通量时。爬坡车道设计通行能力的计算方法与正线的通行能力计算方法相同。

（3）经设置爬坡车道与改善主线纵坡不设爬坡车道技术经济比较论证，设置爬坡车道的效益费用比、行车安全性较优时。如隧道、大桥、高架构造及深挖路段，当因设置爬坡车道使工程费用增加很大，经论证爬坡车道可以缩短或不设；对双向六车道高速公路可不另设爬坡车道；将外侧车道作为爬坡车道使用。

4.4.2　爬坡车道的设计

4.4.2.1　横断面组成

爬坡车道设于上坡方向正线行车道右侧，如图4.4所示。爬坡车道的宽度一般为3.5m，包括设于其左侧路缘带的宽度0.5m。

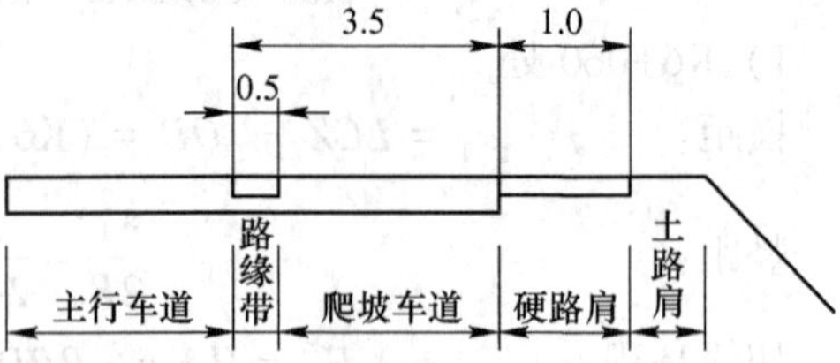

图4.4　爬坡车道的横断面组成

爬坡车道的路肩和正线一样仍然由硬路肩和土路肩组成。但由于爬坡车道上行驶速度较低，其硬路肩宽度可以不按正线的安全标准要求设计，一般为1.0m。而土路肩宽度以按正线要求设计为宜。

窄路肩不能提供停车使用，高速公路、一级公路爬坡车道长度大于500m时，应按规定在其右侧设置紧急停车带。爬坡车道的曲线加宽按一个车道曲线加宽规定执行。

4.4.2.2　横坡度

如上所述，因为爬坡车道的行车速度比正线小，为了行车安全起见，爬坡车道的超高横坡度见表4.12。

表4.12　爬坡车道的超高横坡度

正线的超高坡度/%	10	9	8	7	6	5	4	3	2
爬坡车道的超高横坡度/%	5		4					3	2

超高坡度的旋转轴为爬坡车道内侧边缘线。

若爬坡车道位于直线路段时，其横坡度的大小同正线路拱坡度，采用直线式横坡，坡向向外。

另外，爬坡车道右侧路肩的横坡度大小和坡向参照正线与右侧路肩之间关系的有关规定确定。

4.4.2.3　平面布置与长度

爬坡车道的平面布置如图4.5所示。其总长度由起点处分流渐变段长度 L_1、爬坡车道的长度 L 和终点处汇流渐变段 L_2 组成。

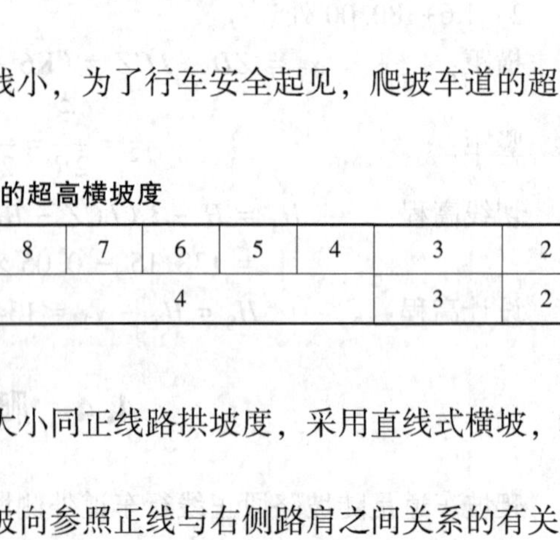

图4.5　爬坡车道的平面布置

爬坡车道的起点，应设于陡坡路段上载重汽车运行速度降低至表4.11中“容许最低速度”处。

爬坡车道的终点，应设于载重汽车爬经陡坡路段后恢复至“容许最低减度”处，或陡坡路段后延伸的附加长度的端部。该陡坡路段后延伸的附加长度规定见表 4.13。爬坡车道起点处渐变段长度，用来使正线车辆驶离正线而进入爬坡车道，其长度规定见表 4.13。

爬坡车道的长度 L，一般应根据所设计的纵断面线形，通过加、减速行程图绘制出载重车行驶速度曲线，找出小于容许最低速度的路段，从而得到需设爬坡车道的路段。若载重汽车爬经陡坡路段后尚未恢复至容许最低速度陡坡已经结束，则还应包括陡坡路段后延伸的附加长度。

表 4.13 陡坡路段后延伸的附加长度

附加路段的纵坡/%	下坡	平坡	上坡			
			0.5	1.0	1.5	2.0
附加长度/m	100	150	200	250	300	350

爬坡车道终点处汇流渐变段，用来供车辆驶入正线前加速至容许最低车速所需长度。汇流渐变段长度规定见表 4.14。

表 4.14 爬坡车道分流、汇流渐变段长度

公路等级	分流渐变段长度/m	汇流渐变段长度/m
高速公路、一级公路	100	150~120
二级公路	50	90

爬坡车道起、终点的具体位置除按上述方法确定外，还应考虑与线形的关系。通常应设在通视条件良好，容易辨认并与正线连接顺适的地点。相邻两爬坡车道相距较近时，宜将两爬坡车道直接相连。

4.5 道路平、纵线形组合设计

道路线形是指一条道路在三维空间中的立体几何形态。立体几何形状的线形要素如图 4.6 所示。道路平、纵线形组合设计是在路线的各项几何技术指标满足道路等级相应的技术标准要求的前提下，进一步研究线形各要素的运用和进行巧妙组合的要求，即将公路平面、纵断面进行合理的组合，并考虑车辆行驶的安全舒适，满足汽车动力性能与行驶力学的要求，以及考虑驾驶人员的视觉和心理舒适要求，保持线形在视觉上的连续性和心理上的协调。

当设计速度大于或等于 60km/h 时，应重视路线平、纵线形组合设计，尽量做到线形顺滑连续、指标均衡、视觉诱导良好，自然景观协调优美、安全舒适经济；设计速度越高，线形设计所考虑的因素越应周全。设计速度小于或等于 40km/h 的公路可参照执行。宜在保证行驶安全的前提下，正确运用线形要素规定值（最大、最小值），在条件允许，不过分增加工程造价的情况下，力求做到各种线形要素的合理组合，并尽量避免和减轻不利组合，以提高公路的营运质量，充分发挥投资的经济效益和社会效益。

4.5.1 平、纵组合的设计原则基本要点

（1）应保持线形在视觉上连续性，能自然地引导驾驶员的视线，使之在高速行驶的

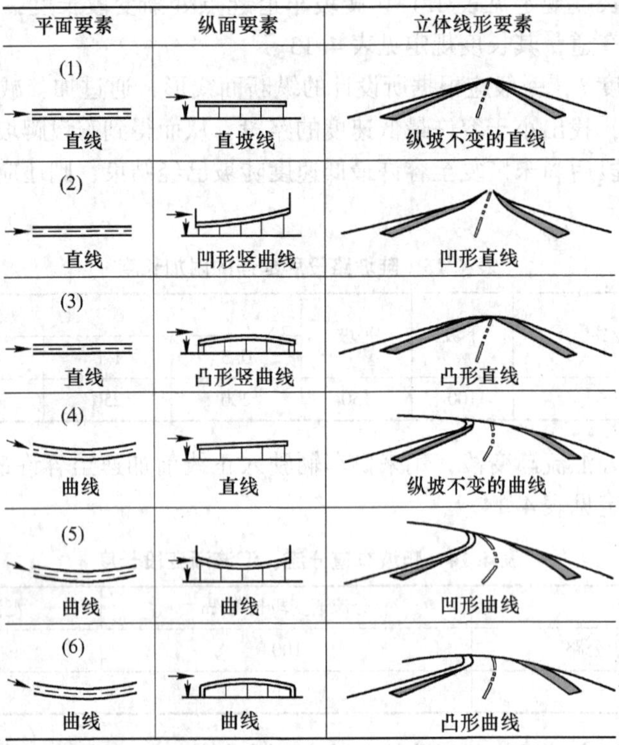

图 4.6 立体线形要素

情况下，能安全舒适地行车。道路线形不应使驾驶员感到茫然、迷惑或判断失误。为此，要避免在视线所及的路段内出现转折、错位、突变、遮断等不好的线形。

（2）注意保持平、纵线形的技术指标大小应均衡，使线形在视觉和心理方面保持协调。对于纵断面反复起伏，在平面上采用高标准的线形是无意义的，反之亦然。在保证有足够视距的前提下，对于设计速度大于或等于 60km/h 的公路，驾驶员在任意点上所能看到的前方平面线形弯曲一般不应超过两个、纵面起伏不应超过一个。此外，确定平面、纵断面的技术指标时，除各自应相对均衡、连续外，还应考虑与之相邻路段的各技术指标值的均衡、连续。

（3）条件受限制时，选用平面、纵断面的各接近值或最大（最小）值及其组合时，应考虑前后地形、技术指标运用等对实际行驶速度的影响，其运行速度与设计速度之差不应大于 20km/h。

（4）选择组合得当的合成坡度，以利于路面排水和行车安全。设计时要注意纵坡不要接近平坡，也应避免形成合成坡度过大的线形。

（5）注意与道路周围自然环境和景观的配金。好的配合可以减轻驾驶员的疲劳和紧张程度，适宜的景观设计还能起到诱导视线的作用。

4.5.2 平纵线形的组合

公路的立体线形是由平、纵面线形组合在一起构成的。按平面线形为直线、曲线，纵面线形为直线、凸形竖曲线、凹形竖曲线，交叉组合共有几种基本的立体线性要素，如图 4.6 所示。

4.5.2.1 直线与纵断面的组合

A 平面直线与纵面直线组合（纵坡不变的直线）

从视觉心理分析来看，由于这种线形单调、枯燥，在行车过程中视景无变化，容易使司机产生疲劳和频繁超车、超速，因而在组合时一般应避免这种情况。但在交通比较错综复杂的路段（如交叉口），采用这种线形要素是有利的。

为调节单调的视觉，增进视线诱导，设计时可用划行车道线、标志、绿化以及与路旁建筑设施配合等方法来弥补，如图 4.7 所示。长直线应避免采用较大纵坡。

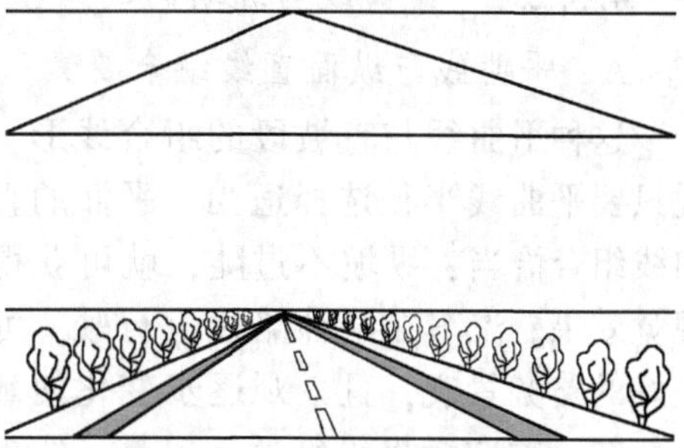

图 4.7 利用绿化改善线形

B 平面直线与竖曲线组合要素

直线上一次变坡是很好的平、纵组合。直线中短距离内二次以上变坡会形成反复凸凹的“驼峰”和“凹陷”，看上去线形既不美观也不连贯，使驾驶员的视线中断。因此，只要路线有起有伏，就不要采用长直线，最好使平面路线随纵坡的变化略加转折，并把平、竖曲线合理地组合。尽量避免驾驶员一眼能看到路线方向转折两次以上或纵坡起伏三次以上。

直线与凹竖曲线组合（凹形直线）具有较好的视距条件，由于纵面上插入了凹形竖曲线，不仅可改善直线线形的生硬、呆板的印象，而且还可给予司机以动的视觉印象，提高行车的舒适性。在运用时，要注意避免采用较短的凹形曲线（一般以大于最小竖曲线半径约 3~4 倍为宜），以避免产生折点。在两个凹形竖曲线间注意不要插入短直线。因为短直线组合后在视觉上形成“虚假凸形竖曲线”的错觉，如图 4.8 所示。若改为复曲线或合并成一个凹形竖曲线，将使视觉条件得到改善，如图 4.9 所示。

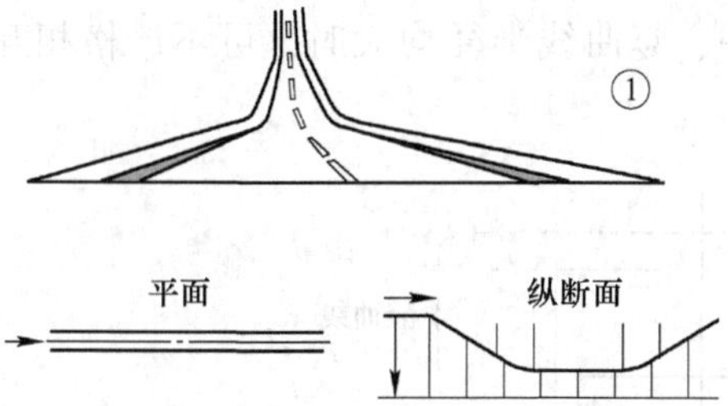

图 4.8 断背曲线

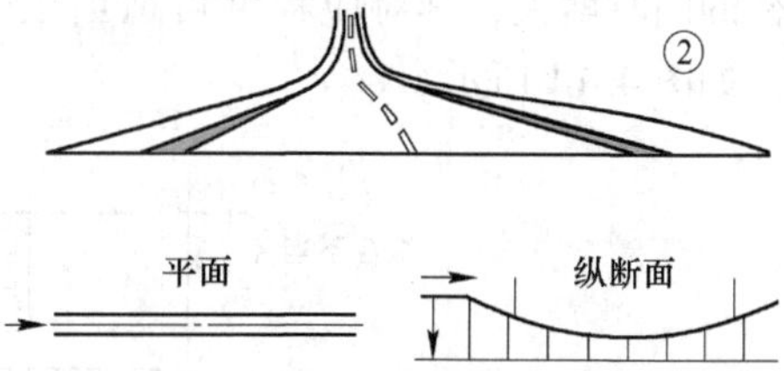

图 4.9 断背曲线的改善

直线与凸形竖曲线组合（凸形直线）线形视距条件差，线形单调，应注意避免。无法避开时宜采用较大的竖曲线半径，以保证有较好的视距。看长直线上反复凸凹，易形成“驼峰”“暗凹”“浪形”等不良视觉现象，并且常有隐蔽路段，在设计时应注意避免，如图 4.10~图 4.12 所示。

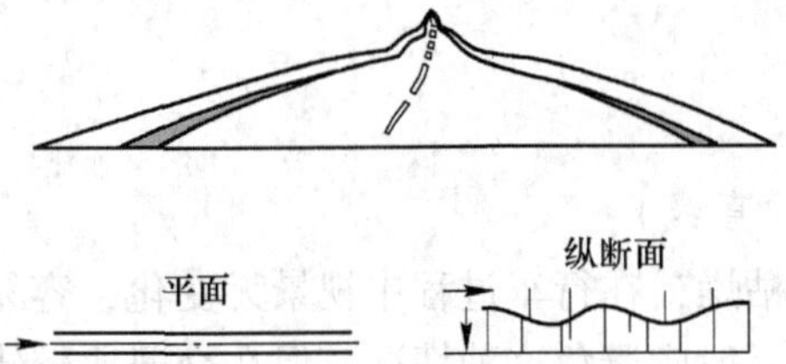

图 4.10 驼峰

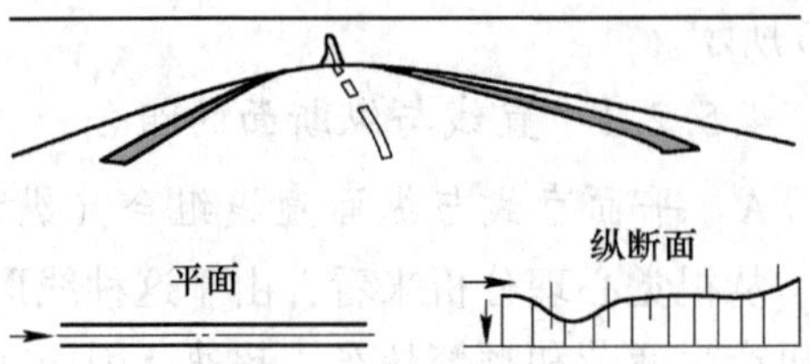

图 4.11 暗凹

4.5.2.2 平曲线与纵断面的组合

A 平曲线与纵面直线组合要素

这种平曲线与直坡段的组合线形，一般来说只要平曲线半径选择适当、平面的直线与圆曲线组合恰当，纵坡不过陡，就可获得较好的视觉效果。汽车在这种路线上行驶，可以获得较好的路旁景观，且景观逐步变化使驾驶员感觉新鲜，方向盘操纵舒适。但是，如果平曲线与直线组合不当（如断背曲线），或半径过小、直线长度过短等都将在视觉上产生折曲现象。

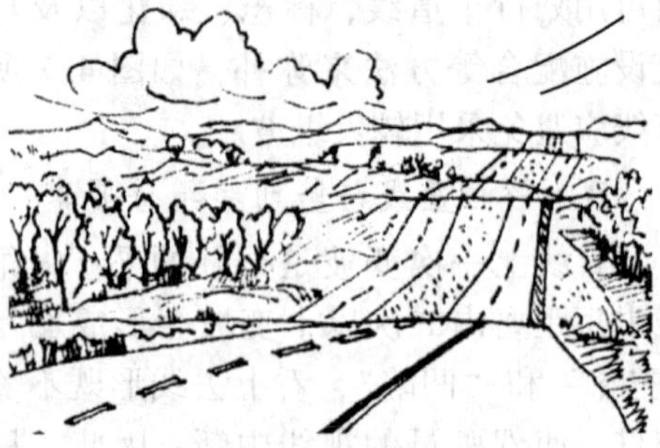

图 4.12 波浪形

组合时要注意平曲线半径与纵坡度协调，注意检查合成坡度是否超限，要避免急弯与陡坡相重合。

B 平曲线与竖曲线的配合

a 平曲线与竖曲线应相互重合，且平曲线应稍长于竖曲线

这种组合是使平曲线和竖曲线相互对应，最好使平曲线的 QZ 点位于变坡点附近，且竖曲线的起终点分别放在平曲线的两个缓和曲线内，即所谓的“平包竖”，如图 4.13 所示。这种立体线形不仅能起诱导视线的作用，而且可取得平顺而流畅的效果。平曲线与竖曲线相互对应时，若平、竖曲线半径均较小，其相互对应程度应较严格；随着平、竖曲线半径的同时增大，其对应程度可适当放宽；当平、竖曲线半径均大时，可不严格相互对应，如图 4.14 所示。

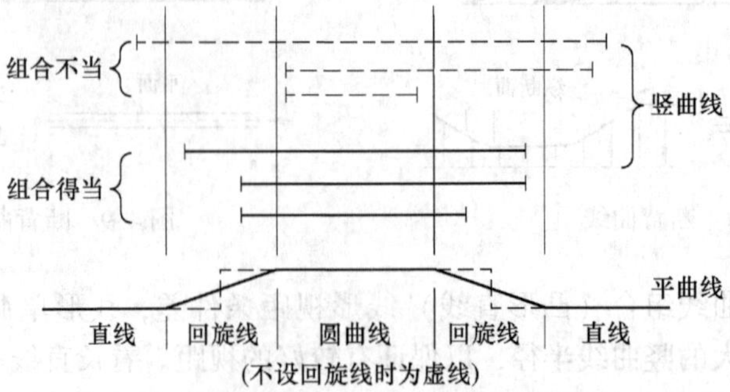

图 4.13 平曲线与竖曲线重合

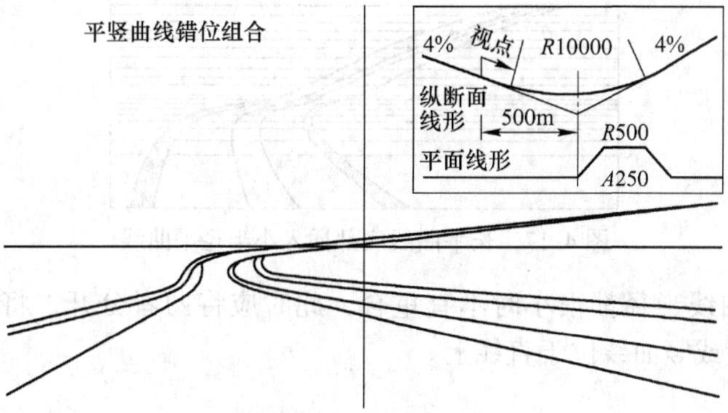

图 4.14 平竖曲线错位

b 平曲线与竖曲线大小应保持均衡

平曲线半径大时，竖曲线半径相应地也要大，反之亦然。根据德国的计算统计，若平曲线半径小于 1000m，竖曲线半径大约为平曲线半径的 10~20 倍时，便可达到均衡的目的。如一个大的竖曲线含有两个以上的平曲线，看上去非常别扭，如图 4.15 所示。

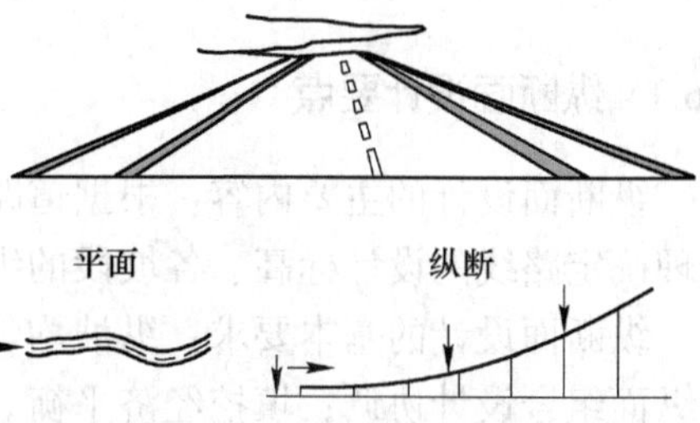

图 4.15 竖曲线与平曲线

c 选择适宜的合成坡度

一般情况下，最大合成坡度不宜大于 8%、最小合成坡度不宜小于 0.5%，特别应注意避免急弯与陡坡相重合的线形。

d 平、竖曲线应避免的组合

平、竖曲线重合是一种理想的组合，但由于地形等条件限制，这种组合往往不是总能争取到的。如果错位过大或大小不均衡等就会出现视觉效果很差甚至影响行车安全的线形。为此在设计时应注意避免如下组合：

（1）凸形竖曲线的顶部或凹形竖曲线的底部不宜同反向平曲线的拐点重合。二者都存在不同程度的扭曲外观；前者会使驾驶员操作失误，引起交通事故（见图 4.16）；后者虽无视线诱导问题，但路面排水困难，易产生积水。

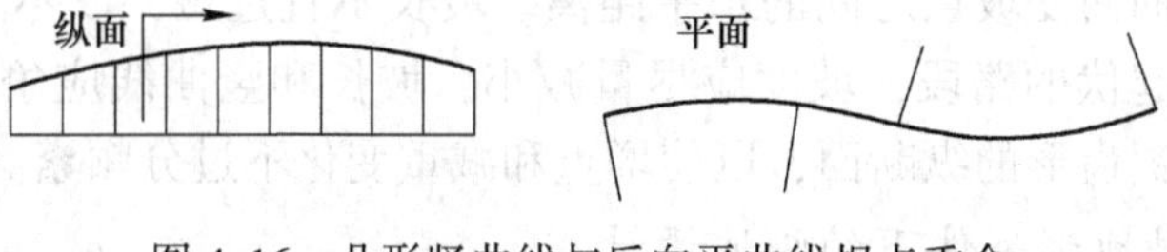

图 4.16 凸形竖曲线与反向平曲线拐点重合

（2）长的竖曲线内不宜设置半径小的平曲线。

（3）半径小的圆曲线起、讫点，不宜接近或设在凸形竖曲线的顶部或凹形竖曲线的底部，如图 4.17 所示。前者失去诱导视线的作用，驾驶员须接近坡顶才发现平曲线，导致不必要的减速或交通事故；后者会出现汽车高速行驶时急转弯，对行车不安全。

（4）在长平曲线内不宜设置短且半径小的竖曲线，也不宜包含多个短的竖曲线。在一个平曲线上连续出现多个凹、凸竖曲线，会出现线形曲折、“暗凹”、“跳跃”等不良现象；短的平曲线不宜与短的竖曲线组合。

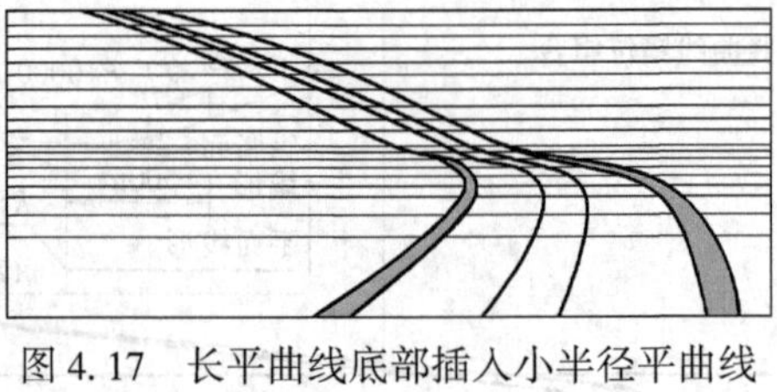

图 4.17　长平曲线底部插入小半径平曲线

（5）平、竖曲线半径都很小时不宜重合，此时应将两者分开，将其拉开相当距离，平曲线位于直坡段或竖曲线位于直线上。

4.6　纵断面设计方法及纵断面图

4.6.1　纵断面设计要点

纵断面设计的主要内容：根据道路等级、沿线自然条件和构造物的控制标高等因素，合理确定路线的设计标高、各坡段的纵坡度和坡长，并设计竖曲线。

纵断面设计的基本要求：纵坡均匀平顺、起伏和缓；坡长和竖曲线的长短适当；平面与纵面组合设计协调；填挖经济平衡。这些要求在选线、定线阶段应有所考虑，并在纵断面设计中具体加以体现。

4.6.1.1　关于纵坡极限值的运用

最大纵坡是根据汽车的动力特性、工程经济与运营经济等因素制定的纵坡的极限值。设计时，各级公路应避免采用最大纵坡值和不同纵坡最大坡长值，只有在为争取高度利用地形或避开工程艰巨地段等不得已时，方可采用。

好的设计应尽可能考虑人的视觉、心理上的要求，使驾驶员有足够的安全感、舒适感和视觉上的美感。纵坡以平、缓为宜，但是为了满足路面和边沟排水而需要最小纵坡不宜小于 0.3%。采用平坡（0%）或者小于 0.3%的纵坡路段，应作专门的排水设计。

位于积雪或冰冻地区的公路，应避免采用陡坡。

4.6.1.2　关于最小坡长

坡长是指纵断面两变坡点之间的水平距离。坡长不宜过短，以不小于设计速度 9s 的行程为宜。对连续起伏的路段，坡度应尽量减小，坡长和竖曲线应争取到极限值的 1~2 倍以上。避免出现锯齿形的纵断面，以使增重和减重变化不过分频繁。

4.6.1.3　各种地形条件下的纵坡设计

（1）平原地形。纵坡应均匀、平缓，注意保证最小填土高度和最小纵坡的要求。

（2）丘陵地形。应避免过分迁就地形而起伏过大，注意纵坡应顺适，不产生突变。

（3）山岭地形。沿河线应尽量采用平缓的纵坡，坡长不超限、坡度不宜大于 6%；越岭线的纵坡应力求均匀，尽量不采用极限最大坡度，不宜在连续采用极限长度的陡坡之间夹短的缓和坡段，更不应设置反坡；山脊线和山腰线不得已时可采用较大的纵坡，在条件允许时纵坡应适当平缓。

4.6.1.4 关于竖曲线半径的选用

竖曲线半径设计宜采用长的竖曲线和长直线坡段的组合。当坡差小时应尽量采用大的竖曲线半径；当条件受限制时可采用一般“最小值”；特殊困难情况下可采用“极限最小值”；有条件时宜采用满足视觉要求的最小竖曲线半径见表4.15。

表4.15 视觉要求的最小竖曲线半径值

设计速度/km·h^{-1}	竖曲线半径/m	
	凸形	凹形
120	20000	12000
100	16000	10000
80	12000	8000
60	9000	6000
40	3000	2000

4.6.1.5 关于相邻竖曲线的衔接

同向曲线是指相邻两个同向凹形或凸形竖曲线，特别是同向凹形竖曲线之间，当直坡段不长时，应合并为单曲线或复曲线，以避免出现“断背曲线”。反向曲线：相邻反向竖曲线之间，为使超重与失重之间能和缓地过渡，在其中间最好插入一段直坡。

若两竖曲线半径接近极限值时，这段直坡段至少应为设计速度的“3s行程”；当半径比较大时，亦可直接连接。

4.6.2 纵断面设计方法步骤及注意问题

4.6.2.1 纵断面设计步骤

（1）准备工作。研究《技术标准》中的相关技术指标和设计任务书中的具体要求，同时应收集和熟悉资料，并领会设计意图和要求，做到心中有数。纵坡设计（也称拉坡）之前在厘米绘图纸上按比例标注里程桩号和标高，点绘地面线，填写有关内容。

应收集的资料主要有：

1）里程桩号和地面高程；

2）平面设计成果；

3）沿线地质资料等。

（2）标注高程控制点。主要包括：

1）路线起、终点；

2）越岭垭口；

3）重要桥涵；

4）路基最小填土高度；

5）路堑最大挖深；

6）沿溪线的洪水位；

7）隧道的进出口；

8）平面交叉口和立体交叉点；

9）铁路道口；

10）城镇规划控制标高，以及受其他因素限制路线必须通过的标高控制点等。

山区道路的“经济点”：根据路基填挖平衡关系控制路中心填挖值的标高点。可用“路基断面透明模板”在横断面图上得到。

(3) 试坡。根据地形起伏情况及高程控制点，初拟纵坡线。对各种可能坡度线方案反复进行比较，最后定出既符合技术标准，且土石方较省的设计线作为初定坡度线，将前后坡度线延长交会出变坡点的初步位置。

(4) 调整。按平纵配合要求及《技术标准》执行情况等进行检查与调整。调整方法是对初定坡度线平抬、平降、延伸、缩短或改变坡度值等。

(5) 核对。选择有控制意义的重点横断面核对。

(6) 定坡。经调整核对无误后，确定变坡点位置及变坡点高程或纵坡度。坡度值用变坡点之间高差与水平距离计算确定，要求取值到 0.01%。变坡点一般宜调整到 10m 的桩号上，相邻变坡点桩号之差为坡长。变坡点高程应由起点设计高程用纵坡度和坡长连接推算而得，精确到 0.001m。

(7) 竖曲线设计。根据《技术标准》确定竖曲线半径，计算竖曲线要素。

(8) 逐桩设计高程计算。由变坡点高程计算全线各桩点的设计高程及填挖高度。各桩点设计高程精确到 0.01m。

4.6.2.2　纵坡设计应注意的问题

(1) 设置回头曲线的地段，拉坡时应按回头曲线的技术标准先定出该地段的纵坡，然后从两端接坡，应注意在回头曲线地段不宜设竖曲线。

(2) 大、中桥上不宜设置竖曲线（特别是凹形竖曲线），桥头两端竖曲线的起、终点应设在桥头 10m 以外。但特殊大桥为保证纵向排水，可在桥上设置凸形竖曲线。小桥涵允许设在斜坡地段或竖曲线上，但为保证行车平顺，应尽量避免在小桥涵处出现“驼峰式”纵坡。如图 4.18 所示。

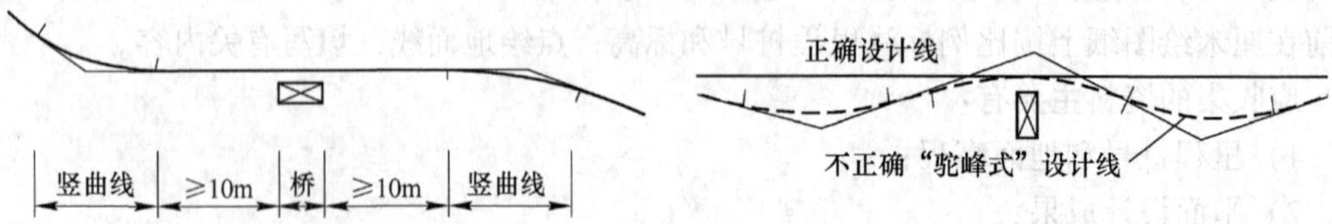

图 4.18　桥涵纵坡处理

(3) 注意平面交叉口上的纵坡及两端的接线要求。道路与道路交叉时，一般宜设在水平坡段，其长度应不小于最短坡长规定。两端接线的纵坡一般不大于 3%，山区工程艰巨地段不大于 5%。

(4) 隧道内的纵坡应大于 0.3%并小于 3%，但短于 100m 的隧道不受此限制。高速公路，一级公路的中、短隧道，当条件受限制时，经技术经济论证后可加大，但不宜超 4%。

4.6.2.3　纵断面图的绘制

纵断面图采用直角坐标，以横坐标表示里程桩号，纵坐标表示高程。通常情况下，横坐标比例尺采用1：2000（城市道路用1：500~1：1000）；纵坐标比例尺采用1：200（城市道路用1：50~1：100），如图4.19所示。

纵断面图示由上下两部分内容组成。

上部：主要用来绘制地面线和纵坡设计线。内容包括：标注竖曲线及其要素；沿线桥涵及人工构造物的位置、结构类型、孔数和孔径；与道路、铁路交叉的桩号及路名；沿线跨越的河流名称、桩号、常水位和最高洪水位；水准点位置、编号和标高；断链桩位置、桩号及长短链关系等。

下部：主要用来填写相关栏目。自下而上分别填写：超高，直线及平曲线，里程桩号，坡度及坡长，地面高程，设计高程，填、挖高度，土壤地质说明。

纵断面设计图应按照规定采用标准图纸和统一格式，以便装订成册。

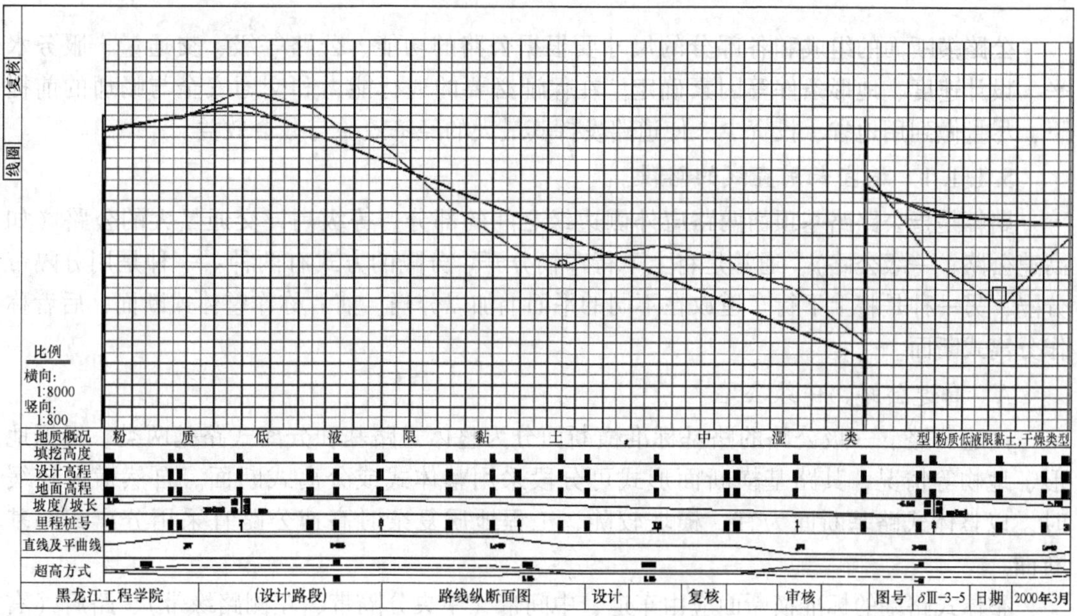

图4.19　公路路线纵断面图

习　题

4.1　某条道路变坡点桩号为K18+780.00，高程为138.75，$i_1=1.0\%$，$i_2=4.5\%$，竖曲线半径为6000m。

（1）判断凸、凹性；

（2）计算竖曲线要素；

（3）计算竖曲线起点、K18+720.00、K18+740.00、K18+780.00、K18+840.00、终点的设计高程。

4.2　某一级公路（60km/h），有一弯道半径为200m，该段纵坡初定5%，超高横坡度为8%，检查合成坡度是否符合要求。

4.3　设在桩号K4+600处为一转坡点，其设计高程$H=93.45$m，$i_1=-2\%$，$i_2=3\%$，$R=4500$m，试求该竖曲线的长度、切线长度、外距，竖曲线起始点桩号及每隔20m整桩处各点的高程。

5 道路横断面设计

5.1 道路横断面组成

5.1.1 路线

公路横断面的组成和各部分的尺寸要根据公路的功能、公路等级、交通量、服务水平、设计速度、地形条件等因素确定。在保证必要的通行能力和交通安全与畅通的前提下，尽量做到用地省、投资少，使道路发挥其最大的经济效益与社会效益。

5.1.1.1 适宜采用直线的路段

路幅是指公路路基顶面两路肩外侧边缘之间的部分。等级高、交通量大的公路（如高速公路、一级公路），通常是将上下行车辆分开。分隔的方式有两种：一种是用分隔带分隔，另一种是将上下行车道放在不同的平面上加以分隔。前者称作整体式断面，后者称作分离式断面。

A 高速公路、一级公路

高速公路、一级公路的路基标准横断面分为整体式路基和分离式路基两类。根据地形、地物等情况，其路基横断面形式可分段采用整体式或分离式断面。自然横坡较缓时，以整体式路基断面为宜。横坡较陡、工程地质复杂时高速公路宜采用分离式路基断面。

整体式路基的标准横断面应由车道、中间带（中央分隔带、左侧路缘带）、路肩（右侧硬路肩、土路肩）及紧急停车带、爬坡车道、变速车道等部分组成，如图 5.1 所示。

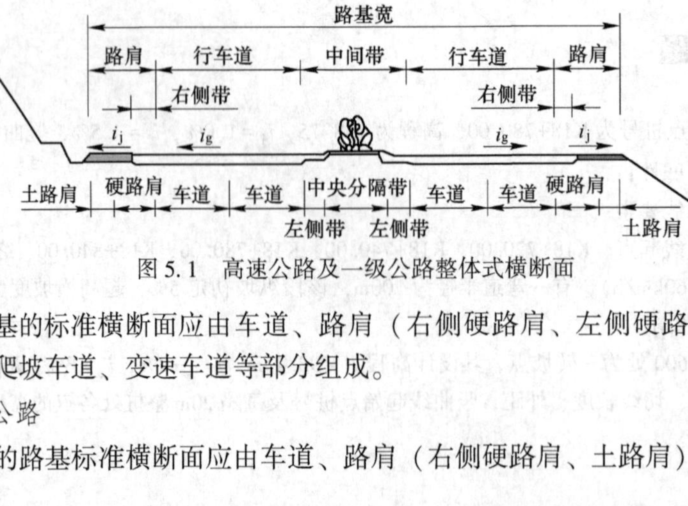

图 5.1 高速公路及一级公路整体式横断面

分离式路基的标准横断面应由车道、路肩（右侧硬路肩、左侧硬路肩、土路肩）及紧急停车带、爬坡车道、变速车道等部分组成。

B 二级公路

二级公路的路基标准横断面应由车道、路肩（右侧硬路肩、土路肩）等部分组成。

C 三级公路、四级公路

三、四级公路路基的标准横断面应由车道、路肩等部分组成。四级公路的单车道路基横断面还应包括错车道等。

二、三、四级公路均应采用整体式断面，如图 5.2 所示。

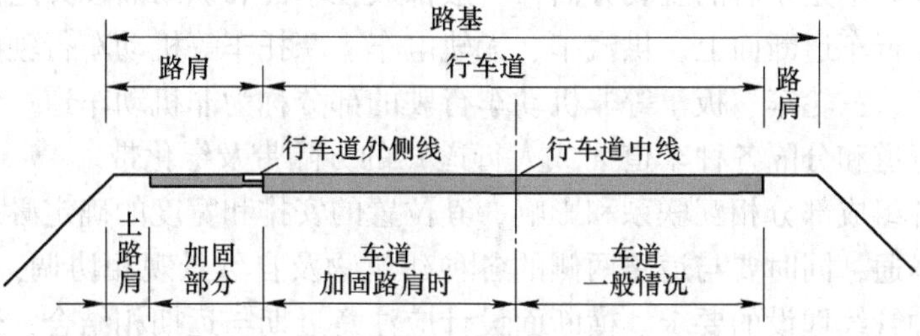

图 5.2 二、三、四级公路横断面图

5.1.1.2 路幅的布置类型

A 单幅双车道

单幅双车道公路指的是整体式的供双向行车的双车道公路。这类公路在我国公路总里程中占的比重最大。二级公路、三级公路及部分四级公路均属这类。这类公路适应的交通量范围大，最高达 15000 辆/昼夜。设计速度可从 20～80km/h。二级公路供汽车行驶，为保证车辆行驶速度和运行安全，在混合交通量大的路段，可设慢车道供非机动车行驶；三、四级公路是指主要设计指标按供汽车行驶的要求设计，但同时也允许拖拉机、畜力车、人力车等非汽车交通使用的车道，混合交通特征明显，运行速度在 40km/h 以下。

B 双幅多车道

四车道、六车道和更多车道的公路，中间一般都设分隔带或做成分离式路基构成“双幅”路。有些分离式路基为了利用地形或处于风景区等原因甚至做成两条独立的单向行车的道路。

这种类型的公路设计速度高、通行能力大，而且行车顺适、事故率低。我国《技术标准》中的高速公路和一级公路即属此种类型。高速公路和一级公路的主要差别在于是否需要控制出入。根据我国情况，一级公路含两种功能，但均按供汽车行驶定义一级公路。当作为集散公路时，纵横向干扰较大，为保证供汽车分道、分向行驶，可设慢车道供非机动车行驶；而作为干线公路时，为保证其运行速度、运行安全和服务水平，应根据需要采取控制出入的措施。

C 单车道

对交通量小、地形复杂、工程艰巨的山区公路或地方性道路，可采用单车道，我国《技术标准》中规定的四级公路路基宽度为 4.50m，车道宽度为 3.50m 者就是属于此类。此类公路虽然交通量很小，但仍然会出现错车和超车。我国《规范》规定，四级公路路基宽度采用 4.50m 时，应在不大于 300m 的距离内选择有利地点设置错车道，并使驾驶者能看到相邻两错车道之间的车辆。设置错车道路段的路基宽度应不小于 6.50m，有效长度应不小于 20m。

5.1.2 城市道路横断面组成

城市道路的交通性质和组成比较复杂，尤其表现在行人和各种非机动车较多，各种交通工具和行人的交通问题都需要在横断面设计中综合考虑予以解决，所以城市道路路线设计中的横断面设计不是矛盾的主要方面，一般都放在平面和纵断面设计之前进行。

城市道路在行车道断面上，供汽车、无轨电车、摩托车等机动车行驶的部分称为机动车道；供自行车、三轮车、板车等非机动车行驶的部分称为非机动车道。此外还有供行人步行使用的人行道和分隔各种车道（或人行道）的分隔带及绿化带。

城市道路各组成部分相互联系和影响，其位置的安排和宽度的确定必须首先保证车辆和行人的安全畅通，同时要与道路两侧的各种建筑物及自然景观相协调，并能满足地面、地下排水和各种管线埋设的要求。横断面设计应注意近期与远期相结合，使近期工程成为远期工程的组成部分，并预留管线位置。路面宽度及高度均应有发展余地。

5.1.2.1 布置类型

城市道路常见的几种断面形式，如图 5.3 所示。

A 单幅路

单幅路俗称“一块板”断面，如图 5.3（a）所示。各种车辆在车道上混合行驶。在交通组织上可以有以下几种方式：

(1) 划出快、慢车行驶分车线，快车和机动车辆在中间行驶，慢车和非机动车靠两侧行驶。

(2) 不划分车线，车道的使用可以在不影响安全的条件下予以调整。如只允许机动车辆沿同一方向行驶的“单行道”；限制载重汽车和非机动车行驶，只允许小客车和公共汽车通行的街道；限制各种机动车辆，只允许行人通行的步行道等。上述措施，可以是相对不变的，也可以是按规定的周期变换的。

B 双幅路

双幅路俗称“两块板”断面。在车道中心用分隔带或分隔墩将车行道分为两半，上下行车辆分向行驶，各自再根据需要决定是否划分快、慢车道，如图 5.3（b）所示。

C 三幅路

三幅路俗称“三块板”断面。中间为双向行驶的机动车车道，两侧为靠右侧行驶的非机动车道，如图 5.3（c）所示。

D 四幅路

四幅路俗称“四块板”断面。在三幅路的基础上，再将中间机动车车道分割成半分向行驶，如图 5.3（d）所示。

5.1.2.2 断面形式的选用

单幅路占地少、投资省，但各种车辆混合行驶，于交通安全不利，仅适用于机动车交通量不大、非机动车较少的次干路、支路及用地不足、拆迁困难的旧城改建的城市道路上。

双幅路断面将对向行驶的车辆分开，减少了行车干扰，提高了车速，分隔带上还可以作绿化、布置照明和敷设管线等。它主要用于各向两条机动车道以上，非机动车较少的道路。有平行道路可供非机动车通行的快速路和郊区道路及横向高差大或地形特殊的路段亦可采用。

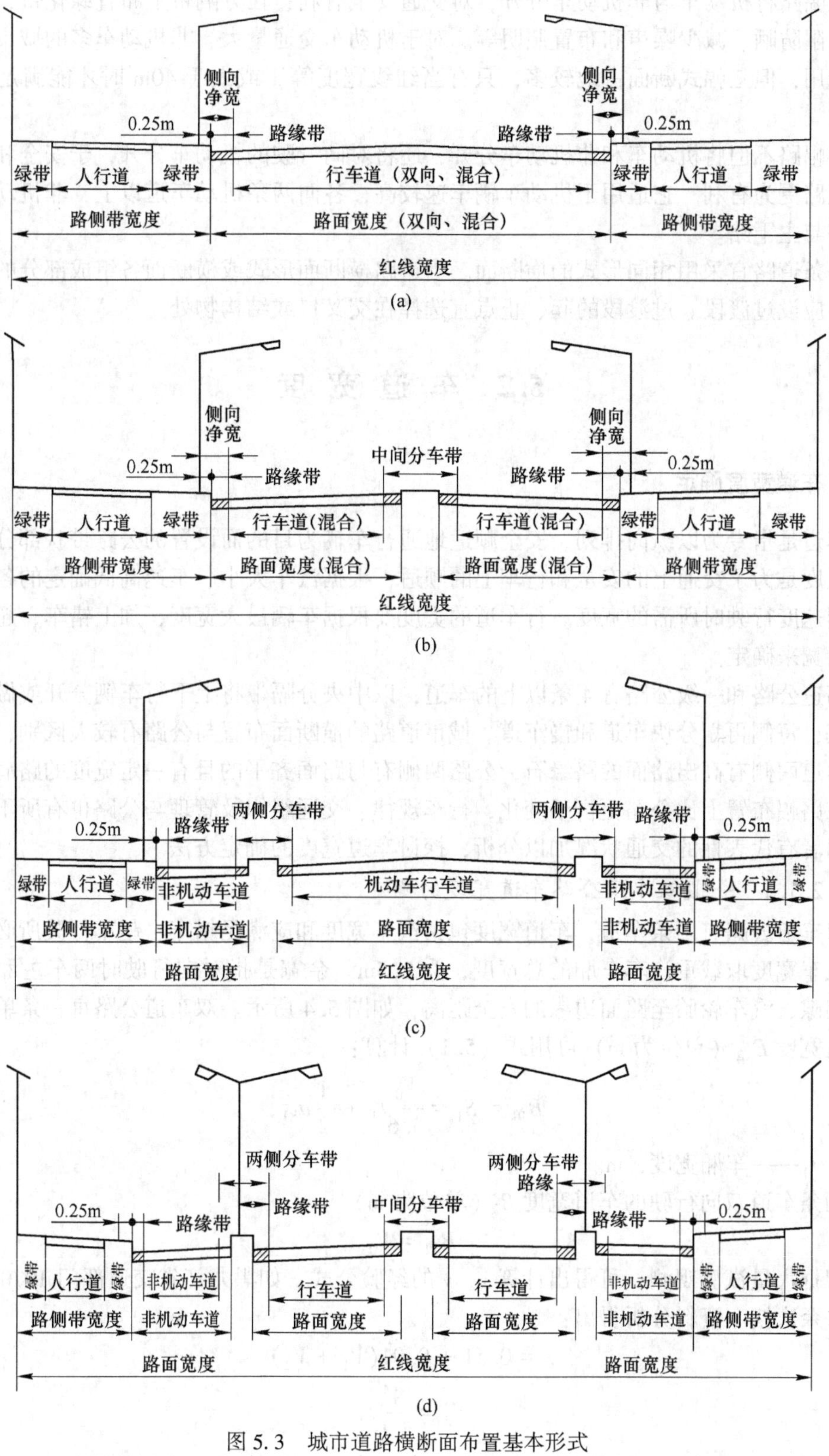

图 5.3 城市道路横断面布置基本形式

三幅路将机动车与非机动车分开，对交通安全有利；在分隔带上布置绿化带，有利于夏天遮阳防晒、减少噪声和布置照明等。对于机动车交通量大、非机动车多的城市道路宜考虑采用，但三幅式断面占地较多，只有当红线宽度等于或大于 40m 时才能满足车道布置要求。

四幅路不但将机动车和非机动车分开，还将对向行驶的机动车分开，于安全和车速较三幅式路更为有利。它适用于机动车辆车速较高，各向两条机动车道以上，非机动车多的快速路与主干路。

一条道路宜采用相同形式的横断面。当道路横断面形式或横断面各组成部分的宽度变化时，应设过渡段。过渡段的起、止点宜选择在交叉口或结构物处。

5.2　车 道 宽 度

5.2.1　车道宽度确定

车道是指专为以纵向排列、安全顺适地通行车辆为目的而设置的公路带状部分。所谓车道宽度是为了交通上的安全和行车上的顺适，根据汽车大小、车速高低确定的各种车辆以不同速度行驶时所需的宽度。行车道的宽度要根据车辆最大宽度，加上错车、超车所必需的余宽来确定。

高速公路和一级公路有 4 条以上的车道，以中央分隔带将上下行车辆分开或做成分离式路基，每侧再划分快车道和慢车道。城市道路的横断面布置与公路有较大区别，如城市道路车道两侧有高出路面的路缘石，公路两侧有与路面齐平的且有一定宽度的路肩。城市道路在路幅布置上比公路更富于变化，行车规律、交通组织及管理与公路也有所不同。下面取两者有代表性的交通状况加以分析，探讨车道宽度的确定方法。

5.2.1.1　一般双车道公路车道宽度的确定

双车道公路有两条车道，车道宽度包括汽车宽度和应满足错车、超车行驶所必需的余宽。汽车宽度取载重汽车车厢的总宽度，为 2.5m。余宽是指对向行驶时两车主厢之间的安全间隙、汽车轮胎至路面边缘的安全距离，如图 5.4 所示。双车道公路每一条单向行驶的车道宽度 $B_{单}$（单位为 m）可用式（5.1）计算：

$$B_{单} = S_1 = \frac{V_0}{3.6}t_1 + \frac{1}{2}at_1^2 \tag{5.1}$$

式中　t_1——车厢宽度，m。

两条车道双向行驶的车道宽度 $B_{双}$(单位为 m)

$$B_{双} = V_0$$

根据大量试验观测，可得出计算 x、y 的经验公式。如黑龙江省交通部门 1970 年通过对 270 余次错车资料分析得出：

$$x = 0.51 + 0.01(V_1 + V_2)$$

$$S_2 = \frac{V}{3.6}t_2 \tag{5.2}$$

从式（5.2）可知，车道的富余宽度与车速有关，此外还与路侧的环境、司机心理、

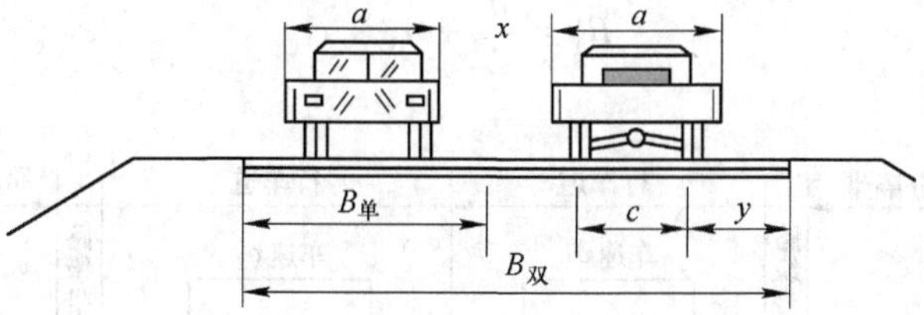

图 5.4 双车道公路的车道宽度

c—汽车轮距，m；x—两车厢安全间隙，m；y—上坡为正，轮胎与路面边缘之间的安全距离，m

车辆状况等有关。当设计速度较高时，取一条车道的宽度为 3.75m 是合适的。对车速较低、交通量不大的公路可取较小的宽度。《技术标准》中规定的各级公路的车道宽度见表5.1。

高速公路、一级公路各路段的车道数应根据设计交通量、设计速度、采用的服务水平确定。高速公路、一级公路的车道数为四车道以上时，应按双数增加。

二级、三级公路应是双车道。二级公路混合交通量大，非汽车交通对汽车运行影响较大时，可画线分快、慢车道（慢车道即利用硬路肩及加固土路肩的宽度），这种公路仍属双车道范畴。

5.2.1.2 有中央分隔带的行车道宽度

高速公路、一级公路有 4 条以上的车道，应满足车辆并列行驶所需的宽度，一般设置中央分隔带。分隔带两侧的行车道只有同向行驶的汽车，如图 5.5 所示。车速、交通组成和大型车混入率对行车道宽度的确定有较大影响。根据实地观测宽度，得出下列关系：

$$S = 0.0103V_1 + 0.56 \tag{5.3}$$

$$D = 0.000066(V_2^2 - V_1^2) + 1.49 \tag{5.4}$$

$$M = 0.0103V_2 + 0.46 \tag{5.5}$$

式中 S——后轮外缘与车道外侧之间的安全间隙，m；

D——两汽车后轮外缘之间的安全间隙，m；

M——后轮外缘与车道内侧之间的安全缝隙，m；

V_1，V_2——被超车与超车的车速，km/h。

则单侧行车道宽度为：

$$B = S + D + M + a_1 + a_2 \tag{5.6}$$

式中 a_1，a_2——汽车后轮外缘间距。普通 $a_1 = 1.60\text{m}$，大型车 $a_2 = 2.30\text{m}$。

《技术标准》中设计速度从 120km/h 至 60km/h，每条车道宽度均采用 3.75m 高速公路为八车道，当设置左侧硬路肩时，内侧车道宽度可采用 3.5m。

5.2.1.3 城市道路的车道宽度

A 靠路边的车道宽度

城市道路的车道宽度靠路边的车道宽侧靠边，另一侧为反向行驶的车道（图 5.6 按无中间车道考虑），其车道宽度为：

$$B = \frac{x}{2} + a_1 + c \tag{5.7}$$

一侧靠边，另一侧为同向行驶的车道（见图 5.6）为：

$$B_1' = \frac{d}{2} + a_1 + c \tag{5.8}$$

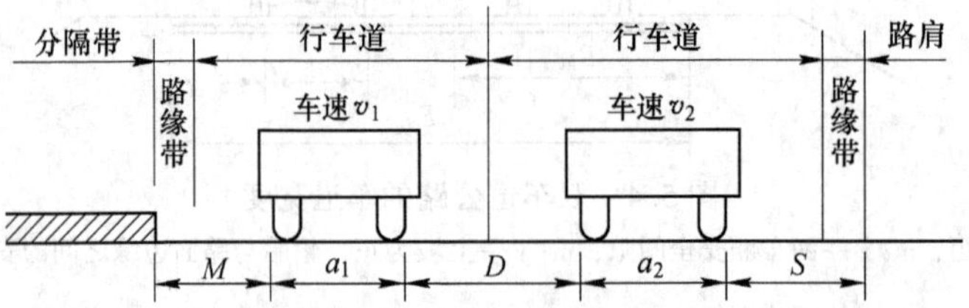

图 5.5　有中央分隔带的行车道

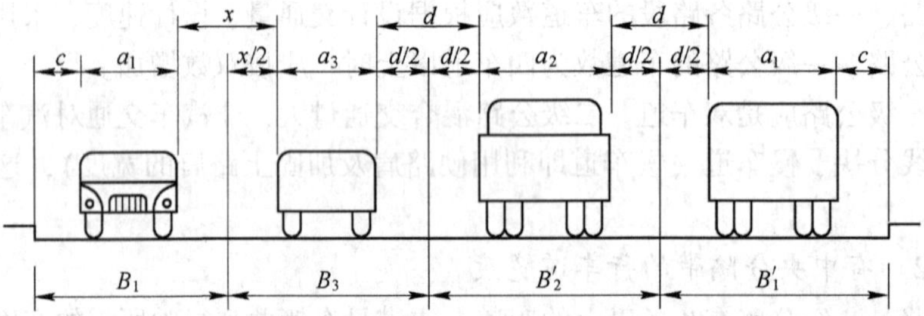

图 5.6　城市道路的车道宽度

B　靠路中线的车道宽度（见图 5.6）

$$B_3 = \frac{d}{2} + a_3 + \frac{d}{2} \tag{5.9}$$

C　同向行驶的中间车道宽度

$$B_2' = \frac{d}{2} + a_2 + \frac{d}{2} \tag{5.10}$$

式中　a_1，a_2，a_3——车厢宽度，m；

x——反向行驶汽车间的安全间隙，m；

d——同向行驶汽车间的安全间隙，m；

c——车身边缘与侧石边缘间的横向安全距离，m。

根据实验观测，得出 x、d、c 与车速之间的关系式为：

$$c = 0.4 + 0.02V^{3/4} \tag{5.11}$$

$$d = 0.7 + 0.02V^{3/4} \tag{5.12}$$

$$x = 0.7 + 0.02(V_1 + V_2)^{3/4} \tag{5.13}$$

式中　V——实际车速，km/h。

上列诸式表明车道宽度是车速的函数，依车速的变化一般在 3.40~3.80m 之间变化。考虑到城市道路上行驶的车辆各异，且车道还需调剂使用，故一条车道的平均宽度取 3.5m 即可。当车速 $V>40$km/h 时，可取 3.75m。城市道路机动车车道宽度见表 5.1。

表 5.1 城市道路机动车车道宽度

车型及行驶状态	设计速度/km·h^{-1}	车道宽/m	车型及行驶状态	车道宽/m
大型汽车或大小汽车混行	≥40	3.75	小型汽车专用线	3.50
	<40	3.50	公共汽车停靠站	3.00

5.2.2 平曲线加宽及过渡

5.2.2.1 加宽值的计算

汽车行驶在曲线上，各轮轨迹半径不同，其中以后内轮轨迹半径最小，且偏向曲线内侧，故曲线内侧应增加路面宽度，以确保曲线上行车的顺适与安全。另外，汽车行驶在横向力较大的弯道上会有一定的横向摆动，也应增加路面的宽度。

A 车身与公路轴线倾斜的加宽值

普通载重汽车，可由图 5.7 所示的几何关系求得一条车道的加宽值，即：

$$R_1 + K = \sqrt{R^2 + A^2}\ ,\ e_1 = R - (R_1 + K)$$

代入上式，得

$$e_1 = R\sqrt{R^2 - A^2} = R - \left(R - \frac{A^2}{2R} - \frac{A^4}{8R^3} - \cdots\right)$$

$$= \frac{A^2}{2R} + \frac{A^4}{8R^3} + \cdots$$

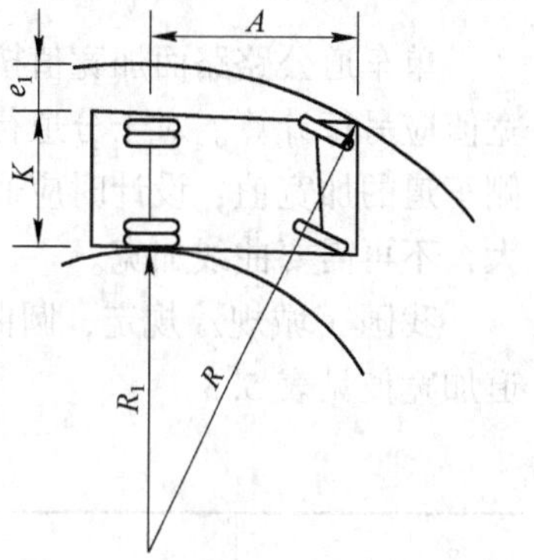

图 5.7 普通汽车的加宽

上式第二项以后的数值极小，可省略不计，故一条车道的加宽为：

$$e_1 = \frac{A^2}{2R} \tag{5.14}$$

式中 A——汽车后轴至前保险杠的距离（汽车轴距加前悬），m，对于鞍式列车 $A = \sqrt{A_1^2 + A_2^2}$，A_1 为牵引车保险杠至第二轴的距离，m，A_2 为第二轴至拖车最后轴的距离，m。

B 摆动加宽值

据实测汽车转弯摆动加宽与车速有关，一个车道的摆动加宽值计算经验公式为：

$$e_2 = \frac{0.05V}{\sqrt{R}} \tag{5.15}$$

式中 V——汽车转弯时车速，km/h。

这两种加宽值之和即为弯道的加宽值（均按一条车道计算，多车道公路加宽值计算方法与之相似）。则一条车道的加宽值为：

$$e_2 = \frac{A^2}{2R} + \frac{0.05V}{\sqrt{R}} \tag{5.16}$$

C 平曲线的加宽标准

我国《规范》规定，二、三、四级公路的圆曲线半径小于或等于 250m 时，应设置加宽。双车道公路路面加宽值规定见表5.2。

圆曲线加宽类别应根据该公路的交通组成确定。二级公路及设计速度为40km/h的三级公路有集装箱半挂车通行时，应采用第三类加宽值；不经常通行集装箱半挂车时，可采用第二类加宽值。四级公路和设计速度为30km/h的三级公路可采用第一类加宽值。

表5.2　双车道公路路面加宽值

加宽类别	汽车轴距加前悬	圆曲线半径/m								
		250~200	<200~150	<150~100	<100~70	<70~50	<50~30	<30~25	<25~20	<25~15
1	5	0.4	0.6	0.8	1.0	1.2	1.4	1.8	2.2	2.5
2	8	0.6	0.7	0.9	1.2	1.5	2.0			
3	5.2+8.8	0.8	1.0	1.5	2.0	2.5				

单车道公路路面加宽值按表列数值折半，由3条以上车道组成的行车道，其路面的加宽值应另行计算。对于分道行驶的公路，若平曲线半径较小，其内侧车道的加宽应大于外侧车道的加宽值，设计时应通过计算，确定其差值。高速公路、一级公路因本身路面宽度大，不再需要曲线加宽。

我国《城规》规定，圆曲线半径小于或等于250m时，应在圆曲线内侧加宽，每条车道加宽值见表5.3。

表5.3　城市道路每条道路加宽值

车　型	圆曲线半径/m								
	200<R≤250	150<R≤200	100<R≤150	60<R≤100	50<R≤60	40<R≤50	30<R≤40	20<R≤30	15<R≤20
小型汽车	0.28	0.30	0.32	0.35	0.39	0.40	0.45	0.60	0.70
普通汽车	0.40	0.45	0.60	0.70	0.90	1.00	1.30	1.80	2.40
铰接车	0.45	0.55	0.75	0.95	1.25	1.50	1.90	2.80	3.50

圆曲线上的路面加宽应设置在圆曲线的内侧。各级公路的路面加宽后，路基也应相应加宽。

5.2.2.2　加宽的过渡

A　加宽过渡段及其长度

平曲线半径等于或小于250m时，应在平曲线内侧加宽。一般在弯道内侧圆曲线范围内设置全加宽。为了使路面和路基均匀变化，设置的从加宽值为零逐渐变化到全加宽的过渡段，称为加宽过渡段。设置回旋线或超高过渡段时，加宽过渡段长度应采用与回旋线或超高过渡段长度相同的数值。不设回旋线或超高过渡段时，加宽过渡段长度应按渐变率为1∶15且长度不小于10m的要求设置。

四级公路可不设缓和曲线，其加宽过渡段应设在紧接圆曲线起点或终点的直线上。受地形条件或其他特殊情况限制时，允许将加宽过渡段的一部分插入曲线，但插入曲线内的长度不得超过加宽过渡段长度的一半。不同半径的同向圆曲线径相连接构成的复合曲线，其加宽过渡段应对称地设在衔接处的两侧。

B 加宽过渡的设置方法

加宽过渡的设置根据道路性质和等级可采用不同的方法。

(1) 按比例过渡。二、三、四级公路的加宽过渡段的设置，应采用在相应的回旋线或超高、加宽过渡段全长范围内，按其长度成比例增加的方式。如图 5.8 所示。加宽缓和段内任意点的加宽值为：

$$b_x = \frac{L_x}{L}b \tag{5.17}$$

式中 L_x ——任意点距加宽过渡段起点的距离，m；

L ——加宽过渡段段长，m；

b ——圆曲线上的全加宽，m；

b_x ——加宽过渡段上任一点的加宽值，m。

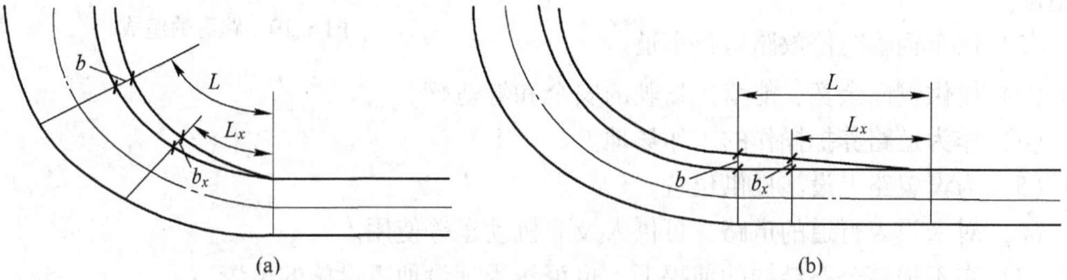

图 5.8 平曲线加宽按比例过渡

(a) 设置回旋线；(b) 不设置回旋线

按比例过渡计算简单，但经加宽以后的路面内侧与行车轨迹不符，缓和段的起、终点出现破折，路容也不美观。

(2) 四级公路设人工构造物处，当因设置超高、加宽过渡段而在圆曲线起、终点内侧边缘产生明显转折时，可采用路面加宽边缘线与圆曲线上路面加宽后的边缘圆弧相切的方法予以消除。可用式（5.18）近似计算（见图 5.9）：

$$\delta = \frac{-L + \sqrt{L^2 + 2(R - B)b}}{R - B} \tag{5.18}$$

$$l_q = R\delta$$

$$b' = L\tan\delta$$

$$b'_x = L_x\tan\delta$$

式中 B ——未加宽前路面宽度，m；

l_q ——圆曲线起、终点至切点的距离，m；

b' ——修正后圆曲线起、终点处的路面加宽值，m；

b'_x ——修正后加宽过渡段上任意点处的路面加宽值，m；

其他符号意义同前。

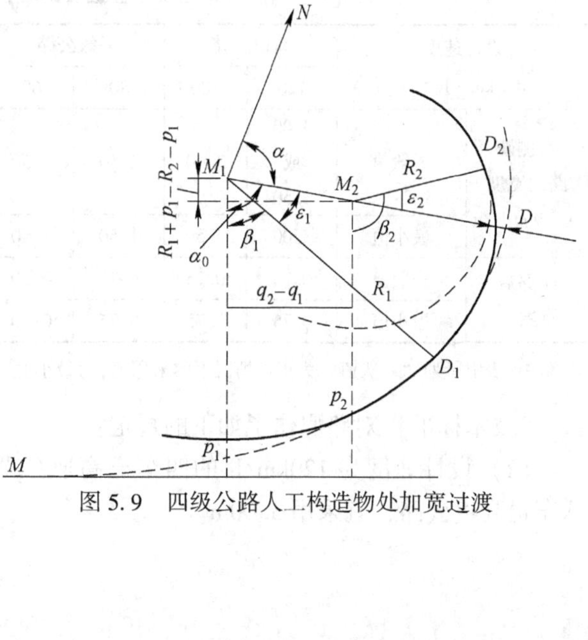

图 5.9 四级公路人工构造物处加宽过渡

5.3 路肩、中间带与人行道

5.3.1 路肩的作用及其宽度

路肩是位于行车道外缘至路基边缘，具有一定宽度的带状结构部分。路肩通常包括路缘带（高速公路和一级公路才设置）、硬路肩、土路肩三部分组成，如图 5.10 所示。各级公路都要设置路肩。路肩的作用如下：

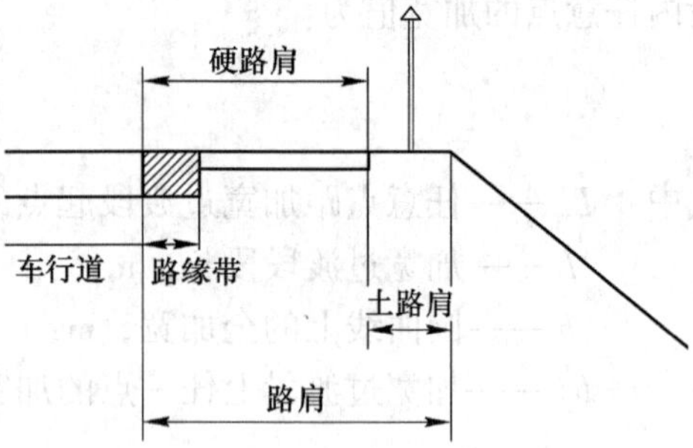

图 5.10 路肩的组成

（1）保护和支撑路面结构。由于路肩在紧靠路面的两侧设置，可保护行车道等主要结构的稳定。

（2）供车辆临时停放路肩行车道。

（3）提供侧向余宽，能增进驾驶的安全和舒适感。

（4）作为道路养护操作的工作场地。

（5）为设置路上设施提供位置。

（6）对未设人行道的道路，可供人及非机动车等使用。

（7）在不损坏公路结构的前提下，也可作为埋设地下设施的位置。

（8）挖方路段，可增加弯道视距。

硬路肩是指进行了铺装的路肩，它可以承受汽车荷载的作用力，在混合交通的公路上便于非机动车、行人通行。在填方路段，为使路肩能汇集路面积水，在路肩边缘应设置路缘石。土路肩是指不加铺装的土质路肩，它起保护路面和路基的作用，并提供侧向余宽。

考虑我国土地的利用情况和路肩的功能，在满足路肩功能最低需要的条件下，原则上尽量采用较窄的路肩，充分挖掘路肩的作用。各级公路右侧路肩宽度见表 5.4。

表 5.4 各级公路右侧路肩宽度

<table>
<tr><td colspan="2" rowspan="2">设计速度
/km·h^{-1}</td><td colspan="2">高速公路</td><td colspan="2">一级公路</td><td colspan="2">二级公路</td><td colspan="2">三级公路</td><td>四级公路</td></tr>
<tr><td>120</td><td>100</td><td>80</td><td>60</td><td>80</td><td>60</td><td>40</td><td>30</td><td>20</td></tr>
<tr><td rowspan="2">右侧硬
路肩宽度
/m</td><td>一般值</td><td>3.00
或
3.50</td><td>3.00</td><td>2.50</td><td>2.50</td><td>1.50</td><td>0.75</td><td rowspan="2">—</td><td rowspan="2">—</td><td rowspan="2">—</td></tr>
<tr><td>最小值</td><td>3.00</td><td>2.50</td><td>1.50</td><td>1.50</td><td>0.75</td><td>0.25</td></tr>
<tr><td rowspan="2">土路肩
宽度/m</td><td>一般值</td><td>0.75</td><td>0.75</td><td>0.75</td><td>0.50</td><td>0.75</td><td>0.75</td><td rowspan="2">0.75</td><td rowspan="2">0.75</td><td>0.25(双车道)</td></tr>
<tr><td>最小值</td><td>0.75</td><td>0.75</td><td>0.75</td><td>0.50</td><td>0.50</td><td>0.50</td><td>0.50(单车道)</td></tr>
</table>

注：表中所列“一般值”为正常情况下的采用值，“最小值”为条件受限制时可采用的值。

《技术标准》对路肩作了如下的规定：

（1）设计速度为 120km/h 的四车道高速公路，右侧硬路肩宜采用 3.50m；六车道、八车道高速公路，宜采用 3.00m。

(2) 高速公路、一级公路应在右侧硬路肩宽度内设右侧路缘带，其宽度为0.50m。

(3) 二级公路的硬路肩可供非汽车交通使用。非汽车交通量较大的路段，亦可采用全铺的方式，以充分利用。

(4) 二、三、四级公路在路肩上设置的标志、防护设施等不得侵入公路建筑限界，否则应加宽路肩。

(5) 高速公路、一级公路的分离式路基，应设置左侧路肩，其宽度规定见表5.5。左侧硬路肩内含左侧路缘带，左侧路缘带宽度为0.50m。

表5.5 高速公路、一级公路分离式路基的左侧路基宽度

设计速度/km·h^{-1}	120	100	80	60
左侧硬路肩宽度/m	1.25	1.00	0.75	0.75
左侧土路肩宽度/m	0.75	0.75	0.75	0.50

(6) 我国《技术标准》规定，八车道高速公路宜设置左侧硬路肩，其宽度应为2.50m。左侧硬路肩宽度内含左侧路缘带宽度。

城市道路的设计速度大于城市道路一般设窨井排水，两侧设人行道，当采取边沟或速度等于40km/h时，应设置硬路肩。保护性路肩一般为土质或简易铺装，其作用是为城市道路的某些交通设施，如护栏、杆栏、交通标志牌等的设置提供场地。最小宽度为0.50m。双幅路或四幅路中间具有排水沟的断面，应设置左侧路肩。快速路硬路肩上如考虑临时停车，其硬路肩宽度应大于或等于2.50m，且交通量较大时，应每隔300~500m设紧急停车带。

5.3.2 分隔带的作用及其宽度

5.3.2.1 中间带

高速公路和一级公路的设计速度较高且车道数多，不设中间带难以保证行车安全，也难以达到该等级道路的应有功能。《技术标准》规定：高速公路和一级公路整体式断面必须设置中间带。中间带由两条左侧路缘带和中央分隔带组成，如图5.11所示，其作用如下：

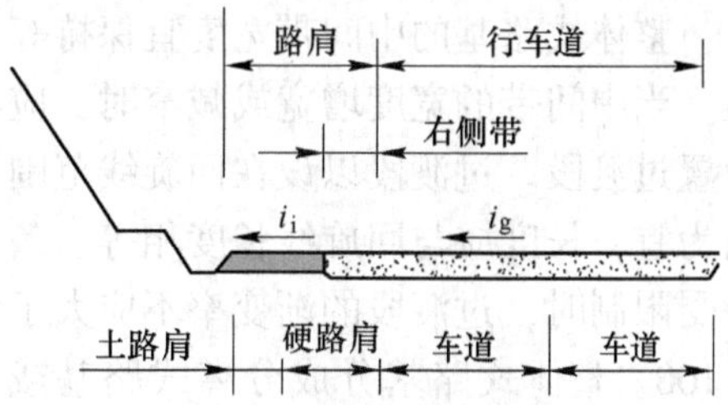

图5.11 中间带的组成

(1) 分隔往返车流。既可避免因快车驶入对向行车道造成严重的交通事故，又能减少公路中心线的交通阻力，从而提高通行能力。

(2) 可作设置公路标志牌及其他交通管理设施的场地，也可作为行人的安全岛使用。

(3) 设置一定宽度的中间带并种植花草灌木或设置防眩网，可防止对向车辆灯光炫目，还可起到美化路容和环境的作用。

(4) 设于分隔带两侧的路缘带，由于有一定宽度且颜色醒目，既可引导驾驶员视线，又可增加行车所必需的侧向余宽，从而提高行车的安全性和舒适性。

(5) 可以防止在不分隔的多车道公路上因认错对向车道而引起的交通事故。

(6) 可以避免车辆中途掉头，消灭紊乱车流，减少交通事故。宽中间带的作用明显，但投资和占地多，不宜采用；我国原则上均采用窄分隔带，构造上高出车道表面，分隔带一般用路缘石围砌，高出路面 10~20cm。

中间带的宽度是根据行车带以外的侧向余宽，防止驶入对向行车带的护栏、种植、防眩网、交叉公路的桥墩等所需的设置带宽度而定的，见表 5.6。

表 5.6　中间带宽度

设计速度/km · h^{-1}		120	100	80	60
中央分隔带宽度/m	一般值	3.00	2.00	2.00	2.00
	最小值	2.00	2.00	1.00	1.00
左侧路缘带宽度/m	一般值	0.75	0.75	0.50	0.50
	最小值	0.75	0.50	0.50	0.50
中间带宽度/m	一般值	4.50	3.50	3.00	3.00
	最小值	3.50	3.00	2.00	2.00

注："一般值" 为正常情况下的采用值；"最小值" 为条件受限制时，经技术经济论证后可采用的值。城市道路因机、非混合行驶设置非机动车车道时，除设有中间分隔带外，还有两侧分隔带。城市道路的分车带宽度的一般规定见表 5.7。

表 5.7　城市道路分车带宽度

类　别		中间分车带/m			两侧分车带/m		
设计速度/km · h^{-1}		80	60，50	40	80	60，50	40
分隔带最小宽度/m		2.00	1.50	1.50	1.50	1.50	1.50
路缘带宽度/m	四幅路	0.50	0.50	0.25	0.50	0.50	0.25
	三幅路	—	—	—	0.25	0.25	0.25
分车道最小宽度/m		3.00	2.50	2.00	2.25	2.25	2.00

整体式路基的中间带宽度宜保持等值。当中间带的宽度增宽或减窄时，应设置过渡段。过渡段以设在回旋线范围内为宜，长度应与回旋线长度相等。条件受限制时，过渡段的渐变率不应大于 1/100。整体式路基分成分离式路基或分离式路基汇合为整体式路基时，其中间带的宽度增宽或减窄时，也应设置过渡段。其过渡段以设置在圆曲线半径较大的路段为宜。图 5.12 所示为几种变宽过渡设计例子。

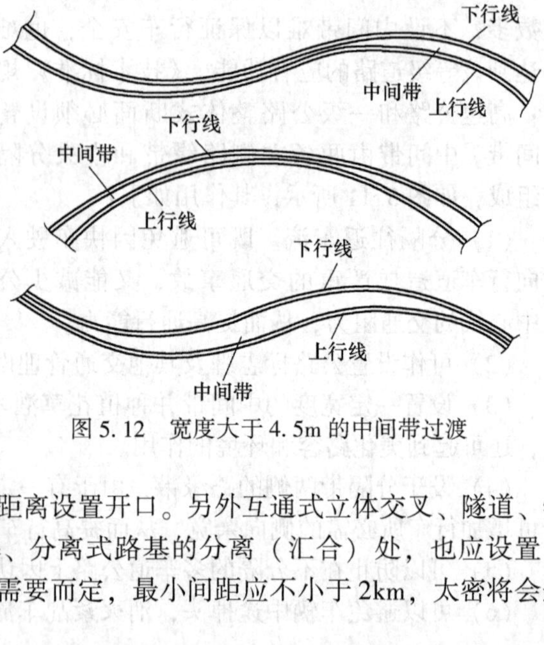

图 5.12　宽度大于 4.5m 的中间带过渡

为了便于养护作业和某些车辆在必要时驶向对向车道，中央分隔带应按一定距离设置开口。另外互通式立体交叉、隧道、特大桥、服务区设施前后，以及整体式路基、分离式路基的分离（汇合）处，也应设置中央分隔带开口。中央分隔带开口间距应视需要而定，最小间距应不小于 2km，太密将会造成交通的紊乱。城市道路可根据横向交通（车辆和行人）的需要设置。分离式路基应在适当位置设横向连接道，以供养护、维修或抢险时使用。

中央分隔带开口应设置在通视良好的路段，若开口设于曲线路段，该圆曲线半径的超高值不宜大于3%。中央分隔带开口长度不宜大于40m；八车道高速公路开口长度可适当增长，但不应大于50m。中央分隔带开口处应设置活动护栏。

开口端部的形状常用的有两种，即半圆形和弹头形。中央分隔带宽度小于3.0m时可采用半圆形；中央分隔带宽度大于或等于3.0m时宜采用弹头形。弹头形如图5.13所示。图中R、R_1和R_2为控制设计半径。R和R_1足够大时，才能保证汽车有容许的速度驶离主车道进行左转弯，一般采用R_1=25120m。R切于开口中心线，其值取决于开口的大小。为了避免过大的开口并方便行车，一般采用R的最小值为15m。弹头尖端圆弧半径R_2可采用分隔宽度的1/5，这样从外观上看比较悦目。

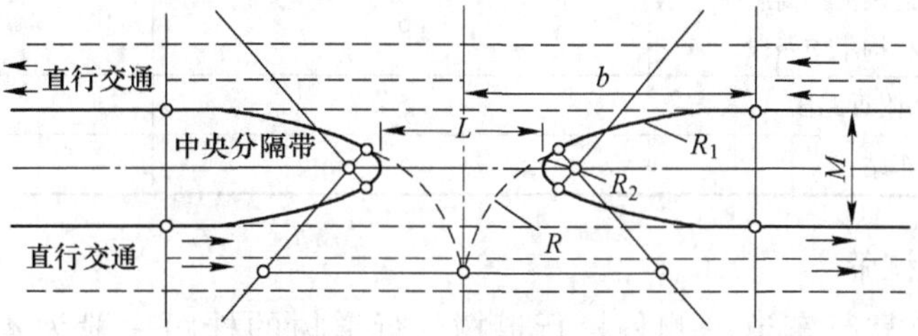

图5.13 中间带开口

中央分隔带的表面形式有凹形和凸形两种（见图5.14、图5.15），宽度大于或等于3.0m宜采用凹形，宽度小于3.0m时可采用凸形。中央分隔带表面处理：宽度大于或等于3.0m时宜植草皮，宽度小于3.0m时可栽灌木或铺面封闭。

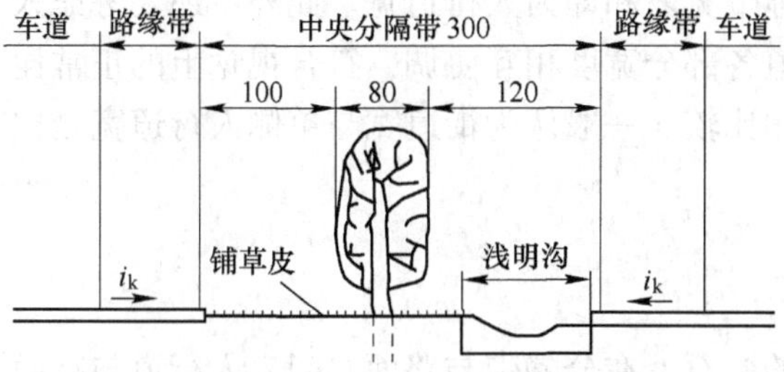

图5.14 平（或凹）中央分隔带（单位：cm）

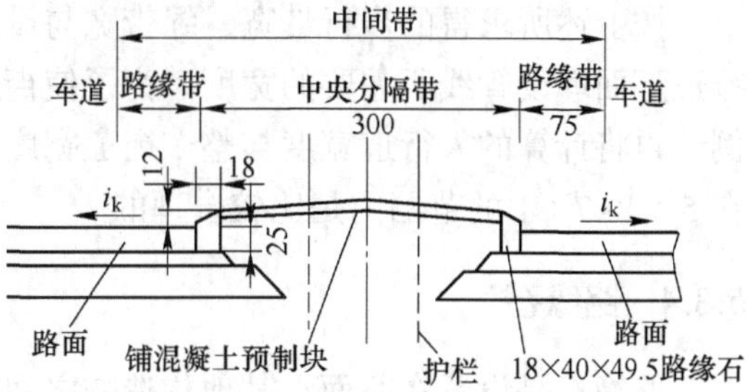

图5.15 凸形中央分隔带（单位：cm）

5.3.2.2 两侧带

布置在横断面两侧的分车带叫两侧带，其作用与中间带相同，只是设置的位置不同而已。两侧带常用于城市道路的横断面设计中，它可以分隔快车道与慢车道、机动车道与非机动车道、车行道与人行道等。两侧带的最小宽度规定为2.0~2.25m。在北方寒冷积雪地区，在满足最小宽度的前提下，还应考虑能否满足临时堆放积雪的要求。

5.3.3 城市道路路侧带的组成及其宽度

位于城市道路行车道两侧的人行道、绿带、公用设施带等统称为路侧带。路侧带的宽度应根据道路类别、功能、行人流量、绿化、沿街建筑性质及布设公用设施要求等确定。

5.3.3.1　人行道

人行道主要是供行人步行之用，同时也是植物、立杆的场地。人行道的地下空间还可埋设管线等。

行人步行道宽度必须满足行人通行的安全和顺畅要求，规范规定人行道宽度不得小于表5.8所列的数值。

表5.8　人行道最小宽度

项　目	人行道最小宽度/m	
	大城市	中、小城市
各级公路	3	2
商业或文化中心区及大型商店或大型公共文化机构集中路段	5	3
火车站、码头附近路段	5	4
长途汽车站	5	4

5.3.3.2　种植带

可在人行道上靠行车道一侧种植行道树。行道树的株距一般为4～6m，树池采用1.5m的正方形或1.2m×1.8m的矩形；也有种植草皮与花丛的。

5.3.3.3　设施带

设施带的宽度包括设置行人护栏、照明灯柱、标志牌、信号灯等的宽度。常用宽度为：护栏0.25～0.5m，杆柱1.0～1.5m。

按上述所求得的步行带宽、绿带宽与设施带宽之和即为人行道宽。此外，还要考虑人行道下面埋设管线所需要的宽度。为了使街道各部分宽度相互协调，符合视觉上的正常比例，再将计算的人行道宽度与整个街道宽度相比较。一般认为街道宽与单侧人行道宽之比在5∶1～7∶1的范围内是比较合理的。

5.3.4　路缘石

路缘石是设置在路面与其他构造物之间的标石。在分隔带与路面之间、人行道与路面之间一般都需要设置路缘石。路缘石的形状有立式、斜式和平齐式等几种。

高速公路和一级公路中央分隔带上的路缘石起导向、连接和便于排水的作用，但高度不宜太高，如果路缘石较高（高度大于20cm时），当高速行驶的汽车撞上路缘石时，将导致汽车飞跃甚至翻车事故。中央分隔带宽度大于或等于3.0m时宜采用平齐式；宽度小于3.0m时可采用平齐式或斜式（高度宜小于12cm）。高速公路、一级公路中央分隔带不得采用立式（栏式）路缘石。

城市道路的人行道及人行横道宽度范围内路缘石宜做成低矮的、坡面较为平缓的斜式，便于儿童车、轮椅及残疾人通行。在分隔带端头或交叉口的小半径处，路缘石宜做成斜式。路缘石宜高出路面10～20cm，隧道内线形弯曲路段或陡峻路段等处，可高出25～40cm，并应有足够的埋置深度，以保证稳定。路缘石宽度为10～15cm。

5.3.5 路基横断面特殊组成部分

5.3.5.1 加减速车道

高速公路、一级公路的互通式立体交叉、服务区、停车区、公共汽车停靠站、管理与养护设施等与主线相衔接处，应设置加速车道和减速车道。加（减）速车道宽度应为 3.50m。

5.3.5.2 紧急停车带

高速公路、一级公路的右侧硬路肩宽度小于 2.50m 时，应设紧急停车带。紧急停车带的间距不宜大于 2km，宽度一般为 5.00m，有效长度一般为 50m，并设置 100m 和 150m 左右的过渡段。

高速公路、一级公路的特长桥梁、隧道，根据需要可设置紧急停车带，其间距不宜大于 750m。

二级公路根据需要可设置紧急停车带，其间距按实际情况确定。

5.3.5.3 避险车道

连续长、陡下坡路段，为减轻失控车辆的损失或危及第三方安全，宜在长、陡下坡地段的右侧视距良好的适当位置设置避险车道，其宽度不应小于 4.50m。

5.3.5.4 错车道

四级公路路基宽度采用 4.5m 时，应在不大于 300m 的距离内选择有利地点设置错车道，并使驾驶者能看到相邻两错车道之间的车辆。设置错车道路段的路基宽度应不小于 6.5m，有效长度应不小于 20m。

5.3.6 公路路基宽度

各级公路路基宽度为车道宽度与路肩宽度之和，当设有中间带、加减速车道、爬坡车道、紧急停车带、避险车道、错车道等时，应计入这些部分的宽度。各级公路整体式路基宽度应符合表 5.9 规定。

表 5.9 各级公路整体式路基宽度

公路等级		高速公路							
设计速度/km·h^{-1}		120			100			80	
车道数		8	6	4	8	6	4	6	4
路基宽度/m	一般值	42.00	34.50	28.00	41.00	33.50	26.00	32.00	24.50
	最小值	40.00		25.00	38.50		23.50		21.50

公路等级		一级公路				
设计速度/km·h^{-1}		100		80		60
车道数		6	4	6	4	4
路基宽度/m	一般值	33.50	26.00	32.00	24.50	23.00
	最小值		23.50		21.50	20.00

续表 5.9

公路等级		二级公路		三级公路		四级公路	
设计速度/km · h^{-1}		80	60	40	30	20	
车道数		2	2	2	2	2 或 1	
路基宽度/m	一般值	12.00	10.00	8.50	7.50	6.50（双车道）	4.50（单车道）
	最小值	10.00	8.50				

注：1. "一般值" 为正常情况下的采用值；"最小值" 为条件受限制时，经技术经济论证后可采用的值。

2. 八车道高速公路路基宽度 "一般值" 为设置左侧硬路肩、内侧车道如采用 3.50m 时的宽度；八车道高速公路路基宽度 "最小值" 为不设置左侧硬路肩、内侧车道如采用 3.75m 时的宽度。

高速公路、一级公路分离式路基宽度规定见表 5.10。

表 5.10 高速公路、一级公路分离式路基宽度

公路等级		高速公路							
设计速度/km · h^{-1}		120			100			80	
车道数		8	6	4	8	6	4	6	4
路基宽度/m	一般值	22.00	17.00	13.75	21.75	16.75	13.00	16.00	12.25
	最小值			13.25			12.50		11.25

公路等级		一级公路				
设计速度/km · h^{-1}		100		80		60
车道数		6	4	6	4	4
路基宽度/m	一般值	16.75	13.00	16.00	12.25	11.25
	最小值		12.50		11.25	10.25

注：1. 八车道的内侧车道宽度如采用 3.50m，相应路基宽度可减 0.25m。

2. 表中所列 "一般值" 为正常情况下的采用值；"最小值" 为条件受限制时可采用的值。

二级公路因交通量、交通组成等需要设置慢车道的路段，设计速度为 80km/h 时的路基宽度可采用 15.00m，设计速度为 60km/h 时的路基宽度可采用 12.00m。

设计速度为 80km/h 或 60km/h 的具集散功能的二级公路，需设置慢车道的路段，经技术经济论证其路基宽度可采用 15.00m 或 12.00m，利用加固后的路肩作为慢车道，并应在车道与慢车道之间采用画线分隔。

四级公路宜采用 6.50m 路基宽。交通量小且工程特别艰巨的路段，可采用单车道 4.50m 路基宽。

确定路基宽度时，其中央分隔带、路缘带、路肩等宽度的 "一般值" "最小值" 应同类项相加。但高速公路、一级公路的六、八车道的路基宽度不采用 "最小值" 同类项相加。这个规定的目的是为了充分发挥端面的整体功能，避免因任意抽换而影响各部分功能应有的作用。

5.4 道路路拱、边沟、边坡

5.4.1 道路路拱

5.4.1.1 路拱及路拱坡度

为了便于路面横向排水，将路面做成由中央向两侧倾斜的拱形，称为路拱。其倾斜的大小以百分率表示。

路拱对排水有利但对行车不利。路拱坡度所产生的水平分力增加了行车的不平稳，同时也给乘客以不舒适的感觉，而且当车辆在有水或潮湿的路面上制动时还会增加侧向滑移的危险。为此，对路拱采用的大小及形状的设计应兼顾两方面的影响。对于不同类型的路面，由于其表面的平整度和透水性不同，应考虑当地的自然条件选用不同的路拱坡度。不同路面类型的路拱横坡值可按表 5.11 选用。

表 5.11 路拱坡度

路面类型	路拱坡度/%	路面类型	路拱坡度/%
沥青混凝土、水泥混凝土	1~2	碎、砾石	2.5~3.5
其他沥青路面	1.5~2.5	低级路面	3~4
半整齐块石	2~3		

高速公路和一级公路由于其路面较宽，迅速排除路面降水尤为重要，其整体式路基的路拱宜采用双向路拱坡度，由路中央向两侧倾斜。位于中等降雨强度地区时应采用 2%，在严重强度降雨地区时，路拱坡度可适当增大。

高速公路、一级公路分离式路基的路拱，宜采用单向横坡，并向路基外侧倾斜，也可采用双向路拱坡度以利于排除路面积水。积雪、冰冻地区宜采用双向路拱坡度。

二、三、四级公路的路拱应采用双向路拱坡度，由路中央向两侧倾斜。路拱坡度应根据路面类型和当地自然条件确定，但不应小于 1.5%。路拱的形式有抛物线形、直线接抛物线形、折线形等。

5.4.1.2 硬路肩、土路肩的横坡

（1）直线路段的硬路肩应设置向外倾斜的横坡，其坡度值应与车道横坡值相同。路线纵坡平缓，且设置拦水带时，其横坡值宜采用 3%~4%。

（2）曲线路段内外侧硬路肩横坡的横坡值及其方向：当曲线超高小于或等于 5%时，其横坡值和方向应与相邻车道相同；当曲线超高大于 5%时，其横坡值应不大于 5%，且方向相同。

（3）设置超高时，硬路肩的横坡应随邻近车道的横坡一同过渡，其过渡段的纵向渐变率应控制在 1/330~1/150 之间。

（4）土路肩的横坡：土路肩的排水性远低于路面，其横坡度应不小于 3.0%。位于直线路段或曲线路段内侧，且车道或硬路肩的横坡值大于或等于 3%时，土路肩的横坡应与车道或硬路肩横坡值相同；小于 3%时，土路肩的横坡应比车道或硬路肩的横坡值大 1%

或2%。位于曲线路段外侧的土路肩横坡应采用3%或4%的反向横坡值。

5.4.1.3 非机动车车道及人行横道的路拱坡度

非机动车道路拱坡度可根据路面类型参考表5.11选用。人行道横坡宜采用单面坡，坡度为1%~2%。路缘带横坡与行车道相同。

5.4.2 曲线超高

5.4.2.1 超高的作用

为抵消车辆在曲线路段上行驶时所产生的离心力，将路面做成外侧高于内侧的单向横坡的形式，即为曲线上的超高。合理地设置超高，可以全部或部分抵消离心力，提高汽车行驶在曲线上的稳定性与舒适性。当汽车等速行驶时，圆曲线上所产生的离心力是常数，而在回旋线上行驶则因回旋线曲率是变化的，其离心力也是变化的。因此，超高横坡度在圆曲线上应是与圆曲线半径相适应的全超高，在缓和曲线上应是逐渐变化的超高。这段从直线上的双向路拱横断面渐变到圆曲线上的单向横坡断面的路段，称为超高过渡段。四级公路不设回旋线，但曲线上若设置有超高，从构造的角度也应有超高缓和段。

圆曲线半径小于表3.6规定的不设超高圆曲线最小半径时，应在曲线上设置超高。超高的横坡度应根据设计速度、圆曲线半径、路面类型、自然条件和车辆组成等情况确定，必要时应按运行速度予以验算。设计时也可根据半径大小等条件参照表5.12确定具体超高的采用值。各级道路圆曲线部分最大超高值规定见表5.13和表5.14。

表5.12 圆曲线半径与超高横坡度

高速公路、一级公路								二级公路、三级公路、四级公路									
V=120km/h		V=100km/h		V=80km/h		V=60km/h		V=80km/h		V=60km/h		V=40km/h		V=30km/h		V=20km/h	
一般情况	积雪冰冻	一般情况	积雪冰冻	一般情况	积雪冰冻	一般情况	积雪冰冻	一般情况	积雪冰冻	一般情况	积雪冰冻	一般情况	积雪冰冻	一般情况	积雪冰冻	一般情况	积雪冰冻
<5500~3240	<5500~1940	<4000~1710	<4000~1550	<2500~1240	<2500~1130	<2500~810	<1500 720	<2500~1210	<2500~1130	<1500~780	<1500~720	<600~390	<600~360	<350~230	<350~210	<150~105	<150~95
<3240~2160	<1940~1290	<1710~1220	<1550~1050	<1240~850	<1130~750	<810~570	<720~460	<1210~840	<1130~750	<780~530	<720~460	<390~270	<360~230	<230~150	<210~130	<105~70	<95~60
<2160~1620	<1290~970	<1220~950	<1050~760	<850~620	<750~520	<570~430	<460~300	<840~630	<750~520	<530~390	<460~300	<270~200	<230~150	<150~110	<130~80	<70~55	<60~40
<1620~1300	<970~780	<950~770	<760~550	<620~500	<520~360	<430~340	<300~190	<630~500	<520~360	<390~300	<300~190	<200~150	<150~90	<110~80	<80~50	<55~40	<40~25
<1300~1080	<780~650	<770~650	<550~400	<500~410	<360~250	<340~280	<190~125	<500~410	<360~250	<300~230	<190~125	<150~120	<90~60	<80~60	<50~30	<40~30	<25~15
<1080~930	—	<650~560	—	<410~350	—	<280~230	—	<410~320	—	<230~170	—	<120~90	—	<60~50	—	<30~20	—
<930~810	—	<560~500	—	<350~310	—	<230~200	—	<320~250	—	<170~125	—	<90~60	—	<50~30	—	<20~15	—
<810~720	—	<500~440	—	<310~280	—	<200~160	—	—	—	—	—	—	—	—	—	—	—
<720~656	—	<440~400	—	<280~250	—	<160~125	—	—	—	—	—	—	—	—	—	—	—

表 5.13 公路圆曲线最大超高值

公路等级	高速公路	一级公路	二级公路	三级公路	四级公路
一般地区 /%	8 或 10		8		
积雪、严寒地区/%	6				

注：高速公路、一级公路正常情况下采用 8%；交通组成中小客车比例高时可采用 10%。

表 5.14 城市道路圆曲线最大超高值

设计速度/km·h^{-1}	80	60，50	40，30，20
最大超高值/%	6	4	2

高速公路和一级公路超高横坡度不应大于 8%或 10%，其他各级公路不应大于 8%，积雪冰冻地区，最大超高横坡度不宜大于 6%；

当超高横坡度的计算值小于路拱坡度时，应设置等于路拱坡度的超高。因此，各级公路和城市道路圆曲线部分的最小超高值是该道路直线部分的路拱坡度之值，见表 5.12。

5.4.2.2 超高的过渡

A 无中间带道路的超高过渡

无中间带的道路行车道，无论是双车道还是单车道，在直线路段的横断面均为以中线为脊向两侧倾斜的路拱。路面要由双向倾斜的路拱形式过渡到具有超高的单向倾斜的超高形式。

当超高横坡度等于路拱时，将行车道外侧绕路中线旋转，直至与内侧横坡路拱坡度的旋转相等为止，如图 5.16 所示。

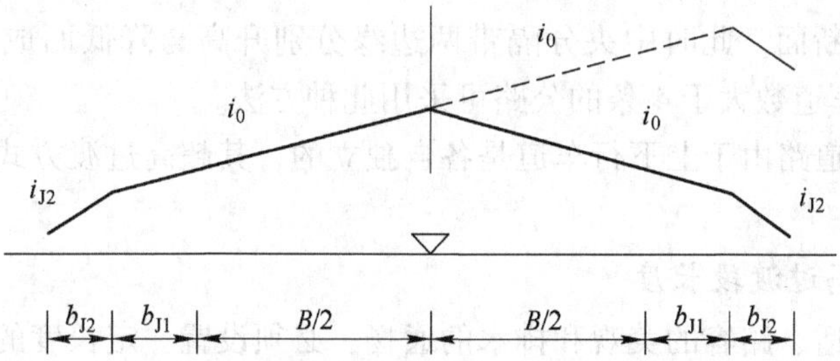

图 5.16 超高横坡度等于路拱坡度的旋转

当超高坡度大于路拱坡度时，可分别采用如下三种过渡方式：

（1）绕内侧车道边缘旋转。先将外侧车道绕路中线旋转，待达到与内侧车道构成单向横坡后，整个断面再绕未加宽前的内侧车道边缘旋转，直至超高横坡度值，如图 5.17（a）所示。由于行车道内侧不降低，有利于路基纵向排水，新建工程宜采用此种方法。

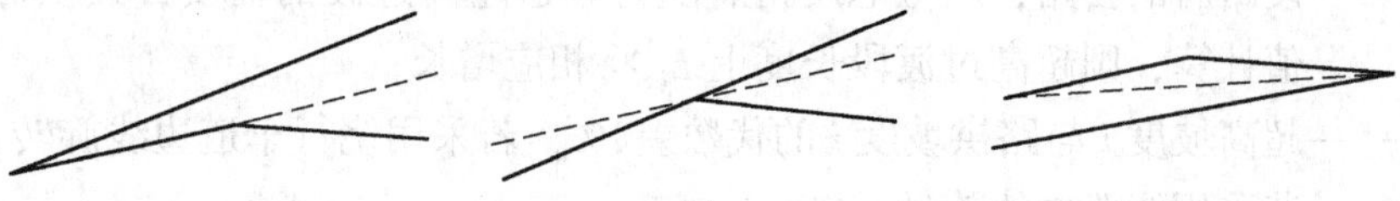

(a) (b) (c)

图 5.17 无中间带道路的超高过渡

（a）绕内侧车道边缘旋转；（b）绕中间旋转；（c）绕外侧车道边缘旋转

(2) 绕路中线旋转。先将外侧车道绕路中线旋转，待达到与内侧车道构成单向横坡后，整个断面绕中线旋转，直至超高横坡度值，如图 5.17 (b) 所示。绕中线旋转可保持中线标高不变，且在超高坡度一定的情况下，外侧边缘的抬高值较小，改建工程可采用此种方法。

(3) 绕外侧车道边缘旋转。先将外侧车道绕外边缘旋转，与此同时，内侧车道随中线的降低而相应降低，待达到单向横坡后，整个断面仍绕外侧车道边缘旋转，直至超高横坡度值，如图 5.17 (c) 所示。路基外缘标高受限制或路容美观有特殊要求时可采用此种方法。

B　有中间带公路的超高过渡

(1) 绕中间带的中心线旋转。先将外侧行车道绕中间带的中心旋转，待达到与内侧行车道构成单向横坡后，整个断面一同绕中心线旋转，直至超高横坡度值。此时中央分隔带呈倾斜状，如图 5.18 (a) 所示。中间带宽度小于或等于 4.5m 的公路采用此种方法。

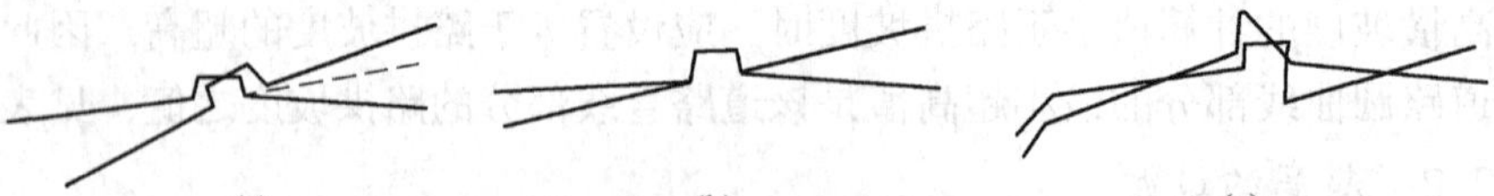

(a)　(b)　(c)

图 5.18　有中间带公路的超高过渡

(a) 绕中间带中心线旋转；(b) 绕中间带边缘旋转；(c) 绕各自行车道中心旋转

(2) 绕中央分隔带边缘旋转。将两侧行车道分别绕中央分隔带边缘旋转使之各自成为独立的单向超高断面。此时中央分隔带维持原水平状态，如图 5.18 (b) 所示。各种宽度中间带的公路均可采用此种方法。

(3) 绕各自行车道中线旋转。将两侧行车道分别绕各自的中心线旋转，使之各自成为独立的单向超高断面。此时中央分隔带两边缘分别升高与降低而成为倾斜断面，如图 5.18 (c) 所示。车道数大于 4 条的公路可采用此种方法。

分离式断面的道路由于上下行车道是各自独立的，其超高过渡方式宜按无中间带公路分别予以过渡。

5.4.2.3　超高过渡段长度

为了行车的舒适、路容的美观和排水的通畅，必须设置一定长度的超高过渡段。超高的过渡应在回旋线全长范围内进行。各级公路超高过渡段长度亦可按式 (5.19) 计算：

$$L_c = \frac{B\Delta i}{p} \tag{5.19}$$

式中　L_c ——超高过渡段长度，m；

B ——旋转轴至行车道（设路缘带时为路缘带）外侧边缘宽度，m，设计中对有硬路肩的公路，应考虑硬路肩随行车道超高过渡的需要，按实际情况的 B 值计算，则超高过渡段长度上 L_c 将相应增长；

Δi ——超高坡度 i 与路拱坡度 i 的代数差,%，若采用绕行车道边线旋转，$\Delta i = i_b$；若采用绕路中线旋转，$\Delta i = i_b + i_h$；

p ——超高渐变率，即旋转轴线与行车道（设路缘带时为路缘带）外侧边缘线之间的相对坡度，其值可按表 5.16 确定。

超高过渡段中超高渐变率，其取值在0.4%~2.0%间变化。超高过渡段长度，在选定旋转轴和超高值后即可按式（5.19）计算。

我国《规范》规定：超高的过渡应在回旋线全长范围内进行。当回旋线过长时，超高渐变率就会变得很小，超高过渡段中接近0%的横坡路段就会较长，这将导致曲线段路面排水不畅。因此应按排水要求的最小坡率0.3%计，故超高渐变率不得小于0.3%，即1/330。

当回旋线较长时，其超高的过渡可采用以下方式：

（1）超高过渡段可设在回旋线的某一区段范围内，其超高过渡段的纵向渐变率不得小于1/330，全超高断面宜设在 *HY* 点或 *YH* 点处。

（2）六车道及其以上的公路宜增设路拱线。高速公路、一级公路当采用中央分隔带外缘为旋转轴时，即便超高渐变率大于1/330，在纵坡较平缓的情况下，行车道排水也会因断面较宽而难以达到满意的效果。为避免这种不良现象，除采取减小超高过渡段长度、加大超高渐变率、在回旋线的某一区段内设置超高等措施外，还可以采用在行车道中间增设1~2个路拱线以减小流水行程，从而减轻路面积水的方法，如图5.19所示（图中所示为S形曲线的一侧路幅的超高过渡过程；若为单曲线，则超高过渡过程为图中（2）~（6）段）。

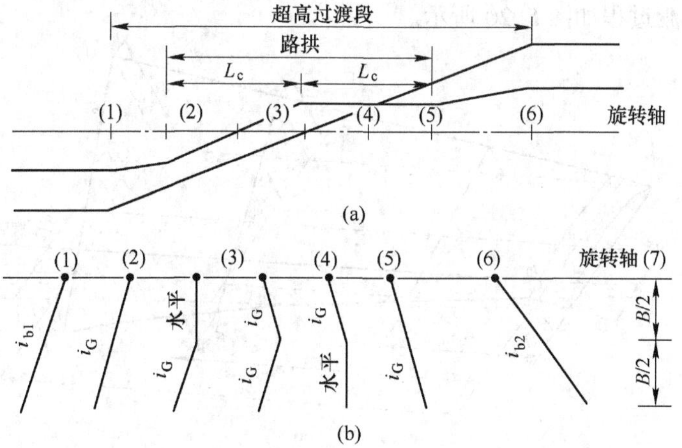

图5.19 增设路拱的超高方式

（a）超高渐变图；（b）横断面

四级公路可不设缓和曲线，但圆曲线上如有超高，则应设置超高过渡段。超高的过渡应在超高过渡段的全长上进行。超高过渡段长度应按式（5.19）计算，且最短应符合渐变率为1：15并不小于10m的要求。四级公路的超高过渡段应设在紧接圆曲线起点或终点的直线上。受地形条件或其他特殊情况限制时，允许将超高、加宽过渡段的一部分插入曲线，但插入曲线内的长度不得超过超高过渡段长度的一半。不同半径的同向圆曲线径相连接构成的复合曲线，其超高过渡段应对称地设在衔接处的两侧。

对线形设计要求较高的公路，应在超高过渡段的起、终点插入一段二次抛物线，使之连接圆滑、舒顺。

分向行驶的多车道公路位于纵坡较大的路段，其上下坡的运行速度会有明显的差异，因此，高速公路、一级公路的纵坡较大处，其上下行车道可采用不同的超高坡度，以利行车安全。

5.4.2.4　横断面上的超高值的计算与超高设计图

A　超高值的计算

在公路工程施工中，路面的超高横坡即正常路拱横坡是不便于用坡度值来控制的，而是用路中线及路基、路面边缘相对于路基设计高程的相对高差来控制的。因此，在设计中为便于施工，应计算出路线上任意位置的路基设计高程与路肩及路中线的高差。所谓超高值就是指设置超高后路中线、路面边缘及路肩边缘等计算点与路基设计高程的高差。

a　双车道公路超高值计算方法

计算路线上任意桩点的超高值时，须注意计算点在平曲线上的位置。因为圆曲线与超高过渡段上的超高不同，圆曲线上超高值是固定值，但在过渡段上的超高值是渐变的，必须分别计算超高值。

如前所述，超高的过渡可分为两个阶段，第一阶段为双坡阶段，即外侧车道绕路中线（或分隔带边缘）旋转，直到与内侧车道构成单向横坡；第二阶段为旋转阶段，即整个断面绕旋转轴旋转，直至超高横坡度值。圆曲线段内超高保持不变，称为全超高阶段。双车道公路的超高过渡过程如图 5.20 所示。

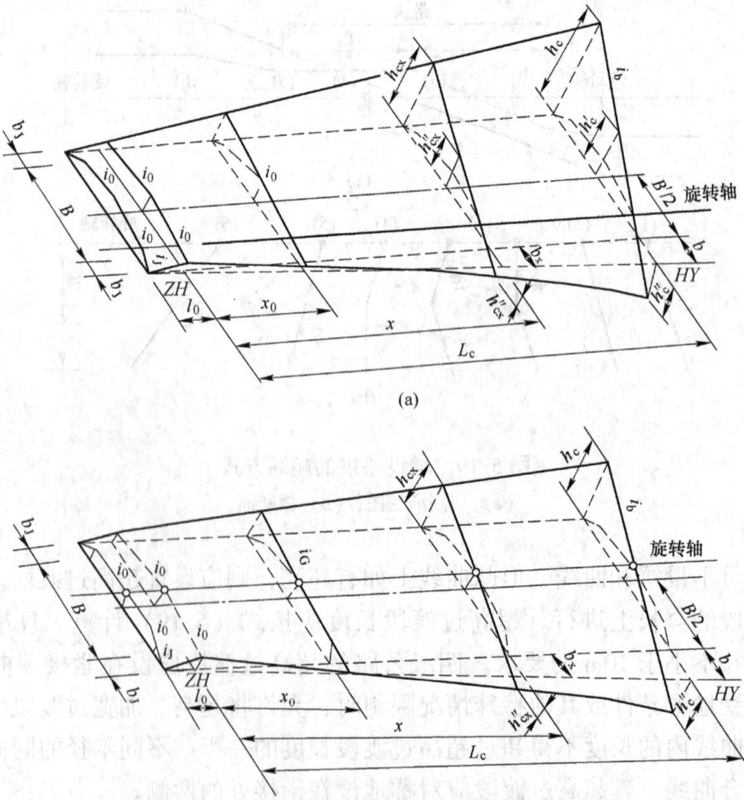

图 5.20　双车道公路超高过渡方式示意图

（a）绕内侧车道边缘旋转；（b）绕中线旋转

双坡阶段长度 x_0 的计算（以绕内侧车道边缘旋转为例）：

按照超高过渡要求，路面外边线的高度在超高过渡段内是按离开起点的距离成比例增加的，即 $\dfrac{x_0}{L_c}=\dfrac{i_G\cdot B}{i_b\cdot B}$，则：

$$x_0=\frac{i_G}{i_b}L_c \tag{5.20}$$

当超高过渡段长度 L_c 很长时（在回旋线全长范围内设置超高），超高过渡段的渐变率 p 有可能小于 0.3%，即

$$p=\frac{i_b B}{L_c}=\frac{i_G B}{x_0}\leqslant 0.003$$

这不利于路面横向排水，应限制 x_0 的长度。这时超高过渡段应设在回旋线的某一区域段范围内，其超高过渡段的纵向渐变率不得小于 1/330，超高过渡段长度 L_c 为：

$$L_c=\frac{i_b B}{p}=330 i_b B \tag{5.21}$$

$$x_0=\frac{i_G}{i_b}L_c=330 i_G B \tag{5.22}$$

这时，全超高断面宜设在 HY 点或 YH 点处，超高过渡段起点为回旋线起点 ZH 点或 HZ 之后一段距离 $\Delta L(\Delta L=L_s-L_c)$。

双车道公路的超高值计算式见表 5.15 和表 5.16。

对于二级公路设置硬路肩的情况，硬路肩宽度可包含在路面宽度中计算。

表 5.15 双车道公路绕路面内边线旋转超高值计算式

<table>
<tr><th colspan="2" rowspan="2">超高位置</th><th colspan="3">超高值计算式</th></tr>
<tr><th>路中线</th><th>路面外边缘</th><th>路肩外边缘</th></tr>
<tr><td rowspan="2">超高过渡段
双坡阶段
$x\leqslant x_0$</td><td>曲线内侧</td><td rowspan="2">$h'_{cx}=b_J i_J+\frac{B}{2}i_G$</td><td>$h'_G=b_J i_J-b_x i_G$</td><td>$h''_{cx}=-b_x i_G$</td></tr>
<tr><td>曲线外侧</td><td>$h_G=b_J i_J+\frac{x}{x_0}B i_G$</td><td>$h_{cx}=\frac{x}{x_0}B i_G$</td></tr>
<tr><td rowspan="2">超高过渡段
旋转阶段
$x\geqslant x_0$</td><td>曲线内侧</td><td rowspan="2">$h'_{cx}=b_J i_J+\frac{B}{2}i_x$</td><td>$h'_G=b_J i_J-b_x i_x$</td><td>$h''_{cx}=b_J i_J-(b_J+b_x)i_x$
$(i_x>3\%)$
$h''_{cx}=-b_x i_x(i_x\leqslant 3\%)$</td></tr>
<tr><td>曲线外侧</td><td>$h_G=b_J i_J+B i_x$</td><td>$h_{cx}=B i_x$</td></tr>
<tr><td rowspan="2">圆曲线段
全超高阶段</td><td>曲线内侧</td><td rowspan="2">$h'_c=b_J i_J+\frac{B}{2}i_b$</td><td>$h'_G=b_J i_J-b i_b$</td><td>$h''_c=b_J i_J-(b_J+b)i_b$
$(i_x>3\%)$
$h''_c=-b i_b(i_b\leqslant 3\%)$</td></tr>
<tr><td>曲线外侧</td><td>$h_G=b_J i_J+B i_b$</td><td>$h_{cx}=B i_b$</td></tr>
<tr><td rowspan="3">中间变量</td><td>双坡阶段
长度 x_0</td><td colspan="3">$x_0=\frac{i_G}{i_b}L_c$，当 $p=\frac{i_b B}{L_c}\leqslant 0.003$ 时，$L_c=330 i_b B$，$x_0=\frac{i_G}{i_b}L_c=330 i_G B$</td></tr>
<tr><td>旋转阶段
横坡 i_x</td><td colspan="3">$i_x=\frac{x}{L_c}i_b$</td></tr>
<tr><td>加宽值
过渡 b_x</td><td colspan="3">按直线比例过渡：$b_x=\frac{x}{L_c}b$</td></tr>
</table>

表 5.16　双车道公路绕路面中线旋转超高值计算式

超高位置		超高值计算式		
		路中线	路面外边缘	路肩外边缘
超高过渡段 双坡阶段 $x \leqslant x_0$	曲线内侧	$h'_c = b_J i_J + \frac{B}{2} i_G$	$h'_G = b_J i_J - b_x i_G$	$h''_{cx} = -b_x i_G$
	曲线外侧		$h_G = b_J i_J + \frac{x}{x_0} B i_G$	$h_{cx} = \frac{x}{x_0} B i_G$
超高过渡段 旋转阶段 $x \geqslant x_0$	曲线内侧		$h'_G = h'_c - \left(\frac{B}{2} + b_x\right) i_x$	$h''_{cx} = h'_c - \left(\frac{B}{2} + b_J + b_x\right) i_x\ (i_x > 3\%)$ $h''_{cx} = h'_c - \left(\frac{B}{2} + b_x\right) i_x - b_j i_j\ (i_b \leqslant 3\%)$
	曲线外侧		$h_G = h'_c + \frac{B}{2} i_x$	$h_{cx} = \frac{B}{2}(i_G + i_x)$
圆曲线段 全超高阶段	曲线内侧		$h'_G = h'_c - \left(\frac{B}{2} + b_x\right) i_b$	$h''_c = h'_c - \left(\frac{B}{2} + b_J + b_x\right) i_b\ (i_b > 3\%)$ $h''_c = h'_c - \left(\frac{B}{2} + b\right) i_b - b_j i_j\ (i_b \leqslant 3\%)$
	曲线外侧		$h_G = h'_c + \frac{B}{2} i_b$	$h_{cx} = \frac{B}{2}(i_G + i_b)$
中间变量	双坡阶段 长度 x_0	$x_0 = \frac{2i_G}{i_G + i_b} L_c$ 当 $p = \frac{i_G + i_b}{2L_c} B \leqslant 0.003$ 时， $L_c = 330 i_b \frac{i_G + i_b}{2} B$，$x_0 = \frac{2i_G}{i_G + i_b} L_c = 330 i_G B$		
	旋转阶段 横坡 i_x	$i_x = \frac{x}{L_c} i_b$		
	加宽值 过渡 b_x	按直线比例过渡：$b_x = \frac{x}{L_c} b$		

注：表 5.15、表 5.16 中计算式变量意义如下：B，b_j —分别指路面、土路肩的宽度（二级公路硬路肩宽度可计入路面宽度中）；i_G，i_J —分别为路拱坡度及土路肩坡度；i_b—超高横坡度；L_c —超高过渡段长度（或回旋线长度）；x_0—双坡阶段长度，即与路拱同坡度的单向超高点至超高缓和段起点的距离；x—超高缓和段中任一点至起点的距离；b—路面加宽值；b_x—x 距离处的路面加宽值；i_x —旋转阶段计算点的横坡度；p—超高渐变率；h_G，h'_G —分别为曲线外侧、曲线内侧路面外边缘的超高值。

b　设中央分隔带公路超高值计算方法

绕分隔带边缘旋转方式的超高值计算如图 5.21 所示，超高值计算式见表 5.17，式中行车道宽度 b_1 还应包含左侧路缘带的宽度。

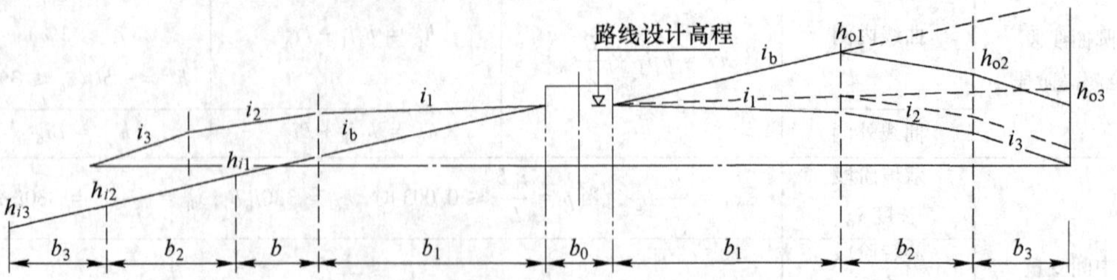

图 5.21　分隔带公路路面超高值计算图

表 5.17 设中央分隔带公路绕分隔带边缘旋转超高值计算方法

超高位置		超高值计算式		
		行车道外边缘 h_1	硬路肩外边缘 h_2	土路肩外边缘 h_3
超高过渡段 双坡阶段 $x \leqslant x_0$	曲线内侧	$h_{i1} = -b_1 i_1$	$h_{i2} = h_{i1} - b_2 i_2$	$h_{i3} = h_{i2} - b_3 i_3$
	曲线外侧	$h_{o1} = \left(2\dfrac{x}{x_0} - 1\right) b_1 i_1$	$h_{o2} = \left(2\dfrac{x}{x_0} - 1\right)(b_1 + b_2) i_1$	$h_{o3} = h_{o2} - b_3 i_3$
超高过渡段 旋转阶段 $x \geqslant x_0$	曲线内侧	$h_{i1} = -b_1 i_x$	$h_{i2} = h_{i1} - b_2 i_x (i_x \leqslant 5\%)$ $h_{i2} = h_{i1} - 0.05 b_2 (i_x > 5\%)$	$h_{i3} = h_{i2} - b_3 i_x (i_x > 3\%)$ $h_{i3} = h_{i2} - b_3 i_3 (i_x \leqslant 3\%)$
	曲线外侧	$h_{o1} = b_1 i_x$	$h_{o2} = h_{o1} + b_2 i_x (i_x \leqslant 5\%)$ $h_{o2} = h_{o1} + 0.05 b_2 (i_x > 5\%)$	$h_{o3} = h_{o2} - b_3 i_3$
圆曲线段 全超高阶段	曲线内侧	$h_{i1} = -b_1 i_b$	$h_{i2} = h_{i1} - b_2 i_b (i_b \leqslant 5\%)$ $h_{i2} = h_{i1} - 0.05 b_2 (i_b > 5\%)$	$h_{i3} = h_{i2} - b_3 i_b (i_b > 3\%)$ $h_{i3} = h_{i2} - b_3 i_3 (i_b \leqslant 3\%)$
	曲线外侧	$h_{o1} = b_1 i_b$	$h_{o2} = h_{o1} + b_2 i_b (i_b \leqslant 5\%)$ $h_{o2} = h_{o1} + 0.05 b_2 (i_b > 5\%)$	$h_{o3} = h_{o2} - b_3 i_3$
中间变量	双坡阶段 长度 x_0	$x_0 = \dfrac{2i_1}{i_1 + i_b} L_c$，当 $p = \dfrac{i_1 + i_b}{L_c} b_1 \leqslant 0.003$ 时， $L_c = 330(i_1 + i_b) b_1$，$x_0 = \dfrac{2i_1}{i_1 + i_b} L_c = 660 i_1 b_1$		
	旋转阶段 横坡 i_x	$i_x = \dfrac{x}{L_c} i_b$		

注：表中计算式变量意义如下：b_1，b_2，b_3—分别为行车道（含左侧路缘带）、硬路肩、土路肩宽度；i_1，i_2，i_3—分别为行车道、硬路肩、土路肩的横坡度；h_{i1}，h_{i2}，h_{i3}—分别为曲线内侧行车道、硬路肩、土路肩外边缘的超高值；h_{o1}，h_{o2}，h_{o3}—分别为曲线外侧车道、硬路肩、土路肩外边缘的超高值；其余变量意义同前。

B 超高设计图

为清楚表明平面弯道的超高过渡过程，常用超高设计图表示。超高设计图就是指路面横坡度沿路线前进方向的变化图。此图以旋转轴线为横坐标，用以表征超高沿路线的过渡；纵坐标为横坡度，用以表征道路横坡度（路拱坡度与超高坡度）的变化及超高渐变率的变化，如图 5.22 所示（图 5.22 为回旋线长 L 大于超高过渡段长度 L_c、超高坡度为 3%~5%时的超高方式图，超高坡度 i_b<3%或 i>5%时，超高横断面图应做相应调整）。绘制超高设计图的具体要如下：

（1）按比例绘制一条水平基线，代表旋转轴线，并认为基线的路面横坡度为零（比例尺应与路线纵断面图的一致，但绘制大样图时可例外）。

（2）用实线绘出路线前进方向右侧路面边缘线，用虚线绘出左侧路面边缘线。若路面边缘高于路中线，则绘于基线上方；反之，绘于下方。路边缘线离开基线的距离，代表横坡度的大小（比例尺可不同于基线）。

（3）标注路拱横坡度。向前进方向右侧倾斜的路拱坡度为正，向左倾斜为负。一条道路，在设计上应采用相同的设计中线和超高旋转轴为宜。

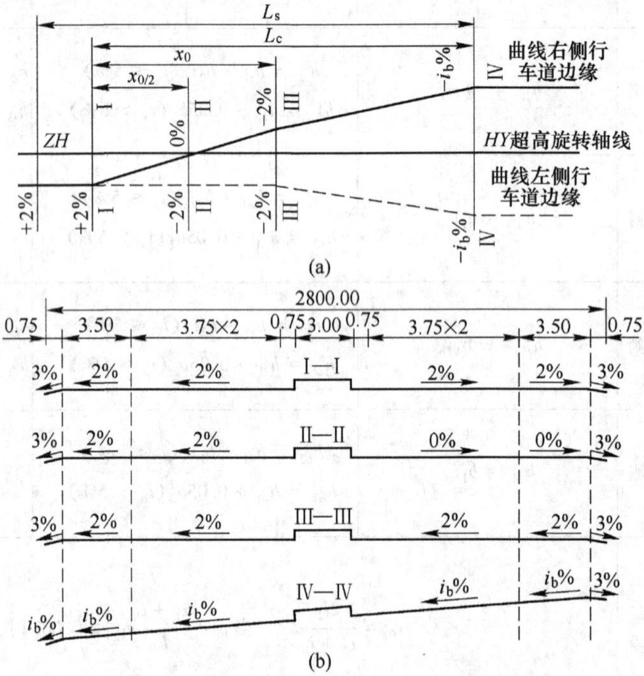

图 5. 22　超高方式图

（a）轮胎横向变形；（b）轮迹的偏移角

5.4.3　边沟

边沟的主要作用是排除路面及边坡处汇集的地表水，以确保路基与边坡的稳定。一般在公路路堑及高度小于边沟深度的低填方地段设置边沟。

边沟的断面形式与尺寸应根据地形地质条件、边坡高度及汇水面积等确定。一般情况下边沟在土质路段多采用梯形，而在石质地段可做成三角形，采用砌石边沟时宜设计成矩形边沟。设置在紧靠行车道的边沟，其断面宜采用浅碟形或漫流等方式，否则应加盖板。

边沟设置的一般要求：

（1）底宽与深度不小于 0. 4m。

（2）边沟沟底纵坡宜与路堑纵坡一致，不宜小于 0. 3%；特殊困难路段可减少至 0. 1%；当陡坡路段沟底纵坡较大时，为防止边沟冲刷，应采取加固措施。

（3）梯形边沟内侧一般为 1∶1~1∶1. 5；外侧边坡，路堤段边坡与内侧边坡相同，路堑段边坡与挖方边坡一致；三角形边沟内侧边坡一般为 1∶2~1∶4，外侧边坡一般为

1∶1~1∶2。

（4）边沟长度不宜过长，一般不宜超过500m，即应选择适当地点设置出水口。多雨地区边沟不宜超过300m。三角形边沟长度一般不宜超过200m。

5.4.4 边坡

路基边坡形式和坡度，应根据当地自然条件、岩土性质、填挖类型、边坡高度和施工方法等确定。

（1）边坡过陡，稳定性就差，雨水冲刷力就大，易出现崩坍等病害。

（2）边坡过缓，土石方数量增加，雨水渗入坡体的可能性也变大。

因此，选择边坡坡度时，要权衡利弊，力求合理。

5.4.4.1 填方路基

路堤边坡形式与坡率应根据填料的物理力学性质、边坡高度和工程地质条件确定。当地质条件良好，边坡高度不大于20m时，其边坡坡率不宜陡于表5.18的规定值。

对边坡高度超过20m的路堤，边坡形式宜采用阶梯形，边坡坡率应由边坡稳定性分析计算确定，并进行个别设计。

表5.18 路堤边坡坡率

填料类型	边坡坡度	
	上部高度（$H\leqslant 8$m）	下部高度（$H\leqslant 12$m）
细粒土	1∶1.5	1∶1.75
粗粒土	1∶1.5	1∶1.75
巨粒土	1∶1.3	1∶1.5

浸水路堤的边坡坡度，在设计水位（路基设计洪水频率计算水位，加壅水高度，加浪侵袭高再加0.5m）以下部分不宜陡于1∶1.75。在常水位以下部分则采用1∶2~1∶3，并视水流情况采取加固及防护措施。

需设置路侧取土坑时，取土坑与路基之间的距离不得影响路基边坡稳定。路基边缘与路侧取土坑的高差较大时，为了保证路堤的稳定性需设置护坡道。当路肩边缘与取土坑坑底高差小于或等于2m时，取土坑内侧坡顶可与路堤坡脚径相衔接，并采用路堤边坡坡度；当高差大于2m时应设置宽1m的护坡道；当高差大于6m时，应设置宽2m的护坡道。

砌石路基应选用当地不易风化的片、块石砌筑，内侧填石；岩石风化严重或软质岩石路段不宜采用砌石路基。砌石高度≤5m时，其内坡坡率和外坡坡率分别为1∶0.3和1∶0.5；砌石高度≤10m时，其内外坡坡率分别为1∶0.5和1∶0.67；砌石高度≤15m时，其内外坡坡率分别为1∶0.6和1∶0.75。

5.4.4.2 挖方路基

土质路堑边坡形式及坡率，应根据当地工程地质与水文地质条件、边坡高度、排水措施、施工方法，并结合自然稳定山坡和人工边坡的调查及力学分析综合确定。边坡高度不大于20m时，边坡坡率不宜大于表5.19的规定值。

表 5.19　土质路堑边坡坡率

土 的 类 别		边坡坡度
黏土、粉质黏土、塑性指数大于 3 的粉土		1∶1
中密以上的中砂、粗砂		1∶1.5
卵石土、碎石土、圆砾土、角砾土	胶结和密度	1∶0.75
	中密	1∶1

土质路堑边坡高度大于 20m 时，应按挖方高边坡路基的规定确定，并进行个别勘察设计。

黄土、红黏土、高液限土、膨胀土等特殊土质挖方边坡形式与坡率应按特殊路基有关规定确定。

岩质路堑边坡形式及坡率，应根据当地工程地质与水文地质条件、边坡高度、施工方法，并结合自然稳定边坡和人工边坡的调查综合确定。必要时可采用稳定性分析方法予以验算。边坡高度不大于 30m 时，无外倾软弱结构面的边坡，在确定岩体类型后，边坡坡率按表 5.20 确定。

表 5.20　岩质路堑边坡坡率

边坡岩体类型	风化程度	边 坡 坡 度	
		$H<15$m	15m≤$H<30$m
一类	未风化、微风化	1∶0.1~1∶0.3	1∶0.1~1∶0.3
	弱风化	1∶0.1~1∶0.3	1∶0.3~1∶0.5
二类	未风化、微风化	1∶0.1~1∶0.3	1∶0.3~1∶0.5
	弱风化	1∶0.3~1∶0.5	1∶0.5~1∶0.75
三类	未风化、微风化	1∶0.3~1∶0.5	
	弱风化	1∶0.5~1∶0.75	
四类	弱风化	1∶0.5~1∶1	
	弱风化	1∶0.75~1∶1	

对于有外倾软弱结构面的岩质边坡、坡顶边缘附近有较大荷载的边坡、边坡高度超过表 5.20 规定范围的边坡，边坡坡率应按挖方高边坡有关规定通过稳定性分析计算确定。

当挖方边坡较高时，可根据不同的土质、岩石性质和稳定要求开挖成折线式或台阶式边坡，边坡外侧应设碎落台，其宽度不宜小于 1.0m。台阶式边坡中部应设置边坡平台，边坡平台的宽度不宜小于 2m。

边坡坡顶、坡面、坡脚和边坡中部平台应设置地表排水系统，各种地表排水设施的工作尺寸按路基排水设计确定。

5.5 道路用地范围与建筑限界

5.5.1 道路用地范围

道路用地是指为修建、养护道路及其沿线设施而依照国家规定所征用的土地。道路用地的征用必须遵守国家有关的土地法规，应遵照保护、开发土地资源，合理利用土地，切实保护耕地，促进社会经济可持续发展的原则，合理拟定道路建设规模、技术指标、设计施工方案，确定合理的道路用地范围，尽量节省土地。

5.5.1.1 公路用地范围

填方地段为公路路堤两侧排水沟外边缘（无排水沟时为路堤或护坡道坡脚）以外，挖方地段为路堑坡顶截水沟外边缘（无截水沟为坡顶）以外，不小于1m的土地为公路用地范围。在有条件的地段，高速公路、一级公路不小于3m，二级公路不小于2m的土地为公路用地范围。

在风沙、雪害等特殊地质地带，需设置防护林，种植固沙植物，安装防沙或防雪栅栏及设置反压护道等设施时，应根据实际需要确定其用地范围。

桥梁、隧道、互通式立体交叉、分离式立体交叉、平面交叉、交通安全设施、服务设施、管理设施、绿化及料场、苗圃等，应根据实际需要确定其用地范围。

有条件或环境保护要求种植多行林带的路段，应根据实际情况确定用地范围。

5.5.1.2 城市道路用地

城市道路用地范围为城市道路红线宽度。城市道路红线指划分城市道路用地和城市建筑用地、生产用地及其他备用地的分界控制线。红线宽度为包括车行道、人行道、绿化带等在内的规划道路的总宽度，所以也称为规划路幅。城市道路的红线规划应考虑道路的功能与性质、横断面形式及其各组成部分的合理宽度及今后发展的需要，由城市规划部门确定。

5.5.2 建筑限界

道路建筑限界又称净空，是为保证车辆、行人的通行安全，对道路和桥面上及隧道中规定的一定的高度和宽度范围内不允许有任何障碍物侵入的空间界限。它由净高和净宽两部分组成。在道路横断面设计时，应充分研究各路幅组成要素与道路公共设施之间的关系，在有限的空间内合理安排、正确设计。道路标志、标牌、护栏、照明灯柱、电杆、行道树、桥墩、桥台等设施的任何部件不能侵入建筑限界之内。

5.5.2.1 公路建筑限界

A 公路建筑限界（净宽与净高）一般规定

我国《技术标准》规定的各级公路建筑限界如图5.23所示。

a 净宽

(1) 当设置加（减）速车道、爬坡车道、慢车道、紧急停车带、错车道时，建筑限界应包括该部分的宽度。

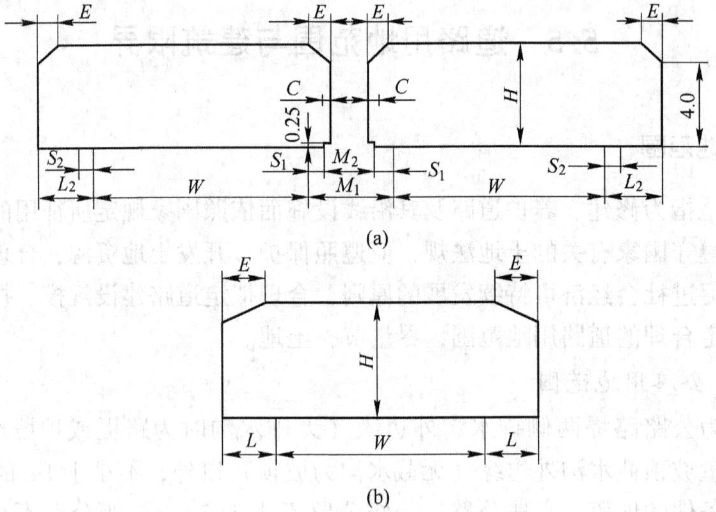

图 5.23　公路建筑限界

（a）高速公路、一级公路；（b）二、三、四级公路

W—行车道宽度；L_2—右侧硬路肩宽度；S_1—左侧路缘带宽度；S_2—右侧路缘带宽度；M_1，M_2—中央分隔带宽度；H—净空高度；E—建筑限界顶角宽度：当 $L\leqslant 1$ m 时，$E=L$；当 $L>1$m 时，$E=1$m；L—侧向宽度：高速公路、一级公路的侧向宽度为硬路肩宽度，二、三、四级公路的侧向宽度为路肩减去 0.25 m；C—当设计速度大于 100km/h 时，为 0.5m，等于或小于 100km/h 时为 0.25m

（2）八车道及其以上整体式路基的高速公路，设置左侧硬路肩时，建筑限界应包括相应部分的宽度。

（3）隧道最小侧向宽度规定见表 5.21。

表 5.21　隧道最小侧向宽度

设计速度 /km·h^{-1}	高速公路			一级公路			二级公路		三级公路		四级公路
	120	100	80	100	80	60	80	60	40	30	20
左侧侧向宽度 $L_{左}$ /m	0.75	0.50	0.50	0.50	0.50	0.50	0.75	0.50	0.25	0.25	0.50
右侧侧向宽度 $L_{右}$ /m	0.25	1.00	0.75	1.00	0.75	0.75	0.75	0.50	0.25	0.25	0.50

（4）桥梁、隧道设置人行道、检修道时，建筑限界应包括所增加的宽度。

b　净高

（1）高速公路、一级公路的净高应为 5.00m；二级公路、三级公路、四级公路的净高应为 4.50m。

（2）桥梁、隧道的检修道、人行道与行车道分开设置时，其净高应为 2.5m。

B　公路建筑限界的边界线划定

建筑限界的上缘边界线：不设超高的路段，上缘边界线应为水平线；设置超高的路段，上缘边界线应与超高横坡平行。

建筑限界两侧的边界线：不设超高的路段，两侧边界线应与水平线垂直设置超高的路段，两侧边界线应与路面超高横坡垂直。

C 净空与预留

（1）根据公路在路网中的地位与位置，同一公路应采用相同的净空高度。

（2）三、四级公路的路面采用沥青贯入、沥青碎石、沥青表面处治或砂石路面时，净空高度宜预留 20cm。

（3）中央分隔带或路肩上设置桥梁墩台、标志立柱时，其前缘除不得侵入公路建筑限界外，且不得紧贴建筑物设置，应留有护栏缓冲变形的余宽。

（4）凹形竖曲线上方设有跨线构造物时，其净高应满足鞍式列车有效净高的要求。

（5）公路下穿宽度较宽或斜交角度较大的跨线构造物时，其路面距跨线构造物下缘任一点的净高均应符合相应净空高度的规定。

5.5.2.2 城市道路建筑限界

对城市道路而言，其建筑限界的划定原理与公路相同，最小净高见表 5.22。城市道路的建筑限界规定如图 5.24 所示。

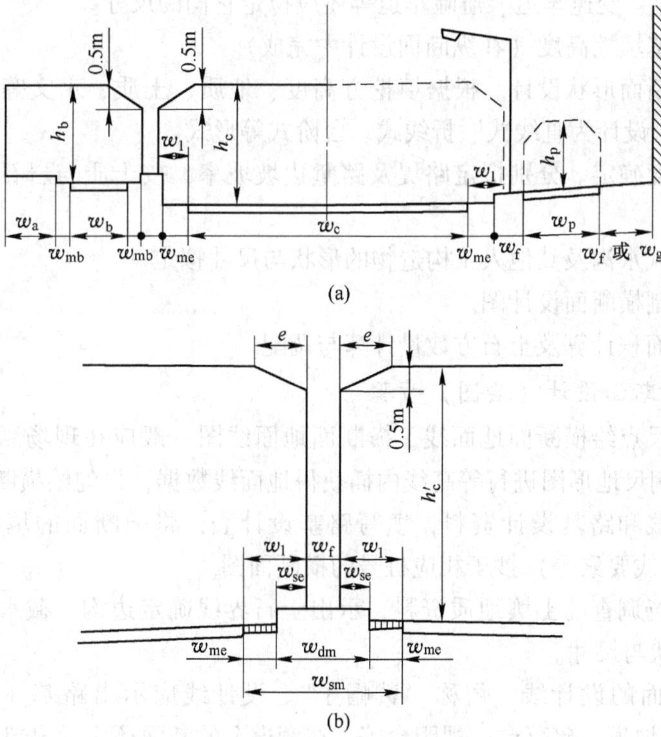

图 5.24 超高横坡度等于路拱坡度的旋转

（a）无中间带；（b）有中间带

w_{sm}—中间分车带宽度；w_{dm}—中间分隔带宽度；w_c—行车道宽度；w_l—侧向净宽；

w_{me}—机动车道路缘带宽度；w_{mb}—非机动车道路缘带宽度；w_{se}—机动车道安全带宽度；

w_b—非机动车道宽度；w_a—路侧带宽度；w_f—设施带宽度；w_p—人行道宽度；

h_p—自行车道、人行道及其他非机动车道的最小净高；e—顶角抹角宽度；

h'_c —机动车道的最小净高

表 5.22　城市道路最小净高

车行道种类	机动车道			非机动车道	
行驶车辆种类	各种汽车	无轨电车	有轨电车	自行车、行人	其他非机动车道
最小净高/m	4.5	5.0	5.5	2.5	3.5

5.6　横断面设计

5.6.1　横断面设计内容与步骤

5.6.1.1　横断面设计主要内容

（1）确定路幅横断面尺寸。根据公路等级与设计速度按《技术标准》拟定路幅各组成部分的尺寸，包括行车道、硬路肩、土路肩、中央分隔带等的宽度及横坡度。如有紧急停车带、爬坡车道、变速车道、避险车道等还应拟定它们的尺寸。

（2）确定路基填挖高度（在纵断面设计中完成）。

（3）路基横断面形状设计。根据填挖方高度、地质、土质、水文等条件拟定路基边坡的形式，一般可设计为直线式、折线式、台阶式等形式。

（4）边坡坡度确定。分别拟定路堤及路堑边坡坡率，按土质与岩石边坡两大类拟定相应的坡率值。

（5）边沟、截水沟及其他人工构造物的形状与尺寸拟定。

（6）逐桩绘制横断面设计图。

（7）横断面面积计算及土石方数量计算与调配。

5.6.1.2　横断面设计（绘图）步骤

（1）按比例尺点绘横断面地面线。横断面地面线图一般应在现场测绘。若为纸上定线，则可由大比例尺地形图进行等高线内插获得地面线数据，再勾绘横断面地面线。

（2）根据路线和路基设计资料，填写路基设计表，将横断面的填挖值及有关资料（如路基宽度、曲线要素等）抄于相应桩号的横断面图。

（3）根据现场调查的土壤地质资料，示出土石界线确定边沟、截水沟等，以及其他人工构造物的形状与尺寸。

（4）绘横断面的设计线，俗称“戴帽子”。设计线应示出路基（路面、路肩、边坡）、边及工程护坡道、碎落台、视距台等，在弯道上的断面还应示出超高、加宽等。

（5）计算横断面的填挖方面积。横断面填挖面积的计算方法将在下一节中介绍。

（6）土石方数量计算与调配。土石方数量的计算及调配方法将在下一节中介绍。

5.6.2　横断面设计成果

路基横断面设计的主要成果是“两图两表”，即路基横断面设计图、路基标准横断面图、路基设计表与路基土石方计算表。

5.6.2.1 路基横断面设计图

路基横断面设计图如图 5.25 所示，是路基每一个中桩的法向剖面图，它反映每个桩位处横断面的尺寸及结构，是路基施工及横断面面积计算的依据，图中应给出地面线与设计线，并标注桩号、施工高度与断面面积。相同的边坡坡度可只在一个断面上标注，挡墙等圬工构造物可只绘出形状不标注尺寸，边沟也只需绘出形状。横断面设计图应按从下到上，从左到右的顺序进行布置，一般采用 1∶200 的比例。

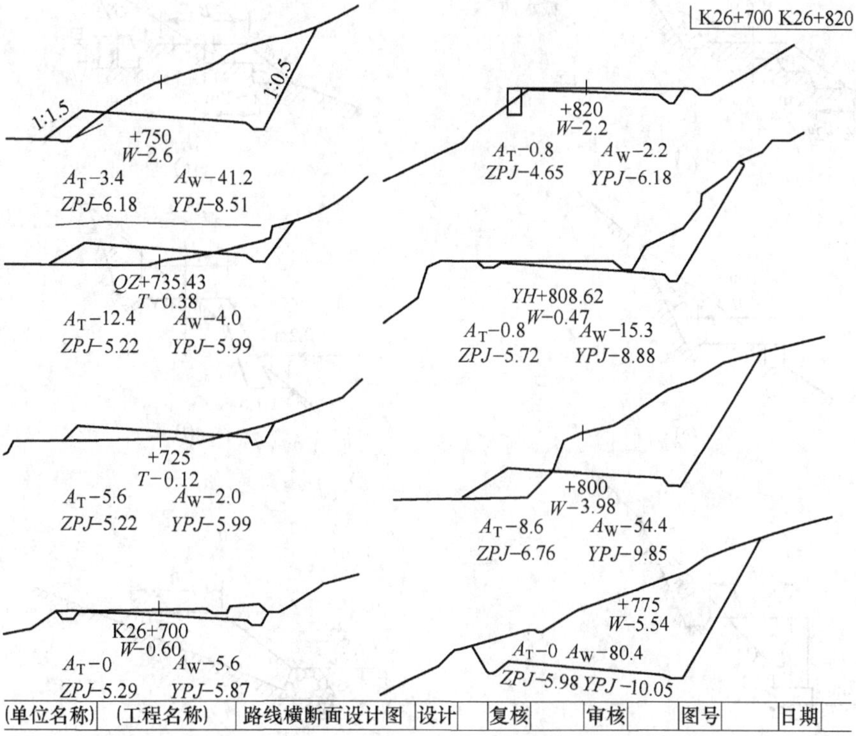

图 5.25 路基横断面设计图

5.6.2.2 路基标准横断面图

路基标准横断面图如图 5.26 所示，是路基横断面设计图中所出现的所有路基形式的汇总。它示出了所有设计线（包括边坡、边沟、挡墙、护肩等）的形状、比例及尺寸，用以指导施工。这样路基横断面设计图就不必对每一个断面都进行详细的标注（其中很多断面的比例、尺寸都是相同的），避免了工作的重复与繁琐，也使横断面设计图比较简洁。

5.6.2.3 路基设计表

路基设计表严格地说不能只作为横断面设计的成果，它是路线平、纵、横设计成果的一个汇总，其前半部分是平面与纵面设计的成果，后半部分是横断面设计的成果。横断面设计完成后，再将“边坡”“边沟”等栏填上。其中“边沟”一栏的“坡度”如不填写，表明沟底纵坡与道路纵坡一致，如果不一致，则需另外填写。

5.6.2.4 路基土石方计算表

路基土石方是公路工程的一项主要工程量，所以在公路设计和路线方案比较中，路基

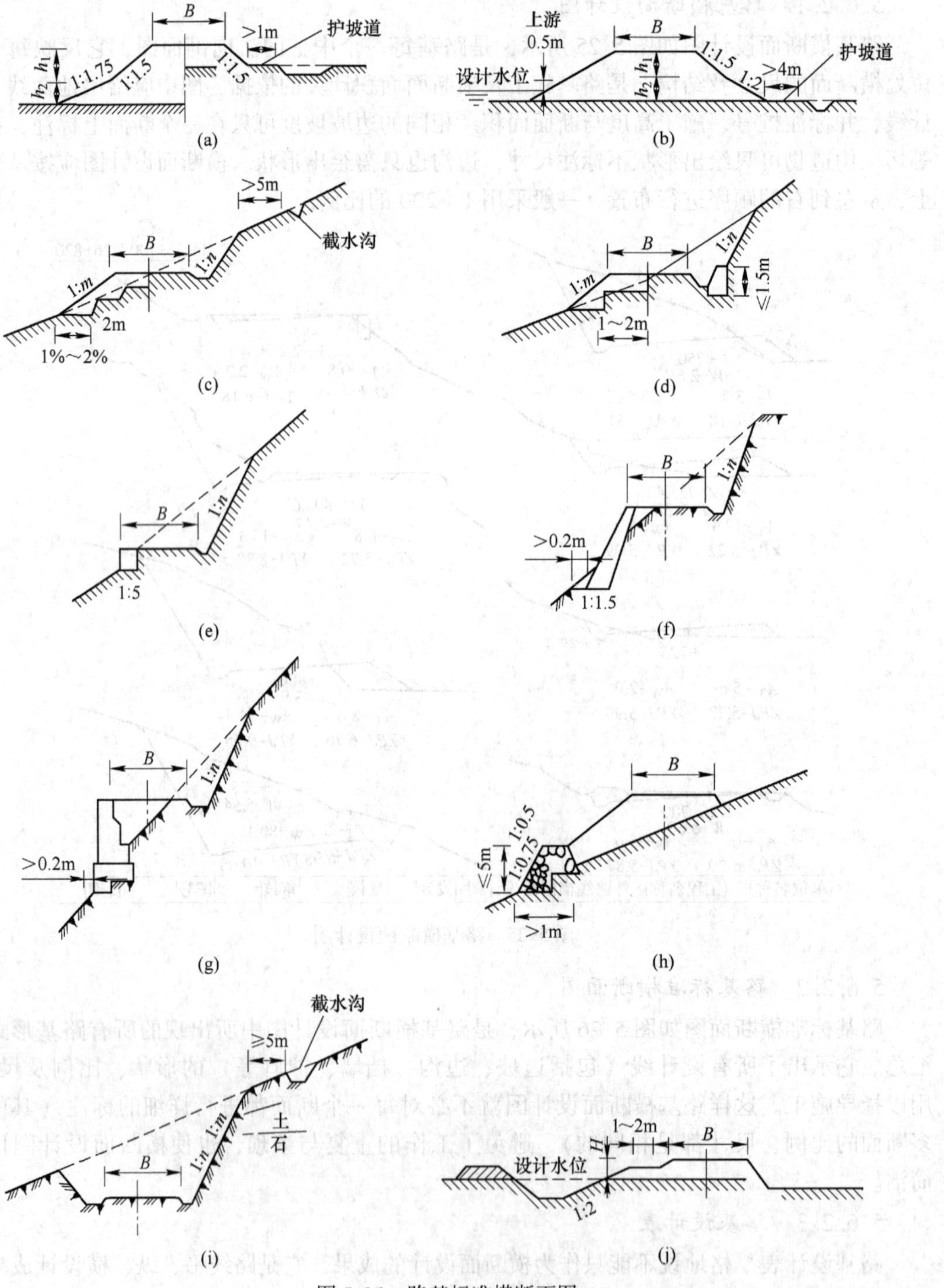

图 5.26 路基标准横断面图

（a）一般路堤；（b）沿河路堤；（c）半填半挖路基；（d）矮墙路基；（e）护肩路基；（f）砌石路基；（g）挡土墙路基；（h）护足路基；（i）挖方路基；（j）利用挖渠土填筑路基

土石方数量的多少是评价公路测设质量的主要技术经济指标之一，也是编制公路施工组织计划和工程概预算的主要依据。

5.6.2.5 其他成果

对于特殊情况下的路基（如高填深挖路基、侵河路基、不良地质地段路基等）应单独设计，并绘制特殊路基设计图。图中应示出地质、各种防护工程设施及构造物布置大样图。比例尺用 1：100~1：1000，必要时加绘比例尺为 1：200~1：2000 的平面图及水平比例 1：200~1：2000、垂直比例 1：20~1：200 的纵断面图。

对于高等级公路还应绘制超高方式图，详细示出超高方式、布置及主要尺寸。设有中间带的公路还应绘出中间带设计图，图中应示出路缘石大样，中央分隔带开口设计图等。

5.6.3 城市道路横截面设计

城市道路横断面设计关系到交通、环境、景观和沿线公用设施的协调安排，所以除根据道路等级、交通量确定断面形式外，还应特别注意以下要点：

（1）路幅应与沿街建筑物相协调。从日照、通风、防震及建筑艺术考虑一般认为沿街建筑物高度与路幅宽度之比为 1：2 左右为宜。

（2）横断面应与路上的交通性质与组成相协调。由于城市道路主要由机动车、非机动车、行人交通及公共交通站等组成，因此横断面要依据机动、非机动车辆与行人交通量的比例，并考虑公交线路及车辆的停靠等问题进行布置设计。

（3）横断面布置应与道路功能相适应。不同功能的道路应有不同的风貌与建筑艺术。例如商业性大街，因沿街有大型商店、影剧院等，一般以客运与行人交通为主，禁止过境载货车辆入内，断面布置时，车行道一般为四车道并应考虑车辆的沿街停靠，且人行道宜宽。

5.6.3.1 横断面设计图

当按照城市道路的交通性质、地形条件及近期与远期相结合的原则确定横断面组成和宽度以后，即可绘制横断面设计图。城市道路的横断面设计图与公路横断面设计图的作用是相同的，即为指导施工和计算土石方量。

城市道路横断面设计图一般用的比例尺为 1：100 或 1：200，在图上应绘出红线宽度、行车道、人行道、绿带、照明、新建或改建的地下管线等各组成部分的位置和宽度，以及排水方向、路面横坡等，如图 5.27 所示。

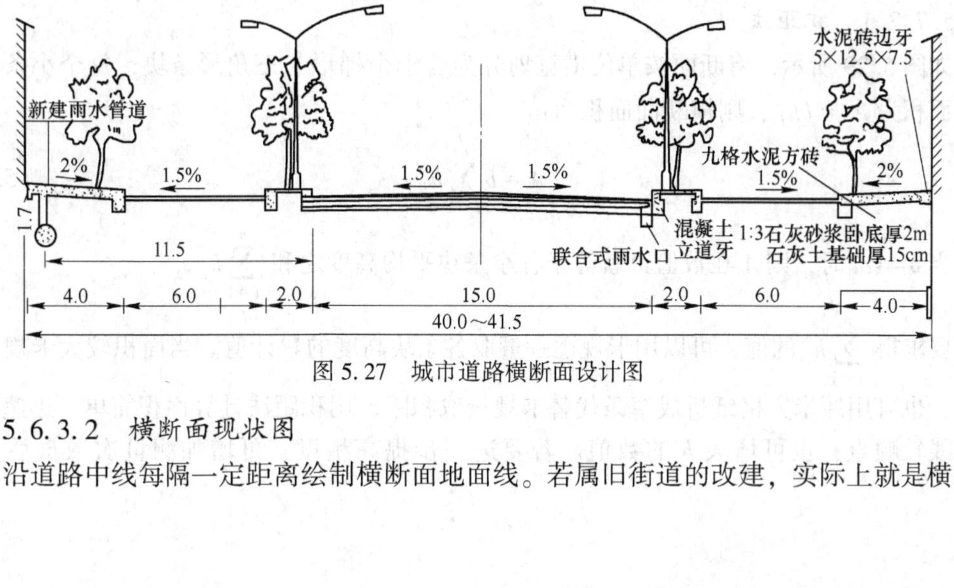

图 5.27 城市道路横断面设计图

5.6.3.2 横断面现状图

沿道路中线每隔一定距离绘制横断面地面线。若属旧街道的改建，实际上就是横断面的现状图。图中包括地形、地物、原街道的各组成部分、边沟、路侧建筑物等。比例尺为1∶100或1∶200。有时为了更明显地表现地形和地物高度的变化，也可采用纵、横不同的比例尺绘制。

5.6.3.3　横断面施工图

在完成道路纵断面设计之后，各中线上的填挖高度即为已知。将这一高度点绘在相应的横断面现状图上，然后将横断面设计图以相同的比例尺画于其上。此图反映了各断面上的填、挖和拆迁界线，是施工日时的主要依据，如图5.28所示。

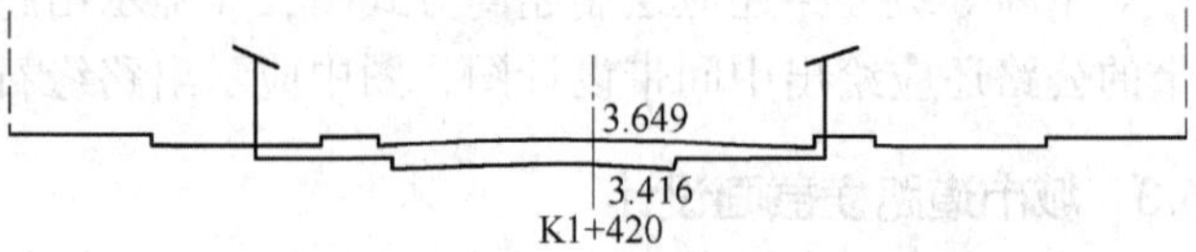

图5.28　城市道路横断面施工图

5.7　路基土石方数量计算及调配

5.7.1　横断面设计内容与步骤

路基土石方是公路工程的一项主要工程量，在公路设计和路线比较中，路基土石方量的多少是评价公路测设质量的主要技术经济指标之一。在编制公路施工组织计划和公路概预算时，还需要确定分段和全线的路基土石方数量。

地面的形状是很复杂的，填挖方不是简单的几何体，所以其计算只能是近似的，计算的精确度取决于中桩间距、测绘横断面时采点的密度和计算公式与实际情况的接近程度等。计算时一般应按工程要求，在保证使用的前提下力求简化。

5.7.2　横断面面积的计算

路基填挖的横断面面积，是指断面图中原地面线与路基设计线所包围的面积高于地面线者为填，低于地面线者为挖，两者应分别计算。下面介绍几种常用的面积计算方法。

5.7.2.1　积距法

如图5.29所示，将断面按单位横宽划分为若干个梯形与三角形条块，每个小条块的近似面积为 $A_i = bh_i$，则横断面面积为：

$$A = b\sum_{i=1}^{n} h_i \tag{5.23}$$

当 b=1m时，则 A 在数值上就等于各小条块平均高度之和 $\sum_{i=1}^{n} h_i$。

要求得 $\sum_{i=1}^{n} h_i$ 的值，可以用卡规逐一量取各条块高度的累计值。当面积较大卡规不够用时，也可用厘米方格纸折成窄条代替卡规量取积距。用积距法计算面积简单、迅速。若地面线较顺直，也可增大 b 的数值。若要进一步提高精度，可增加测量次数最后取平均值。

5.7.2.2 坐标法

如图 5.30 所示，已知断面图上各折点坐标（x_i，y_i），则断面面积为：

$$A = \frac{1}{2}\sum_{i=1}^{n}(x_i y_{i+1} - x_{i+1} y_i) \tag{5.24}$$

坐标法的精度较高，适于计算机计算。

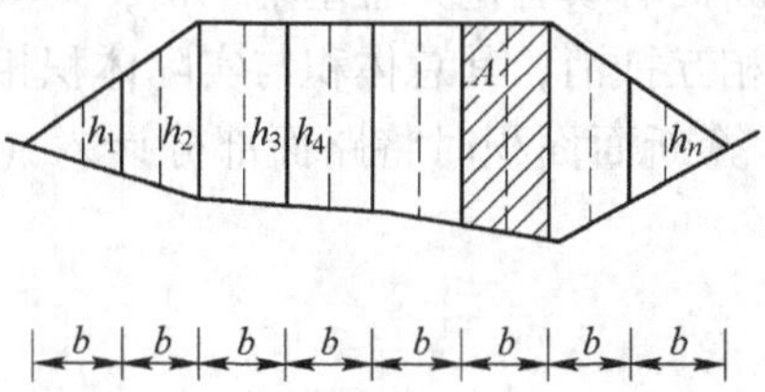

图 5.29 横断面面积的计算（积距法）

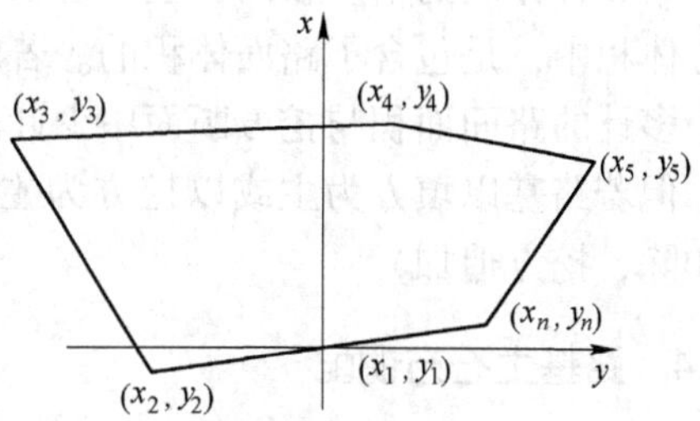

图 5.30 横断面面积的计算（坐标法）

5.7.2.3 块分法

所谓块分法就是通过路基横断面地面线及设计线上的所有转折点用竖线把路基横断面划分成宽度不等的多个准确的梯形或三角形，然后分别计算每一个梯形或三角形的面积，再累加起来即为路基横断面面积。如图 5.31 所示。填挖方交界处也应划分出来，分别计算填挖面积。本方法一般是通过解析法进行计算，用计算机来完成，特点是计算精度高。计算横断面面积还有几何法、数格法、求积仪法等，这里不一一介绍。

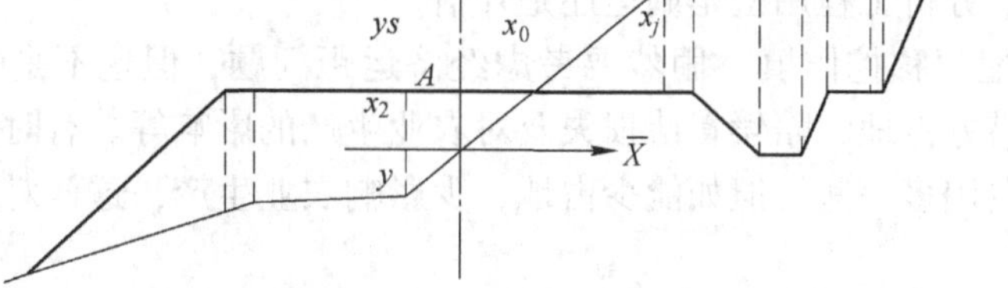

图 5.31 块分法计算横断面面积

5.7.3 土石方数量计算

土石方数量一般可采用平均断面法或棱台体积法计算。

若相邻两断面均为填方或挖方并且面积大小相近，则可假定两断面之间为棱柱体，如图 5.32 所示，其体积的计算公式为：

$$V = \frac{1}{2}(A_1 + A_2)L \tag{5.25}$$

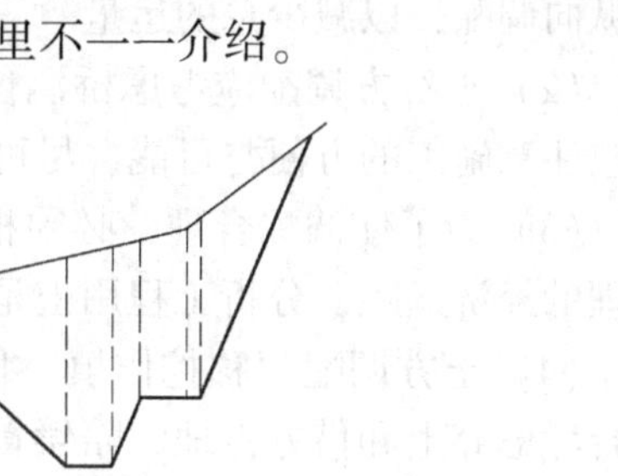

图 5.32 体积计算

式中 V——体积，即土石方数量，m^3；

A_1，A_2——相邻两断面的面积，m^2；

L——相邻两断面之间的距离，m。

此法计算简易，较为常用，一般称其为“平均断面法”。若 A_1 和 A_2 相差较大，则与棱台更为接近。其计算公式为：

$$V = \frac{1}{3}\left(A_1 + A_2 + \sqrt{A_1 A_2}\right) L \tag{5.26}$$

第二种方法的精度较高，应尽量采用，特别适用于计算机计算。用上述方法计算的土石方体积中，是包含了路面体积的。若所设计的纵断面有填有挖并且基本平衡，则填方面积中多计的路面面积与挖方断面中少计的路面面积相互抵消，其总体积与实际体积相差不大。但若路基以填方为主或以挖方为主，则应在计算断面面积时将路面部分计入（填方时扣除，挖方追加）。

5.7.4　路基土石方调配

土石方调配的目的是为了确定填方用土的来源、挖方弃土的去向，以及计价土石方的数量和运量等。应通过调配合理地解决各路段土石方平衡与利用问题，使从路堑挖出的土石方，在经济合理的调运条件下移挖作填，达到填方有所“取”，挖方有所“用”，避免不必要的路外借土和弃土，以减少占用耕地和降低公路造价。

5.7.4.1　土石方调配原则

（1）在半填半挖的断面中，应首先考虑在本路段内移挖作填进行横向平衡，然后再作纵向调配，以减少总的运量。

（2）土石方调配应考虑桥涵位置对施工运输的影响，一般大沟不作跨越调运，同时还应注意施工的方便与可能，尽可能减少和避免上坡运土。

（3）为了使调配合理，必须根据地形情况和施工条件，选用适当的运输方式，确定合理的经济运距，分析工程用土是调运还是外借。

（4）土方调配“移挖作填”固然要考虑经济运距问题，但这不是唯一的指标，还要综合考虑弃土和借方占地，赔偿青苗损失及对农业生产的影响等。有时移挖作填虽然运距超出一些，运输费用多一些，但如能少占地，少影响农业生产，这样对整体来说也未必是不经济的。

（5）不同的土方和石方应根据工程需要分别进行调配，以保证路基的稳定和人工构造物的材料供应。

（6）位于山坡上的回头曲线路段，要优先考虑上下线的土方竖向调运。

（7）土方调配对于借土和弃土应事先同地方商量，妥善处理。借土应结合地形、农田规划等选择借土地点，并综合考虑借土还田、整地造田等措施。弃土应不占或少占耕地，在可能条件下可将弃土平整为可耕地，防止乱弃乱堆，或者堵塞河流，损坏农田。

5.7.4.2　土石方调配方法

土石方调配方法有多种，如累积曲线法、调配图法及土石方计算表调配法等，目前生产上多采用土石方计算表调配，该法不需绘制累积曲线图与调配图，直接可在土石方表上进行调配，其优点是方法简捷、调配清晰、精度符合要求。该表也可由计算机自动完成。具体调配步骤如下：

（1）土石方调配是在土石方数量计算与复核完毕的基础上进行的，调配前应将可能影响运输调配的桥涵位置、陡坡、大沟等标注在表旁，供调配时参考。

（2）弄清各桩号间路基填挖方情况并作横向平衡，明确利用、填缺与挖余数量。

（3）在作纵向调配前，应根据施工方法及可能采取的运输方式定出合理的经济运距，供土石方调配时参考。

（4）根据填缺挖余分布情况，结合路线纵坡和自然条件，本着技术经济和支农的原则，具体拟定调配方案。方法是逐桩逐段地将毗邻路段的挖余调运到填缺内加以利用，并把具体调运方向和数量用箭头表明在纵向利用调配栏中。

（5）经过纵向调配后，应按下式进行复核检查：

横向调运+纵向调运+借方=填方

横向调运+纵向调运+弃方=挖方

挖方+借方=填方+弃方

以上检查是逐页进行复核的，如有跨页调配，需将其数量考虑在内，通过复核可以发现调配与计算过程有无错误。经核正无误后，即可分别计算计价土石方数量、运量和运距等，为编制施工预算提供土石方工程数量。

5.7.4.3 关于调配计算的几个问题

A 免费运距、平均运距和经济运距

土方作业包括挖、装、运、卸等工序，在某一特定距离内，只按挖方数计价，这一特定距离称为免费运距。显然施工方法不同，其免费运距也不同，如人工作业时，人工运输的免费运距为 20m，轻轨运输的免费运距为 50m，机械作业时，推土机的免费运距为 20m，铲运机的为 100m 等。各种作业的免费运距，可由《公路工程预算定额》和《公路工程概算定额》（以下简称《预算定额》和《概算定额》）中查得。

土石方调配时，从挖方体积重心到填方体积重心的距离称为平均运距，为简化设计计算，通常平均运距为按挖方路段中心至填方路段中心的距离。当平均运距小于或等于免费运距时，可不另计运费；当平均运距大于免费运距时，超出的运距称超运运距，超运运距按运输方式不同有不同的计算单位，如人工运输以每超运 10m 为单位，铲运机以每超运 50m 为单位，汽车运输以 km 为单位等，各种运输方式的超运运距单位，可从《预算定额》和《概算定额》中查得。

填方用土的来源是从路堑挖方纵向调运，另一种是就近路外借土。一般情况下，利用挖方纵向调运来填筑较近的路堤是比较经济的，但如果调运的距离较长，以致运费（上述超运运距的另加运费）超过了在路堤附近借土所需的费用时，这种移挖作填就不如在附近借土经济。因此，采用“调”或“借”有个运距限度问题，这个限度距离称经济运距，可用式（5.27）求得：

$$L_{经} = \frac{B}{T} + L_{免} \tag{5.27}$$

式中 $L_{经}$——经济运距，m；

B——借方单价，元/m^3；

T——运费单价，元/(m^3·m)；

$L_{免}$——免费运距，m。

从式（5.27）可知，当调运的距离小于或等于经济运距时，采用调是经济的；若调运距离超过经济运距，则应考虑就近借土。

《预算定额》中规定的土石方运距计算：以人工运输为例，第一个 20m 为免费运距，如不足 20m 亦按 20m 计算；此后每增加 10m 为一个超运运距单位，尾数不满 5m 者不计，满者按 10m 计。其他可依此类推。

B　运量

土石方运量即平均运距与所运土石方数量的乘积。土石方调配时，超运运距的运土才另加计运费，故运量应按平均超运运距计，运量的单位为 $m^3 \cdot km$ 或 $m^3 \cdot m$。

C　计价土石方数量

在土石方数量中，所有的挖方量均应予以计价，但填方则按土方的来源决定是否计价，若是路外就近借土就应计价，若是移挖作填的纵向调配则不应计价，否则就形成了双重计价（路堑挖方已计，填方再计）。因而计价土石方数量为：

$$计价土石方数量=挖方数量+借方数量$$

一般工程上的土石方总量即指计价土石方数量。公路工程的土石方总量一般应包括路基工程、排水工程、临时工程、小桥涵工程等项目的土石方数量。独立大、中桥和隧道等的土石方工程数量另计。

习　题

5.1　试算六车道高速公路一个半径 2000m 的平曲线的超高缓和段长度。要求分别按绕分隔带边缘及各自车道中心旋转方式计算（一般气候条件）。

5.2　已知二级公路（山岭区，积雪寒冷）有一弯道，半径 R = 200m，L_s = 60m，JD=K12+452.68，偏角 $\alpha_{右}$ = 35°15′24″，路拱横坡度为 2%，要求计算超高缓和段起点、超高横坡 0%、2%、3%、缓和段终点这些特征点的里程桩号以及曲线加宽值（按高次抛物线过渡），并绘出超高设计图。

5.3　已知平原区某二级公路有一半径 R = 1200m 的弯道，L_s = 180m，JD_1 =K23+318.56，偏角 $\alpha_{右}$ = 17°22′34，水泥混凝土路面，一般地区。试分别按缓和曲线全长及部分缓和曲线长度进行超高过渡，计算超高缓和段起点桩号（上、下半支），并计算下半支缓和曲线段内 25m 间隔整桩号的超高值。

6 道路选线

6.1 概述

道路选线就是根据路线的基本走向和技术标准，结合当地的地形、地质、地物及其他沿线条件和施工条件等，选定一条技术上可行、经济上合理，又能符合使用要求的道路中心线的工作。

选线是道路线形设计的重要环节，选线的质量直接影响到整条道路的使用质量和工程造价。选线需要考虑自然环境和社会经济条件，以及线形技术指标等各方面的因素。应在保证行车安全、舒适、经济、迅速的前提下，做到既使工程数量小、造价低，而且营运费用省、效益好，并有利于施工和养护。因此，选线是一项涉及面广、影响因素多、政策性和技术性都很强的工作。

6.1.1 选线原则

(1) 应针对路线所经地域的生态环境、地形、地质的特性与差异，按拟定的各控制点由面到带、由带到线，由浅入深、由轮廓到具体，进行比较、优化与论证。同一起点、终点的路段内有多个可行路线方案时，应对各设计方案进行同等深度的比较。影响选择路线控制点的因素多且相互关联、相互制约，应根据公路功能和使用任务，全面权衡、分清主次，处理好全局与局部的关系，并注意由于局部难点的突破而引起的关系转换给全局带来的影响。

(2) 应对路线所经区域、走廊带及其沿线的工程地质和水文地质进行深入调查、勘察，查清其对公路工程的影响程度。遇有滑坡、崩塌、岩堆、泥石流、岩溶、软土、泥沼等不良工程地质的地段应慎重对待，视其对路线的影响程度，分别对绕、避、穿等方案进行论证比选。当必须穿过时，应选择合适的位置，缩小穿越范围，并采取切实可行的工程措施。

(3) 应充分利用建设用地，严格保护农用耕地。严格限制农用地转为建设用地，控制建设用地总量，对耕地实行特殊保护。选线应同农田基本建设相配合，做到少占农田，注意尽量不占高产田、经济作物田或经济林园（如橡胶林、茶林、果园）等。

(4) 国家文物是不可再生的文化资源，路线应尽可能避让不可移动文物。鉴于古文化遗址、古墓葬等不可移动文物未发掘前很难判断其准确位置，故应根据文物保护单位的等级，认真调查，尽可能地予以避让。

(5) 保护生态环境，并同当地自然景观相协调。选线应重视环境保护，注意保护原有的自然生态环境。重视评价由于道路修筑及汽车运行对自然生态环境所产生的影响与污染，应注意以下几个方面：

1）路线对自然环境与资源可能产生的影响。

2）占地、拆迁房屋所带来的影响。

3）路线对城镇布局、行政区划、农耕区、水利排灌体系等现有设施造成分割而产生的影响。

4）噪声对居民生活的影响。

5）汽车尾气对大气、水源、农田所造成的污染及影响。

6）对自然环境、资源的影响和污染的防治措施及其对策实施的可能性。

（6）高速公路、具干线功能的一级公路同作为路线控制点的城镇相衔接时，以接城市环线或以支线连接为宜，并应与城市发展规划相协调。新建的二级公路、三级公路应结合城镇周边路网布设，避免穿越城镇。

（7）路线设计是立体线形设计，在选线时即应考虑平、纵、横面的相互间组合与合理配合。

6.1.2 影响路线方案的控制点

路线方案是由路线控制点决定的。路线控制点可分为路线基本走向控制点和路线走向控制点两类。

（1）路线基本走向控制点：一般包括路线起点、终点，必须连接的城镇、工矿企业，以及特定的特大桥、特长隧道等的位置。这些位置是项目建议书中指定的路线必经之地，也是最主要的控制点。由这些控制点所决定的大的路线方案称为路线基本走向。

（2）路线走向控制点：在路线基本走向控制点间，还有若干对路线方案起一定控制因素的点或位置，如大桥、长隧道、互通式立体交叉、铁路交叉等的位置，河流的哪一岸、城镇的某一侧、同一山岭的哪一垭口、垭口的哪一侧展线等。这些控制点都将决定路线的局部方案。由这些控制点所决定的路线方案称为路线走向。路线走向控制点原则上应服从路线基本走向。

对于中、小桥涵，中、短隧道，以及一般构造物的位置，对路线方案一般不起控制作用。故在确定其位置时，应服从路线走向。

6.1.3 选线的步骤

一条路线的选定是一项由大到小、由粗到细、由轮廓到具体，逐步深入的工作。选线应包括确定路线基本走向、路线走廊带、路线方案至选定线位的全过程。一般可划分为三个步骤。

6.1.3.1 全面布局

全面布局是解决路线基本走向及路线走廊带的工作。就是根据公路的技术等级及其在公路网中的作用，结合地形地物条件，在路线的起点、终点及中间必须通过的控制点间寻找可能通行的“路线走廊带”，并进而确定一些大的控制点，将其连接起来，即形成路线的基本走向。例如，在道路的起点、终点及必须通过的控制点间可能沿某条河、越某座岭；也可能沿几条河、越几座岭；可能走这一岸、也可能走另一岸。这些都属于路线的布局问题。

路线布局，是关系到公路质量的根本性问题。如果总体布局不当，即使局部路线选得再好、技术指标确定得再恰当，仍然是一条质量很差的路线。因此，在选线中首先应着眼于总体布局工作，解决好基本走向问题。全面布局是通过路线视察，经过方案比较来解决的。

6.1.3.2 逐段安排

这是在路线基本走向已经确定的基础上，进一步加密控制点，解决路线局部方案的工作。即在大控制点间，结合地形、地质、水文、气候等条件，逐段定出小控制点。例如，过垭口时，是从其中间穿越，还是走其中的一侧；翻越垭口后，是沿左侧山坡展线下山，还是沿右侧山坡展线下山；沿河时是仅走一岸，还是多次跨河换岸布设路线等都是属于局部方案问题。逐段安排路线是通过踏勘测量或详测前的路线察看来解决的。

6.1.3.3 具体定线

这是在逐段安排的小控制点间，根据技术标准结合自然条件，综合考虑平、纵、横三方面因素，反复穿线插点，具体定出路线位置（标定公路中线）的工作。这是一步更深入、更细致、更具体的工作。具体定线在道路测设阶段的详细测量时完成。

6.1.4 选线的一般方法

选定道路中线位置按其具体作法不同可有现场定线（又称实地定线）和纸上定线两种。我国《规范》规定，高速公路、一级公路应采用纸上定线并现场核定的方法。二、三、四级公路可采用现场定线，有条件或地形条件受限制时，可采用纸上定线或纸上移线并现场核定的方法。

6.1.4.1 现场定线（实地定线）

现场定线是由选线人员，根据设计任务书的要求，在现场实地进行勘察测量，经过反复比较，直接选定路线的方法。

该方法的特点是工作简便、符合实际；实地容易掌握地质、地形、地物情况，做出的方案切实可靠；定线时一般不需要大比例尺地形图。但是这种方法野外工作量很大，体力劳动强度高，野外测设工作受气候和季节的影响大。同时，由于视野的局限性，加上地形、地貌、地物的影响，使路线的整体布局存在一定的片面性和局限性。因此，实地定线往往仅用于等级较低、方案比较明确的公路。

6.1.4.2 纸上定线

纸上定线是在已经测得的地形图上，进行路线布局方案比选，从而在地形图上确定路线，再到实地放线的选线方法。

这种方法的特点是野外工作量较小、测设速度快；测设和定线不受自然因素干扰；能在室内纵观全局，结合地形、地物、地质条件，综合考虑平、纵、横三方面的因素，使所选定的路线更为合理。但纸上定线必须要有大比例尺的地形图。地形图的测设需要较大的工作量和较多的设备。纸上定线用于等级较高或地形、地物复杂的道路。

为确保勘察工作的广度、深度和质量，避免遗漏有价值的比较方案，选线应在广泛搜集与路线方案有关的规划、计划、统计资料，相关部门的各种地形图、地质、气象等资料的基础上，深入调查、勘察，并运用遥感、航测、GPS、数字技术等新技术。

随着遥感、航测、GPS、数字技术等新技术及公路 CAD 技术的迅速发展，纸上定线过程中可以将这些先进技术加以合理应用，大大提升公路选线的自动化水平。通常作法是：先用航测方法测得航测像片，据此采集地面信息并制作纸质地形图或建立数字地形模型（一般由专业队伍完成），选线人员可以利用已制作成的数模应用计算机软件在电脑屏幕上选定路线，并自动采集纵断面、横断面数据，进行方案分析比较、优化，最后用绘图仪和打印机将全部设计图表输出。这项技术是由计算机代替人工去作大量而又繁重的计算、绘图、分析比较工作，从而使传统的纸上定线方法的自动化程度显著提高，能使选定的路线方案更加合理，而且节省人力、物力和时间。这项技术已经成为当今道路选线工作的常态。

6.2 路线方案比较

方案比较是选线中确定路线总体布局的有效方法，是在可能布局的多种方案中，通过方案比较和取舍，选择技术合理、费用经济、切实可行的最优方案。路线方案的取舍是路线设计中的重要问题，方案是否合理，不仅关系到道路本身的工程投资和运输效率，更重要的是影响路线在道路网中的作用，直接关系到是否满足国家政治、经济及国防的要求和长远利益。

根据方案比较深度上的不同，可分为原则性方案比较和详细的方案比较两种。

6.2.1 原则性方案比较

从形式上看，方案比较可分为质的比较和量的比较。对于原则性的方案比较，主要是质的比较，多采用综合评价的方法，这种方法不是通过详细计算经济和技术指标进行的比较，而是综合各方面因素进行评比。主要考虑的因素有：

（1）路线在政治、经济、国防上的意义，国家或地方建设对路线使用任务、性质的要求，以及战备、支农、综合利用等重要方针的贯彻和体现程度。

（2）路线在铁路、公路、航道等网系中的作用，与沿线工矿、城镇等规划的关系及与沿线农田水利建设的配合及用地情况。

（3）沿线地形、地质、水文、气象、地震等自然条件对道路的影响，要求的路线等级与实际可能达到的技术标准及其对路线的使用任务、性质的影响；路线的长度、筑路材料的来源、施工条件及工程量、三材（钢材、木材、水泥）用量、造价、工期、劳动力等情况及其运营、施工、养护的影响，以及施工期限长短等。

（4）路线与沿线历史文物、革命史迹、旅行风景区等的联系。

影响路线方案选择的因素是多方面的，而各种因素又多是互相联系、互相影响的。路线在满足使用任务和性质要求的前提下，应综合考虑自然条件、技术标准、技术指标、工程投资、施工期限和施工设备等因素，精心选择、反复比较，以得出合理的推荐方案。

6.2.2 详细的方案比较

详细的方案比较是在原则性方案比较之后进行的量的比较，它包括技术和经济指标的详细计算。一般多用于作局部方案的分析比较。

6.2.2.1 技术指标的比选

（1）路线长度及其延长系数。

1）路线总延长系数 λ_0：

$$\lambda_0 = \frac{L}{L_0} \tag{6.1}$$

式中 L——路线方案的实际长度，m；

L_0——路线起、终点间的直线距离，m。

2）路线技术延长系数 λ_1：

$$\lambda_1 = \frac{L}{L_1} \tag{6.2}$$

式中 L_1——路线方案中各大控制点间的直线距离，m。

（2）转角数。包括全线的转角数 n（单位为个）和每千米的转角数（单位为个/km）。

（3）转角平均度数。转角是体现路线顺直的一种技术指标，转角平均数按式（6.3）计算：

$$\alpha = \frac{\sum_{i=1}^{n} \alpha_i}{n} \tag{6.3}$$

式中 α——转角平均度数，(°)；

α_i——任一转角的度数，(°)；

n——全线的总转角数。

（4）最大与最小平曲线半径，单位为 m。

（5）回头曲线的数目，单位为个。

（6）最大与最小纵坡。

（7）最大与最小竖曲线半径，单位为 m。

（8）与既有公路及铁路的交叉数目（包括平面交叉和立体交叉）。

（9）限制车速的路段长度（指居住区、小半径转弯处、交叉点、陡坡路段等）。

6.2.2.2 经济指标的比选

（1）路基土石方工程数量。

（2）桥涵工程数量（大桥、中桥、小桥涵的座数、类型及其长度）。

（3）隧道工程数量。

（4）防护与加固工程数量。

（5）征购土地数量及费用。

（6）拆迁建筑物及管线设施的数量。

（7）主要材料数量。

（8）主要机械、劳动力数量。

（9）工程总造价。

（10）投资成本—效益比。

（11）投资内部收益率。

（12）投资回收期。

6.2.3 方案比较的步骤和实例

6.2.3.1 方案比较步骤

一条较长的路线，可行的方案有很多，很难对每一种方案都进行实地视察和比选，但可以事先尽可能收集已有资料，在室内进行筛选，然后对较好的、而且优劣难以辨别的有限个方案进行实地视察和比选。其步骤一般为：

（1）收集资料。

（2）在小比例地形图上布局路线，初拟方案。

（3）室内初步比选，确定可比方案。

（4）实地视察、踏勘测量。

（5）进一步比选，确定推荐方案。

6.2.3.2 方案比较实例

图6.1所示为某干线公路，根据公路网规划要求按三级公路标准修建，视察后拟定了4个方案进行比较，各方案的技术经济指标汇总见表6.1。

比选结果，第三、四方案过于偏离总方向，较第一、二方案增加了100~150km，虽能多联系两三个县市，但对发展地区经济起的作用不大。而且第三方案线形指标较低，将来改建难以利用原有路线；第四方案又与现有高压电缆线连续干扰，不易解决。因而三、四方案不宜采用。第二方案虽路线最短，但与铁路干扰严重，施工不方便，且占地较多，最后推荐路线较短、线形标准较高、用地最省、造价也较低的第一方案。

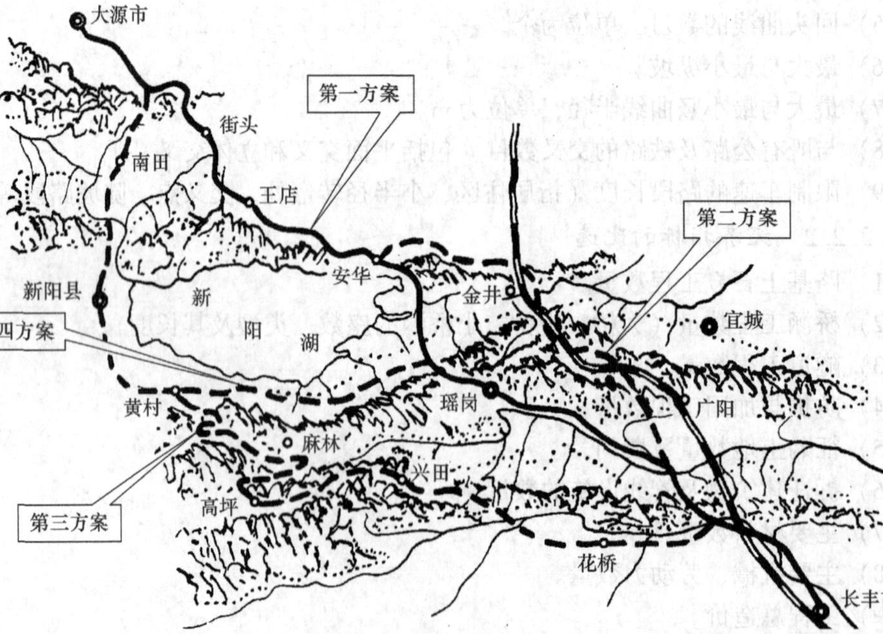

图6.1 路线方案比选

表 6.1 路线方案比较

指标		单位	第一方案	第二方案	第三方案	第四方案
通过县市		个	29	29	32	31
线路长度		km	1360	1347	1510	1476
新建		km	133	200	187	193
改建		km	1227	1147	1323	1283
平原、微丘区		km	567	677	512	615
山岭、重丘区		km	793	670	998	861
用地		亩	2287	2869	3136	2890
工程数量	土方	$10^4 m^3$	382	492	528	547
	石方	$10^4 m^3$	123	75	82	121
	次高级公路	$10^3 m^3$	5303	5582	5440	5645
	大、中桥	m/座	1542/16	1802/20	1507/13	1207/15
	小桥	m/座	1084/47	846/54	980/52	1566/82
	涵洞	道	977	959	1091	1278
	挡土墙	m^3	73530	53330	99770	111960
	隧道	m/座	300/1		290/1	
材料	钢材	t	1539	1963	1341	1469
	木材	m^3	18237	19052	18226	19710
	水泥	t	30609	39159	31288	33638
劳动力		万工日	1617	1773	1750	1920
总造价		万元	81015	85110	77835	89490
比较结果			推荐			

6.3 平原地区选线

6.3.1 自然特征

平原区主要是指一般平原、山间盆地、高原等地形平坦地区。其地形、地物特征是：地面起伏不大，一般自然坡度都在3°以下；耕地较多，在农耕区农田水系渠网纵横交错；居民点多，建筑设施多，交通网系较密；在天然河网、湖区，还密布有湖泊、水塘和河岔等。

从地质和水文条件来看，平原区一般不良地质现象较少，但有时会遇到软土和沼泽地段。另外，平原区地面平坦，排水困难，地面易积水，地下水位较高；平原区河流较宽，河道平缓，泥沙淤积，河床低浅，洪水泛滥时河面较宽。

6.3.2　路线特征

平原地区地形对路线的约束限制不大，路线平、纵、横三方面的几何线形很容易达到较高的技术指标，路线布设时，主要考虑如何绕避地物障碍等。其路线特征是：平面线形顺直，以直线为主体线形，弯道转角较小，平曲线半径较大；在纵断面上坡度平缓，以矮路堤为主。

6.3.3　布设要点

选线时，首先在路线的起点、终点间，把经过的城镇、厂矿、农场及风景文物点作为大的控制点，如图 6.2 所示，在控制点间通过实地视察根据地形条件和水文条件进一步选择中间控制点，一般较大的建筑群、水电设施、跨河桥位、洪水泛滥线以外及其必须绕越的障碍物均可作为中间控制点；在中间控制点之间，如果没有充分的理由，一般不再设置转角点。在安排平面线形时，既要使路线短捷顺直，又要注意避免过长的直线，可能条件下争取采用转角适当、半径较大的长缓的平曲线线形。

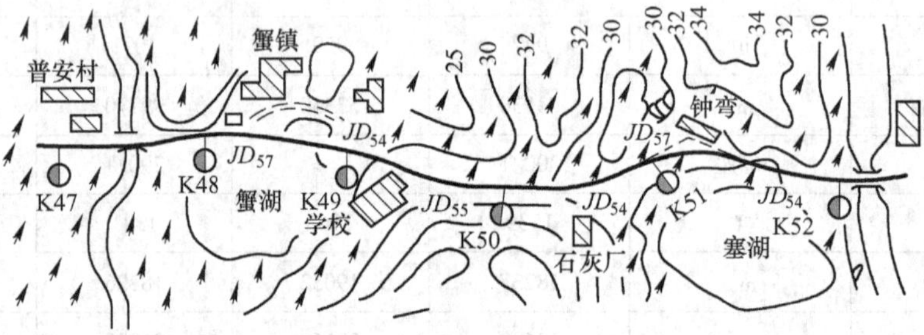

图 6.2　平原地区选线示意图

纵面线形应综合考虑桥涵、通道、交叉等建筑物的要求，合理确定路基设计高度。注意避免纵坡起伏较大和过于频繁，但也不应过于平缓。

综合平原区自然和路线特征，布线时应着重考虑以下几点。

6.3.3.1　正确处理好路线与农业的关系

修建道路时占地是难以避免的，解决好路线与农田规划、农业灌溉水利设施的关系，是平原区选线的重要课题。布设路线时，首先，要注意既不片面要求路线顺直而占用大面积的良田；也不片面要求不占耕地而降低线形标准，甚至恶化行车条件。其次，应解决好路线与农田水利设施的关系，使路线的布置尽可能地与农业灌溉系统相配合，除较高等级的公路外，一般不要破坏灌溉系统；布线要注意尽量与干渠相平行，减少路线与渠道的相交次数，最好把路线布置在渠道的上方非灌溉区一侧或者是渠道的尾部。图 6.3 中，虚线方案穿经稻田区，路线短、线形好，但占耕地多、建筑路堤取土距离较远；实线方案的长度略有增

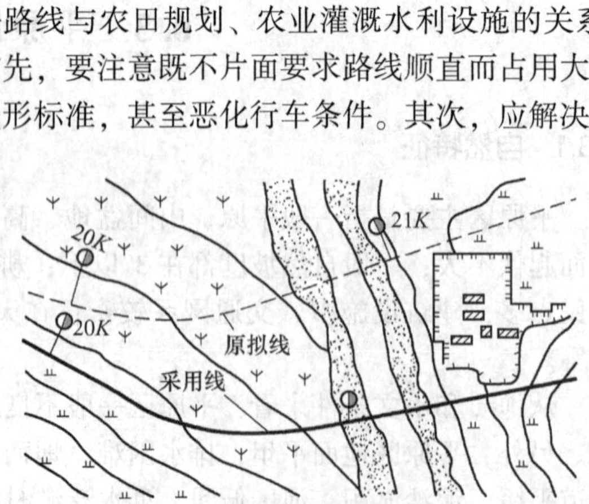

图 6.3　路线方案比较示意图

加，但避开了大片稻田区，沿山坡布线，路基稳定，又可以节约土方数量。当路线标准不是太高时，应采用实线方案。

布线应注意筑路与造田、护田相结合。在可能条件下，布线要有利于造田、护田，以支援农业。路线通过河曲地带，当水文条件许可时，可考虑路线直穿，裁弯取直，改移河道，缩短路线，改善线形。

6.3.3.2 处理好路线和桥位的关系

大、中桥位往往是路线的控制点，应在服从路线总方向的原则下，路、桥综合考虑，选择有利桥位，布设路线。既要防止只考虑路线顺直、不顾桥位条件，增加桥跨的难度；又要防止片面强调桥位，使路线绕线过长，标准过低。一般情况下，桥位中线应尽可能与洪水主流流向正交，桥梁和引道都在直线上。桥位应选在水文地质、跨河条件较好的河段。如图6.4所示，有3个跨河方案。Ⅱ方案与河沟正交跨越，但线形曲折，不利于行车；Ⅲ方案路线直捷，但桥位处于河曲段，跨河不利，并且桥涵较多；综合比较，Ⅰ方案桥位虽略斜，比Ⅱ方案桥跨略长，但路线顺适，故为可取方案。

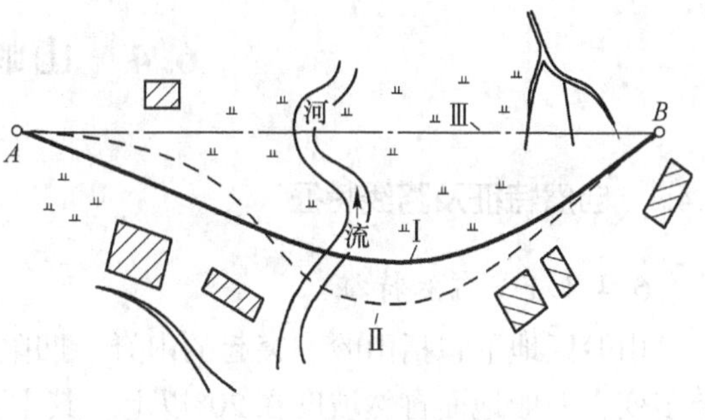

图6.4 桥位方案比较示意图

小桥涵位置原则上应服从路线走向，但遇到斜交过大（夹角大于45°时）或河沟过于弯曲时，可考虑采取改沟或改移路线的办法，调整交角，布线时应比较确定。

6.3.3.3 处理好路线与城镇居民点的关系

平原区有较多的城镇、村庄、工业设施等，路线布设应正确处理好路线与它们的关系。

（1）国防公路与高等级的干道，应采取绕避的方式远离城镇，必要时还应考虑采用支线联系。

（2）较高等级的道路应尽量避免直穿城镇、工厂区和居民密集区，以减少相互干扰。但考虑到公路对这些地区的服务性能，路线又不宜相隔太远，宜从城镇的边缘经过。做到近村而不进村，利民而不扰民，既方便运输、又保证交通安全。这种路线布线时，要注意与城镇等的规划相结合。

（3）道路等级较低时，应考虑县、区、村的沟通，经地方同意可穿越城镇。但要注意有足够的视距和必要的道路宽度及必要的交通设施，以保证行人和行车的安全。

6.3.3.4 注意土壤、水文条件

平原区的水文条件较差，取土较为困难。为了保证路基的稳定性和节约用土，在低洼地区，应尽可能沿接近分水岭的地势较高处布线，以使路基具有较好的水文条件；在排水不良的地带布线时，要注意保证路基最小填土高度；路线要尽量避开较大的湖塘、水库、泥沼等，不得已时应选择最窄、最浅和基底坡面较平缓的地方通过，并采取措施保证路基稳定。

6.3.3.5 注意利用老路，并与铁路、航道及已有道路运输相配合

在平原区路线布设时，若有老路与新布路线相距较近、而且走向一致时，在条件许可时，应尽量将其改造后加以利用，以减少耕地的占用和提高路基的稳定性。

6.3.3.6 注意就地取材和利用工业废料

修建道路需要消耗大量的筑路材料，为节省工程造价，应充分利用当地的材料，特别是地方上的工业废料。

6.4 山岭区选线

6.4.1 自然特征及路线特征

6.4.1.1 自然特征

山岭区地形包括山岭、突起的山脊、凹陷山谷、陡峻的山坡、悬崖、峭壁等，地形复杂多变，一般地面自然坡度在20°以上。其主要特征表现在以下几个方面：

(1) 地形条件。山高谷深，地形复杂。由于山区高差大，加之陡峻的山坡和曲折幽深的河谷，形成了错综复杂的地形，这就使得道路路线的线形差，工程难度大。

(2) 地质条件。岩石多、土层薄、地质复杂。由于山区的地质层理和地壳性质在短距离内变化很大，岩层的产状和地质构造复杂，不良地质现象（如岩堆、滑坡、崩塌碎落、泥石流等）较多，这些均直接影响着路线的位置和路基的稳定。选线时应处理好路线与地质的关系，并在选线设计中采取必要的防护措施，确保路线的质量和路基的稳定性。

(3) 水文条件。山区河流曲折迂回，河岸陡峻、河底比降大；雨季暴雨集中、流速快、流量大，冲刷和破坏力很大。这样复杂的水文条件，要求在选线中正确处理好路线和河流的关系。

(4) 气候条件。山区气候多变，气温一般较低，冬季多冰雪（海拔较高的山区），一年四季昼夜温差很大，山里雾大，空气较稀薄、气压较低。这些气象特征对于汽车行驶的安全性有很大影响。

综上分析，由于山区自然条件极其复杂，给山岭区选线带来了很大的难度。

6.4.1.2 路线特征

山岭区山脉水系分明，这也给山区公路走向提供了依据，为选定路线的基本走向、确定大的控制点指明了方向。路线的走向只有两种：顺山沿水方向和横越山岭方向。顺山沿水的路线，按其线位的高低，从低到高又可分为沿溪（河）线、山腰线和山脊线。一条较长的山区道路往往是由走向不同和线位高低不同的几种路段交互组合而成的；而且在路线布设时，一般多以纵面线形为主安排路线，其次才是横断面和平面。

6.4.2 沿溪（河）线

6.4.2.1 路线特点

沿溪（河）线是指道路沿河谷方向布设的路线。如图6.5所示。

沿溪线的有利条件是路线走向明确，河床纵坡较小，平面受纵面线形的约束较小，容易争取较好的线形；沿溪线傍山临河，砂、石材料丰富，用水便利，可为施工和养护提供有利条件；山区的溪岸两侧多是居民密集的地方，沿溪线能更好地为沿线居民点服务，充分发挥道路的作用。

图 6.5 沿溪线

沿溪线的不利条件是路线临水较近，受洪水威胁较大；峡谷河段，路线线位摆动的余地很小，难以避让不良地质地段；在路线通过陡岩河段时，工程艰巨、工程量集中、工作面狭窄，给道路测设和施工带来很大困难；沿溪线线位低，往往要跨过较多的支沟，桥涵及防护工程较多；河谷两岸台地往往是较好的耕作地，筑路占地与农田及其水利设施的矛盾较为突出；河谷工程地质情况复杂，河谷的两岸通常处于路基病害如滑坡、岩堆、坍塌、泥石流的下部，路线通过时，容易破坏山体平衡，给道路的设计、施工、养护、运营带来困难。

6.4.2.2 布线要点

路线布设的首要任务就是充分利用有利条件、避让不利条件。沿溪线布局时，需要解决的主要问题有：路线走河流的哪一岸？路线设于哪一高度？路线在何处跨河换岸？这三个问题是既相互联系，又相互影响的，路线布设中应抓住主要矛盾，根据公路的性质和技术等级，因地制宜地解决问题。

A 河岸的选择

沿溪线两岸情况不尽相同，往往优、缺点并存，选择时应深入调查、全面权衡、综合比较确定。主要应考虑以下几方面因素：

(1) 地形、地质、水文条件。路线应优先选择台地较宽、支沟较少、地质水文条件较好的一岸。

(2) 气候条件。主要是在积雪冰冻地区，阳坡和阴坡、迎风面和背风面的气候条件差异很大，在不影响路线总体布局的前提下，一般走阳坡面和迎风面比较有利，可以减少积雪和流冰对道路行车的影响。

(3) 城镇、工矿和居民点的分布。除高等级道路和国防公路以外，一般路线应选在工矿企业较集中、村镇较多、人口较为密集的一侧，以促进山区的经济发展和方便居民出行。

(4) 其他因素。例如为革命史迹、历史文物、风景区等的联系创造便利条件。具备上述有利条件的一岸即为选线时应走的河岸，但这些有利条件可能不在一岸，而是交替出现在两岸，此时就需要深入调查，进行技术论证和经济比较，最终确定一条合理的方案。如图 6.6 所示，某一沿溪线开始走条件较好的左岸，但前方遇到两处陡崖，甲方案是对山崖地段进行处理，集中开挖一段石方后，仍坚持走左岸；

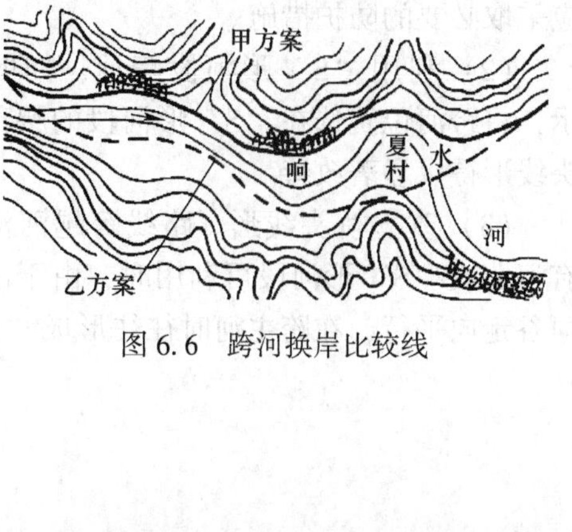

图 6.6 跨河换岸比较线

乙方案是为了避让两处陡崖，而选择了跨河走右岸，但是右岸前方不远处，出现了更长、更陡的山崖，还需要重新再换回到右岸，在约 3km 的路段内，为了跨河，需要修建两座中桥。对上述两方案进行比较，甲方案技术上可行，经济费用较低，作为终选方案。

B　线位的高度

线位高度是路线纵面线形布局的问题。路线沿岸走多高，首先考虑洪水的威胁。不管是高线位还是低线位，均应设计在洪水位以上的一定安全高度。因此，在选线中应认真做好洪水位调查工作，以确保路线必需的最低线位高度。

(1) 低线位。低线位是指高出设计洪水位不多，路基一侧临水很近的布线方案。

低线位主要优点是：一般情况有较宽的台地可以利用；地形较好，平面线形较顺适，纵面不需要较大的填挖，容易达到较高的指标；路线低，填方边坡低，边坡较稳定，路线活动的余地较大，跨河时利用有利条件和避让不利条件较容易；养护和施工用水、材料运输均较方便。

低线位主要缺点是：线位低，受洪水威胁大，防护工程较多；低线位多在沟口附近跨越支沟，桥涵较多；路线与农田矛盾较大，处理弃方较为困难。

(2) 高线位。高线位指路线高出洪水位太多，完全不受洪水威胁的布线方案。

高水位的主要优点是：不受洪水影响，防护工程较少；弃方处理较容易，当采用台口路基时，路基比较稳定。

高水位的主要缺点是：路基挖方较大、弃方多；由于线位高，路线势必随着山形走势绕行，平面线性指标低；跨河时线位高，构造物长大，工程费用高；支挡、加固工程较多；施工、养护用料取水困难。

综上比较，高线位弊多利少，在洪水位允许、无特殊困难时，一般以低线位为主，当有大段的较高阶地可供利用时，也可结合路线的具体条件，局部路段采用高线位。而且沿溪线布设时，很难在全线保持一中线位，为了利用有利地形、避让不利地形和地质条件，可能需要交替使用低线与高线，此时只要有适宜地升、降坡展线的地段即可。

C　桥位的选择

沿溪线跨越河流分为跨主河与跨支沟两种情况，跨支流时的桥位选择，一般属于局部方案问题；而跨越主河道时的桥位选择多属于路线布局问题。跨越主河的桥位往往是确定路线走向的控制点，它与河岸的选择是相互依存的，除需要充分考虑河床的稳定、河面的宽窄及水文地质条件外，还应注意桥位与路线配合，使河的两岸有良好的布线条件。

(1) 利用河曲河段跨河，如图 6.7 所示，此时应注意防止河曲地段水流对桥台的冲刷，应采取必要的防护措施。

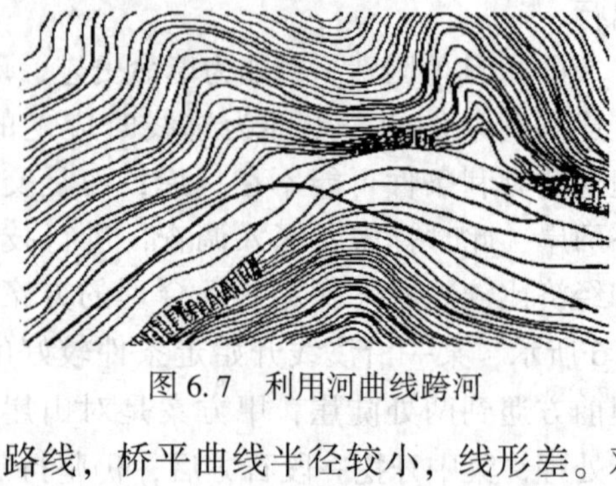

图 6.7　利用河曲线跨河

(2) 利用"S"形河段跨河，如图 6.8 所示，将跨河位置选在"S"形河段的腰部，使桥头线形得以显著改善。

(3) 改善桥头线形。路线跨越河流，若没有河曲或"S"形河段可利用时，由于沿溪线与河谷走向平行，在跨主河时往往形成"之"字形路线，桥平曲线半径较小，线形差。对

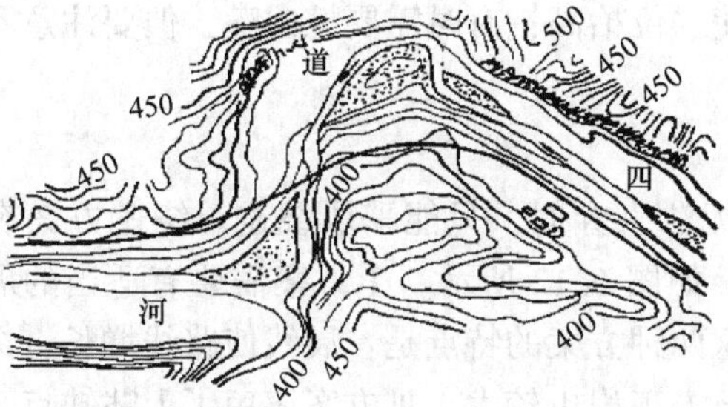

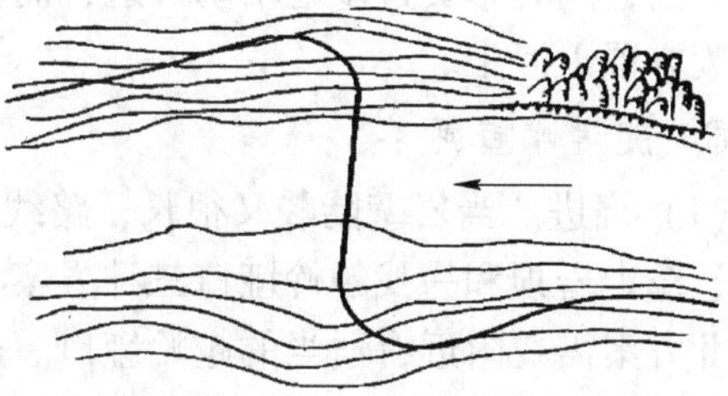

图 6.8 利用“S”形河段跨河

于中、小桥可用适当斜交的方法改善桥头线形，如图 6.9 所示。

对于大桥不宜斜交时，可对桥路线适当处理，形成构形桥头线。如图 6.9 所示，可改善桥头线形，争取较大半径。

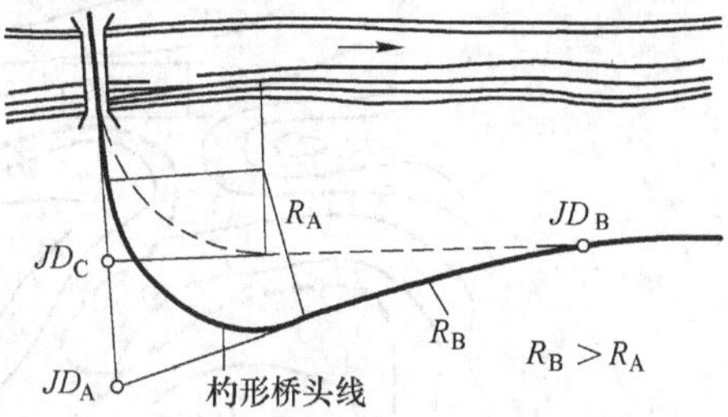

图 6.9 桥头线形改善措施

6.4.2.3 河谷断面路线的布设

A 开阔河谷

开阔河谷岸坡平缓，一般在坡、岸之间有较宽的台地，且布有农田。路线可分三种走法：

(1) 沿河线，如图 6.10 中的虚线方案，路线坡度均匀平缓，并且对保村护田有利，但一般路线较长，路基受洪水威胁较大，防护工程大。

(2) 傍山线，如图 6.10 中的实线方案，占田少，路基远离河岸，故较稳定且无防护工程，但纵面线形略有起伏，土石方工程稍大，是常采用的一种方案。

(3) 中穿线，如图 6.10 中的点划线方案。线形好，路线短，标准较高，但占田较多，路基稳定性差，施工时需换土，一般不宜采用。

B 狭窄河谷

这种河谷断面常称为 U 形河谷，河的两岸多不对称，凸岸陡，而凹岸相对较缓，时而有突出的山嘴，间或出现迂回的深切河曲。其布线方式主要有：

(1) 沿河岸自然地形，绕山嘴、沿河弯布线。如图 6.11 所示。

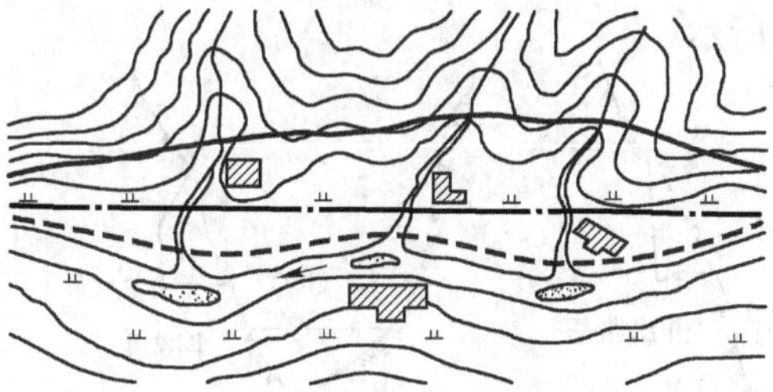

图 6.10 开阔河谷路线布设

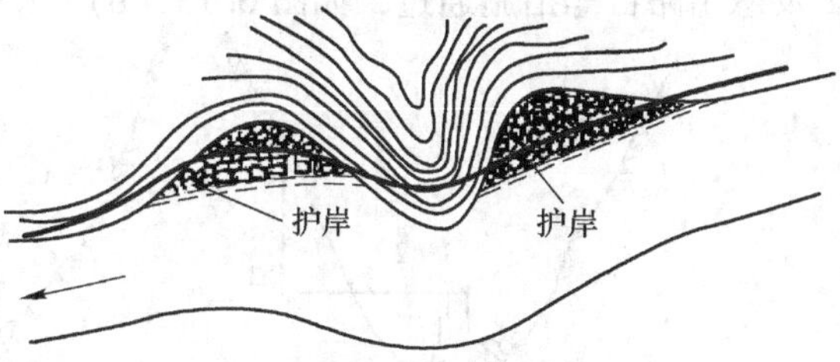

图 6.11 狭窄河谷布线方案

（2）按直线布线。为了布线的需要，有时可能需要填河弯，但此时应注意路基的防护与加固，同时不要过多地堵塞河道，而使水位抬高；有时需要挖山嘴，但要注意不要将大量废方置于河中。

C 陡崖峭壁河谷

（1）绕进。当岩壁陡峻又很长，路线无法直穿时，只能采取绕避。绕避方案有绕走对岸、绕走岩顶和另找越岭垭口三种方案，如图 6.12 所示。Ⅰ方案需要有适当的展线地形，Ⅱ方案需要附近有适当的越岭垭口。这两种方案的特点是：展线使路线增长，纵面线形上而复下，纵坡较大，并且过渡段的土石方工程也较大。Ⅲ方案避免了上述缺点，但增加了两座跨河桥梁。

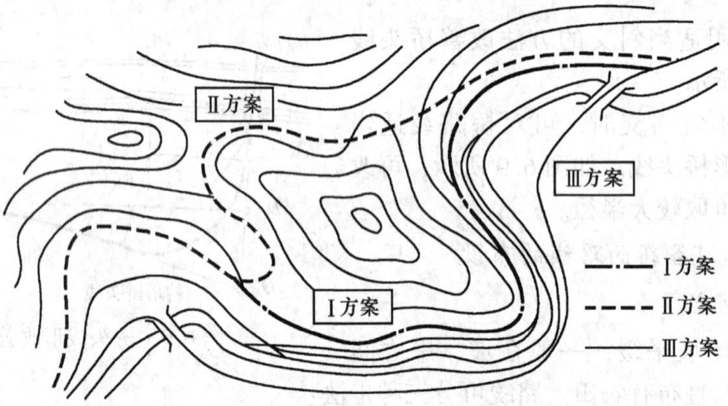

图 6.12 绕避陡崖峭壁的方案

（2）直穿陡崖峭壁。路线的平、纵面均受到岸边山崖的形状和洪水水位的限制，活动余地不是很大，低线位布线时较多采用。根据河床宽窄、水文条件、岩壁陡缓情况，可采用如下方式穿过：

1）与水争路、侵河筑堤。当河床较窄、水流不深（一般岩前水深不超过 2m）、水流不急、洪水位变化幅度不大、河床主流方向偏向对岸时，可考虑压低路线，侵河筑堤。当河床较窄不宜压缩时，路基填石防护所占用的泄水面积应从对岸河槽开挖中补偿。如图 6.13（a）所示。

2）硬开石壁等特殊措施通过。当岩陡壁高、河床较窄时，可根据地质条件、施工技术力量，通过技术经济比较可考虑在石壁上开挖出路基形成半山洞，或采用隧道、半山桥及悬出路台等措施通过，如图 6.13（b）、（c）所示。

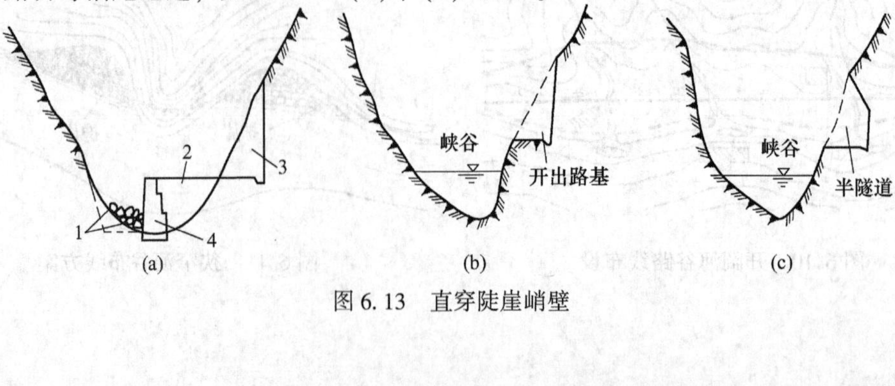

图 6.13 直穿陡崖峭壁

6.4.2.4 急流及跌水河段

河床纵坡陡峻时，河床纵断面在短距离内突然下落几米至几十米，形成急流、跌水，这时的河床纵坡远远陡于路线纵坡的允许值，为了尽快降低线位避开陡线的山腰线，布线时应利用平缓的山坡地形和支谷展线来降低线位，如图 6.14 所示。选线时，要注意展线，以纵坡为主安排路线。这类河段多出现在山区河流的上游，是沿溪线越岭线的过渡段。

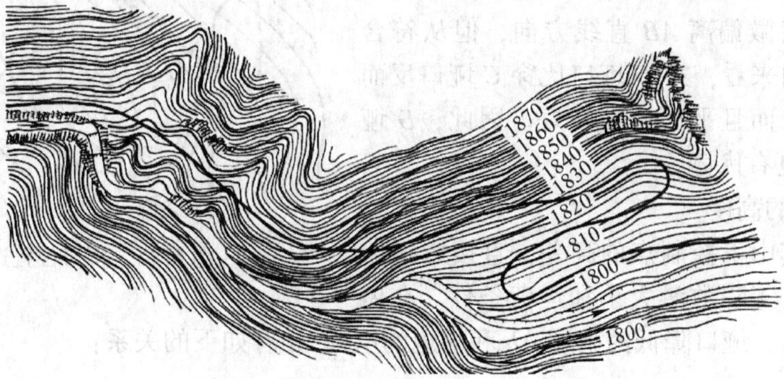

图 6.14 急流及跌水河段路线

6.4.2.5 不良地质地段的路线布设

沿河两岸的滑坡、崩塌、岩堆、泥石流等是较为常见的地质病害。路线通过这些地带时应遵循避强制弱、加强调查、综合防治的原则。

6.4.3 越岭线

越岭线是指公路走向与河谷及分水岭方向横交时所布设的路线；两个控制点位于山脊的两侧，路线需要由一侧山麓升坡至山脊，在适当的地点穿过垭口，然后从山脊的另一侧降坡而下。

6.4.3.1 路线特点

路线需要克服很大的高差，路线的长度和平面位置主要取决于路线的安排。因此，越岭线的选线，是以路线纵断面为主导的。

越岭线主要有利条件是布线不受河谷限制，布线较为灵活；越岭线不受洪水威胁和影响，路基稳定，沿线的桥涵及防护工程较少。

越岭线的主要不利条件是里程较长、线性差、指标低；越岭线的线位高，远离河谷，施工和运营条件差。

6.4.3.2 布线要点

越岭线布设应解决的主要问题是垭口选择、过岭高程的确定和垭口两侧路线展线方案的拟订。这三者是相互联系、相互影响的，布局时应综合考虑。

A 垭口的选择

垭口是分水岭山脊上的凹形地带，由于高程低，常常是越岭线的重要控制点。

垭口选择应在符合路线总方向的前提下，综合各方面因素，根据垭口的位置、高程及垭口两侧地形、地质条件等条件反复比较确定。

a　垭口的位置

垭口位置的选择应在符合路线的基本走向的前提下，与两侧路线展线方案一起考虑。首先选择高程较低，而且展线后能很快与山下控制点直接相连的垭口；其次再考虑稍微偏离路线方向，但是接线较顺、增加路线里程不多的垭口。

如图 6.15 所示，*A*、*B* 控制点间有 *C*、*D* 两个垭口，从平面位置看，*C* 垭口在 *AB* 直线上，*D* 垭口稍微偏离 *AB* 直线方向，但从符合路线基本定向来看，穿 *D* 垭口比穿 *C* 垭口反而展线短一些，而且平面线性较好。因此，*D* 垭口比 *C* 垭口更有优势。

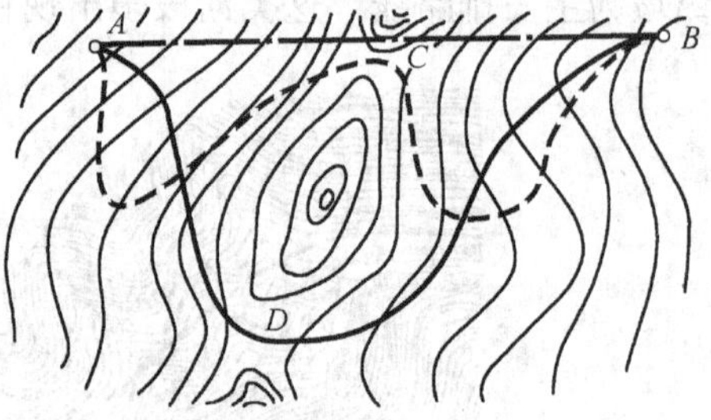

图 6.15　垭口位置选择

b　垭口的高度

垭口与其山下控制点的高差，直接影响路线展线长度、工程数量大小和运营条件。在展线条件相同时，垭口降低的高度 Δh 和缩短的里程 Δl 有如下的关系：

$$\Delta l = 2\Delta h \cdot \frac{1}{i_p}$$

式中　i_p ——展线的平均坡度，一般可取 5% ~ 5.5%。

由此式可知，垭口越低，里程越短。在地形困难的山区，减少路线长度而节省工程造价和运营费是很难得的。

c　垭口的展线条件

山坡线是越岭线的重要组成部分。而山坡坡面的曲折与陡缓、地质条件的好坏等情况直接关系到路线的标准和工程量的大小。因此，垭口选择要与侧坡展线条件结合考虑。选择时，如有地质稳定、地形平缓有利于展线的侧坡，即使垭口位置略偏或垭口较高，也应比较，不要轻易放弃。

B　过岭高程的确定

过岭高程是越岭线布局的重要控制因素。不同的控制高程，不仅影响工程量大小、路线长短、线形标准，而且直接关系到垭口两端的展线布局。如图 6.16 所示，由于选用了不同的挖深出现了 3 个展线方案：甲方案浅挖 9m，需设两个回头弯道；乙方案挖深 13m，只需设一个回头弯道；丙方案挖深 20m，不需要设回头弯道，顺山势展线即可，丙方案线形好，路线最短，有利于行车。

（1）决定过岭高程的因素：

1）垭口及两侧的地形。当过岭地段山坡平缓，垭口又宽厚时，一般宜采用展线的方式翻越山岭。

2）垭口的地质条件。垭口通常是地质构造薄弱，常有不良地质现象的山脊凹陷地带。地质条件较差的垭口有以下类型：

①松软土侵蚀型垭口：如图 6.17 所示，这是由坡积或沉积形成的土层，经长期侵蚀而形成的山脊低凹地。当土质松软、地下水较严重时，不宜深挖，并在可能条件下尽量绕避。

②软弱岩层垭口：如图 6.18 所示，在单斜硬软岩交互层的地带，软岩层经雨水和风

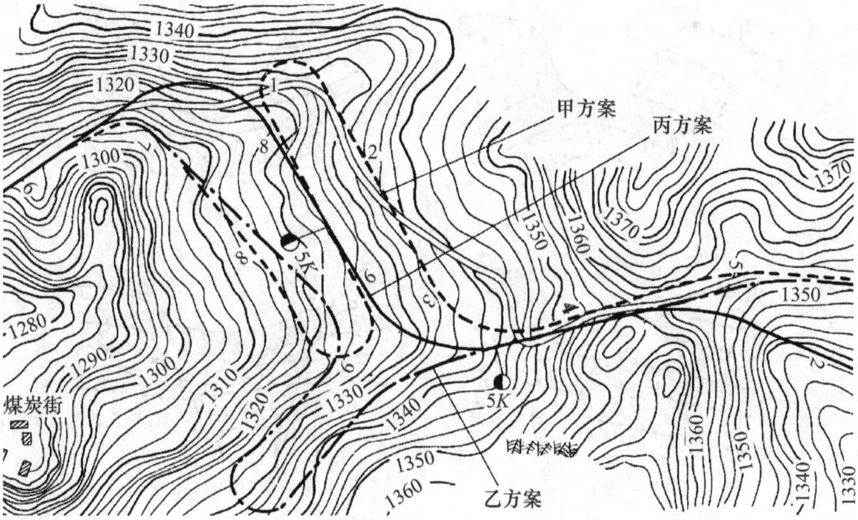

图 6.16 垭口不同挖深时的路线方案

化作用长期侵蚀形成的垭口。从外形看，垭口一般不对称。一般岩层外倾侧的边坡渗水性强、稳定性差，常引起顺层滑坡，不宜深挖。

③构造破碎带垭口：由地层褶曲部或断层带经侵蚀风化所形成的垭口，如图 6.19 所示。这类垭口岩层破碎、地表水容易下渗，路基及边坡稳定性差，是地质条件最差的地带，特别是图 6.19（b）、（c）两种垭口最为不利。对这类垭口一般应绕避，必须通过时不能深挖，并结合岩层破碎程度、风化情况、断层及地下水状况慎重决定开挖深度，同时要采取加固及排水措施。

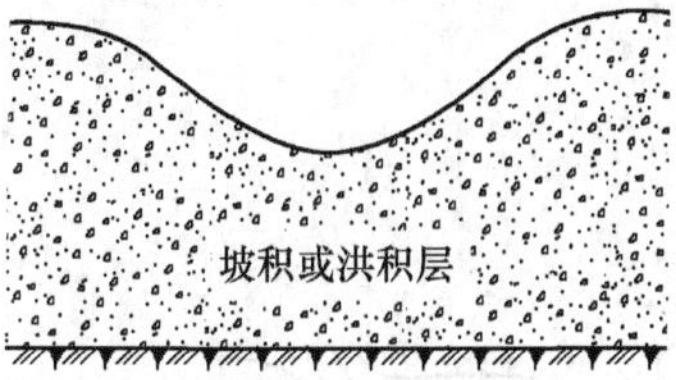

图 6.17 松软土侵蚀型垭口

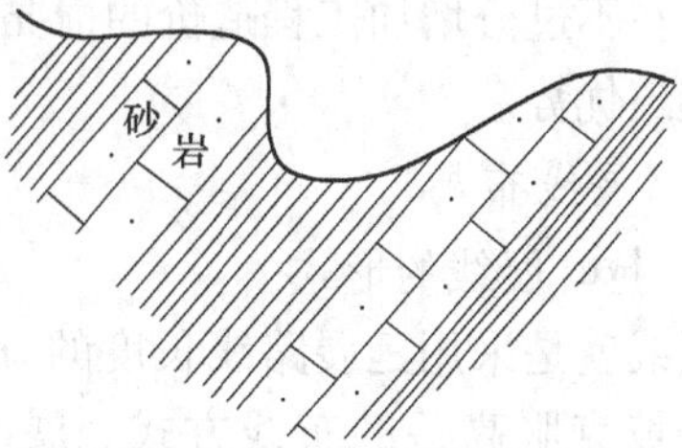

图 6.18 软弱岩层垭口

（2）过岭的方式：

1）浅挖低填垭口。当越岭地段的山坡平缓、容易展线、垭口地带的地形宽而且厚时，宜采用浅挖或低填的形式通过，此时过岭高程与垭口高程基本一致。

2）深挖口。当垭口比较瘦削时，常采用深挖的方式通过，虽然深挖处的土石方数量集中，但可有效地减低过岭高程，缩短展线长度，而且改善行车条件。深挖的程度应视地形、地质、气候等条件，以及展线对过岭高程的要求而定，一般不要超过 20m，此时的过岭高程为深挖后的高程。

3）隧道穿越。当垭口地挖深较大时，可采用隧道过岭的方式作为终选方案。采用隧道穿越山岭具有路线短、线形好、有利于行车、战时隐蔽、受自然因素影响小、路基稳定等特点，特别在高寒地区，隧道穿山，海拔低，不受冰冻、积雪等的影响，可大大改善运

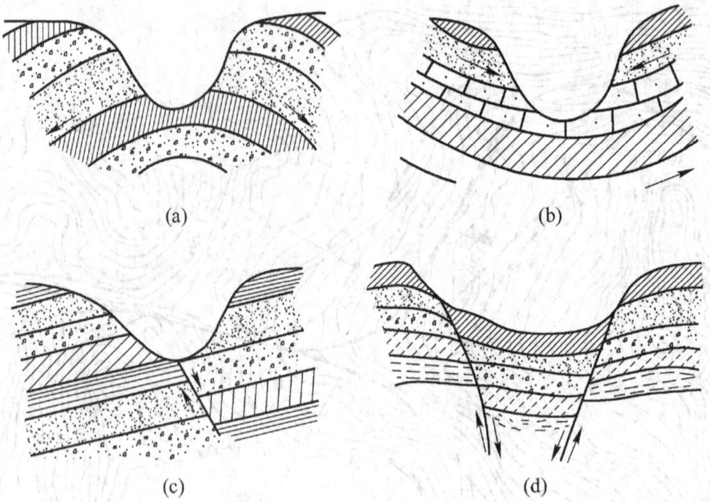

图 6.19　构造破碎带垭口
（a）背斜侵蚀垭口；（b）向斜侵蚀垭口；（c）断层破碎带垭口；（d）断层垭口

营条件；但由于隧道造价高、工期长、受地质条件影响较大，因此，低等级公路比较少用隧道的方式穿越山岭。在采用隧道方案时，应注意以下几点：

①必须作好方案比较，有充分的理由方可采用。主要是修建隧道与缩短路线里程的比较，隧道投资与运营费的比较，明挖与隧道方案的比较和施工期限的限制。

②注意地质问题。隧道是在岩土内的地下建筑物，周围岩体的稳定性直接影响隧道的设计、施工和使用。

③隧道定位宜选在山脊薄、山坡陡、垭口窄的部位，以缩短隧道长度。

④在不过分增加工程造价的情况下，尽可能将隧道高程定低一些，以改善路线条件，发挥隧道优势。

C　展线布局

a　越岭展线的形式

展线就是采用延展路线长度的方法，逐渐升坡克服高差的布线方式。展线的基本形式有三种，如图 6.20 所示。

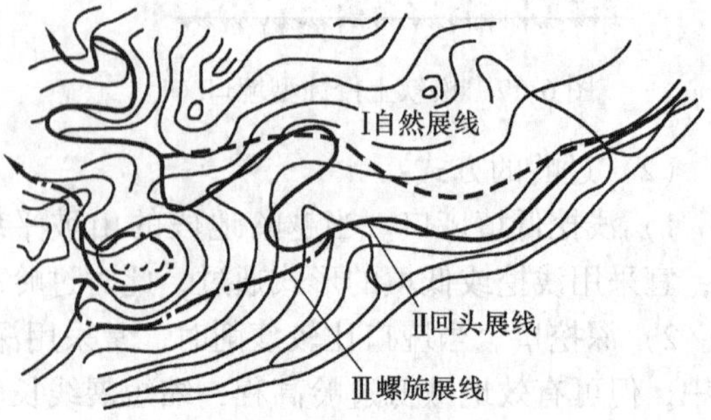

图 6.20　越岭线展线形式

（1）自然展线。图 6.20 中Ⅰ方案，当山坡平缓、地质稳定时，以适当的纵坡，绕图 6.21 越岭线展线形式山嘴、沿侧沟来延展路线、克服高差的展线方式。这种方式的优点是符合路线的基本走向，纵坡均匀，路线短、线形好、技术指标较高；缺点是路线避让艰巨工程和不良地质的自由度不大。

（2）回头展线。图 6.20 中Ⅱ方案，利用回头曲线延展路线克服高差的布线方式。其优点是：能在短距离内克服较大的高差，并且用回头曲线布线灵活，利用有利地形避让艰巨工程和地质不良地段的自由度较大；缺点是：平曲线半径小，同一坡面上下线重叠，对施工、行车和养护都不利。

回头位置对于回头曲线的线形和工程大小及展线布局有很大关系，选择时应多调查、多比较。回头地点在满足展线布局的前提下，宜选在地面横坡平缓，地形开阔，以使上下线路能布置的地点；相邻回头曲线间距应尽量拉长，以减少回头的次数，利用时要与纵坡安排相结合，既不因回头位置过高利用不上，也不要使其位置过低，而使纵坡损失过大而增长路线。

一般较肥厚的山包、山脊平台、平缓的山坡、山沟、山坳及岔谷间的缓坡台地均是回头的有利地形。如图 6.21 所示的地形均适合于布置回头曲线。

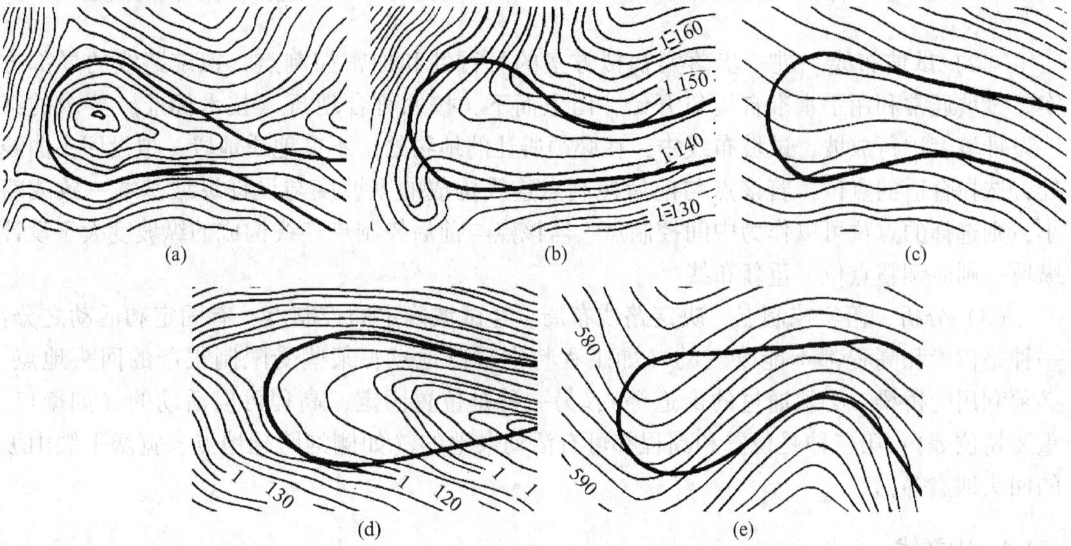

图 6.21 适合布置回头曲线的地形
（a）利用山包回头；（b）利用山脊平台回头；（c）利用缓坡回头；
（d）利用山沟回头；（e）利用山坳回头

（3）螺旋展线。当路线受到地形、地质限制，需要在某一处集中提高或降低一定高度才能充分利用前后的有利地形时，可以采用螺旋展线的方式，这种展线的路线转角大于 360°。其优点是：路线利用有利的山包或瓶颈形山谷。在很短的平面距离内就能克服较大的高差，它比回头曲线有较好的线形，避免了路线的重叠；缺点是：需建桥或隧道，工程造价高。

螺旋展线可有上线桥跨（见图 6.22）和下线隧道（见图 6.23）两种方式。

以上三种展线形式中，一般应首先考虑采用自然展线，不得已时采用回头展线；当地形十分困难，又有适宜的山谷或山包等条件时，为在短距离内克服较大的高差，可以考虑使用螺旋展线，但需要进行方案比选。

b 展线布局的步骤

（1）拟定路线的大致走向。在视察或踏勘阶段确定的控制点间，根据地形和地质情况，以坡度为主导，拟定出路线可能的展线方案和大致走法。

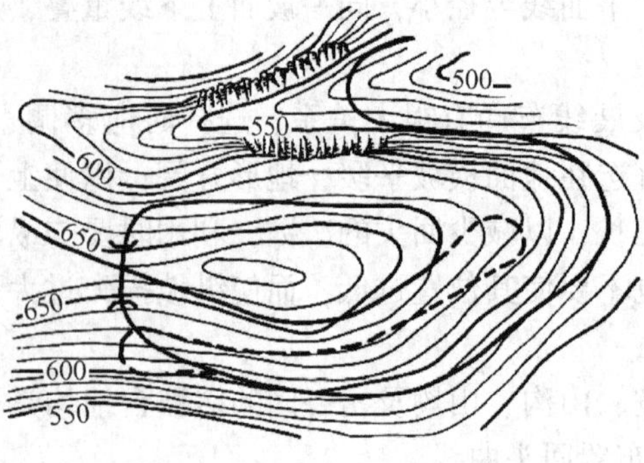

图 6.22　利用山包上线桥跨

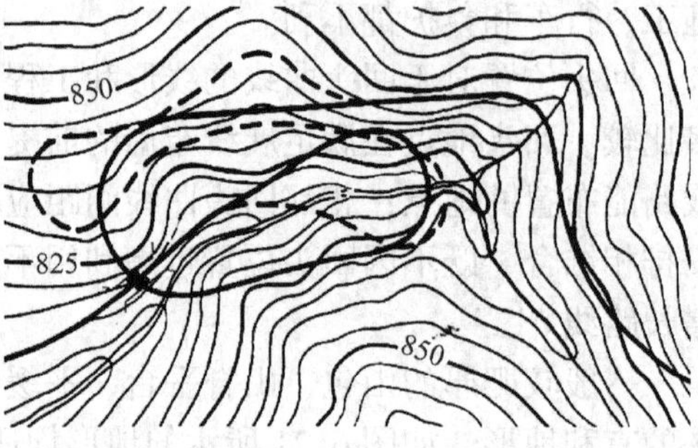

图 6.23　利用瓶颈形山谷下线隧道

（2）试坡布线。进一步落实初拟方案的可行性和加密控制点，拟定路线的局部方案。试坡通常利用手水准自垭口开始，由上而下，按照符合现行《技术标准》要求的某一设计坡度进行放坡。试坡布线中，在必须避让的地物处、不良地质地段、拟设回头曲线处，选择合适的点位，若该点与前后控制点连线构成的纵坡度与设计纵坡基本一致或略小，则选择的点位可以作为中间控制点；若该点与前后控制点连线构成的纵坡度大于设计纵坡，则应调整点位，重新布线。

（3）分析、落实控制点，决定路线布局。经试坡确定的控制点，有固定和活动之分：一种是位置和高程都不能改变的（如工程特别艰巨地点、某些受限制很严的回头地点、必须利用的桥梁、必须通过的街道等）；另一种是位置固定，高程可以活动的（如垭口、重要桥位等）；第三种是位置和高程都可有活动余地的（如侧沟跨越地点、宽阔平缓山坡的回头地点等）。

6.4.4　山脊线

6.4.4.1　路线特点

山脊线是指大致沿分水岭方向所布设的路线。山脊线的平面线形随分水岭的曲折而弯曲，纵面线形随控制垭口间的高差变化而起伏。山脊线一般不单独使用，多与山坡线相结合，作为越岭线垭口两侧路线的过渡段。能否采用部分山脊线，还必须有适宜的山脊。一般服从路线走向，分水线平顺直缓，起伏不大，岭脊肥厚，垭口间山坡的地形、地质情况较好的山脊是较好的布线条件。

山脊线的有利条件是：

（1）当山脊条件好时，山脊线一般里程短，土石方工程量小。

（2）水文、地质条件好，路基病害少，稳定。

（3）地面排水条件好，桥涵人工构造物少。

山脊线的不利条件是：

（1）线位高，远离居民点，服务性能差。

（2）山势高、海拔高、空气稀薄，冬季云雾、积雪、结冰较多，对行车和养护都不利。

（3）远离河谷，砂石材料及施工用水运输不便。

6.4.4.2 布线要点

由分水线作引导，山脊线基本走向明确。布线主要解决以下问题：

（1）控制垭口的选择。在山脊上，连绵布置着很多垭口，每一组控制垭口代表着一个方案。因此，选择控制垭口是山脊线布线的关键。一般当分水岭顺直、起伏不大时，几乎每个垭口均可暂作控制点。如地形复杂、山脊起伏较大且较频繁，各垭口高低悬殊时，则低垭口即为路线控制点，而突出的高垭口可以舍去。在有支脉的情况下，相距不远的并排垭口，应选择前后与路线联系较好、路线较短的垭口为控制点。选择垭口时，还应与两侧布线条件结合起来考虑。

（2）试坡布线。山脊线有时因两垭口控制点间的高差较大，需要展线；有时为避免路线过于迂回要采用起伏纵坡，以缩短路线里程。因此通常需要试坡布线，一般分为下面三种情况：

1）垭口间平均纵坡不超过规定，一般情况如中间无太大的障碍，应以均匀坡度沿侧坡布线。若中间遇障碍，则可以加设中间控制点，调整坡度，向两端垭口按均匀坡度布线。

2）垭口间平均纵坡超过规定时，需进行展线。图 6.24 所示为利用山脊地形展线的实例。由图 6.24 可见，山脊展线的布线是十分灵活的，选线时，应根据地形、地质条件，采用填挖、旱桥、隧道等工程措施来提高低垭口，降低高垭口。也可利用侧坡、山脊有利地形作回头展线或螺旋展线，具体做法见 6.4.3 节。

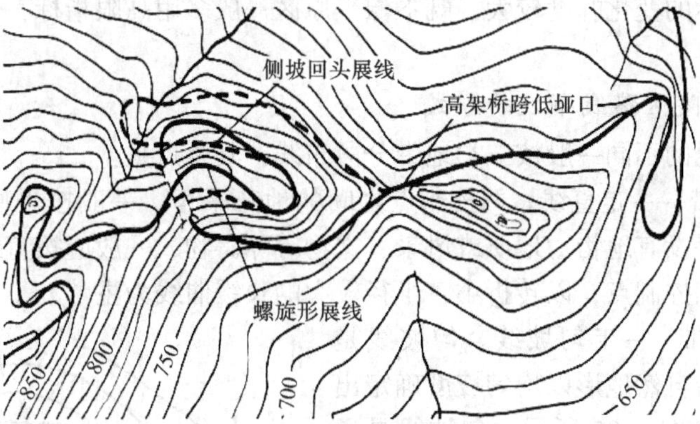

图 6.24 利用山脊展线

6.5 丘陵区选线

6.5.1 丘陵区的自然特征

丘陵区是介于平原区和山岭区之间的地形，其地形特征是山丘连绵、岗坳交错、此起彼伏，山丘曲折迂回，岭低脊宽，山坡较缓，相对高差不大。丘陵区包括微丘和重丘两类地形。

微丘区起伏较小，地面自然坡度在 20°以下，山丘、沟谷分布稀疏，坡形缓和，相对高差在 100m 以内，而且有较宽的平地可以利用。

重丘区起伏频繁，相对高差较大，地面自然坡度在20°以上，山丘、沟谷分布较密，而且具有较深的沟谷和较高的分水岭，路线平、纵面部分受地形的限制。

随着丘陵区地形的起伏，地物的变化也较大。一般丘陵区农业都比较发达，土地种植面积广，种类繁多，低地为稻田，坡地多为旱地或经济林，小型水利设施也较多。居民点、建筑群、风景、文物点及其他设施在平坦地区时有出现。这些地点都是布线时应考虑的控制点。

6.5.2 路线特征

6.5.2.1 丘陵区选线的特点

(1) 局部方案多。由于丘陵区的山冈、谷地较多，路线走向的灵活性大，可行的布线方案一般比较多，一条路线的最终确定往往需要经过多方案的比较。

(2) 需要路线平、纵、横三方面相互协调、密切配合。由于丘陵区地形的迂回曲折和频繁起伏，平、纵、横三方面相互之间的约束和影响较大，若三者组合合理，可以提高线形技术标准。

(3) 路基形式以半填半挖为主。丘陵区的地形特点决定了路线所经地面常有一定的横坡，但是横坡一般并不太陡，路线与农林用地和水利设施的矛盾较大。为节约耕地，应采用半填半挖为主的路基形式。

丘陵区选线应结合地形合理选用技术指标，使平面适当曲折，纵面略有起伏，横面稳定经济，线形指标的变化幅度较大，既不像平原区一般多用高限指标，也不像山岭区多用接近低限指标。

6.5.2.2 丘陵区路线布设的方式

根据地形情况的不同一般按三类地带分段布线，其要点是：

(1) 平坦地带——走直线。两控制点之间的地势平坦，一般按平原区以方向为主导的方式布线。如果没有地物、地质或风景、文物等障碍物，一般应按直线布线；如有障碍等，则应加设中间控制点，以转折小、半径较大的长缓曲线为主。

(2) 斜坡地带——走匀坡线。匀坡线是指在两点之间，沿自然地形以均匀坡度确定出地面点的连线，如图6.25所示。匀坡线是通过多次试坡后才得到的。当两控点之间无障碍等因素影响时，可直接按匀坡线布设；若有障碍等，则应在障碍处加设中间控制点，分段按匀坡线控制。

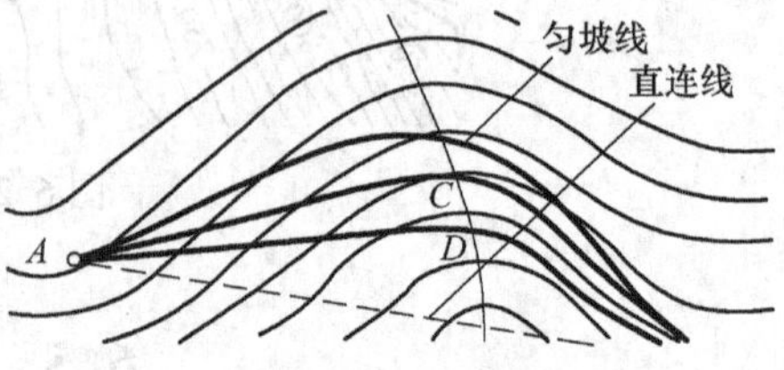

图6.25　匀坡线

(3) 起伏地带——走中间。起伏地带地面横坡较缓，所谓“走中间”就是路线在匀坡线和直线之间选择平面顺适、纵面均衡的合理路线。

路线两控制点间要通过起伏地带，意味着路线要穿过交替的丘梁坳谷，其中间可能有一组或多组起伏地带。对于多组起伏，只需在中间梁顶（或谷底）加设中间控制点即可。

起伏较小地带，要在坡度和缓的前提下，再考虑平面和横断面的关系。一般是低等级公路为减少工程造价，平面上可迂回一些，即离直线稍远一些；较高等级公路则宁可多做些工程，也要尽可能缩短距离，路线位置可离直线近一些。

较大的起伏地带，高差大的一侧的坡度常常是布线的决定因素。一般以高差大的一侧为主，结合梁顶的挖深或谷底的填高来确定路线的平面位置。

总之，丘陵地区选线时，可行方案较多，地面因素也较复杂，方案之间的差异有时不太明显，这就要求选线人员要加强踏勘调查，用分段布线、逐步渐近的方法，详细分析比较，最后选定一条合理的路线。

6.6 道路选线与环境协调

6.6.1 道路线形与环境

一方面，道路与交通会对自然景观产生影响；另一方面，自然景观又会对公路和交通产生重要作用。因此，公路建成后作为环境的一部分，在选线时，应考虑道路与环境的相互关系，使道路线形与景观恰当地融合起来，既充实景观又使环境的造型要素对司机的运行状态从心理学和生理学的角度产生良好的影响，以达到行车快速、安全、舒适的目的。

道路线形的布设应与环境相协调，有两方面的意义：一是道路建成后不应破坏周围环境的自然景观，同时还要保护环境，减少对环境的不良影响（如噪声、空气污染等），特别是城郊和风景区的道路尤为重要。二是道路布线要注意合理利用和改造环境，使行车过程中能够感受较好的景观，为行车安全、舒适服务。

因此，一项优秀的线形设计除了应满足技术和经济的基本要求外，还应达到美学上的要求。设计速度高的公路，线形设计和周围环境配合的要求应更高。路线的布设，除了考虑地形、地物、地质等方面的因素外，还应考虑环境因素，即自然环境，如水情、森林、农业、野生生物、特殊生态、土地利用等因素；以及社会环境，如地面发展情况、噪声、公用设施、文物古迹、游览风景等因素。

路线设计不仅是几何形状和位置的问题，还应包括视觉效果、心理状态及景观的变化规律等问题。因此，公路除了几何线形设计外，还应有景观设计。公路景观设计的内容很多，主要包括公路的立体线形和构造物形式及色调，公路与周围景观协调设计两方面。其基本内容是：通视良好、诱导视线、景观协调、建筑风格等。

6.6.2 道路与环境协调的要点

为使道路与环境协调，选线时应注意如下问题：

（1）公路线形应充分利用地形、自然风景，尽量少改变周围的地貌、地形、天然森林、建筑物等景观，使公路与自然融为一体，最大限度地保护环境。一般情况下应尽量避免高填深挖。公路线形应是一种与地形和环境相适应、顺应地面走势的优美线形，对于高等级公路必要时可采取隧道、挡土墙和高架桥等办法来减轻道路对自然环境的损害。

（2）公路防护工程应采用工程防护与生态防护相结合的方式，减少对自然景观的影响，加大恢复力度，使公路工程与自然环境相和谐。

（3）平纵线形的组合应注意与路线所经地区的环境相配合，应能提供视野的多样性。选线时应注意充分利用周围的景物，以克服行车的单调感。公路周围的景物和艺术建筑、孤山、湖泊、大树丛、突出建筑物（如水坝、高烟囱、高塔、纪念碑）等，可以消除景观单调感，较好地调节驾驶员的视线、减少疲劳。

(4) 注意道路与水域的协调。靠近水域的道路，应注意保留沿岸的绿化，并使其与水域有适当的空间；同时注意通过细致处理，能在公路上眺望一定的水域景观。

(5) 当道路以挖方穿越山脊或通过林区时，路线应尽量布设成曲线，以顺应地形的变化和保持自然景观的连续。

(6) 应根据技术和景观的要求，合理选定构造物的造型和高度，在有条件时，宜适当放缓路堑边坡或将边坡的变坡点修整圆滑，让其更加接近于自然地面，使道路与大自然有机地融为一体，增进路容美观。

(7) 道路两侧的绿化应避免形式上的单一，应将绿化作为诱导视线、点缀景及改造环境的一种措施和艺术而进行专门设计。当道路通过森林区，注意道路和森林相结合，并应符合森林保护和养护及有关法规的要求，尽量避免直穿；当必须穿越森林时，应优先选用曲线为主体的线形。

习 题

6.1 什么是道路选线？选线的原则和步骤是什么？
6.2 路线方案技术指标比选的内容有哪些？
6.3 平原地区路线布设时，应注意哪些影响因素？
6.4 沿溪线应解决的主要内容有哪些？
6.5 越岭展线的方法有哪些，什么是自然展线，什么是回头展线，各有何优缺点？
6.6 丘陵区选线的特点有哪些？
6.7 高线和低线有何特点？
6.8 道路与线形相协调的注意事项有哪些？

7 道路定线

定线是按照已定的技术标准，在选线布局阶段选定的“路线带”（或叫路选走廊带）的范围内，结合细部地形、地质条件，综合考虑平、纵、横三面的合理安排，确定并通常实地定出道路中线的确切位置的过程。定线是公路设计过程中关键的一步，它不仅要解决工程、经济方面的问题，而且对如何使公路与周围环境相配合，以及公路本身线形的美观等问题都要在定线过程给予充分的考虑。

公路定线除受地形、地质及地物等有形的制约外，还受技术标准、国家政策、社会影响、道路美学（构成优美线形的所有规则）及其他因素的制约，这就要求设计人员必须具有广博的知识和熟练的定线技巧。最好的设计者也不可能一次试线就能选出最好的线位，复杂条件下的定线可能需要多个设计方案供定线组全体人员研究比选。因为每一个方案都将是众多相互制约因素的一种折中方案。理想的路线只能通过比较的方法找出。

定线应吸收桥梁、水文、地质等专业人员参加，也应听取有园林建筑知识的设计人员的意见，发挥各种专业人员的才能和智慧，使定线成为各专业组协作的共同目标。

公路定线质量还在很大程度上取决于所采用的定线方法，常用有纸上定线和现场定线两种方法。技术标准高的，地形、地物复杂的路线应使用纸上定线，然后把地形图上的路线敷设在现场地面上；现场定线省去了纸上定线这一步，所以只适用于标准较低的路线。我国《规范》规定，高速公路、一级公路应采用纸上定线并现场核定的方法；三四级公路可采用现场定线。有条件或地形条件受限制时，可采用纸上定线或纸上移线并现场核定的方法。

7.1 纸上定线

纸上定线就是在大比例尺（一般以 1∶1000～1∶2000 为宜）地形图上确定道路中线位置的过程。

对定线来讲，不同的地形有不同的矛盾，如平原地区，地形起伏不大，路线一般不受高程限制，定线主要是正确绕避平面上的障碍，力争控制点间路线顺直短捷。山岭地区，地形复杂、横坡陡峻，定线时利用有利地形，避让艰巨工程、不良地质地段或地物，都涉及调整纵坡问题；且山岭区纵坡的限制又是较严的，因此在山岭地区选线安排好纵坡就成为首要问题了。丘陵地区路线特征介于平原区和山岭区之间，可因地形而异确定指导原则。定线条件不一样，工作重点会有些不同。下文就路线平、纵、横三方面均受较严限制的越岭线纸上定线的工作步骤加以详细说明，其他地形条件下的纸上定线工作也可参照执行。

纸上定线工作开始前，首先要熟悉地形图和所给的原始资料，分析其地形地貌、高差、河渠、耕地、建筑物等的分布情况等。根据给定的起讫点，分析其航空（直线）距离和所需的展线长度，选择垭口位置等，拟定合适的中间控制点，然后进行纸上定线。

7.1.1　定导向线

7.1.1.1　拟定路线方案

在大比例尺地形图上，仔细研究路线布局阶段选定的主要控制点间的地形、地质情况，选择有利地形，如平缓、顺直的山坡，开阔的侧沟，利于回头的地点等，拟定路线各种可能的走法。

7.1.1.2　绘均坡线

根据等高距 h（高差）及选用的平均坡度 $i_{均}$（5.0%~5.5%，视地形相对高差而定），按 $a=h/i_{均}$ 计算出等高线同平距 a，使两角规的开度等于 a（比例尺与地形图同），从某一固定点（见图 7.1 的 A 点）开始，沿各拟定走法在等高线上由高到低依次截取 a，b，c，…点，这些点的连线即为均坡线。如最后一点的位置和标高均接近另一固定点 D 时，说明这个方案能够成立；否则，修改走法或调整 $i_{均}$，重新试验至方案成立为止。

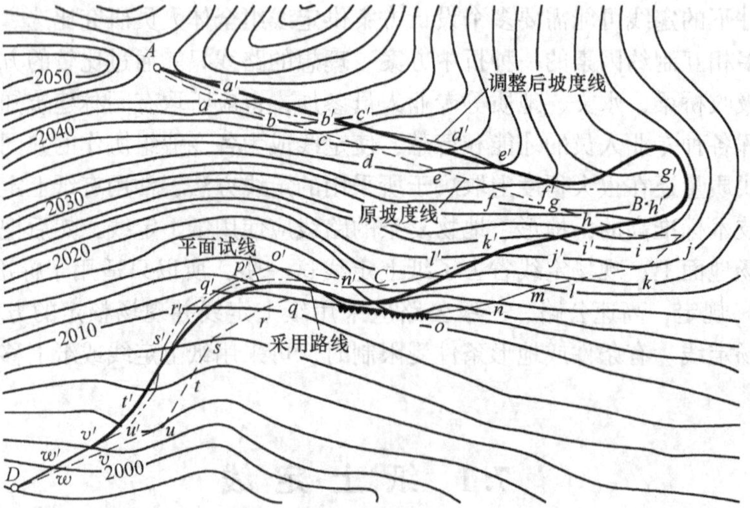

图 7.1　纸上定线示例

7.1.1.3　定导向线

分析均坡线对有利地形的利用及对地物、艰苦工程和不良地质的避让情况。如有不合理之处，应选择出需避让或利用的中间控制点，分段调整平均纵坡，重新试坡。如图 7.1 所示，$L'_{S}=\dfrac{L_{S}}{R}\cdot R_{S}$，折线从 C 处陡崖中间通过，B 处利于回头的地点也未利用上，如调整一下 B、C 前后路段的坡度，既能避开陡崖又能利用已有的回头地点，因此可以把 B 点定为中间控制点，分别调整 AB 段及 BD 段的坡度（减小 AB 段坡度，增大 BD 段坡度），然后再分段仿照前法截取 a'，b'，…诸点，连接 $A'a'b'$，…，D 的折线，示出了路线将行经的部位。这条经过调整后得出的折线，称为导向线。

7.1.1.4　平面试线

（1）穿直线。按照“照顾多数保证重点”的原则综合考虑平面线形设计的要求，穿线交点，初定路线导线（初定出交点）。

（2）敷设曲线。按路中线计划通过部位选取并注明各弯道的圆曲线坐径、缓和曲线长度等。

平面试线中要考虑平、纵配合，满足线形设计和《技术标准》的规定和要求，综合分析地形、地物等情况，穿出直线并选定曲线半径。

7.1.2 修正导向线

7.1.2.1 点绘纵断面草图

在平面试线的基础上量出地形变化特征点桩号及地面高程，点绘出粗略纵断面地面线（可用分规直接在地形图上沿路中线按整桩距量距，如 20m，并用等高线内插值法确定地面高程），进行初步纵坡设计，图上量取各桩的概略设计高程。

7.1.2.2 纵断面修正导向线

根据初步纵断面设计的填挖情况，按纵断面地面高程对导向线进行修正。分析纵断面设计图，若挖方过大，应降低地面高程，可向下坡（等高线高程减小）方向移动导向线，移动量按拟降低的高程值由等高线确定；反之，若填方过大，则应升高地面高程，可向上坡方向移动导向线。然后，在平面试线上的对应路段进行平面线位调整，称为修正导向线。如图 7.2 中 K0+260~K0+400 段，挖方较大（最大处达到 4m），该处纵坡已是极限值无法调整，如将路线向下移 1 条等高线的位置至崖顶边缘通过，如实线所示，即可使挖方工程量减少很多。（修正平面试线后，纵断面地面线如图 7.2 中的虚线。）

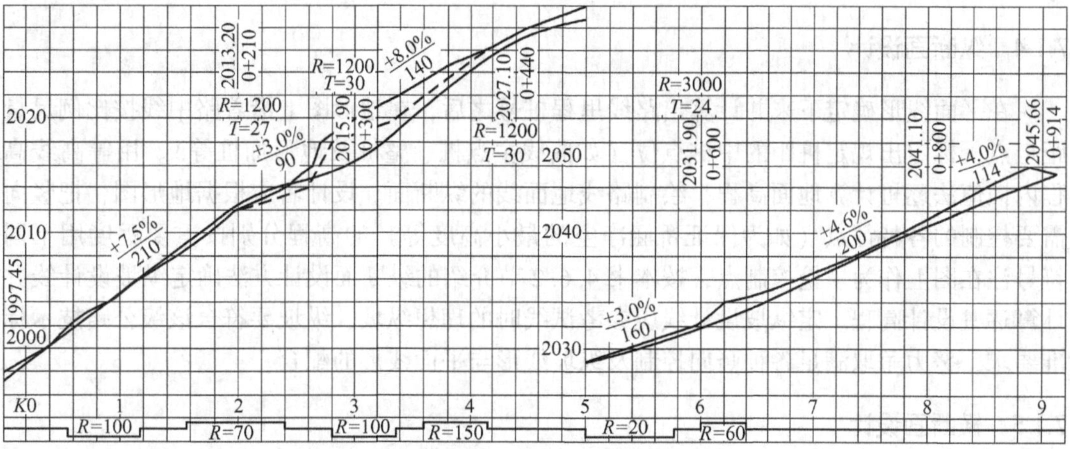

图 7.2 纸上定线示例（路线纵断面图）

7.1.2.3 横断面修正导向线

在修正导向线各点的横断图上，用路基模板逐点找出最经济的或起控制作用的最佳路基中线位置及其可以活动的范围，根据最佳位置点的性质分别用不同符号点在平面图上，这些点的连线是一条有理想纵坡、横断面上位置最佳的平面折线，称为二次修正导向线（小比例尺地形图上，最佳位置点显示不出者，可不做）。

横断面校核：根据初步纵坡设计，从纵断面图上查出路基填挖高度，绘出工程困难地段（如地面横坡陡、工程地质不良地段或回头曲线上下线最近位置等）的路基横断面图，并根据路基横断面图的情况修正平面线形。如图 7.1 中的 C 点附近一段，由于靠近断崖，左侧路基边坡有可能出现坡脚落空的情况，故应仔细检查该路段的横断面。

7.1.3 定线

经过几次修正导向线后，最终确定出满足《技术标准》、平纵线形都比较合理的路线导线，并定出交点位置（一般由交点坐标控制）。确定各交点的平曲线半径及回旋线长度，完成曲线主点桩号及全线里程桩号的计算。纸上定线应该既符合该级道路规定的几何标准，又能充分适应当地地形，避开尽可能多的障碍物。为此定线必须在分析研究二次修正导向线上各特征点的性质和可活动范围的基础上，反复试线以获得满意的结果。纸上定线的具体操作有两种做法。

（1）直线型法（传统法）。利用导向线各点的可活动性，按照照顾多数，注意重点的原则，掌握与该道路等级相应的几何标准，先用直线尺试穿出与较多地形点相适应的一系列直线，然后用适当的曲线把相邻直线连接起来。地形复杂、转折较多或转弯处控制较严时，也可先定曲线，后用直线把曲线顺滑地连接起来。

（2）曲线型法。根据导向线上各点控制性严宽的程度，参照设计标准的要求，先用一系列圆弧去拟合控制较严的地段或部位，然后把这些圆弧用适当的缓和曲线与直线连接起来。具体操作步骤见本书 7.3.4 节。上述两种方法，并无本质上的区别，但手法不同，计算过程及成果表示方式也不相同，由于适用性的差异，有的甚至从线形设计质量上有所反映。一般讲，前者适用于地形简易的平原与低丘陵地区，后者适用于地形、地物复杂的丘陵、山岭地区。

7.1.4 纵断面设计

在平面线形确定下来并计算出路线里程桩号之后，在地形图上沿着路中线按比例尺量距定点，标定出规定桩距的中桩点位（如曲线主点桩、整桩及地形加桩等）。用等高线高程内插值法逐桩计算地面高程，绘制路线地面线的纵断面。设计者应根据地形图，把竖向需要控制的各特征点（如为保证桥涵净空的最小高度等）的高程分别按重要程度用不同符号注在图上作为填挖控制点，按本书 4.6.2 节介绍的纵断面设计方法确定纵坡设计线并计算逐桩设计高程。定纵坡设计线应参考试线时的理想纵坡，纵坡要符合该级公路技术标准要求，努力争取满足各种竖向控制及纵坡线形与平面线形的配合。

7.1.5 横断面设计

在地形图上按等高线高程内插值法计算各中桩点位的横断面地面数据，对应每个中桩绘出横断面方向线，该线与等高线交汇。则该中桩的横断面地面线可通过测算该方向线与规定测量宽度范围内的等高线的交叉点的（x，y）坐标来描述（其中 x、y 坐标分别表示等高线与中桩点的水平距离和高差）。在地形图上测得各中桩的横断面地面线数据后，即可按本书 5.6.1 节介绍的横断面设计方法绘制横断面设计图并计算横断面面积与土石方数量等。

纸上定线是一个反复试验的过程，在某限度内，试线越多，那么最后的成品就越好。直到无论采取什么措施都不能显著节省工程或增进美感时，才可认为纸上定线工作已告完成。有条件时，应借助公路CAD软件的数字地面模型功能进行纸上定线，以大大提高定线效率和质量。

7.2 实地放线

实地放线是将纸上定好的路线敷设到地面上，供详细测量和施工之用。把纸上路线放到地面上的方法很多，常用的有穿线交点法、拨角法、直接定交点法、坐标法等，应根据路线复杂程度和精度要求高低、测设仪器设备、地形难易等具体条件选用。

7.2.1 穿线交点法

穿线交点法是根据平面图上路线与施测地形时敷设的控制导线（以下简称0导线）的关系，把纸上路线的每条边逐一独立地放到实地上去，延伸这些直线支出交点，构成路线导线，由于放线的方法不同，又可分为支距法和解析法两种。

7.2.1.1 支距法

通常所指穿线交点定线，多为此法。适用于地形不太复杂，路线离开导线不远的地段。其工作方法如下：

（1）量支距。在图上量得纸上路线与导线的支距，如图7.3中导1—A，导2—B等。注意纸上每条导线边至少应取3个点，并尽可能使这些点在实地上能互相通视。

（2）放支距。在现场找出各相应的导线点，根据量得的支距用皮尺和方向架定出各点，如图7.3中A，B，C，…点，插上旗子。

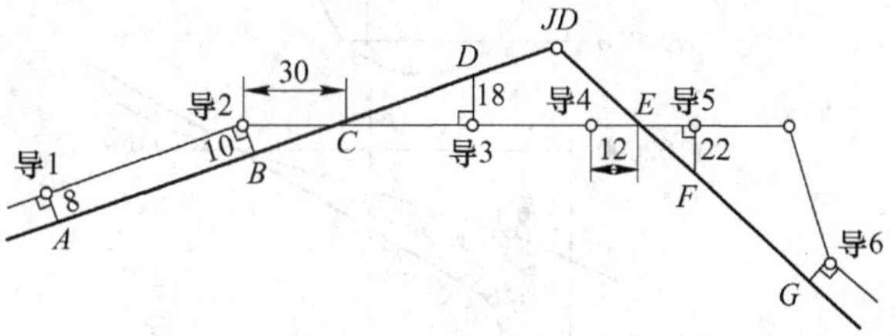

图7.3 支距示意图

（3）穿线交点。放出的各点，由于量距和放线工作的误差，不可能恰好在一条直线上，必须穿直，穿直线多用花杆进行（长直线或地形起伏很大时可用经纬仪），穿出直线后要根据实际地形审查路线是否合理，否则现场修改，改善线路位置。两相邻直线的交点即为转角点，如交点距路线很远或交在不能架设仪器的地方，可插成虚交形式，所有交点和转点都应钉桩以标定路线。

7.2.1.2 解析法

解析法是用坐标计算纸上路线与导线的关系，此法较为精确。在地形复杂和直线较长、路线位置需要准确控制时采用此法。

此法计算比较麻烦，但精度较高，实际工作中亦可用比例尺从平面图上直接量取距离。

7.2.2 拨角法

拨角放线也是根据纸上路线在平面图上的位置与导线的关系，用坐标计算每一条线的距离、方向、转向角和各控制柱的里程，放线时就按照这些资料直接拨角量距，不穿线交点。外业工作较为迅速，但此法所根据的资料要可靠准确。

7.2.2.1 计算原理

如图 7.4 所示当需要在现场施放 A 点时，该点坐标可通过计算得到或直接从平面图上量得。在 A 点附近找到 2 个导线点（坐标为已知），通过坐标解析法计算出 A 点到导线点的距离及 A 点与其两导线点连成的导线边的夹角，即可用拨角法放 A 点。

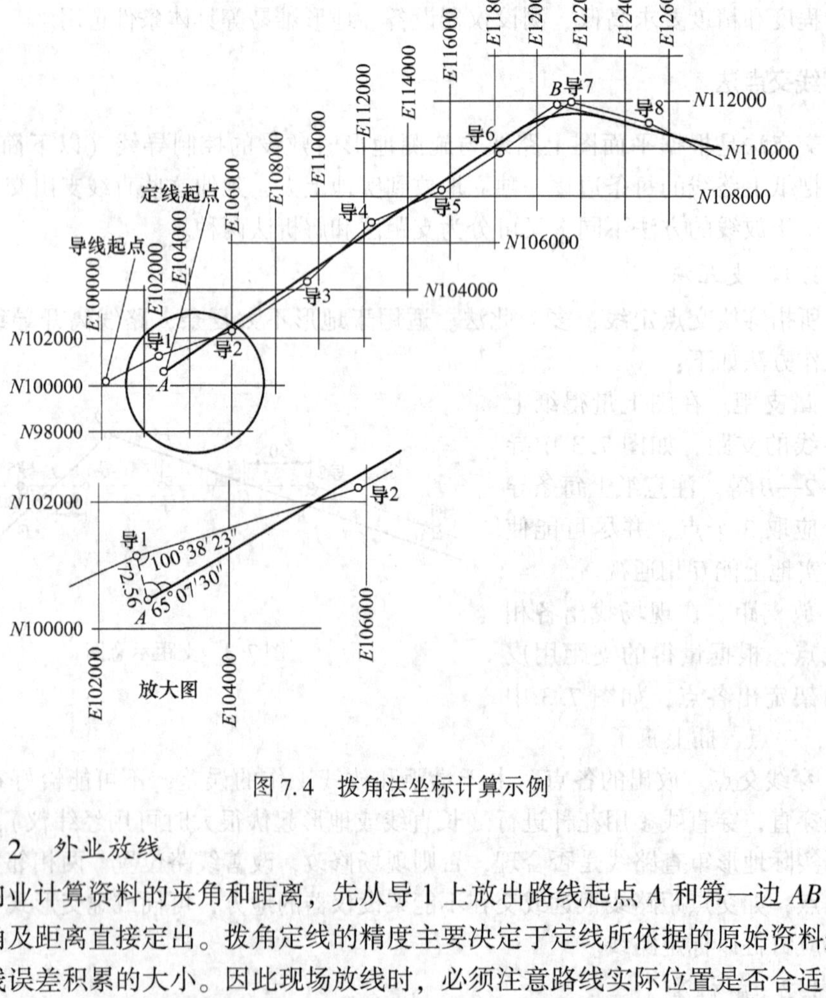

图 7.4 拨角法坐标计算示例

7.2.2.2 外业放线

根据内业计算资料的夹角和距离，先从导 1 上放出路线起点 A 和第一边 AB，以后各边按转向角及距离直接定出。拨角定线的精度主要决定于定线所依据的原始资料是否可靠准确和放线误差积累的大小。因此现场放线时，必须注意路线实际位置是否合适，高度是否恰当，必要时要现场变动改善。为了消除拨角量距误差积累增大的影响，放线时应视现场具体情况，每隔一定距离，与导线联系闭合一次，并进行调整。

7.2.3 直接定交点法

在地形平坦、视线开阔、路线受限不十分严格、路线位置能根据地面目标明显决定的地区，可依纸上路线和地貌地物的关系，现场直接将交点定出。如图 7.5 所示，从图上可知交点 JD 离河岸约 200m，位于已有公路曲线内侧，一端切线距公路桥头 50m，另一端切线距房屋 25m，这样便可根据这些关系，直接于现场定出 JD。

在有些情况下，并没有上例这样明显的条件，路线的平面和高程位置，需要视地形、地质情况根据现场选线的原则，定出交点，做法参见现场直接定线。

综上所述，穿线交点定线费时较多，拨角定线误差积累，为了弥补这些工作方法的缺点，取长补短，可以两者结合应用，即拨角定线到一定距离后，再用穿线交点法放线相交，这样有拨有交，既能提高工作进度，又能截断拨角定线的误差累积。

上述三法中，穿线交点和直接定交点法，放线资料大都来自图解，准确度不高，适用于活动余地较大的路线。拨角法放线资料虽较准确，但放线误差累积，也影响定线的精度。三法都只用于路线导线的标定，路线的曲线部分还须用传统的曲线敷设方法标定。放线只适用于直线型定线方法。

7.2.4 坐标法

先建立一个全线统一的坐标系，有条件时宜采用国家坐标系统。根据路线地理位置和几何关系计算出道路中线上各桩点的统一坐标，并编制逐桩坐标表。然后按逐桩坐标表根据实地的控制导线就可将路线敷设在地面上，进行实地放线。

一般采用全站仪或 GPS RTK 接收机进行放样。至少需要有两个已知导线点才能进行坐标放样。可采用极坐标放线法（即拨角测距法）和坐标放线法。

7.2.4.1 极坐标放线法

极坐标放线的基本原理是以控制导线为根据，以角度和距离定点。如图 7.6 所示，在导线点 T_i 置仪，后视 T_{i-1}（或 T_{i+1}），待放点为 P。

设置仪点的坐标为 $T_i\ (x_0,\ y_0)$，后视点的坐标为 $T_{i-1}(x_h,\ y_h)$，待放点的坐标为 $P(x,\ y)$。放线数据 d、A、J 可由直线型定线法计算出来，据此拨角测距即可放出待定点 P。

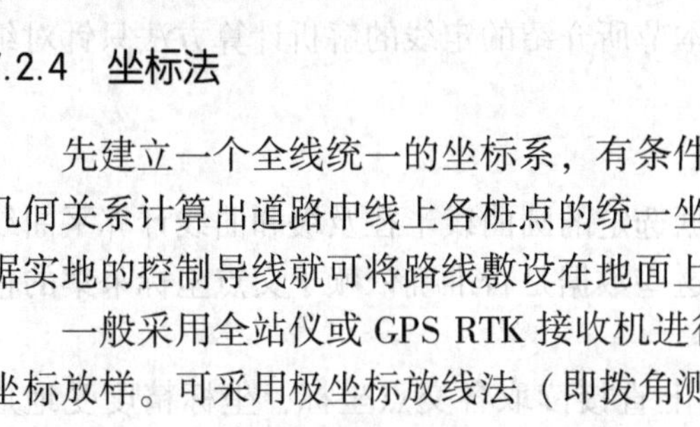

图 7.5 直接定交点示意图

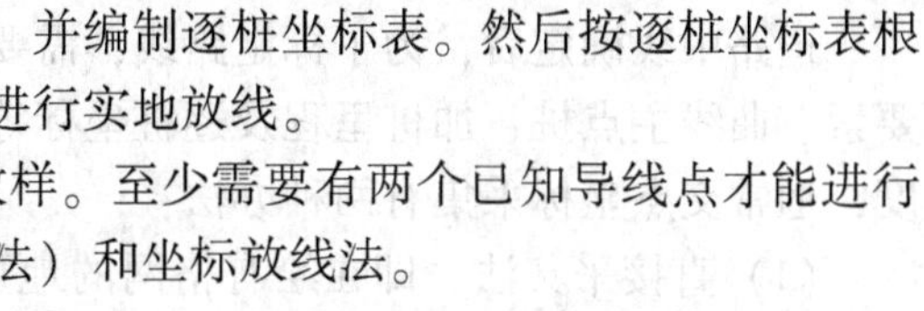

图 7.6 极坐标放线示意图

7.2.4.2 坐标放线

此法的基本原理与极坐标相同，它是利用现代自动测量仪器的坐标计算功能，只需输入有关点的坐标值即可，现场不需做任何手工计算，而是由仪器内计算机自动完成有关数据的计算。坐标放线一般宜采用 GPSRTK 接收机。利用 GPS 的坐标定位功能直接在现场找点钉桩，放点速度快，精度可靠，但前提条件是必须有预先布设好的 GPS 控制点可利用。

7.3 定线的解析计算方法

7.3.1 直线型定线计算方法

直线型定线是指根据选线布局阶段确定的路线方案和该道路等级相应的几何标准，试穿出一系列与地形相适应的直线作为路线基本单元，然后在两直线相交处用曲线予以连接的定线方法，即传统的穿线交点定线法。路线上每一线段的具体方向，平原区应以总体布局阶段定下的控制点为依据，山岭区应参照纸上定线初期选定的导向线试定，路线的最终方案是要经多方面的分析比较才确定下来的。本节所介绍的定线的解析计算方法只针对纸上定线法。

7.3.1.1 交点坐标采集办法

道路中线确定后，为了标定路线，需要根据选定的圆曲线半径及缓和曲线计算平曲线要素、曲线主点桩、加桩里程及逐桩坐标等。这些数据是否准确依赖于交点坐标采集的精度，通常交点坐标采集有两种办法：

(1) 直接采集法。即在绘有格网的地形图上直接读取各交点坐标，坐标精度受地形图比例尺大小的制约，一般只能估读到米。此法适用于交点前后直线方向和位置限制不严的情况。

(2) 固定直线计算交点坐标法。当交点前后直线方向及位置受限制较严时，可先固定前后直线位置（即在直线上采集两个点的坐标），再用相邻直线相交的解析法计算交点坐标。

如已知交点前直线上两点的坐标分别为 (x_1, y_1) 和 (x_2, y_2)，后直线上两点坐标分别为 (x_3, y_3) 和 (x_4, y_4)，则交点坐标 (x, y) 由式（7.1）计算：

$$k_1 = \frac{y_2 - y_1}{x_2 - x_1},\ k_2 = \frac{y_4 - y_3}{x_4 - x_3}$$

$$x = \frac{k_1 x_1 - k_2 x_3 - y_1 + y_3}{k_1 - k_2}$$

$$y = y_1 + k_1(x - x_1) \tag{7.1}$$

7.3.1.2 交点间距、偏角计算

设起点坐标为 $JD_0(X_0, Y_0)$，第 i 个交点坐标为 (X_i, Y_i)，$i = 1, 2, \cdots, n$，则

坐标增量： $DX = X_i - X_{i-1},\ DY = Y_i - Y_{i-1}$

交点间距： $$D = \sqrt{DX^2 + DY^2} \tag{7.2}$$

JD_{i-1} 计算方位角： $$\phi = \arctan\left(\frac{DY}{DX}\right) \tag{7.3}$$

如果 $DX < 0$，则 $\phi = \phi + 180°$。

注意，计算方位角一定要用正角度表示，如果 $\phi < 0$，则 $\phi = \phi + 360°$

JD_i 偏角： $$\alpha_i = \phi_i - \phi_{i-1} \tag{7.4}$$

如果 $\alpha_i > 0$，路线为右偏；

如果 $\alpha_i < 0$，路线为左偏。

注意，若按式（7.4）计算的偏角的绝对值 $|\alpha_i| > 180°$，则表示该交点两条导线边分别处于第 1、第 4 象限内，是角度变更区，属特例。该偏角值 α_i 须计算其与 360° 的差值，然后再判断左右偏，即：

若 $\alpha_i < 180°$，则 $\alpha_i = \alpha_i - 360°$；

若 $\alpha_i < -180°$，则 $\alpha_i = \alpha_i + 360°$。

7.3.1.3 平曲线设计

当计算出交点间距及偏角后，即可拟定圆曲线半径及缓和曲线长度，进行详细的平曲线计算，方法同前。

7.3.2 直线型定线法坐标计算

7.3.2.1 以交点坐标计算路线上任意点的坐标

设交点里程桩号为 JD_i，其坐标为 (X_i, Y_i)（见图 7.7）。

（1）直线段上任意一点 M（里程桩号为 L_{cz}，且 M 位于 JD_i 前导线边上）的坐标计算方法。

$$\left.\begin{aligned} x_m &= X_i + L_m\cos\phi_{i-1} \\ y_m &= Y_i + L_m\sin\phi_{i-1} \\ \phi_m &= \phi_{i-1} \end{aligned}\right\} \quad (7.5)$$

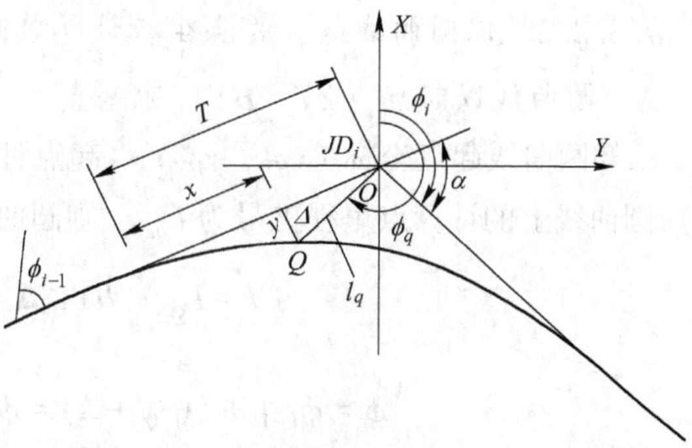

图 7.7 以 JD 坐标计算平曲线上点的坐标

式中 L_m——直线段上任一点 M 到 JD_i 的距离，$L_m = L_{cz} - JD_i$，$L_m < 0$；

L_{cz}——直线段上任一点 M 的里程桩号；

ϕ_m——直线段上任一点 M 的计算方位角。

（2）单曲线上任意一点 Q 的坐标计算方法（见图 7.7）：

$$\left.\begin{aligned} x_q &= X_i + L_q\cos\phi_q \\ y_q &= Y_i + L_q\sin\phi_q \end{aligned}\right\} \quad (7.6)$$

计算方位角：

$$\left.\begin{aligned} &\text{上半支缓和曲线}\ \varphi_q = \phi_{i-1} + \xi\beta = \phi_{i-1} + \xi\frac{90°l}{\pi R} \\ &\text{下半支缓和曲线}\ \varphi_q = \phi_i - \xi\beta = \phi_i - \xi\frac{90°l}{\pi R} \end{aligned}\right\} \quad (7.7)$$

$$\left.\begin{aligned} &\text{上半支圆曲线}\ \varphi_q = \phi_{i-1} + \xi\left(\beta_0 + \frac{180°l}{\pi R}\right) = \phi_{i-1} + \xi\frac{90°(L_S + 2l)}{\pi R} \\ &\text{下半支圆曲线}\ \varphi_q = \phi_{i-1} - \xi\left(\beta_0 + \frac{180°l}{\pi R}\right) = \phi_{i-1} - \xi\frac{90°(L_S + 2l)}{\pi R} \end{aligned}\right\} \quad (7.8)$$

式中 x_q——平曲线上任一点 Q 的 X 坐标；

y_q——平曲线上任一点 Q 的 Y 坐标；

φ_q——平曲线上任一点 Q 的计算方位角；

ϕ_q——JD_i 到 Q 点的计算方位角，上半支曲线：$\phi_q = \phi_{i-1} + 180° - \xi\Delta$，下半支曲线：$\phi_q = \phi_i + \xi\Delta$；

ξ——公路转向系数，右偏 $\xi = 1$，左偏 $\xi = -1$；

Δ——JD_i 与 Q 点连线与缓和曲线的切线的夹角，$\Delta = \arctan\dfrac{y}{T-x}$；

x，y——Q 点的切线支距值，Q 点位于缓和曲线段上用式（3.20）和（3.21）计算，位于圆曲线段上用式（3.35）和式（3.36）计算；

T——切线长；

l_q——JD_i 到平曲线点 Q 的距离，$l_q = \sqrt{x^2+y^2}$，$l_q = \dfrac{y}{\sin\Delta} = \dfrac{T-x}{\cos\Delta}$；

l——计算点离开缓和曲线起点（ZH/HZ）或圆曲线起终点（HY/YH）距离。

7.3.2.2 以圆曲线起、终点坐标计算单圆曲线上任意点（里程桩号为 L_{cz}）的坐标

A 圆曲线以起点（ZY、HY）为基点

已知圆曲线起点坐标（x_{HY}，y_{HY}），起点计算方位角为 ϕ_{i-1}（JD_i 的后视边计算方位角）圆曲线上的计算点里程桩号为 L_{cz}。则圆曲线起点与计算点间的距离为：

$$l = L_{cz} - HY,\ \Delta = \frac{l}{2R}\cdot\frac{180°}{\pi}$$

$$\phi = \phi_{i-1} + \xi(\beta_0 + \Delta) = \phi_{i-1} + \xi\frac{90°(L_S + l)}{\pi R}$$

$$\phi = \phi_{i-1} + \xi(\beta_0 + \Delta) = \phi_{i-1} + \xi\frac{90°(L_S + 2l)}{\pi R}$$

$$\left.\begin{aligned} x &= x_{HY} + 2R\sin\Delta\cos\phi \\ y &= y_{HY} + 2R\sin\Delta\sin\phi \end{aligned}\right\} \tag{7.9}$$

式中 x，y——计算点的坐标；

ϕ——计算点的方位角，(°)。

B 圆曲线以终点（YZ，YH）为基点

已知圆曲线终点坐标（x_{YH}，y_{YH}），计算方位角为 ϕ_{i-1}（JD_i 的前视边计算方位角）。则：

$$l = YH - L_{cz},\ \Delta = \frac{l}{2R}\cdot\frac{180°}{\pi}$$

$$\phi = \phi_{i-1} + 180° - \xi(\beta_0 + \Delta) = \phi_{i-1} + 180° - \xi\frac{90°(L_S + l)}{\pi R}$$

$$\phi = \phi_1 - \xi(\beta_0 + 2\Delta) = \phi_1 - \xi\frac{90°(L_S + 2l)}{\pi R}$$

$$\left.\begin{aligned} x &= x_{HY} + 2R\sin\Delta\cos\phi \\ y &= y_{HY} + 2R\sin\Delta\sin\phi \end{aligned}\right\} \tag{7.10}$$

7.3.2.3 以缓和曲线起点坐标计算缓和曲线上任意点的坐标

A 以第一缓和曲线起点（ZH）为基点

已知缓和曲线起点坐标（x_{ZH}，y_{ZH}），计算方位角为ϕ_{i-1}（JD_i的后视边计算方位角）。缓和曲线上的计算点里程桩号为L_{cz}。则：

$$l = L_{cz} - ZH$$

$$\tau = \frac{l^2}{2RL_S}\frac{180°}{\pi} = \frac{90°l^2}{\pi A^2}$$

缓和曲线弦角为：

$$\delta = \arctan\frac{y}{x} \approx \frac{\tau}{3} = \frac{30°l^2}{\pi A^2}$$

$$\phi = \phi_{i-1} + \xi\delta$$

$$\varphi = \phi_{i-1} + \xi\tau$$

$$\left.\begin{aligned} x &= x_{ZH} + x/\cos\delta\cos\phi \\ y &= y_{ZH} + x/\cos\delta\sin\phi \end{aligned}\right\} \tag{7.11}$$

B 以第二缓和曲线起点（HZ）为基点

$$l = HZ - L_{cz},\ \tau = \frac{l^2}{2RL_S}\frac{180°}{\pi} = \frac{90°l^2}{\pi A^2}$$

缓和曲线弦角为：

$$\delta = \arctan\frac{y}{x} \approx \frac{\tau}{3} = \frac{30°l^2}{\pi A^2}$$

$$\phi = \phi_i + 180° - \xi\delta$$

$$\phi = \phi_i - \xi\tau$$

$$\left.\begin{aligned} x &= x_{ZH} + x/\cos\delta\cos\phi \\ y &= y_{ZH} + x/\cos\delta\sin\phi \end{aligned}\right\} \tag{7.12}$$

7.3.2.4 以缓和曲线起点坐标计算圆曲线上任意点坐标

以缓和曲线起点（ZH，HZ）为基点计算圆曲线上任意点的坐标仍采用式（7.11）和式（7.12），只是其中的δ值应按设缓和曲线后的圆曲线切线支距值x，y计算，即$\delta = \arctan\frac{y}{x}$。计算方位角采用式（7.9）和式（7.10）中的相应计算式。

7.3.3 曲线型定线法

与传统的先定直线，后定曲线的直线型法相反，曲线型定线法首先根据地形、地物条件设置合适的圆曲线，然后把这些圆曲线用适当的缓和曲线连接起来。当相邻圆曲线之间距离较远时，也可以根据需要插设适当的直线段，形成以曲线为主的连续线形。曲线型定线法只适用于纸上定线。

7.3.3.1 定线步骤

（1）在地形图上根据路线布局所确定的定线走廊和限制较严的控制点，徒手画出线形顺适、平缓并与地形相适应的路线概略位置。

(2) 选用直尺和不同半径的圆曲线弯尺拟合徒手画线，把该画线分解成规则的数学单元——圆弧和直线，形成一个由圆弧和直线组成的具有错位（即设缓和曲线后圆曲线的内移值）的间断线形。选取最逼近徒手画线并符合该级道路线形设计要求的圆曲线半径作为设计半径。

(3) 在每一被分解后的圆弧或直线上各采集两个点的坐标，从而将直线和圆固定下来。通过试定或试算，用合适的缓和曲线将固定的线形单元顺滑地连接起来（通过计算确定缓和曲线参数 A 值），形成一条以曲线为主的连续平面线形，并计算出平面线形的逐桩坐标，以便实地放线。

7.3.3.2 确定回旋线参数

回旋线参数 A 的确定是曲线型定线法重要的一环，常用方法有回旋曲线尺法、回旋曲线表法、近似计算法及解析计算法等。

A　回旋曲线尺法

回旋曲线尺是根据回旋线相似性特点而制的。通常为米制，比例尺为 1∶1000，外形为刻有主切线的 S 形曲线，如图 7.8 所示，在各个位置上刻出整数半径的法线方向及相关数值，代表某位置的曲率半径。一个参数值 A 对应一把曲线尺，A 值刻在曲线板上。

回旋曲线尺使用方法与铁道弯尺一样，选用不同参数值的曲线尺去逼近相邻线形单元，从而定出 A 值。回旋曲线尺除用于直线与圆的连接、S 形、卵形曲线外，还可以使回旋曲线尺组合起来，用于其他复杂的组合线形。

B　回旋曲线表法

a　单位回旋曲线表

单位回旋曲线表是参数 $A=1$ 时的回旋曲线要素表，计算其他不同参数 A 的回旋曲线要素时，对单位回旋曲线表中有长度量度的要素值乘以 A 即可。无长度量度的要素（如 τ、σ 等）可直接采用。

b　整参数 A 回旋曲线表

此类的要素值都是按整参数 A，以不同的整数半径 R 为自变量计算出来的。这种回旋线表实际上是回旋曲线尺的数字化表示，用途是相同的。

C　近似计算法

如图 7.9 所示的 S 形、卵形曲线，回旋线参数 A 可用式（7.13）计算：

$$A = \sqrt[4]{24DR^3} \tag{7.13}$$

式中　D——圆弧间距离；

R——换算半径，S 形曲线 $R=\dfrac{R_1R_2}{R_1+R_2}$，卵形曲线 $R=\dfrac{R_1R_2}{R_1-R_2}$，其中 R_1 为大圆半径，R_2 为小圆半径。

A 值算出后，先要简单检查是否满足 $R/3 \leqslant A \leqslant R$；不满足时，可调整圆弧位置，使 D 变化后重新计算 A 值，直到满意为止。

对于 S 形曲线，因为它是由两条回旋线构成，为了计算简单方便，一般情况下均采用相同的参数 A 值。回旋曲线尺、回旋曲线表均是按这种形式制作的。对于两个不同参数

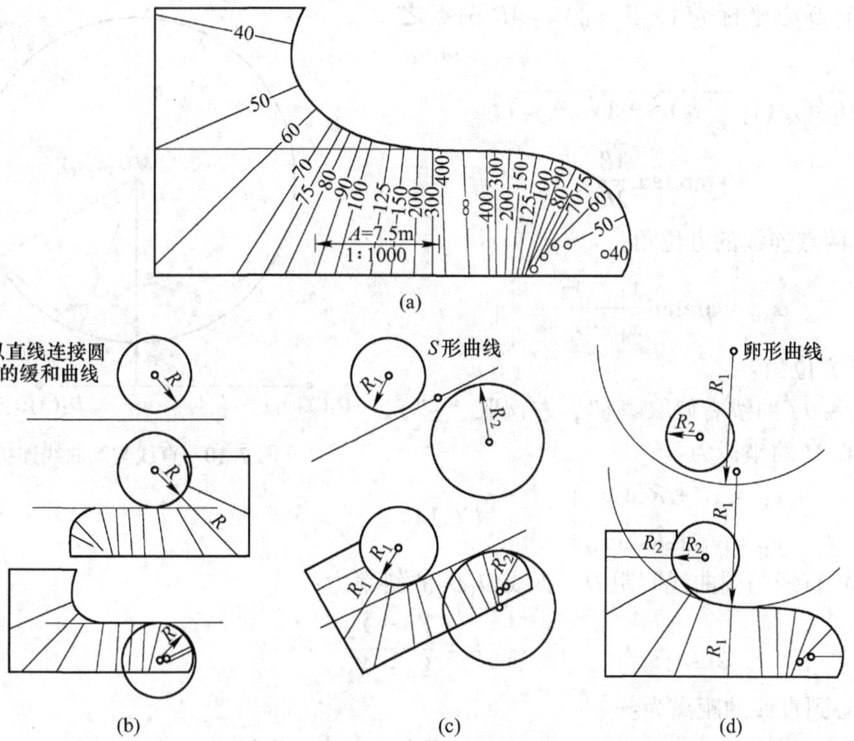

图 7.8 回旋曲线尺及其应用

(a) 回旋曲线尺；(b) 曲线与直线连接；(c) 曲线与曲线连接；(d) 曲线与曲线连接

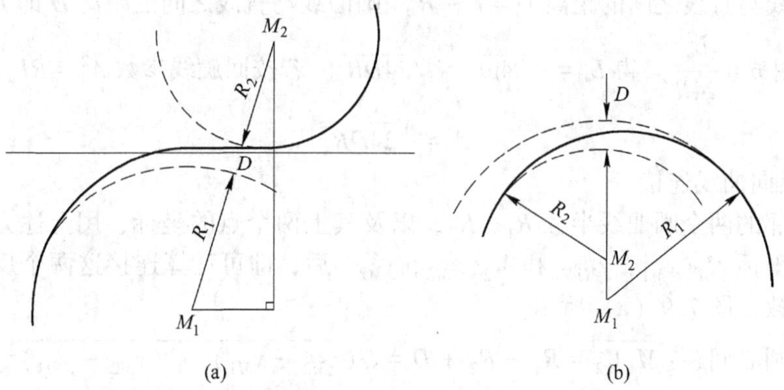

图 7.9 S 形、卵形布置图

的 S 形曲线，计算比较复杂，一般很少使用，不赘述。

D 解析计算法

解析法是根据几何关系，建立含有参数 A 的方程式，通过计算精确求解 A 值的过程。下面分三种连接情况介绍。

a 直线与圆曲线连接

已知直线上两点坐标为 D_1（X_1，Y_1）和 D_2（X_2，Y_2），圆曲线上两点 A（x_1，y_1）和 $B(x_2，y_2)$，以及圆曲线半径 R，如图 7.10 所示。

要求计算连接圆曲线并与直线 D_1D_2 相切的缓和曲线参数值 A。

（1）圆心坐标 $M(x_M, y_M)$。AB 两点之间距离：

$$\overline{AB}=\sqrt{(x_1-x_2)^2+(y_1-y_2)^2}$$

$$\theta=\arctan\frac{\overline{AB}}{2R}$$

AB 两点连线的方位角：

$$\alpha_{AB}=\arctan\frac{y_1-y_2}{x_1-x_2}$$

AM 方位角：

$\alpha_M=\alpha_{AB}\pm\theta$（曲线右偏取“+”，左偏取“-”）。

圆心 M 的坐标为：

$$\left.\begin{aligned}x_M&=x_1+R\cos\alpha_M\\y_M&=y_1+R\sin\alpha_M\end{aligned}\right\}\qquad(7.14)$$

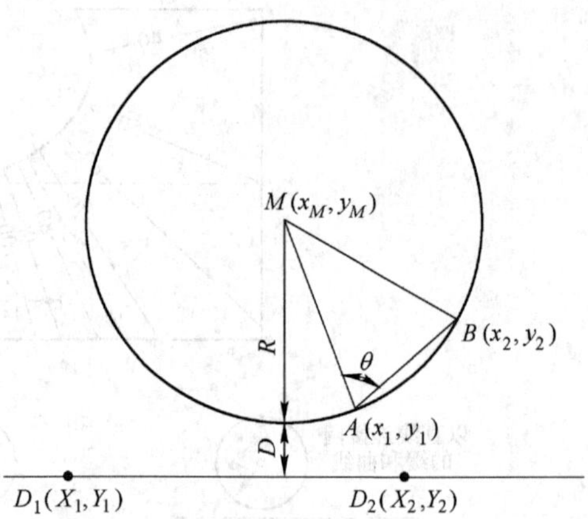

图 7.10　直线与圆曲线连接

（2）直线与圆曲线间距 D。直线 D_1D_2 的斜率为：

$$k=\frac{Y_1-Y_2}{X_1-X_2}$$

圆心到直线的距离为：

$$L=\frac{|k(x_M-X_1)-(y_M-Y_1)|}{\sqrt{1+k^2}}\qquad(7.15)$$

则圆曲线与直线之间的距离 $D=L-R$。圆曲线与直线之间的距离 D 即为圆曲线内移值 $p=D$。由 $p=\frac{L_s^2}{24R}$。得 $L_s=\sqrt{24pR}=\sqrt{24DR}$。若按回旋线参数 $A^2=RL_s$ 来设计，则：

$$A=\sqrt[4]{24DR^3}\qquad(7.16)$$

b　两反向曲线连接

已知相邻的两个圆曲线半径 R_1、R_2，以及其上两个点的坐标，用上述方法分别计算出两圆圆心坐标 $M_1(x_{M1}, y_{M1})$ 和 $M_2(x_{M2}, y_{M2})$ 后，即可计算连接这两个反向曲线的缓和曲线的参数，图 7.9（a）所示。

两曲线圆心间距：$\overline{M_1M_2}=R_1+R_2+D=\sqrt{(x_{M2}-x_{M1})^2+(y_{M2}-y_{M1})^2}$　(7.17)

两曲线间距：$D=|\overline{M_1M_2}-R_1-R_2|=\sqrt{(x_{M2}-x_{M1})^2+(y_{M2}-y_{M1})^2}-R_1-R_2$

$$\overline{M_1M_2}=\sqrt{(R_1+R_2+p_1+p_2)^2+(q_1+q_2)^2}\qquad(7.18)$$

由式（7.17）和式（7.18）可得到方程：

$$(p_1+p_2)^2+2(R_1+R_2)(p_1+p_2-D)+(q_1+q_2)^2=0\qquad(7.19)$$

按近似计算：

$$\left.\begin{aligned}p_1&=\frac{A_1^4}{24R_1^3},\ p_2=\frac{A_2^4}{24R_2^3}\\q_1&=\frac{A_1^4}{2R_1}-\frac{A_1^6}{240R_1^5},\ q_2=\frac{A_2^4}{2R_2}-\frac{A_2^6}{240R_2^5}\end{aligned}\right\}\qquad(7.20)$$

设 $k_1 = \frac{A_1}{A_2}$（常数，根据《规范》一般可取 1.0~1.5）。用牛顿求根法可从方程（7.19）中解出 A_1 和 A_2。

c 两同向曲线连接

间距：$D = |R_1 - R_2 - M_1M_2|$

$$\overline{M_1M_2} = \sqrt{(R_1 - R_2 + p_1 - p_2)^2 + (q_2 + q_1)^2}$$

参照反向曲线的解算方法可建立方程，即：

$$(R_1 - R_2 + p_1 - p_2)^2 + (q_2 + q_1)^2 = (R_1 - R_2 + D)^2 \qquad (7.21)$$

同样，用牛顿求根法可从方程（7.21）中求解出 A。

7.3.4 曲线型定线法坐标计算方法

7.3.4.1 单曲线坐标计算法

由两段缓和曲线把圆曲线与两条直线连接起来。设圆心坐标为 $M(x_M, y_M)$，圆曲线前直线上两点坐标为（x_1，y_1）和（x_2，y_2），后直线上的两点的坐标为（x_3，y_3）和（x_4，y_4）。

前直线方位角：$\phi_1 = \arctan\frac{y_2 - y_1}{x_2 - x_1}$　若 $x_2 < x_1$，则 $\phi_1 = \phi_1 + 180°$

后直线方位角：$\phi_2 = \arctan\frac{y_4 - y_3}{x_4 - x_3}$　若 $x_4 < x_3$，则 $\phi_2 = \phi_2 + 180°$

后经计算得两缓和曲线长度分别为 L_{S1} 和 L_{S2}，内移值分别为 p_1、p_2，并且 $p_1 = D_1$，$p_2 = D_2$（D_1，D_2 分别为两直线边到圆曲线的距离）。则曲线要素为：

$$q_1 = \frac{L_{S1}}{2} - \frac{L_{S1}^3}{240R},\ \beta_1 = \frac{L_{S1}}{2R}$$

$$q_2 = \frac{L_{S2}}{2} - \frac{L_{S2}^3}{240R},\ \beta_1 = \frac{L_{S2}}{2R}$$

ZH、HZ 点到圆心 M 的方位角为：

$$\alpha_{ZM} = \varphi_1 + \xi\varphi_1,\ \alpha_{HM} = \varphi_2 + 180° - \xi\varphi_2$$

式中，$\varphi_1 = \arctan\frac{R + p_1}{q_1}$，$\varphi_2 = \arctan\frac{R + p_2}{q_2}$。

ZH、HZ 点的坐标为：

$$\left.\begin{aligned} X_{ZH} &= x_M + L_{ZM}\cos(\alpha_{ZM} + 180°) \\ Y_{ZH} &= y_M + L_{ZM}\sin(\alpha_{ZM} + 180°) \end{aligned}\right\} \qquad (7.22)$$

$$\left.\begin{aligned} X_{HZ} &= x_M + L_{HM}\cos(\alpha_{HM} + 180°) \\ Y_{HZ} &= y_M + L_{HM}\sin(\alpha_{HM} + 180°) \end{aligned}\right\} \qquad (7.23)$$

式中，$L_{ZM} = \sqrt{q_1^2 + (R + p_1)^2}$，$L_{HM} = \sqrt{q_2^2 + (R + p_2)^2}$。

圆心 M 到 HY、YH 点的方位角：$\alpha_{MHY} = \phi_1 - 90° + \xi\beta_1$，$\alpha_{MYH} = \phi_2 - 90° - \xi\beta_2$，

$$\left.\begin{aligned} X_{HY} &= x_M + R\cos(\phi_1 - 90° + \xi\beta_1) \\ Y_{HY} &= y_M + R\sin(\phi_1 - 90° + \xi\beta_1) \end{aligned}\right\} \qquad (7.24)$$

$$\left.\begin{aligned}X_{YH} &= x_M + R\cos(\phi_2 - 90° - \xi\beta_2)\\Y_{YH} &= y_M + R\sin(\phi_2 - 90° - \xi\beta_2)\end{aligned}\right\} \tag{7.25}$$

设前直线上点（x_1，y_1）的里程桩号为 L_{cz}，则：

$$ZH = L_{cz} + \sqrt{(x_1 - X_{ZH})^2 + (y_1 - Y_{ZH})^2} \tag{7.26}$$

平曲线长度为：

$$L = (|\phi_2 - \phi_1| - \beta_1 - \beta_2)R\frac{180°}{\pi} + L_{S1} + L_{S2} \tag{7.27}$$

$$HY = ZH + L_{S1},\quad HZ = ZH + L,\ YH = HZ - L_{S2}$$

7.3.4.2　S 形曲线计算方法

已知两圆心坐标为 $M_1(x_{M1},\ y_{M1})$ 和 $M_2(x_{M2},\ y_{M2})$，半径 R_1、R_2（反向），计算确定缓和曲线长度 L_{S1} 和 L_{S2}，如图 7.11 所示。

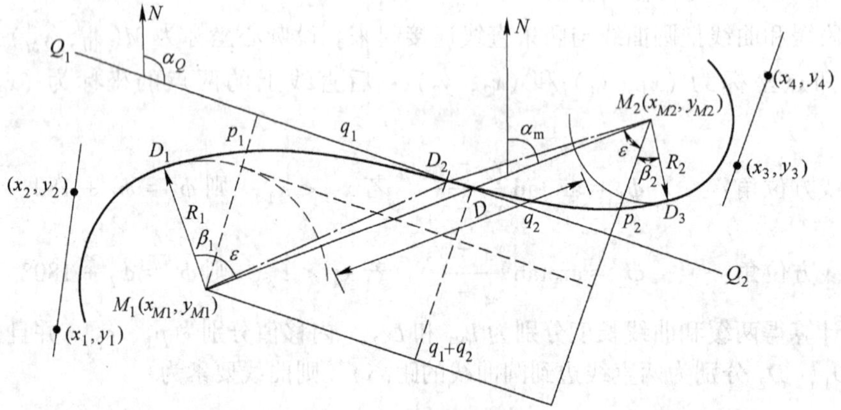

图 7.11　S 形曲线计算图

A　线性元素连接点坐标计算

$$D = |\overline{M_1M_2} - R_1 - R_2| = \sqrt{(x_{M2} - x_{M1})^2 + (y_{M2} - y_{M1})^2} - R_1 - R_2$$

缓和曲线参数为：$A = \sqrt[4]{\dfrac{24DR_1^3R_2^3}{(R_1 + R_2)^3}}$（近似计算），可以确定参数 A，这里不再介绍。

缓和曲线长度为：$L_{S1} = \dfrac{A^2}{R_1}$，$L_{S2} = \dfrac{A^2}{R_2}$，$\tan\varepsilon = \dfrac{q_1 + q_2}{R_1 + R_2 + p_1 + p_2}$。

则公切线 Q_1Q_2 的方位角为：$\alpha_Q = \alpha_M + \xi(90° - \varepsilon)$。

衔接点 D_1、D_2、D_3 坐标计算：

圆心 M_1 到公切点 D_2 的方位角为：

$$\alpha_{M_1D_2} = \alpha_Q - \xi\theta,\ \theta = \arctan\frac{R_1 + p_1}{q_1}$$

D_2 的坐标为：

$$\left.\begin{aligned}X_{D_2} &= x_{M_1} + L_D\cos\alpha_{M_1D_2}\\Y_{D_2} &= y_{M_1} + L_D\sin\alpha_{M_1D_2}\end{aligned}\right\} \tag{7.28}$$

式中，$L_D = \sqrt{q_1^2 + (R_1 + p_1)^2}$。

当然，也可由 M_2 坐标计算公切点 D_2 的坐标：

$$\left.\begin{aligned} X_{D_2} &= x_{M_2} + L_{D_2}\cos\alpha_{M_2D_2} \\ Y_{D_2} &= y_{M_2} + L_{D_2}\sin\alpha_{M_2D_2} \end{aligned}\right\} \tag{7.29}$$

式中，$L_D = \sqrt{q_2^2 + (R_2 + p_2)^2}$，$\alpha_{M_2D_2} = \alpha_Q + 180° - \xi\theta$。

如果回旋线参数 A 计算不准确，则由 M_1 和 M_2 计算出的 D_2 坐标不相等，即 D_2 不是公切点。可通过两种方式解决：设定 D_2 为公切点，移动 M_2 的位置；调整 L_{S2} 的参数 A_2。

移动圆心时有：

$$\left.\begin{aligned} x_{M_2} &= x_{D_1} - L_{D_2}\cos\alpha_{M_2D_2} \\ y_{M_2} &= y_{D_1} - L_{D_2}\sin\alpha_{M_2D_2} \end{aligned}\right\} \tag{7.30}$$

D_1、D_3 的坐标可用前面各式计算出来。

B S形曲线与两边线的连接计算

从两条直线上分别选取两个点，采集坐标，标定直线。同时必须确定第一条边上一点的里程桩号，作为推算该路段里程桩号的基点。

按照前面介绍的圆曲线与直线连接的方法分别计算S形曲线连接梁直线的缓和曲线长度，即参数；再计算出两段缓和曲线的 p_i、q_i、β_i 值，计算曲线元素 T、L、E、J；然后分别计算第一平曲线的 ZH 点坐标，第二平曲线的 HZ 点的坐标，则 ZH 里程桩号由已知里程桩号的导线点（坐标 x_1、y_1）推算。

7.3.4.3 卵形曲线计算方法

卵形曲线设计一般有切线长度控制曲线半径法（直线型定线）和由圆曲线位置控制设计法（曲线型定线）等方法。由切线长度控制设计时，可按两同向曲线（未设缓和曲线时）在公切点处直接相接的思想进行设计（公切线即为两交点的连线）。两曲线应满足：

$$(R_1 + p_1)\tan\frac{\alpha_1}{2} + (R_2 + p_2)\tan\frac{\alpha_2}{2} = L\,(\text{交点间距})$$

采取由圆曲线位置控制设计的曲线型定线法时，首先根据地形情况先拟定圆曲线位置及半径，然后计算确定连接线形。

设已确定两圆心坐标为 $M_1(x_{M_1}, y_{M_1})$ 和 $M_2(x_{M_2}, y_{M_2})$，半径 R_1、R_2（反向），计算确定缓和曲线长度 L_{S1} 和 L_{S2} 及回旋线参数 A，如图7.12所示。

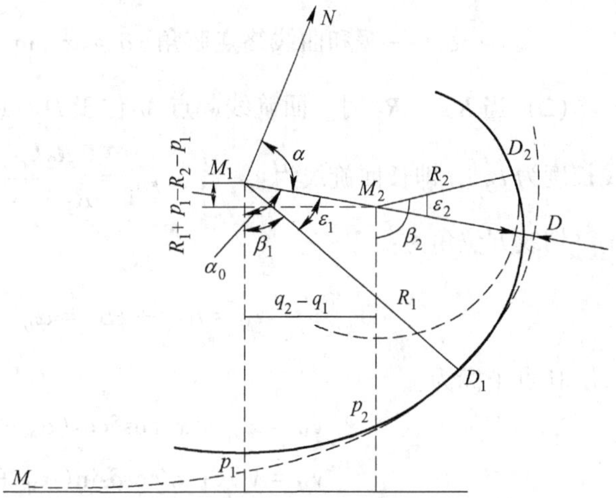

图7.12 卵形曲线计算图

A 线形元素连接点坐标计算

圆心 M_1、M_2 连线的方位角：

$\tan\alpha = \dfrac{y_{M_2} - y_{M_1}}{x_{M_2} - x_{M_1}}$，若 $\alpha < 0$，$\alpha = \alpha + 180°$。

圆心 M_1、M_2 连线与缓和曲线起点的法线夹角 α_0：

$$\tan\alpha_0 = \frac{q_2 - q_1}{R_1 + p_1 - R_2 - p_2}, \quad \varepsilon_1 = \alpha_0 - \beta_1, \quad \varepsilon_2 = \alpha_0 - \beta_2。$$

从大圆过渡到小圆时，圆心到圆与缓和曲线衔接点的方位角为：

$$\alpha_{M_1D_1} = \alpha + 180° - \xi\varepsilon_1, \quad \alpha_{M_2D_2} = \alpha + 180° - \xi\varepsilon_2$$

则中间缓和曲线与两圆曲线的衔接点 D_1 和 D_2 坐标计算公式为：

$$\left.\begin{aligned} x_{D_i} &= x_{M_i} + R_i\cos\alpha_{M_iD_i} \\ y_{D_i} &= y_{M_i} + R_i\sin\alpha_{M_iD_i} \end{aligned}\right\} \tag{7.31}$$

B 中间缓和曲线坐标计算

缓和曲线参数 A 按近似计算式 $A = \sqrt[4]{\dfrac{24DR_1^3R_2^3}{(R_1 + R_2)^3}}$ 计算，则中间缓和曲线段长度 L_F 计算如下：

衔接点 D_1 处缓和曲线长度为 l_{D_1}，D_2 点缓和曲线长度为 l_{D_2}，则

$$l_{D_1} = \frac{A^2}{R_1} = \sqrt{\frac{24DR_1R_2^3}{(R_1 + R_2)^3}}, \quad l_{D_2} = \frac{A^2}{R_2} = \sqrt{\frac{24DR_1^3R_2}{(R_1 - R_2)^3}}$$

即：

$$L_F = l_{D_1} - l_{D_2} = \sqrt{\frac{24DR_1R_2}{R_1 - R_2}} \tag{7.32}$$

（1）当 $R_1 > R_2$ 时。D_1 点切线方位角为 $\alpha_{D_1} = \alpha_{M_1D_1} + \xi\cdot 90°$，回旋线起点 M 位于 D_1 点后方，由 D_1 坐标推算 M 坐标，回旋线长度为 L_{D_1}，即短回旋线为：$l_{D_1} = l_{D_2} - L_F = \dfrac{R_2L_F}{R_1 - R_2}$。

M 点切线方位角为： $\alpha_M = \alpha_{D_1} - \xi\beta_1 = \alpha_{D_1} - \xi\dfrac{90°l_{D_1}}{\pi R_1}$

M 点坐标为：

$$\left.\begin{aligned} x_M &= x_{D_1} + x/\cos\delta\cos(\alpha_M + 180° + \xi\delta) \\ y_M &= y_{D_1} + x/\cos\delta\sin(\alpha_M + 180° + \xi\delta) \end{aligned}\right\} \tag{7.33}$$

式中 x_M，y_M——缓和曲线终点切线支距值；

δ——缓和曲线终点弦角，$\delta = \arctan\dfrac{y}{x}$。

（2）当 $R_1 < R_2$ 时。回旋线起点 M 位于 D_2 点前方，仍由 D_1 坐标推算 M 坐标，回旋线长度为 l_{D_1}，即长回旋线为： $l_{D_1} = \dfrac{R_2L_F}{R_2 - R_1}$

切线方位角为：

$$\alpha_M = \alpha_{D_1} + \xi\beta_1 = \alpha_{D_1} + \xi\frac{90°l_{D_1}}{\pi R_1}$$

M 点坐标为：

$$\left.\begin{aligned} x_M &= x_{D_1} + x/\cos\delta\cos(\alpha_M + 180° - \xi\delta) \\ y_M &= y_{D_1} + x/\cos\delta\sin(\alpha_M + 180° - \xi\delta) \end{aligned}\right\} \tag{7.34}$$

式中 x_M，y_M——缓和曲线终点切线支距值；

δ——缓和曲线终点弦角，$\delta = \arctan\dfrac{y}{x}$。

（3）缓和曲线 L_F 段内任意点坐标。当计算出中间缓和曲线起点 M 点坐标及其切线方位角后，当 $R_1 > R_2$ 时用式（7.11）计算缓和曲线 L_F 上任意点的坐标；当 $R_1 < R_2$ 时，用式（7.12）计算。应注意的是，式中的 l 应为中间缓和曲线上计算点至 M 点的曲线长，ϕ_{i-1}、ϕ_i 相应换成 α_M。

（4）卵形曲线上 L_F 段以外任意点坐标。卵形曲线上除 L_F 段外其他部位上任意点坐标计算式参见式（7.9）~式（7.12）。

C　卵形曲线与两边线的连接计算

从两条直线上分别选取两个点，采集坐标，标定两直线；同时必须确定第一条边上一点的里程桩号，作为推算该路段里程桩号的基点。

按前面介绍的圆曲线与直线连接的方法分别计算卵形曲线连接两直线的缓和曲线长度，即参数。再计算出两段缓和曲线的 p_i、q_i、β_i 值，然后分别计算第一圆曲线 $R1$ 的 ZH、HY 点坐标，第二圆曲线的 YH、HZ 点坐标。

则 ZH 里程桩号由已知里程桩号的导线点坐标（x_1，y_1）推算，即：

$$ZH = L_{cz_1} + \sqrt{(x_{ZH} - x_1)^2 + (y_{ZH} - y_1)^2}$$

$$HY_1 = ZH + L_{S1}$$

$$YH_1 = HY_1 + |\alpha_{M_1D_1} - \alpha_{M_1HY_1}| R_1 \frac{\pi}{180°}$$

$$HY_2 = YH_1 + L_F$$

$$YH_2 = HY_2 + |\alpha_{M_2D_2} - \alpha_{M_2YH_2}| R_2 \frac{\pi}{180°}$$

$$HZ = YH_1 + L_{S2}$$

式中　$\alpha_{M_1HY_1}$——圆心 M_1 到 HY_1 的计算方位角，（°）；

　　　$\alpha_{M_2YH_2}$——圆心 M_2 到 YH_2 的计算方位角，（°）。

7.4 现 场 定 线

现场定线（又称实地定线）就是设计人员直接在公路实际位置定线的过程。定线的指导原则与纸上定线相同，定线的工作方法也基本相同。不同之处是交点坐标、偏角及交点间距等均应在现场实测获得。现场定线方法按地形条件难易与复杂程度不同，大体可分为自由坡度地段定线与紧束坡度地段定线两种。

所谓自由坡度地段，系指地形比较平坦、无集中高程障碍的平原与低丘陵地区，地面最大的自然纵坡缓于最大设计纵坡的平缓地形。在这类地形条件下的公路定线，主要以平面线形为主导，在相邻控制点间，一般多按短直方向定线。只有中间存在不易穿越的障碍时，才选择适当地点设置转角予以绕避，但应尽量采用较小的偏角，提前拨角绕越，避免路线接近障碍时方开始转向绕行。

所谓紧束坡度地段，系指沟谷显著、地形陡峻、起伏大、地质条件复杂、地面自然坡度陡的山岭地区。在这类地形条件下定线受地形制约较严，必须综合考虑平、纵、横三者的协调关系来合理选定路线。对于一条具体路线，平、纵、横究竟哪一方面是主要矛盾，要根据公路等级，结合地形条件来判断，明确主次关系，抓住主要矛盾，合理地去布设路线。合理的路线选定要求是平面线形顺适、纵坡配合适当、横面稳定、填挖经济。

7.4.1 一般情况下（自由坡度地段）的定线

当路线不受纵坡限制时，定线以平面和横断面为主安排路线。其要点是以点定线，以线交点。以点定线，就是在全面布局和逐段安排确定的控制点间，结合各方面因素进一步确定影响公路中线位置的小控制点（即加密控制点），然后根据这些小控制点，分段穿出概略路中线。以线交点就是在分段穿出的路中线的基础上结合路线标准和前后路线条件，穿出直线并延长，交会出交点。自由坡度地段现场定线的工作方法如下。

7.4.1.1 加密控制点

两大控制点之间，由于受到地形、地物、地质等条件的限制，一般不可能作成直线，常常需要设置交点，布设平曲线，从而避开障碍物，利用有利地形，以达到技术与经济的合理性。加密控制点，就是在现场寻找、确定控制和影响路中线位置的小控制点位。一般小控制点有控制性及经济性两种，其中以经济性为主的小控制点又称为经济点。

7.4.1.2 穿线定交点

由于路线平面线形受多种因素制约，导致平面位置控制点比较多，而且这些点在平面上的分布没有一定的规律；而且，路线受技术标准和平面线形组合要求的限制，不可能照顾到每一个控制点。因此，穿线定交点，就是根据技术标准和线形组合的要求，以满足控制点、照顾多数经济点为原则（即最靠近多数点原则），综合考虑，用穿直线的办法（必要时延长直线）使相邻两条直线交会定出交点。

穿线定交点时，一般可采用前方交会法及后方交会法两种做法。前方交会法定交点是指定线时设计人员根据地形、地物等自然条件，选择适当的避绕障碍路径向前进方向逐次穿线定交点的方法。一般在现场通视且小控制点有一定活动余地的情况下，可采用此法。后方交会法是指由于某种因素制约，使前后两条相邻的直线边被先行固定（控制点不能偏移），然后通过延长直线交会出交点的方法。如旧路改造工程中的利用路段的定线常采用此法。另外，纸上定线后的现场放线工作也可采用此方法。

7.4.2 地面坡度较陡路段（紧束坡度地段）的定线

7.4.2.1 分段安排路线

在选线布局定下的控制点间，沿拟定的方向，考虑纵坡要求粗略定出沿线应穿越、避让的中间控制点，定出路线的轮廓方案。

7.4.2.2 放坡，定导向线

放坡是指按照要求的设计纵坡（或平均坡度），在现场找出与该坡度相等或接近的地面坡度线的过程。放坡是要解决控制点间纵坡合理安排问题，实质上就是现场设计纵坡。纵坡安排和选择坡值应考虑如下几点：

(1) 纵坡线形要符合《技术标准》要求（如坡长限制、设置缓坡、合成坡度等），并力求两控制点间坡度均匀（缓变，少变），避免设反坡；

（2）要结合地形选用坡度，尽可能不用极限坡，但也不应太缓，一般以接近控制点间平均坡度为宜，地形整齐地段可稍大，曲折多处宜稍缓。

放坡由受限较严的控制点开始，一人用带角手水准，调好与选用坡度相当的角度，立于控制标高处，指挥另一持花秆的人在山嘴或山坳等地形变化处、计划变坡处及顺直山坡上每隔一定距离定点（具体做法是由持手水准的人用手水准仪瞄准花秆，指挥持花秆人在装面上下横移，找到二人距地面同高处定点，称为坡度点），插上坡度旗或在地面上做标记，最好注明选用的坡值。然后，以该点为固定点继续向前放坡。如果一边放坡一边穿线，必须先放完一定长度（一般不应少于 4 条导线边长）的坡度点之后，定级人员再利用返程进行下步工作。

照上述方法定出的这些坡度点的连线如图 7.13 中的 A_0、A_1、A_2…，相当于纸上定线的一次修正导向线，也起指引路线方向的作用，称为导向线。

放坡时要估计平曲线的大概位置和半径，以便考虑坡度折减。对计划要跨越的山沟和要穿的山嘴或山脊，放坡时应“跳”过去；计划绕行时，坡度要放缓，距离要折扣。

7.4.2.3 修正导向线

坡度点的高程就是概略的路基设计高程，由于各点的横坡陡缓不一，线位上移、下移对路基的稳定和填挖工程量影响很大，故应根据路基设计的要求，在各坡度点的横断方向上选定最合适的中线位置，插上标志，如图 7.13 中的 B_0，B_1，B_2，…，这些点的连线即为修正导向线（相当于纸上定线的二次修正导向线）。

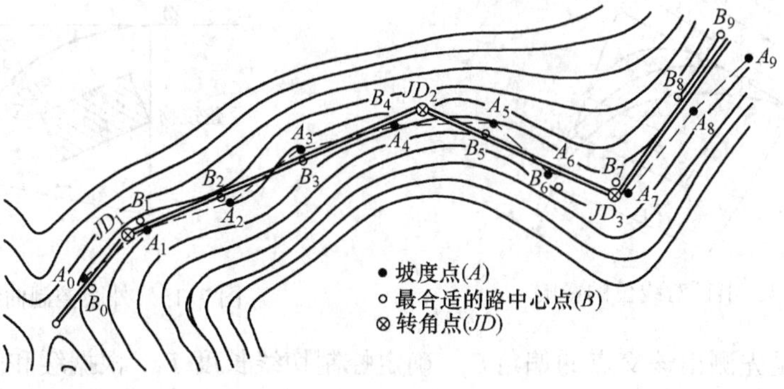

图 7.13 放坡定线示意图

有定线经验的人，常常把 7.4.2.2 节，7.4.2.3 节两步工作并为一步来做，即一次完成修正导向线，这样在树丛地段定线能省大量清除障碍的工作。

7.4.2.4 穿线交点

修正导向线是具有合理纵坡、横断面上位置最佳的一条折线，穿线要从平面线形要求出发，尽可能多地靠近或穿过导向线上的坡度点，特别要满足控制性较严的点位，适当裁弯取直，使平、纵、横三面恰当结合，穿出与地形相适应的若干直线，延伸这些直线交汇出交点，即为路线导线，如图 7.13 中 $JD1—JD2—JD3$…这步工作很重要，定线人员必须反复试穿和修改，才能定出合理的路线。

7.4.3　曲线插设方法（现场确定圆曲线半径 R 的方法）

经过穿线交点确定了路线的折线位置后，选线人员还需要根据标准结合地形、地物及其他因素选择适宜的圆曲线半径及缓和曲线长度。现场定线的曲线插设面对的是自然地形，相对纸上定线要困难得多，测设外业工作量较大。因此要按照一定的规律插设平曲线，才能最大限度地提高工作效率和质量。这里介绍的圆曲线半径 R 的确定方法同时适用于纸上定线。

7.4.3.1　单交点法

单交点法是实地定线最常用的方法之一。它是用一个交点来确定一段单平曲线的插设曲线的方法，方法简便，适用于转角不大、实地能直接定交点的情况。

半径 R 的大小直接影响曲线线位，如图 7.14 所示，当转角较大时，不同半径可能使曲线线位相差几米甚至几十米。线位的移动将直接影响线形、工程数量及路基稳定。确定半径一般应结合地形和其他因素按以下控制条件来选择。

A　切线长控制（曲线起终点位置控制）

适用于交点间距或直线长度受约束的情况。在某些路段，由于设计的需要，要求曲线的切线长为一定值，比如相邻的同曲线间要求一定的直线长度，或者要求桥头或隧道洞口在图 7.15 半径对线位的影响直线段上等，这时曲线半径就由控制切线长来选定。

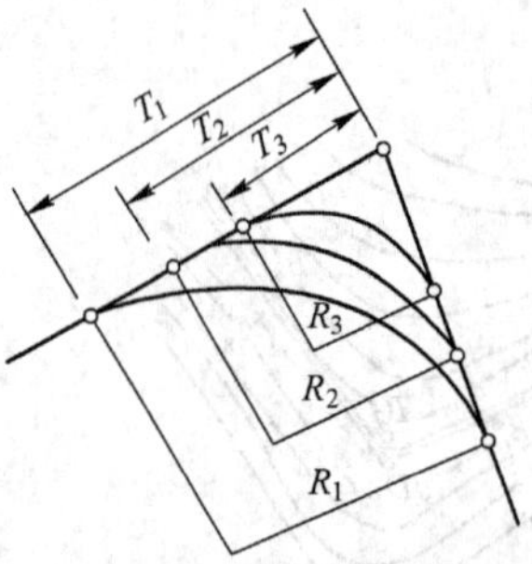

图 7.14　半径对线位的影响

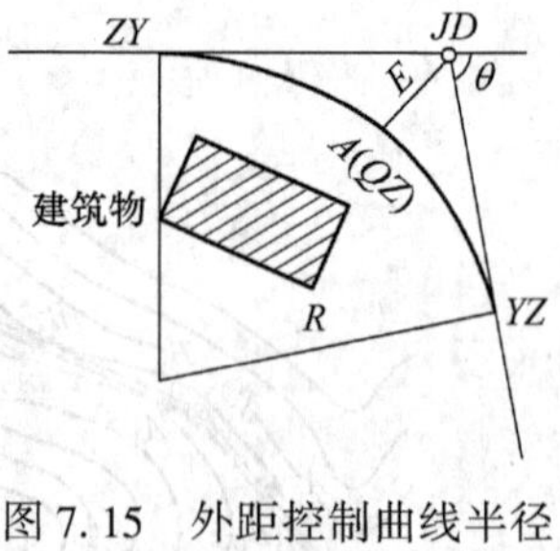

图 7.15　外距控制曲线半径

具体做法是先测出该交点的偏角 θ，确定控制切线长度 T，根据缓和曲线长度要求拟定其长度 L_S。为简化计算，取 $q = \dfrac{L_S}{2}$，$q = \dfrac{L_S^2}{24R}$，则可按式（7.35）解二次方程反算半径 R：

$$R^2 + \frac{\left(\dfrac{L_S}{2} - T\right)}{\tan\dfrac{\theta}{2}} + \frac{L_S^2}{24} = 0 \tag{7.35}$$

检查计算所得半径 R 是否满足《技术标准》要求；若不满足，调整缓和曲线长度 L_S，再重新计算半径 R，直到满足要求为止。

若控制切线长不是特别严格，则反算出的半径 R 宜取整。但应注意取整时若半径增大，切线长增长；反之，半径减小，切线长变短。当 T 为严格控制值时，用式（7.35）

计算出的 R 的精度不够，还应用切线长计算式通过适量增减半径值的方法进行调整试算。实测时一般使用电子手簿（可进行计算机编程的袖珍计算器）通道试算法计算半径十分方便。当然，也可采用牛顿求根法解算高次方程求得半径 R 值，但此法比起直接试算求解要繁琐得多，没有实际意义。

B 外距控制（曲线中点控制）

适用于横断面方向受约束的情况。如图 7.15 所示，根据弯道内侧的固定建筑物，确定曲线 A 点是不与其发生干扰的控制点，即可用皮尺量出控制的外距值 E，并用经纬仪（或其他测角仪器）测出偏角 θ，拟定缓和曲线长度 L_S，即可按式（7.36）解二次方程反算确定半径 R：

$$\left(\sec\frac{\theta}{2}-1\right)R^2-ER+\frac{L_S^2}{24}\sec\frac{\theta}{2}=0 \tag{7.36}$$

p、q 取值同前。同理，对由 E 反算出的 R 取整，或进行精确计算，并验证是否满足《技术标准》要求。

C 曲线长控制

适用于小偏角的情况。当路线偏角 θ 较小时，为使曲线长度满足最短曲线长度 L_{min} 要求，则曲线半径 R 值可由曲线长度反算确定。测出偏角 θ，确定曲线长度 L，拟定缓和曲线长度 L_S，即可按式（7.37）精确计算确定半径 R：

$$R=\frac{L-L_S}{\theta} \tag{7.37}$$

同理，可对由 L 反算出的 R 取整，并验证是否满足《技术标准》要求。

D 曲线上任意点控制

如图 7.16 所示，有时路线由于桥涵及人工构造物位置或原路改建的要求，控制曲线必须从任意点 A 通过时，可用试算法选择半径。其办法是：先实地量出 JD 至 B 点的距离 x 和要求的支距 y（即 BA），初选半径 R，用试算法确定。实测时一般用电子手簿编程计算切线支距值法按式（3.20）和式（3.21）完成试算。

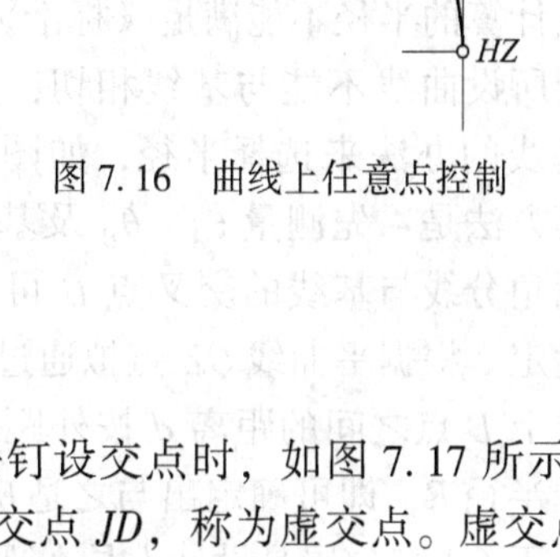

图 7.16 曲线上任意点控制

E 按纵坡控制

当路线纵坡紧迫时，为使弯道上合成坡度不因曲线半径太小而超过规定，这时应根据已定的纵坡和合成坡度标准值来反算出可用的最大超高横坡，再按控制的超高横坡反算求得最小控制半径。

7.4.3.2 双交点单曲线法（虚交点法）

当路线偏角很大或交点受地形或地物障碍限制，无法钉设交点时，如图 7.17 所示，可在前后直线上选两个辅助交点 JD_A 和 JD_B，来代替实际交点 JD，称为虚交点。虚交点可通过计算敷设曲线。JD_A—JD_B 直线叫做基线。具体做法有两种。

A 切基线法

用选定的基线控制曲线位置，使所选定的曲线与基线相切时为切基线法。如图 7.17

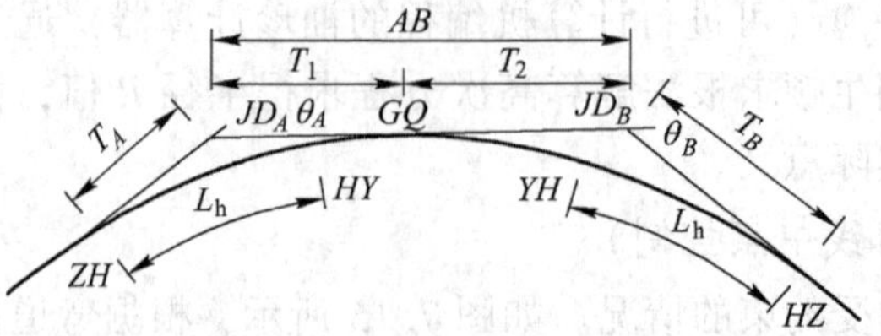

图 7.17 切基线的双交点法

所示，GQ 为公切点。测量出偏角 θ_A、θ_B 和基线长度 AB 后可通过计算确定圆曲线半径。有设缓和与不设缓和曲线两种情况。

（1）不设缓和曲线时：

$$R=\frac{AB}{\tan\frac{\theta_A}{2}+\tan\frac{\theta_B}{2}} \tag{7.38}$$

（2）设缓和曲线时，拟定缓和曲线长度 L_s，即可按式（7.39）解二次方程，反算确定半径 R：

$$R^2-\frac{AB}{\tan\frac{\theta_A}{2}+\tan\frac{\theta_B}{2}}R+\frac{L_h}{24}=0 \tag{7.39}$$

需要说明的是按式（7.39）计算的半径，圆曲线并没有真正和基线相切，而是离开内移值 p 的距离。若要求圆曲线与基线相切，则需按非对称曲线进行计算或进行平移，计算较繁琐。实际应用中不及按 QZ 点与基线的相对关系控制半径（即按非切基线法计算）方便。

若基线的控制不很严格，则可对按式（7.39）反算出的 R 取整。还应验证半径 R 是否满足《技术标准》要求。切基线法简便、容易控制线位、计算简单，是生产中较常用的方法。

B 离、割基线（非切基线）法

当选定基线不能控制曲线线位或切基线计算的半径不能满足《标准》的要求时，则所设曲线不能与基线相切，只能按非切基线的办法来选择半径，如图 7.18 所示。其方法是：先测量 θ_A、θ_B 及基线长度 AB，则角分线与基线的交叉点 D 可以通过计算确定。根据平曲线 QZ 点拟通过的位置与基线上 D 点之间的距离 d 按外距法反算圆曲线半径 R，即可确定出与之适应的平曲线。

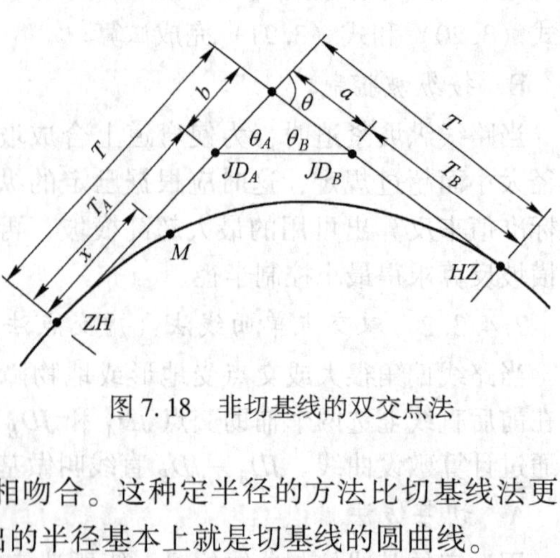

图 7.18 非切基线的双交点法

由于 QZ 点位置是设计人员在现场根据实际情况拟定的，以此推算的半径就更能与现场相吻合。这种定半径的方法比切基线法更灵活、适用。当拟定 QZ 点就是 D 点时，推算出的半径基本上就是切基线的圆曲线。

$$\left.\begin{aligned} a &= \frac{AB}{\sin(\theta_A+\theta_B)}\sin\theta_A \\ b &= \frac{AB}{\sin(\theta_A+\theta_B)}\sin\theta_B \\ CD &= \frac{b}{\cos\left(\dfrac{\theta_A-\theta_B}{2}\right)}\sin\theta_A \\ AD &= \frac{b}{\cos\left(\dfrac{\theta_A-\theta_B}{2}\right)}\cos\left(\frac{\theta_A+\theta_B}{2}\right) \end{aligned}\right\} \tag{7.40}$$

若拟定 QZ 点离开基线的横距为 d，则平曲线外距 $E=CD+d$。据此，可按式（7.36）解二次方程反算确定半径 R。实测中，QZ 点离开基线的横距 d 可以是正值、负值或为 0。若 $d=0$，则表示圆曲线与基线在 D 点相接，如果某线接近等腰三角形，则这时圆曲线与基线接近相切。

现场定线应用虚交点法的关键是选出合适的基线，作为控制平曲线位置的依据。一般应尽量使虚交点的两个偏角相等或相近，即按等腰三角形设计虚交点，这样就可以用切基线法或非切基线法方便快速地推算出恰当的平曲线半径值，大大减少外业测设的工作量。

7.4.3.3 回头曲线定线法（同虚交点法）

一般来讲，有回头曲线的地方，路线受地形约束较大，主曲线和辅助曲线的平纵面控制较严，定线时，稍有不慎，对线形和工程量影响很大，插设时必须反复试线，才能得到满意的结果。回头曲线定线的方法很多，通常可参照双交点单曲线法（虚交点法）采用切基线或非切基线法进行（计算原理和计算式完全相同）。实测时按照放坡的导向线，先确定辅助曲线交点 JD_1、JD_2 和上下线位置，如图 7.19 所示，然后反复移动基线 JD_A—JD_B 控制确定主曲线，直到满意为止。

7.4.3.4 双交点复合曲线法

复合曲线有两圆曲线间直接衔接（同向复合曲线见图 7.20）和用回旋线衔接（卵形曲线）两种。测设方法有所不同。

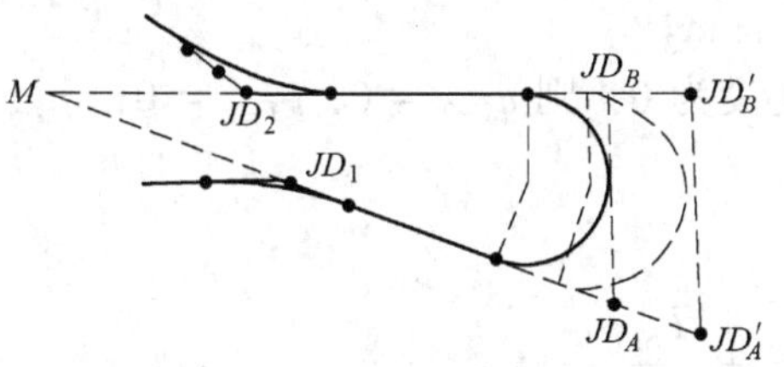

图 7.19　回头曲线定线（双交点法）

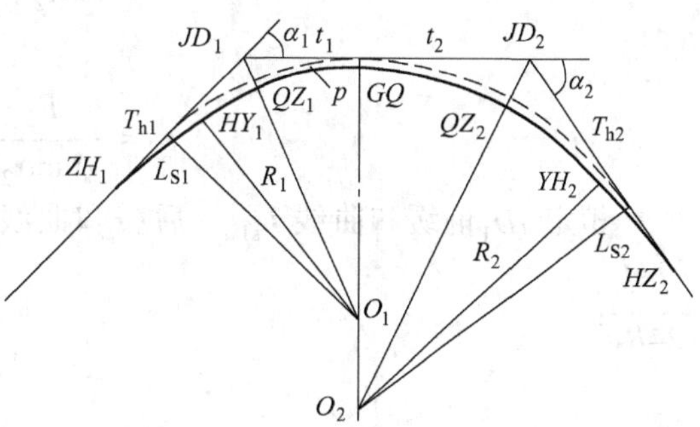

图 7.20　同向复合曲线计算法

A 同向复合曲线法

两圆曲线直接衔接，且同时均未设缓和曲线时，需拟定其中一个圆曲线半径，计算确定另一个半径，如图 7.20 所示。计算原理是使两曲线的切线长度之和等于公切线长度。即 $L_{1-2}=t_1+t_2$。

若拟定 R（一般拟定小圆半径，偏角大的交点宜设置相对小的半径），则可按式（7.41）计算半径 R：

$$R_1=\frac{L_{1-2}-R_2\tan\dfrac{\alpha_2}{2}}{\tan\dfrac{\alpha_1}{2}} \tag{7.41}$$

若两同心圆曲线两端分别设有缓和曲线 L_{s1}、L_{s2}，但中间未设缓和曲线而直接衔接，如图 7.20 所示，为使两圆曲线 R_1 和 R_2 在公切点 GQ 直接衔接，两缓和曲线的内移值必须相等，即 $p_1=p_2=p$，则有 $\dfrac{L_{S1}^2}{24R_1}=\dfrac{L_{S2}^2}{24R_2}$。且两切线长度之和等于公切线长度 $L_{1-2}=t_1+t_2$。

在确定 R_1 和 R_2 时，为控制最小半径值，一般应先拟定 L_{S1}、L_{S2} 和 R_1、R_2 中的较小者（如 R_2），用式（7.42）计算另一个半径 R_1：

$$R_1=\frac{L_{1-2}-t_2}{\tan\dfrac{\alpha_1}{2}}-p_1=\frac{L_{1-2}-\left(R_2+\dfrac{L_{S2}^2}{24R_2}\right)\tan\dfrac{\alpha_2}{2}}{\tan\dfrac{\alpha_1}{2}}-\frac{L_{S2}^2}{24R_2} \tag{7.42}$$

$$L_{S1}=L_{S2}\sqrt{\frac{R_1}{R_2}} \tag{7.43}$$

按此推算出的 R_1 和 L_{S1} 不能取整，应检查 R_1、R_2、L_{S1}、L_{S2} 是否满足《规范》要求；若不能满足时，应重新拟定 R_2、L_{S2} 和 L_{S1} 并试算 R_1。

需要说明的是按此法设计的复合曲线的公切点 GQ 并不与公切线相切，而是离开了内移值 p。若要求 CQ 点与公切线相切，则可按非对称曲线进行设计，即按两平曲线在公切线上不设缓和曲线计算平曲线半径。如前，拟定 R_2、后缓和曲线 L_{S2}，前缓和曲线长度设为 0，则 $q_{1-2}=0$，$p_{1-2}=0$，$p_{2-2}=\dfrac{L_{S2}^2}{24R_2}$。按非对称曲线计算切线长度公式，有：

$$t_2=-\frac{R_2}{\tan\alpha_2}+\frac{R_2+\dfrac{L_{S2}^2}{24R_2}}{\sin\alpha_2} \tag{7.44}$$

拟定 JD_1 前缓和曲线 L_{s1}，后缓和曲线长度设为 0，则 $q_{1-2}=0$，$p_{1-2}=0$，$p_{1-1}=\dfrac{L_{S1}^2}{24R_1}$：

$$t_1=-\frac{R_1}{\tan\alpha_1}+\frac{R_1+\dfrac{L_{S1}^2}{24R_1}}{\sin\alpha_1} \tag{7.45}$$

因 $t_1 = L_{1-2} - t_2$，解此二次方程可得到半径 R_1。

可采用对平曲线进行平移计算使复合曲线与公切线相切。

B 卵形曲线法

卵形曲线是两圆曲线中间用一段回旋线衔接的复合曲线，如图 7.21 所示。计算原理与上述复合曲线类似，即两曲线的切线长度之和等于公切线长度，$L_{1-2} = t_1 + t_2$，计算方程为：

$$\left(R_1 + \frac{L_{S1}^2}{24R_1}\right)\tan\frac{\alpha_1}{2} + \left(R_2 + \frac{L_{S2}^2}{24R_2}\right)\tan\frac{\alpha_2}{2} = L_{1-2} \tag{7.46}$$

实测时须先拟定 1 个 R 值及 2 个 L_S 值，通过解二次方程计算第 2 个 R 值。为控制最小半径值，一般应先拟定 L_{S1}、L_{S2} 和 R_1、R_2 中较小者（偏角大的半径），小圆切线长以占交点间距的 1/3~1/2 为宜。如拟定 R_2，则 $t_2 = (R_2 + p_2)\tan\frac{\alpha_2}{2}$，$t_1 = \left(R_1 + \frac{L_{S1}^2}{24R_1}\right)\tan\frac{\alpha_1}{2} = L_{1-2} - t_2$，解后得：

$$R_1^2 - \frac{(L_{1-2} - t_2)}{\tan\frac{\alpha_1}{2}}R_1 + \frac{L_{S2}^2}{24R_2} = 0 \tag{7.47}$$

解此二次方程，即可得到半径 R_1。

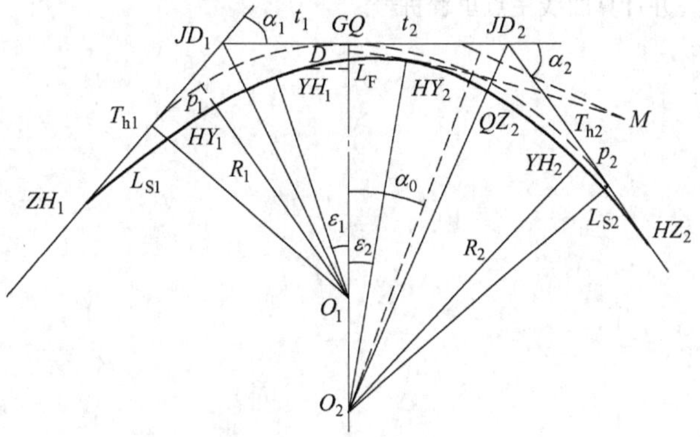

图 7.21 卵形曲线计算法

7.4.4 纵断面设计

在现场确定路线平面线形后，需沿线标定公路中线里程桩、曲线主点桩及其他地形地物加桩等，即现场敷设中线。中桩钉设完成后可以进行路中线地面高程测量工作，按《公路勘测规范》（JTG C10—2007）（以下简称《勘测规范》）要求实测各桩位地面高程，据此绘制路线纵断面图并进行纵断面设计，并检查平纵面线形配合是否适宜。如果不理想，可调整纵断面设计，如调整纵断面无法满足要求时，还需调整平面线形，再进行纵断面设计，直到符合要求为止。

7.4.5　横断面设计

在完成纵断面设计并计算逐桩设计高程后，就可以进行横断面设计。首先应按《勘测规范》要求实测各桩位的横断面地面线起伏变化数据（通常用观测地面起伏变化点到中桩的水平距离 x 与高差 y 的直角坐标式描述横断地面线），据此按本书 5.6 节介绍的方法绘制路线横断面设计图，进行横断面面积与土石方数量计算。

习　题

7.1　已知二级公路交点 JD_1（60936.25，51142.36）、JD_2（60351.53，51381.85）、JD_3（60826.43，51934.23），JD_1 的里程桩号为 K7+423.67，该曲线的校正值（切线差）为 12.5，JD_2 的圆曲线半径是 $R = 250$m，缓和曲线 $L_S = 80$m。

试计算：（1）JD_2 的主点里程桩号及 JD_3 的桩号；

（2）每隔 50m 整桩号坐标及计算方位角。

7.2　已知三级公路（V=40km/h）有两个相邻的同向曲线，拟按复合曲线设计。其中 JD_1 = K9+420.85，偏角 $\theta_1 = 45°10'25''$，半径 $R_1 = 400$m，偏角 $\theta_2 = 41°20'22$，交点间距 $L_{1-2} = 345.96$m，要求计算确定 R_2 及 L_{S2}，并计算曲线主点里程桩号。

7.3　已知三级公路（V=40km/h）有两个相邻的同向曲线，拟按复合曲线设计。其中 JD_1 = K9+420.85，偏角 $\theta_1 = 45°10'25''$，半径 $R_1 = 300$m，偏角 $\theta_2 = 41°20'22$，交点间距 $L_{1-2} = 345.96$m，要求计算确定 R_2 及 L_{S2}，并计算曲线主点里程桩号。

8　道路平面交叉设计

8.1　交叉口设计概述

道路是建筑在地面上的带状构造物，必然与许多其他道路、管线设施等发生交叉，可能出现的交叉情况一般有道路与道路交叉（包括公路、乡村道路、城市道路等）、道路与铁路交叉、道路与各种管线交叉（地下与地上管道、电力道路与道路（或铁路））在同一平面上相交的地方称为平面交叉，其交叉范围称为交叉口。在道路网中，各种道路纵横交错，必然会形成很多交叉口，交叉口是道路系统的重要组成部分，是道路交通的咽喉。相交道路的各种车辆和行人都要在交叉口汇集、通过和转换方向，由于它们之间的相互干扰，会使行车速度降低，阻滞交通，耽误通过时间，也容易发生交通事故。因此，如何正确设计交叉口，合理组织交通，对于提高交叉口的通行能力，避免交通阻塞，减少交通事故，都具有重要意义。

8.1.1　交叉口组成要素

（1）交叉口范围。交叉口范围是指十字路口、丁字路口及两条以上道路（人行道与车行道分开时指车行道）交叉时的交叉部分。一般是指相交道路直线段的路缘石线延长线或连线所包括的范围；若无路缘石时，指车行道边线的延长线或连线所包括的范围。但从交通工程角度看，常把在人行横道线及转角路缘石所围的范围作为交叉口范围比较恰当，如图 8.1 所示。

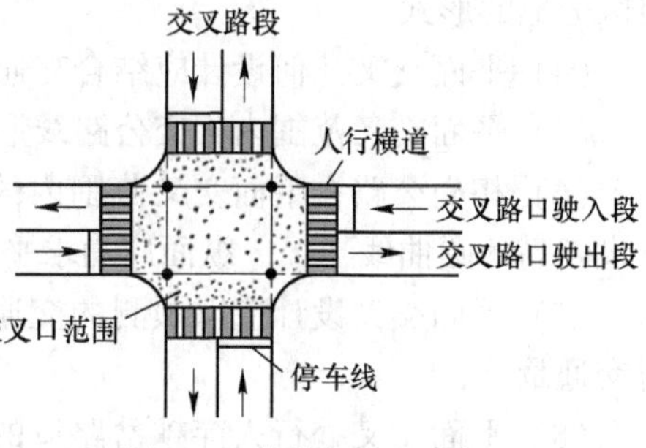

图 8.1　道路交叉口示例

（2）交叉口的交叉道路。交叉口的交叉道路是指与交叉口联结的道路在交叉口附近的路段。

（3）交叉口驶入段与驶出段。在交叉口的交叉道路中，驶入交叉口的车辆行走的部分称为交叉口驶入段，驶出交叉口的车辆行车的部分称为交叉口驶出段。

（4）附加车道。附加车道是在交叉口的交叉道路上，为了车辆转弯及变速，而比路段部分多设置的转弯车道或变速车道。转弯车道是为左转弯车或右转弯车设置的专用车道。右转弯车道是为右转弯车设置的转弯专用车道，左转弯车道是为左转弯车辆减速、等待左转弯的机会、停留而设置的转弯专用车道；变速车道是加速车道与减速车道的总称。为使合流车辆能加速到安全合流的车速，给出的必要的合流距离面设置的车道，称为加速车道；为使由高速的主交通流中减速分流出来的车辆，在不妨碍主流交通情况下达到安全减速的目的而设置的车道称为减速车道。

（5）导流路。主要是供非主流的左右转弯交通行驶的车道。这种导流路分为用路缘石、路面标志线表示的独立的车道，以及只在设计时考虑导流车道而在路面表面没有任何标志的两种形式。

（6）交通岛。为控制车辆行驶位置或保护行人，在车道之间设置的岛状区域，在交叉口内、中央分车带或外侧分车带都被认为是交通岛。交通岛一般设在交叉口的“死区”，即行车轮游走不到的范围。按其作用不同可分为方向岛、分隔岛、安全岛、中心岛等。方向岛又称导流岛，是在交叉口为将交通流引导到规定路线，防止其无秩序地行驶而设置的岛；分隔岛是为把两股交通流分开而设置的岛；安全岛是为行人横道安全而设置的岛；中心岛是设在交叉口中央，用来组织左转弯车辆和分隔对向车流的岛。

8.1.2 平面交叉设计的原则和内容

平面交叉设计就是为保证车辆与行人在交叉口能以最短的时间顺利通过，使交叉口的通行能力能适应各条道路的行车要求，并保证转弯车辆的行车平稳。

8.1.2.1 平面交叉设计原则

（1）平面交叉位置的选择应综合考虑公路网现状和规划、地形、地物和地质条件、经济与环境因素等。

（2）平面交叉形式应根据相交公路的功能、等级、交通量、交通管理方式、用地条件和工程造价等因素确定。

（3）平面交叉选型应选用主要公路或主要交通流畅通，冲突点少、冲突区小，且冲突区分散的形式。

（4）平面交叉几何设计应结合交通管理方式并考虑相关设施的布置。

（5）平面交叉范围内相交公路线形的技术指标应能满足视距的要求。

（6）相交公路在平面交叉范围内的路段宜采用直线；当采用曲线时，其半径宜大于不设超高的圆曲线半径。纵面应力求平缓，并符合视觉所需的最小竖曲线半径值。

（7）平面交叉设计应以预测的交通量为基本依据。设计所采用的交通量应为设计小时交通量。

（8）平面交叉处行人穿越岔路口的设施应根据行人流量、公路等级和交通管理方式等设置人行横道、人行天桥或人行通道。

（9）平面交叉的几何设计应与标志、标线和信号设施一并考虑，统筹布设。视距不良的小型平面交叉，可根据具体情况设置反光镜。

（10）平面交叉改建时，除应收集交通量以外，还应调查交通延误及交通事故的数量、程度、原因等现有交叉的使用状况。

8.1.2.2 主要内容

平面交叉设计的主要内容包括：

（1）选择交叉口的交通管理方式和交叉口的类型。

（2）进行交通组织，合理布置各种交通设施，包括专用车道、组织渠化交通、交通信号标志、行人横道线、公共交通停靠站等。

（3）交叉口的平面设计，确定各组成部分的几何尺寸，包括行车道宽度、路缘石转弯半径、各种交通岛和绿化带的尺寸等。

（4）验算交叉口行车视距，保证安全通视条件。

（5）进行交叉口立面设计与排水设计。

8.1.3 交叉口的交通分析

进出交叉口的车辆，由于行驶方向不同，车辆与车辆之间的交错方式也不相同，可能产生的交叉点的性质也不一样。

同一行驶方向的车辆向不同方向分离行驶的地点称为分流点；来自不同行驶方向的车辆以较小的角度，向同一方向汇合行驶的地点称为合流点；来自不同行驶方向的车辆以较大的角度相互交叉的地点称为冲突点。此三类交错点都存在相互尾撞、挤撞或碰撞的可能性，是影响交叉口行车速度、通行能力和发生交通事故的主要原因。其中，以直行与直行、左转与左转及直行与左转车辆之间所产生的冲突点对交通的干扰和行车的安全影响最大；其次是合流点；再次是分流点。因此，在交叉口设计时，应尽量采取措施减少冲突点和合流点，尤其要减少或消灭冲突点。

无交通管制时，三路、四路和五路相交平面交叉口的交错点分布情况如图 8.2 所示，其数量见表 8.1。

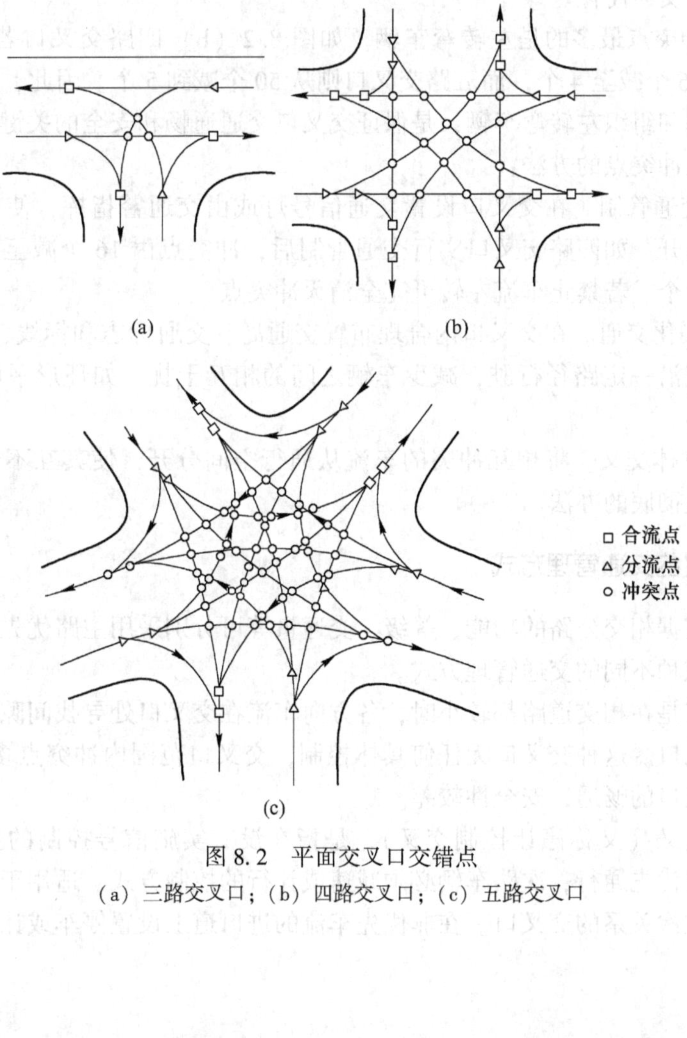

图 8.2 平面交叉口交错点

（a）三路交叉口；（b）四路交叉口；（c）五路交叉口

表 8.1　平面交叉口交错点数量

交叉口类型	交错点数量/个			
	冲突点	分流点	合流点	总数
三路交叉口	3	3	3	9
四路交叉口	16	8	8	32
五路交叉口	50	15	15	80

分析上述图表可得出以下两点结论：

（1）在无交通管制的交叉口，都存在各种交错点。其数量是随相交道路条数的增加而显著增加，其中增加最快的是冲突点。当相交道路均为双车道时，各交错点的数量可用式（8.1）计算：

$$\text{分流点} = \text{合流点} = n(n-2)$$

$$\text{冲突点} = \frac{n^2(n-1)(n-2)}{6} \tag{8.1}$$

式中　n——交叉口相交道路的条数。

因此，在规划和设计交叉口时，应力求减少相交道路的条数，尽量避免 5 条或 5 条以上道路相交，使交通简化。

（2）产生冲突点最多的是左转弯车辆。如图 8.2（b）四路交叉口若没有左转车流，则冲突点可由 16 个减至 4 个，而五路交叉口则从 50 个减到 5 个。因此，在交叉口设计中如何正确地处理和组织左转弯车辆，是保证交叉口交通通畅和安全的关键所在。

减少或消灭冲突点的方法：

（1）实行交通管制。在交叉口设置交通信号灯或由交通警指挥，使发生冲突的车流从通行时间上错开。如四路交叉口实行交通管制后，冲突点由 16 个减至 2 个，分、合流点由 8 个减至 4 个。若禁止车流左转可完全消灭冲突点。

（2）采用渠化交通。在交叉口内合理布置交通岛、交通标志和标线，或增设车道等，引导各方向车流沿一定路径行驶，减少车辆之间的相互干扰。如环形平面交叉可消灭冲突点。

（3）修建立体交叉。将相互冲突的车流从通行空间分开，使其互不干扰，是解决交叉口交通问题最彻底的办法。

8.1.4　平面交叉的交通管理方式

平面交叉根据相交公路的功能、等级、交通量等可分别采用主路优先交叉、无优先交叉或信号交叉三种不同的交通管理方式。

无优先交叉是在相交道路都较小时，各方向车流在交叉口处寻找间隙通过、不设任何管理措施的交叉口。这种交叉口无任何具体控制，交叉口范围内冲突点多，交通量大时，会严重影响交叉口的畅通，安全性较差。

主路优先交叉（又称停让控制交叉），是指在没有实施信号控制的主、次道路交叉口，主路车辆可优先通行，次路车辆必须减速或让行的控制方式，适用于交通量较低的交叉口或有明显主次关系的交叉口。在非优先车流的进口道上设置停车或让路标志。主路优先交叉口可最大限度地保证主路车辆顺畅通过，但次路会因让行产生延误。

信号控制交叉是采用交通信号控制灯的方式，对平面交叉口的交通实施动态控制和调节的交叉口。实行信号控制的交叉口，在时间上使相互冲突的车流分开，可减少各向车流的相互干扰，提高车辆运行的安全性和效率。我国《规范》推荐的平面交叉交通管理方式的选用方法有：

（1）公路功能、等级、交通量有明显差别的两条公路相交，或交通量较大的T形交叉，应采用主路优先交叉交通管理方式。

（2）相交两条公路的等级均低且交通量较小时，应采用无优先交叉交通管理方式。

（3）下述交叉应采用信号交通管理方式：

1）两条交通量均大，且功能、等级相同的公路相交，难以用“主路优先”的规则管理时；

2）两相交公路虽有主次之别，但交通量均较大（主要公路双向交通量大于或等于600辆/h，次要公路单向交通量大于或等于200辆/h），采用“主路优先”交通管理方式会出现较频繁的交通事故和过分的交通延误时；

3）主要公路交通量相当大（主要公路双向交通量大于或等于900辆/h），次要公路尽管交通量不大，但采用“主路优先”交通管理方式，次要公路上的车辆由于难以遇到可供驶入的主流间隙而引起不可接受的交通延误，或出现冒险驶入长度不足的主流间隙而危及安全时；

4）两相交公路的交通量虽未达到上述程度，但由于有相当数量的行人和非机动车穿越交叉而引起交通延误，甚至造成阻塞或交通事故时；

5）环形交叉的入口因交通量大而出现过多的交通延误时，则入口应采用信号管理。

8.1.5 平面交叉的类型及其适用范围

平面交叉口的形式取决于道路网的规划和周围建筑的情况，以及交通量、交通性质和交通组织。常见的形式有“十”字形、“T”字形及其演变而来的X形、Y形、错位、多路交叉等。这些交叉口在平面上的几何图形，由规划道高网和街坊建筑的形状所决定，一般不易改变。但在具体设计中，常因相交道路的功能、交通量、交通管理和组织方式，把交叉口设计成各具交通特点的形式，可归纳为加铺转角式、分道转弯式、扩宽路口式和环形交叉四类。

8.1.5.1 加铺转角式

加铺转角式是交叉口用适当半径的单圆曲线或复曲线平顺连接相交道路各个转角构成的平面交叉，如图8.3所示。此类交叉口形式简单、占地少、造价低、设计方便，但行车速度低，通行能力小。适用于交通量小、车速低、转弯车辆少的次要道路或地方道路；若斜交不大时，也可用于转弯交通量较小的主要道路与次要道路交叉。设计时主要解决合适的转角曲线半径和足够视距问题。

8.1.5.2 分道转弯式

分道转弯式是通过设置导流岛、划分车道等措施，使转弯车流以较大半径分道行驶的平面交叉，如图8.4所示。此类交叉口转弯车辆，尤其是右转弯车辆行驶速度和通行能力都较高。适用于车速较高，转弯车辆较多的主要道路。设计时主要解决分道转弯半径、保

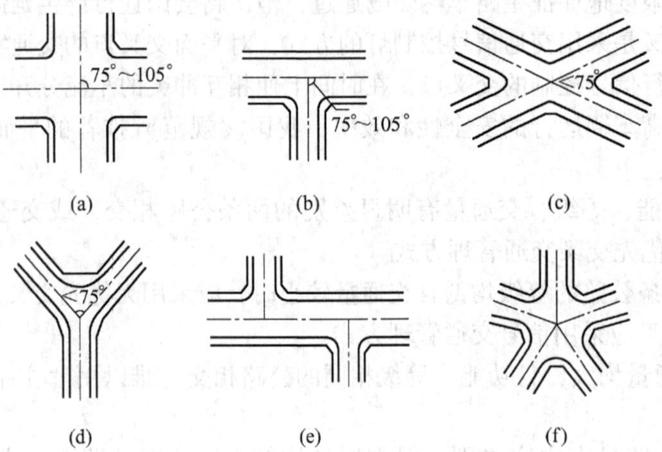

图 8.3　加辅转角式交叉口

（a）十字形；（b）T 形；（c）X 形；（d）Y 形；（e）错位交叉；（f）多路交叉

证足够的视距和满足导流岛端部半径的要求。

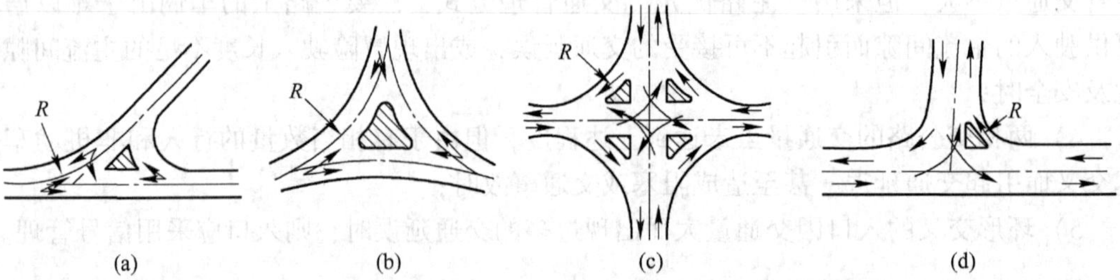

图 8.4　分道转弯式交叉口

8.1.5.3　扩宽路口式

扩宽路口式是为了使转弯车辆不影响其他车辆的正常行驶，在交叉口连接部增设变速车道和转弯车道的平面交叉。这种交叉可以单增右转或左转车道，也可以同时增设左右转弯车道，如图 8.5 所示。此类交叉口可减少转弯交通对直行交通的干扰，车速较高、事故率低、通行能力大，但占地多、投资较大。适用于交通量较大、转弯车辆较多的二级公路和城市主干路。设计时主要解决扩宽的车道数，同时也要满足视距和转角曲线半径的要求。

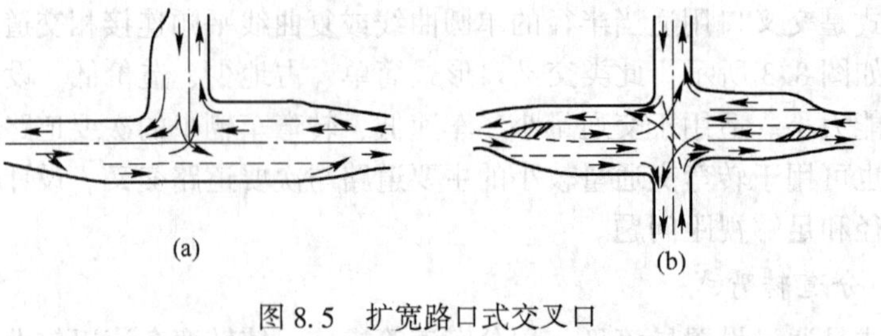

图 8.5　扩宽路口式交叉口

8.1.5.4　环形交叉

环形交叉是指在交叉口中央设置中心岛，用环道组织渠化交通，使进入环道的所有车辆一律按逆时针方向绕岛单向行驶，直至所要去的路口离岛驶出的平面交叉，俗称转盘，如图 8.6 所示。

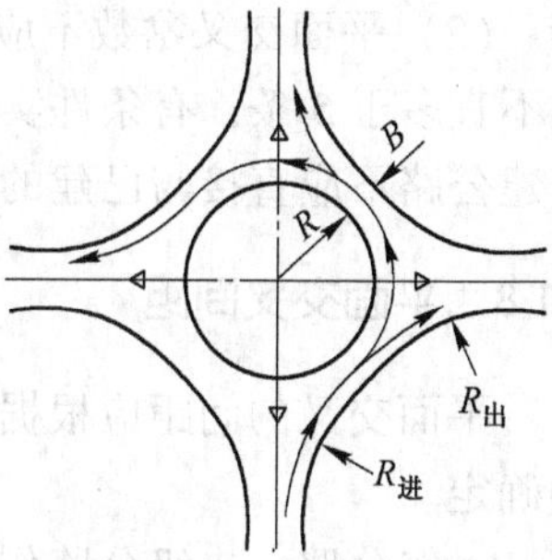

图 8.6 环形交叉口

驶入环形交叉口的各种车辆可连续不断地单向运行，没有停滞，减少车辆在交叉口的延误时间；环道上行车只有分流与合流，消灭了冲突点，提高了行车的安全性；交通组织简便，不需信号管制；对多路交叉和畸形交叉，用环道组织渠化交通更为有效；中心岛绿化可美化环境。但其占地面积大，城区改建困难；增加了车辆绕行距离，特别是左转弯车辆；一般造价高于其他平面交叉。

环形交叉适用于多条道路相交或转弯交通量较大，且地形较平坦时的交叉口。环形交叉一般能适应的交通量为 500~3000 辆/h，交通量更大时，会造成严重如图 8.6 所示的环形交叉口拥堵。在快速道路和交通量大的干线道路上、有大量非机动车和行人交通、位于斜坡较大地形及桥头引道上均不宜采用。按规划需修建立体交叉处，近期可采用环形平面交叉作为过渡形式，并预留远期改建为立交的可能性。

8.1.6 交叉口的设计速度

交叉口的交通岛、附加车道和转角曲线等各部分几何尺寸均取决于设计速度。交叉口的设计速度与路段设计速度密切相关，二者速差大时会因减速过大而影响行车安全，速差小而路段车速又高时仍有行车危险，对环形交叉又会造成用地过大和左转绕行过长等问题。

平面交叉范围内主要公路的设计速度，宜与路段设计速度相同。两相交公路的功能、等级相同或交通量相近时，平面交叉范围内的直行车道的设计速度可适当降低，但不应低于路段的 70%。次要公路因交角等原因改线，或因条件受限采用较低的线形指标时，可适当降低设计速度。

转弯车道的设计速度应根据路段设计速度、交通量、交叉类型、交通管理方式和用地情况等因素综合确定，或按变速行驶需要而定。交叉范围车辆变速的加、减速度见表 8.2。

表 8.2 加、减速度值 （m/s^2）

道路类型		加速度	减速度
城市道路		1.5	3.0
公路	主要公路	1.0	2.5
	次要公路	1.5	3.0

我国《城规》规定：交叉口内的设计速度应按各级道路设计速度的 0.5~0.7 倍计算，直行车取大值，转弯车取小值。

8.1.7 平面交叉交角与岔数

(1) 平面交叉的交角宜为直角。斜交时，其锐角应不小于 70°；受地形条件或其他特殊情况限制时，应不小于 60°。

(2) 平面交叉岔数不应多于4条，岔数多于4条时应采用环形交叉。环形交叉的岔数不宜多于5条，有条件实行“入口让路”规则管理时，应采用“入口让路”环形交叉。新建公路不应直接与已建的四岔或四岔以上的平面交叉相连接。

8.1.8 平面交叉间距

平面交叉的间距应根据公路功能、等级，及其对行车安全、通行能力和交通延误的影响确定。

一级公路、二级公路作为干线公路时，应优先保证干线公路的畅通，采取排除纵、横向干扰措施，平面交叉应保持足够大的间距，必要时可设置立体交叉。

一级公路、二级公路作为集散公路时，应合理设置平面交叉，宜将街道式的地方公路或乡村道路布置在与干线公路相交的次要公路上，或与主干公路平行而只提供有限出、入口的次要公路上。

一级公路、二级公路的平面交叉最小间距应符合表8.3规定。

表8.3 平面交叉口最小间距

公路等级	一级公路			二级公路	
公路功能	干线公路		集散公路	干线公路	集散公路
	一般值	最小值			
间距/m	2000	1000	500	500	300

为使平面交叉有足够的间距，规划和设计时应根据公路等级和功能，必要时限制平面交叉和出入口的数量，设置互通式立交、分离式立交、通道和天桥等。沿线开发程度高的路段，应将街道或小区道路布置在与公路相交的支路上，或平行于公路且与公路之间只提供有限出入口的辅道上。

8.2 交叉口的交通组织设计

8.2.1 车辆交通组织方法

车辆交通组织的目的就是保证交叉口上车辆行驶安全、通畅，提高交叉口的通行能力。常用的交通组织方法有设置专用车道、组织渠化交通、实行信号管制等。

8.2.1.1 设置专用车道

组织不同行驶方向的车辆在各自的车道上行驶，互不干扰。根据行车宽度和左、直、右行车辆的交通量大小可作出多种组合的车道划分，如图8.7所示。

图8.7 (a) 为左、直、右方向车辆组成均匀，各设一专用车道；

图8.7 (b) 为直行车辆很多且左右转也有一定数量时，设二条直行车道和左右转各一条车道；

图8.7 (c) 为左转车多而右转车少时，设一条左转车道，直行和右转共用一条车道；

图8.7 (d) 为左转车少而右转车多时，设一条右转车道，直行和左转共用一条车道；

图8.7 (e) 为左右转车辆都较少时，分别与直行车合用车道；

图 8.7（f）为行车道宽度较窄，不设专用车道，只划快慢车分道线；

图 8.7（g）为行车道宽度很窄时，快慢车也不划分。

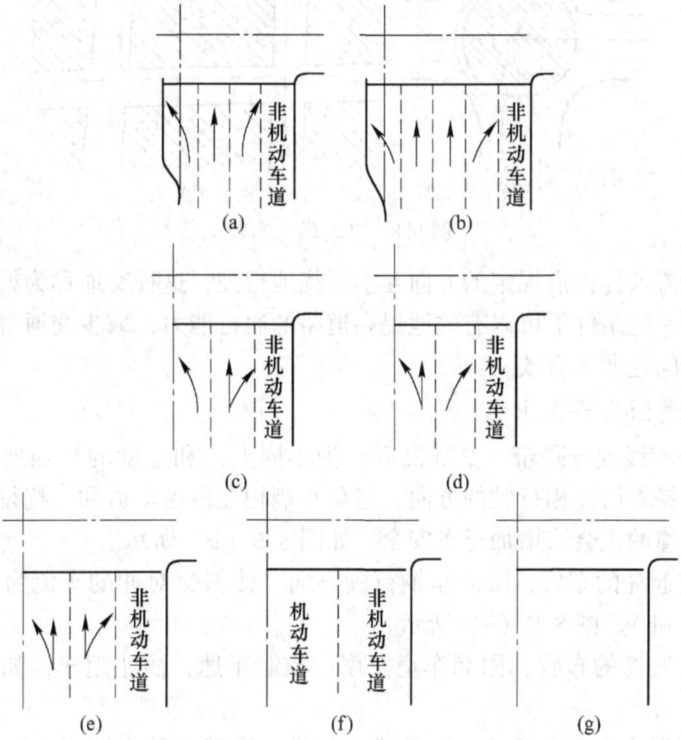

图 8.7 交叉口车道划分

8.2.1.2 左转弯车辆的交通组织

如前所述，左转弯车辆是引起交叉口车流冲突的主要原因，合理地组织左转弯车辆的交通，是保证交通安全，提高交叉口通行能力的有效方法。左转弯车辆交通组织方法可采用以下几种形式。

（1）设置专用左转车道。如图 8.7 所示，在行车道宽度内紧靠中线划出一条车道供左转车辆专用，以免阻碍直行交通如图 8.7（c）所示；若原有行车道宽度不够时，可向中线左侧适当扩宽设置专用左转车道如图 8.7（a）、图 8.7（b）所示。设置专用左转车道后左转车辆须在左转车道上等待开放或寻机通过，而不影响直行交通。

（2）实行交通管制。通过信号灯控制或交通警手势指挥，在规定时间内不准左转。

（3）变左转为右转：

1）环形交通。利用环道组织逆时针单向交通，变左转为右转，使冲突车流变为分流与合流，如图 8.8（a）所示。

2）街坊绕行。使左转车辆环绕邻近街坊道路右转行驶实现左转，如图 8.8（b）所示。这种方法绕街坊行程增加很多，通常仅用于左转车辆所占比例不大。旧城道路扩宽困难，或在桥头引道坡度大的十字形交叉口，为防止车辆高速下坡时直角转弯发生事故而采用。

8.2.1.3 组织渠化交通

在车道上画线，或用绿化带和交通岛来分隔车流，使各种不同类型和不同速度的车辆

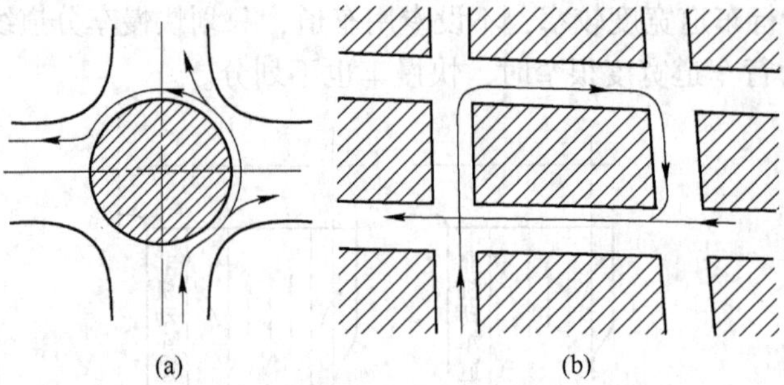

图 8.8　变左转为右转

能像渠道内的水流那样，沿规定的方向互不干扰地行驶，这种交通称为渠化交通。

渠化交通在一定条件下可以有效地提高道路的通行能力，减少交通事故。它对解决畸形交叉口的交通问题尤为有效。

A　渠化交通的主要作用

(1) 利用分车线或分隔带、交通岛等，把不同方向和速度的车辆划分车道行驶，使行人和司机很容易看清互相行驶的方向，避免车辆相互侵占车道和干扰行车路线，因而可减少车辆相互碰撞的机会，增加行车安全，如图 8.9 (a) 所示。

(2) 利用交通岛的布置，限制车辆行驶方向，使斜交对冲的车流为直角交叉或锐角交叉，如图 8.9 (b)、图 8.9 (c) 所示。

(3) 利用交通岛的布置，限制车道宽度，控制车速，防止超车，如图 8.9 (d)、图 8.9 (e) 所示。

(4) 可利用渠化交通设置的交通岛或分隔带，设置各种交通标志，并可作为行人过街时避让车辆的安全岛。

在交通量较大，车速较高的交叉口利用交通岛组织渠化交通时，还需考虑设置变速车道和候驶车道，如图 8.9 (f) 所示，以利左转弯车辆转向行驶和变速行驶的需要。

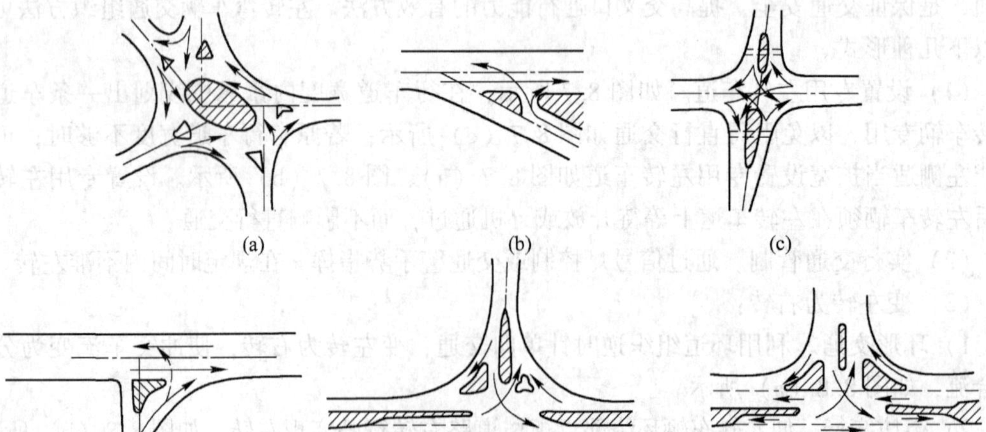

图 8.9　渠化交通

B　需进行平面交叉渠化设计的情况

我国《规范》规定，平面交叉进行渠化交通设计的情况如下：

（1）四车道及其以上的多车道公路的平面交叉，必须作渠化设计。

（2）二级公路的平面交叉，应作渠化设计。

（3）三级公路的平面交叉转弯交通量较大时，应作渠化设计。三、四级公路的平面交叉交通量较小时，可不作渠化设计。

C 渠化平面交叉中交通岛的常用类型

方向岛（又称导流岛）用以指引行车方向，它在渠化交通中起着很大作用。许多复杂的交叉口，往往只需用几个简单的方向岛，就能组织好交通，减少或消灭冲突点。方向岛还可用于约束车道，使车辆减速转弯，保证行车安全。

分隔岛是用来分隔机动车和非机动车、快速车和慢速车，以及对向行驶的车流，保证行车速度和交通安全的长条形交通岛，有时也可在路面上画线来代替分隔岛。

安全岛供行人过街时避让车辆之用。在宽阔的交通繁忙的街道上，宜在人行横道线中央设置安全岛，以保证行人过街安全。

中心岛是设在交叉口中央，用来组织左转弯车辆和分隔对向车流的交通岛。交通岛的开头为直线与圆曲线的组合图形，环形交叉中心岛的开头和尺寸详见 8.5.2 节述。导流用交通岛的要素如图 8.10 所示，其最小尺寸规定见表 8.4~表 8.6。

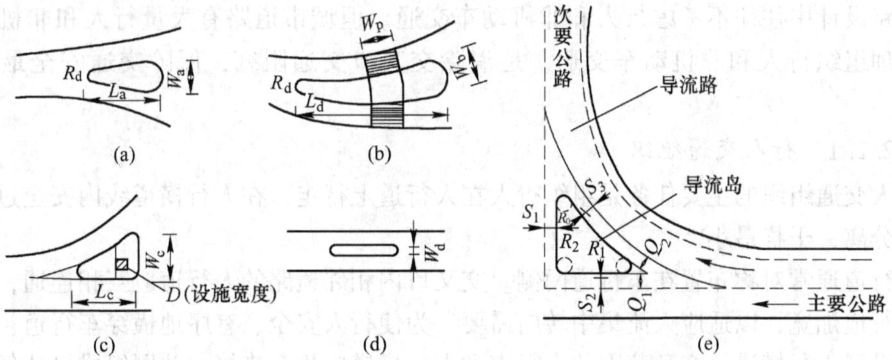

图 8.10 导流岛的要素

（a）只分隔交通流；（b）兼做安全岛；（c）设置设施；（d）无渐变段的分隔带；（e）导流岛的端部和移距

表 8.4 导流岛各要素最小值

图示		*a*			*b*			*c*		*d*
要素名称		W_a	L_a	R_a	W_b	L_b	R_b	W_c	L_c	W_d
最小值	市区道路	1.0	3.0	0.5	1.5	4.0	0.5	D+1.0	5.0	1.0
	公路及郊区道路	1.5	5.0	0.5	2.0	5.0	0.5	D+1.5	5.0	1.5

表 8.5 导流岛偏移距、内移距

设计速度 /km·h^{-1}	偏移距/m			内移距/m		
	S_1	S_2	S_3	S_1	S_2	S_3
80	1.0	3.0	80	1.0	3.0	1.0
60	1.5	5.0	60	1.5	5.0	1.5
50 以下	0.5	0.5	0.5	0.5	0.5	0.5

表 8.6 导流岛端部半径

R_1/m	R_2/m	R_3/m
0.5	0.5~1.0	0.5~1.5

当导流岛很大时，端部内移距在主要道路一侧按 1/10~1/20 过渡，次要道路一侧为 1/5~1/10。

各种交通岛的面积在城区不小于 5m^2，其他地区不小于 7m^2。用路缘石标界的交通岛一般高出路面 15~25cm，有行人通过时高出路面 12~15cm。

8.2.1.4 调整交通组织

当旧城道路改建困难时，可对城市道路网综合考虑，采取改变交通路线，限制车辆行驶，控制行驶方向，组织单向交通，以及适当封闭一些主要干道上的支路等措施，简化交叉口交通，提高整个道路网的通行能力。

8.2.1.5 采用自动控制的交通信号指挥系统，提高行车速度和通行能力

8.2.2 行人及非机动车交通组织

公路设计中往往不考虑行人和非机动车交通。但城市道路有大量行人和非机动车存在，合理组织行人和非机动车交通，是消除交叉口交通阻塞，保障交通安全最有效的方法。

8.2.2.1 行人交通组织

行人交通组织的主要任务是组织行人在人行道上行走，在人行横道线内安全过街，使人、车分离，干扰最小。

人行道通常对称布置在车行道两侧。交叉口内相邻道路的人行道应互相连通，并将转角处人行道加宽，以适应人流集中转向需要。为使行人安全、有序地横穿车行道，应在交叉路口设置人行横道。交叉范围的人行道和人行横道应相互连接，共同组成可达任意方向的步行道网，尽量不将吸引大量人流的公共建筑的出入口设在交叉口上。

若人、车流量较大且车行道较宽时，应在人行横道中间设安全岛；必要时在转角处用栏杆将人、车隔离，人行横道两端设置信号灯。

当交叉口宽阔、人流量多、车流量大且车速高时，可考虑设置人行天桥或人行地道，这是行人交通组织最彻底、最有效的办法。交叉口处的人行道除满足行人通过外，还应为过街行人提供等待场地，其宽度原则上不小于路段人行道的宽度。若因设置附加车道不得已压缩人行道时，应根据人流量决定最小宽度。拟设人行天桥或地道时，人行道还应考虑梯道或坡道出入口宽度。在人行道上除必要的道路标志、交通信号、照明及栏杆等外，不允许布置其他设施，以保证人行道的有效宽度。

人行横道应设置在驾驶员容易看清的位置，标线应醒目。人行横道一般可布置在交叉口人行道的延续方向后退 4~5m 的地方，如图 8.11（a）所示。当转角半径较大时可将人行横道设在圆弧段内，如图 8.11（b）所示。原则上人行横道应垂直于道路设置，可使行人过街距离最短；但当道路斜交时，为避免行人不拐直角弯及扩大交叉口交通面积，人行横道可与相交道路平行，如图 8.11（c）所示。T 形和 Y 形交叉口人行横道可按图 8.11

(d)、图 8.11 (e) 设置。

人行横道的宽度主要取决于过街人流量的大小，一般应比路段人行道宽些。其最小宽度为 4m，当过街人流量较大时，可适当加宽，但不宜超过 8m。人行横道的长度与路口信号显示时间有关。一次横穿过长的距离会使过街行人思想紧张，尤其对行走迟缓的人，会感到很不安全。当机动车车道数大于或等于 6 条，或人行横道长度大于 30m 时，应在道路中线附近设置宽度不小于 1m 的安全岛。

在设置信号灯控制或设置停车标志的交叉口，应在路面上标出停车线，指明停车位置。对无人行横道的交叉口，在不影响相交道路交通的条件下，停车线应尽量靠近交叉口，以减小交叉口的范围，提高通行能力。当有人行横道时，停车线应布置在人行横道线后至少 1m 处，并应与人行横道平行，如图 8.11 所示。

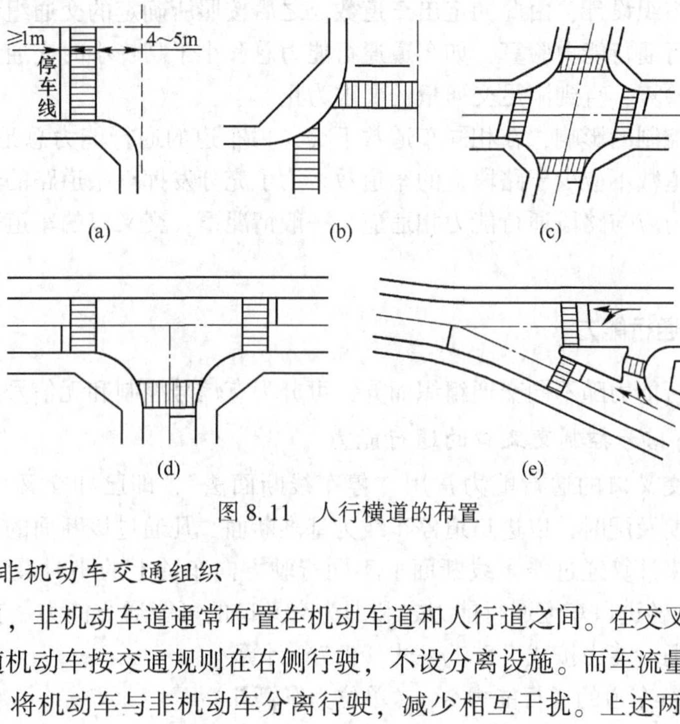

图 8.11 人行横道的布置

8.2.2.2 非机动车交通组织

在交叉路口，非机动车道通常布置在机动车道和人行道之间。在交叉口内，一般车流量下非机动车随机动车按交通规则在右侧行驶，不设分离设施。而车流量较大时，可采用分隔带（或墩）将机动车与非机动车分离行驶，减少相互干扰。上述两种情况与机动车交通组织共同考虑。

当车流量很大，机动车、非机动车之间干扰严重时，可考虑采用立体非机动车交通组织，并与人行天桥或地道一起考虑。上下人行天桥或地道可用梯道、坡道组成混合式。一般行人宜用梯道型升降方式；非机动车应采用坡道型；非机动车较多，又因地形或其他理由不能设坡道时，可用梯道带坡道的混合型升降方式。

8.3 交叉口的车道数及通行能力

8.3.1 交叉口的车道数

交叉口各相交道路的车道数，应根据交通控制方法、交通量、车道的通行能力及交叉处用地条件等决定。在城市道路上还应考虑大量非机动车交通存在的需要。

从渠化交通考虑，交叉口最好按车种和方向分别设置专用车道，以使左、直、右机动车和非机动车能在各自的专用车道上排列停候或行驶，避免相互干扰，提高通行能力。但在交通量较小的道路上设置过多的车道是不经济的，可考虑车道混合行驶。

在确定交叉口的车道数和车道宽度时，必须考虑到我国城市目前自行车交通日益发展的客观需要，尽可能组织机动车和非机动车分流行驶，以保证交通安全。

交叉口设置的车道数，其通行能力的总和必须大于高峰小时交通量的要求，否则，交叉口会产生交通拥挤和阻塞的现象。

交叉口的车道数可按以下方法确定：

首先选定交叉口的形式，然后根据设计年限的高峰小时交通量和不同行驶方向的交通组成，进行交通组织设计，由此初定出车道数。之后按照所确定的交通组织设计方案，对初定的车道数进行通行能力验算，如车道通行能力总和小于高峰小时交通量的要求，则必须增加车道重新验算，直到满足交通量的要求为止。

由于受信号控制的影响，在相同车道数下交叉口车道的通行能力总是比路段上要小，所以交叉口的车道数不应少于路段上的车道数。为了充分发挥整条道路的通行能力，交叉口的设计通行能力应与路段通行能力相适应，一般情况下，交叉口的车道数宜比路段至少多设一条。

8.3.2 交叉口的通行能力

交叉口的通行能力随不同交通组织而异，可分为有信号控制和无信号控制两类。

8.3.2.1 有信号控制交叉口的通行能力

有信号控制交叉口的通行能力常用“停车线断面法”，即已知交叉口处车道使用规定、信号显示周期及配时，以进口道停车线为基准断面，凡通过该断面的车辆即认为已通过交叉口，据此来计算通过停车线断面上不同行驶方向车道上的小时最大通过量（即该车道通过能力）。各进口车道通行能力之和即为交叉口的可能通行能力。交叉口停车线断面上不同车道的通行能力按式（8.2）~式（8.7）计算：

（1）一条直行车道的通行能力 $N_{直}$（单位为车辆/h）：

$$N_{直} = \frac{3600}{T} \times \frac{T_g - \frac{v_s}{2a}}{t_s} \tag{8.2}$$

式中 T——信号周期，s，一般 60~90s。

T_g——一个周期的红绿灯时间，s。

v_s——直行车辆通过交叉口的车速，m/s。

a——平均加速度，m/s^2，据观测，小型车为 0.6~0.7m/s^2，中型车为 0.5~0.6m/s^2，大型车为 0.4~0.5m/s^2；

t_s——直行车平均车头距，s，据观测，车多时为 2.2~2.3s，车少时为 2.7~2.8s，平均 2.5s，大型车为 3.5s。

（2）一条右转车道的通行能力 $N_{右}$（单位为车辆/h）：

$$N_{右} = \frac{3600}{t_r} \tag{8.3}$$

式中 t_r——右转车平均车头距。

（3）一条左转车道的通行能力 $N_{左}$（单位为车辆/h）。

1）有左转信号灯：

$$N_{左} = \frac{3600}{T} \times \frac{T_1 - \frac{v_1}{2a}}{t_1} \tag{8.4}$$

式中 T_1——一个周期的红绿灯时间，s。

v_1——左转车辆通过交叉口的车速，m/s。

t_1——左转车平均车头距，s，取2.5s。

2）无左转信号灯：

①利用绿灯时间。当有左转专用车道而无左转信号显示时，驶入左转车道的车辆，只能利用绿灯时间在对向直行车流中寻找可穿越空当实现左转。据实测，可穿越时距约为8s，直行车头时距约为3.5~4s，故穿越时距约为直行车头时距的2倍。假设平均两个直行车位的空当可供一辆左转车穿越，则每个周期可穿越的左转车辆 n_1（单位为辆/周期）最多等于一条直行车道一个周期的通行能力减去每个周期实际到达的直行车除以2。

②利用黄灯时间。黄灯亮时通过车数 n_2 为：

$$n_2 = \frac{T_y - \frac{v_1}{2a}}{t_1} \tag{8.5}$$

式中 T_y——每周期黄灯时间，s。

因此，一条左转车道的通行能力为：

$$N_{左} = \frac{3600}{T}(n_1 + n_2) \tag{8.6}$$

（4）一条直左混行车道的通行能力 $N_{直左}$（单位为车辆/h）。一条车道上有直、左混行时，因去向不同而相互干扰，甚至会停车，应乘以折减系数K。据观测，左转车通过时间约为直行车的1.5倍，则：

$$N_{直左} = N_{直}\left(1 - \frac{\beta_1}{2}\right)K \tag{8.7}$$

式中 β_1——直左车道中左转车所占比例；

K——折减系数，取0.7~0.9。

（5）一条直右混行车道的通行能力等于一条直行车道的通行能力。

（6）一条直左右混行车道的通行能力等于一条直左混行车道的通行能力。

8.3.2.2 无信号控制交叉口的通行能力

无信号控制交叉口一般是指主要道路与次要道路相交时，因次要道路交通量不大，可不设交通信号控制，根据主要道路优先通行的交通规则，次要道路上的车辆必须等待主要道路上的车辆之间出现足够长的间隔时间而通过交口。

主要道路上的车流可视为无交叉的连续交通流，则车辆间出现的间隔服从负指数分布，但并非所有间隔都可供次要道路上车辆汇入或穿越，只有当出现的间隔大于临界间隔（即 50%的驾驶员可以接受）时才有此可能。当出现大的间隔时，次要道路上的第二辆及后继车辆可跟随进入交叉口，其相隔的车头时距为 A。则次要道路单向可通过的最大车辆数 $Q_{次}$（单位为辆/h）。

$$Q_{次} = \frac{Q(e^{-qa})}{1 - e^{-q\beta}} \tag{8.8}$$

式中　Q——主要道路双向交通量，辆/h；

q——主要道路交通流率，辆/s，$q=\dfrac{Q}{3600}$；

a——主要道路临界间隔时间，s，对停车标志控制的交叉口为 6~8s，对让路标志为 5~7s；

β——次要道路最小车头时距，s，对停车控制标志的为 5s，对让路标志位 3s。

主要道路的双向交通量与次要道路最大交通量之和即为无信号交叉口的可能通行能力。

8.4　交叉口视距与圆曲线半径

8.4.1　交叉口的视距

8.4.1.1　通视三角区

为了保证交叉口行车安全，驾驶员在进入交叉口前一段距离内，应能看到相交道路上的行车情况，以便能及时采取措施顺利驶过或安全停车。这段必要的距离应该大于或等于停车视距。

由相交道路上的停车视距所构成的三角形称为通视三角区。在其范围内不能有任何阻挡驾驶员视线的障碍物，如图 8.12 所示。通视三角区应以最不利的情况来绘制，绘制的方法和步骤为：

（1）确定停车视距。可用前述停车视距计算式计算。

（2）找出行车最危险冲突点。不同形式交叉口的最危险冲突点的找法不尽相同。对常见的十字形和 T 形交叉口的最危险冲突点可按下述方法寻找。

对十字形交叉口，如图 8.12（a）所示，最靠右侧第一条直行机动车道的轴线与相交道路最靠中心线的第一条直行车道的轴线所构成的交叉点为最危险的冲突点。

对 T 字形交叉口，如图 8.12（b）所示，直行道路最靠右侧第一条直行车道的轴线与相交道路最靠中心线的第一条左转车道的轴线所构成的交叉点为最危险的冲突点。

（3）从最危险的冲突点向后沿行车轨迹线各量取停车视距。

（4）连接末端构成通视三角区。

条件受限制不能保证由停车视距所构成的通视三角区，则应保证主要公路的安全交叉停车视距和次要公路至主要公路边车道中心线 5~7m 所组成的通视三角区。

8.4.1.2　识别距离

识别视距是指车辆以一定的车速行驶中，在临近道路的出（入）口区域，驾驶员自看清前方分流、合流、交叉、渠化、交织等各种行车条件变化时的导流设施、标志、标线，做出制动减速、变换车道等操作，至变化点前，使车辆达到必要的行驶状态所需要的最短行驶距离。

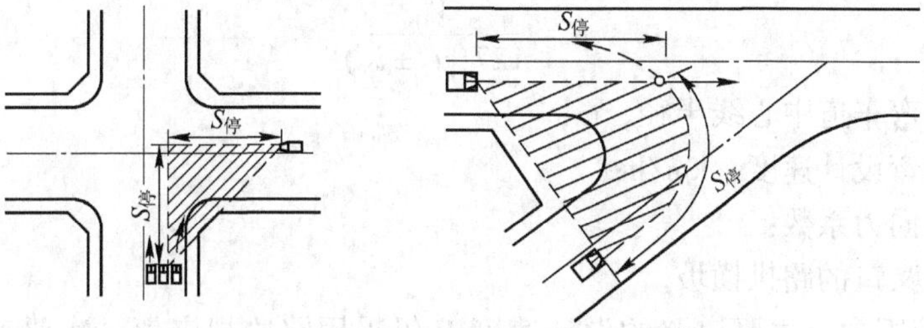

图 8.12 通视三角区
（a）十字形；（b）T 字形

（1）无信号控制的交叉口。对无任何信号控制的交叉口，可采用各相交道路的停车视距。

（2）有信号控制的交叉口。对有信号控制的交叉口，在车辆正常行驶条件下，识别距离为使驾驶员能看清交通信号和显示内容，能有足够时间制动减速、直至停车。但这种制动停车并非急刹车。因此，有信号控制交叉口的识别距离可用式（8.9）计算：

$$S_s = \frac{V}{3.6}t + \frac{V^2}{26a} \tag{8.9}$$

式中 S_s——交叉口的识别距离，m；

V——路段设计速度，km/h；

a——减速度，m/s^2；

t——识别时间，s。

识别时间包括驾驶员的反应时间和制动生效时间。在公路上识别时间可取 10s；在城市道路上因交叉口较多，驾驶员对其存在已有思想准备，识别时间可取 6s。

（3）停车标志控制的交叉口。对停车标志控制的交叉口，一般为主要道路与次要道路交叉，主次关系明确，而且对标志的识别要比对信号容易。信号控制及停车控制标志交叉口的识别距离见表 8.7，在此范围内不能有任何障碍物。

表 8.7 交叉口的识别距离

设计速度 /km·h^{-1}	信号控制交叉口				停车标志控制交叉口	
	公路		城市道路		计算值	采用值
	计算值	采用值	计算值	采用值		
80	348	350				
60	237	240	171	170	104	105
40	143	140	99	100	54	55
30	102	100	68	70	35	35
20	64	60	42	40	19	20

8.4.2　平面交叉的曲线半径设计

相交道路的最小圆曲线半径可按式（8.10）计算：

$$R = \frac{V^2}{127(\mu \pm i_b)} \tag{8.10}$$

式中　R——转弯车道中心线半径，m；

V——转弯设计速度，km/h；

μ——横向力系数；

i_b——交叉口的路拱横坡。

在交叉口范围内，主要道路的设计速度 V 仍采用路段规定值，次要道路可取路段的 0.7 倍；横向力系数 μ 可按不同设计速度在 0.15～0.20 之间选用；超高横坡 i_b 以不大于 2%为宜，最大不应超过 6%。

当右转弯车辆比较多时，为保证右转车辆能以规定速度分道行驶，应对最小转弯半径加以限制。在右转车辆设计速度已确定的条件下，取 μ=0.16～0.20，最小圆曲线半径的一般值采用 i_b=2%计算，极限值用 i_b=6%计算。

各级公路转弯车道中心线半径按鞍式列车控制设计，在各种转弯速度情况下，路面内缘的最小圆曲线半径规定见表 8.8。

表 8.8　路面内缘的最小半径

转弯半径/km · h^{-1}	≤15	20	25	30	40	50	60	70
最小半径/m	15	20（15）	25（20）	30	45	60	75	90
最小超高/%	2	2	2	2	3	4	5	6
最大超高/%	一般值：6；极限值：8							

右转弯路面边缘线形应符合车辆转弯时的行迹。非渠化平面交叉以载重汽车为主，转弯路面边缘可采用半径 15m 的圆曲线。当按鞍式列车设计时，路面边缘可采用符合转弯行迹的复曲线。渠化平面交叉的右转弯车道，其内侧路面边缘应采用三心圆复曲线；左转弯内侧路面边缘以一单圆曲线来控制分隔岛端的边缘线。

8.5　环形交叉口设计

8.5.1　环形交叉口的平面形式与布置

平面环形交叉是一种利用环岛组织交通的形式。在交叉口的中间设置一个面积较大的中心岛，使相交道路上驶入交叉口的车辆一律绕岛作逆时针单向行驶，直至所要去的路口驶离环岛。

环形交叉的平面布置形式，必须按地点环境、交通分布情况进行设计，同时也应考虑到交通量的增长情况，留有余地。较大的环形交叉不仅可以增加通行能力，有利于车流顺畅，而且可以减少由于交通量的突增而引起的交通阻塞的可能性。

环形交叉的平面形式主要取决于中心岛的形状，一般有圆形、长圆形、方圆形、椭圆形、卵形、菱形圆角等，如图 8.13 所示。

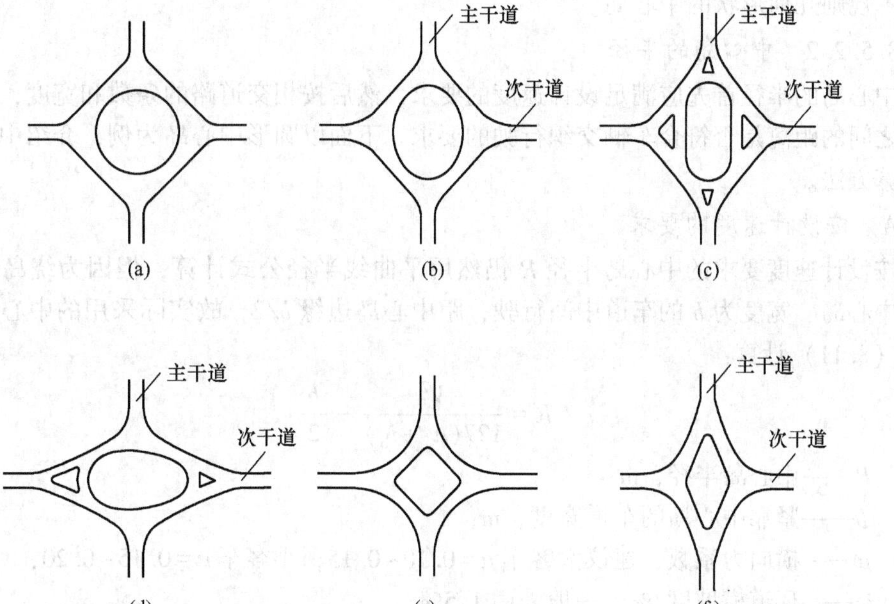

图 8.13 环形交叉平面形式
（a）圆形；（b）椭圆形；（c）长圆形；（d）卵形；（e）方形圆角；（f）菱形圆角

环形交叉布置的规模，与中心岛和环岛的大小有关。中心岛的半径、环岛长度需要满足车辆交织所需的长度，而交织段取决于车速和交通量。故环形交叉的规模主要根据车速、交通量大小和性质确定。

环形交叉的布置应尽量避免入口角过小，车辆不能直线驶入；另外，还要根据交通量的大小和交角来确定形式。如相交道路为对称形式，交角等于或接近直角时，中心环岛可布置成对称形式；如相交道路的线形和交角非对称，则不能单纯追求对称的几何图形，而应以交通顺畅为主，设置成曲线或曲线与直线相结合的不对称图形。

在设计环形交叉时，一般可做出若干环交形式的方案进行比较，同时应计算其交织段的通行能力，以确定通行能力的要求。

8.5.2 中心岛的形状和半径

环形交叉口的组成如图 8.14 所示。

8.5.2.1 中心岛的形状

中心岛的形状应根据交通流特性、相交道路的等级和地形地物等条件确定。原则上应保证车辆能以一定速度顺利完成交织运行，有利于主要道路方向车辆行驶方便；应满足交叉所在地的地形、地物和用地条件的限制。

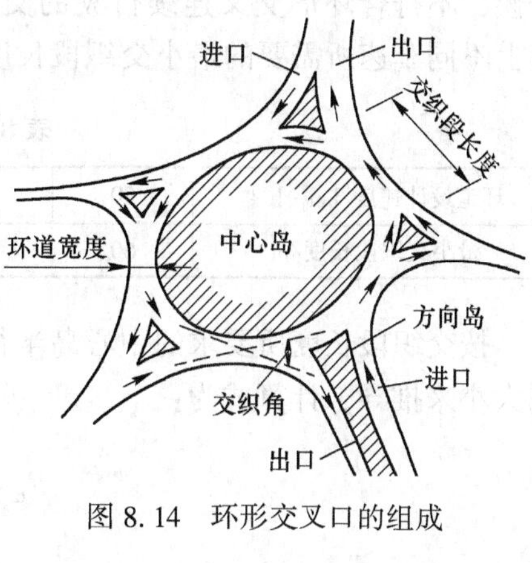

图 8.14 环形交叉口的组成

中心岛的形状一般多用圆形，有时也用圆角方形和菱形；主次道路相交时宜采用椭圆形；交角不等的畸形交叉可采用复合曲线形。此外，结合地形、地物和交角等，也可采用其他规则或不规则几何形状的中心岛。

8.5.2.2　中心岛的半径

中心岛的半径首先应满足设计速度的要求，然后按相交道路的条数和宽度，验算相邻道口之间的距离是否符合车辆交织行驶的要求。下面以圆形中心岛为例，介绍中心岛半径的计算方法。

A　按设计速度的要求

按设计速度要求的中心岛半径 R 仍然用平曲线半径公式计算，但因为绕岛车辆是在紧靠中心岛、宽度为 b 的车道中间行驶，距中心岛边缘 $b/2$，故实际采用的中心岛半径应按式（8.11）计算：

$$R = \frac{V^2}{127(\mu \pm i_b)} - \frac{b}{2} \tag{8.11}$$

式中　R——中心岛半径，m；

b——紧靠中心岛的车道宽度，m；

μ——横向力系数，建议大客车 $\mu = 0.10 \sim 0.15$，小客车 $\mu = 0.15 \sim 0.20$；

i_b——环道横坡度，%，一般采用 1.5%；

V——环道设计速度，km/h。国外一般采用路段设计速度的 0.7 倍，我国实测资料：公共汽车为 0.5 倍，载重车为 0.6 倍，小客车为 0.65 倍，供参考。

B　按交织段长度的要求

所谓交织就是两条车流汇合交换位置后又分离的过程。进环和出环的两辆车，在环道行驶时相互交织，交换一次车道位置所行驶的距离，称为交织长度。交织长度的长短主要取决于车辆在环道上的行驶速度。当相邻路口之间有足够的距离，使进环和出环的车辆在环道上均可在合适的机会相互交织连续行驶，该段距离称为交织段长度。其位置大致可取相邻道路机动车道外侧边缘延长线与环道中心线交叉点之间的弧长，如图 8.15 所示。中心岛半径必须满足两个路口之间最小交织段长度的要求；否则，在环道上行驶中需要互相交织的车辆，就要停车等候，不符合环形交叉连续行驶的交通特征。环道上不同车速所需要的最小交织段长度见表 8.9。

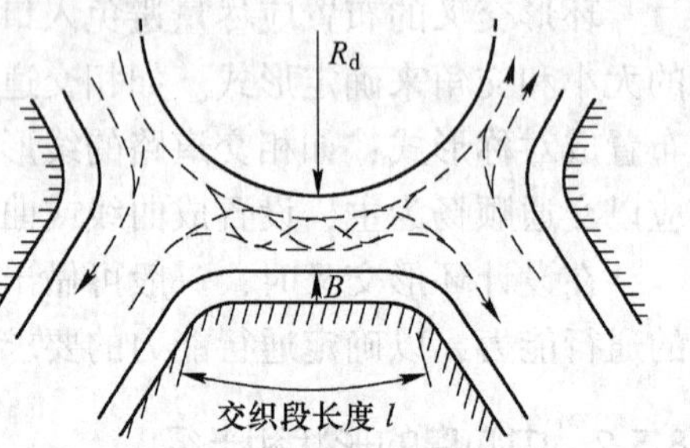

图 8.15　交织段长度

表 8.9　最小交织段长度

环道设计速度/km·h⁻¹	50	45	40	35	30	25	20
最小交织段长度/m	60	50	45	40	35	30	25

按交织段长度所要求的中心岛半径 R_d（单位为 m），近似地按交织段长度所围成的圆周大小来推导，计算式为：

$$R_d = \frac{n(l + B_p)}{2\pi} - \frac{B}{2} \tag{8.12}$$

式中 n——相交道路的条数；

l——相邻路口之间的交织段长度，m；

B——环道宽度，m；

B_p——相交道路的平均路宽，m。中心岛为圆形，交汇道路为十字正交时，$B_p=(B_1+B_2)/2$，其中 B_1 和 B_2 分别为相邻路口车行道宽度。

由式（8.12）可知，交叉口相交道路的条数越多，为保证最小交织段长度的要求，则中心岛的半径就越大，将会大大增加交叉口的用地面积和车辆在环道上的绕行距离，这样既不经济也不合理。因此，环形交叉口的相交道路以不多于6条为宜。

对四路相交的环形交叉口，一般用式（8.11）和式（8.12）分别计算中心岛半径，然后选取较大者。对中心线夹角差别较大或多路交叉口，也可以先按式（8.1）确定中心岛的半径 R，然后再按式（8.13）验算其交织段长度 l（单位为 m）是否符合要求：

$$\left.\begin{aligned} l &= \frac{2\pi}{n}\left(R+\frac{B}{2}\right)-B_p \\ l &= \frac{\pi\alpha}{180}\left(R+\frac{B}{2}\right)-B_p \end{aligned}\right\} \tag{8.13}$$

式中 α——相交道路中心线的夹角，（°），当夹角不等时，用最小夹角验算。

当用式（8.13）计算的 l 大于最小交织段长度时，符合要求；否则，增大 R 重新验算，直至符合为止。根据实践经验，中心岛最小半径见表8.10，可供参考。

表8.10 中心岛最小半径

环道设计速度/$km \cdot h^{-1}$	40	35	30	25	20
中心岛最小半径/m	60	50	35	25	20

8.5.3 环道的宽度

环道即环绕中心岛单向行车带，其宽度取决于相交道路的交通量和交通组织。一般地，靠近中心岛的1条车道作绕行之用，最靠外侧的1条车道供右转弯之用，中间的1~2条车道为交织之用，这样，环道上一般设计3~4条车道。实践证明，车道过多，不仅难于利用，反而易使行车混乱，导致不安全。据观测，当环道车道数从2条增加到3条时，通行能力提高得最为显著；而当车道数增加到4条以上时，通行能力增加得很少。因为车辆在绕岛行驶时需要交织，在交织段长度小于2倍的最小交织段长度（考虑占地和经济性，一般不可能超过2倍）范围内，车辆只能顺序行驶，不可能同时出现大于两辆车交织。所以，不论车道数设计多少条，在交织断面上只能起到1条车道的作用。

因此，环道的车道数一般采用3条为宜；如交织段长度较长时，环道车道数可布置4条；若相交道路的车行道较窄，也可设2条车道。

如果采用3条机动车道，每条车道宽3.50~3.75m，并按前述弯道加宽中单车道部分的加宽值，当中心岛半径为20~40m时，则环道机动车道的宽度一般为15~16m。

对非机动车交通可与机动车混行或分行布置，为保证交通安全，减少相互干扰，一般以分行为宜，可用分隔带（或墩）或标线等分隔。非机动车道宽度应视具体情况而定，一般不小于相交道路中的最大非机动车行车道宽度，也不宜超过8m。

8.5.4　交织角

交织角是进环车辆轨迹与出环车辆轨迹的平均相交角度。它以距右转机动车道的外缘 1.5m 和中心岛边缘 1.5m 的两条切线交角来表示，如图 8.16 所示。

交织角的大小取决于环道的宽度和交织段长度。环道宽度越窄，交织段长度越大，则交织角越小，行车就越安全。但交织段要长，中心岛半径就要增大，占地也要增加。根据经验，交织角以控制在 20°～30°之间为宜。通常在交织段长度已有保证的条件下，交织角多能满足要求。

8.5.5　环道外缘线形及进出口曲线半径

从满足交通需要和工程节约考虑，环道外缘平面线形不宜设计成反向曲线形状，如图 8.17 中虚线。据观测，这种形状在环道的外侧约有 20%的路面（图 8.17 中阴影部分）无车行驶，这既不合理也不经济。实践证明，环道外缘平面线形宜采用直线圆角形或三心复曲线形状，如图 8.17 中实线所示。

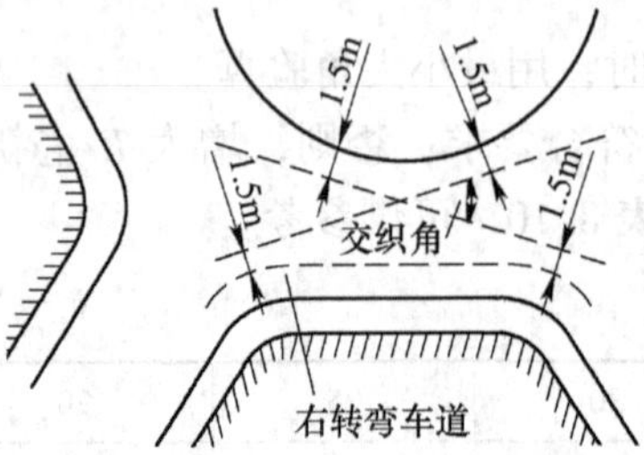

图 8.16　交织角

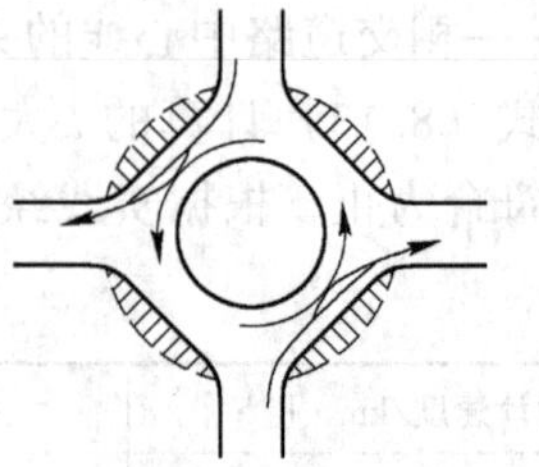
图 8.17　环道外缘线形

环道进、出口的曲线半径取决于环道的设计速度。为使进环车辆的车速与环道车速相适应，应对进环车辆的车速加以限制。一般，环道进口曲线半径采用接近或小于中心岛的半径，而且各相交道路的进口曲线半径不要相差太大。环道出口的曲线半径可较进口曲线半径大一些，以便车辆加速驶出环道。

8.5.6　环道的横断面

环道的横断面形状对行车的平稳和路面的排水有很大关系，而横断面的形状又取决于路脊线的选择。通常，环道横断面的路脊线设在交织车道的中间，若机动车与非机动车之间没有分隔带，其路脊线也可设在分隔带上。环道路脊线通过设于进、出口之间的三角形方向岛或直接与交汇道路的路脊线相连。如图 8.18 所示，图中虚线为路脊线，箭头指向为排水方向。显然，应在中心岛的周围设置雨水口，以保证环道内不产生积水；另外，进出环道处的横坡度宜缓一些。

8.5.7　环形交叉口的通行能力

环形交叉口的交通特点是所有驶入交叉口的车辆一律环绕中心岛作逆时针行驶，所有直行和左转车辆都要交织行驶，不论其车道数设置多少条，在交织段长度小于 2 倍的最小交织段长度时，其通行能力只能达到一条车道的最大理论值。现以四路相交为例求算环形交叉口总的通行能力，如图 8.19 所示。

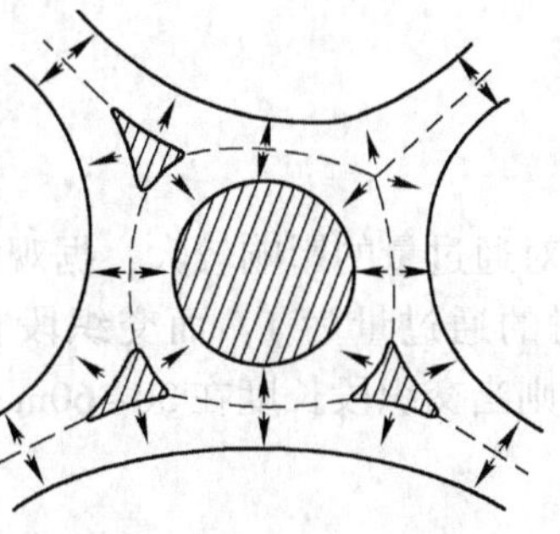

图 8.18　环道的路脊线

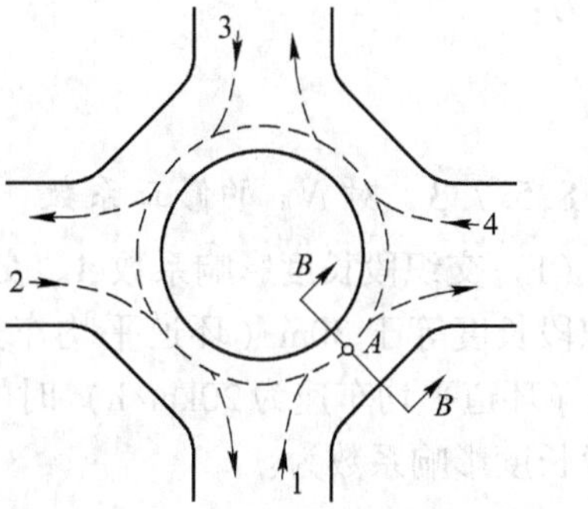

图 8.19　四路相交计算图式

8.5.7.1　如果环道上只设一条机动车道

如果环道上只设一条机动车道，此时通过任意交织断面 B-B 的左、直、右车辆都必须顺序驶过 A 点。该点的通过量 N_A（单位为辆/h）为：

$$N_A = N_{右1} + N_{直1} + N_{左1} + N_{直2} + N_{左2} + N_{左3} \tag{8.14}$$

一般各进口道驶入的车辆相差不大，现假设各进口道的左、直、右行交通量均相等，则：

$$N_A = N_{右} + 2N_{直} + 3N_{左}$$

若再假设各进口道的左转和右转大致相等，即 $N_{右} = N_{左}$，则：

$$N_A = 2(N_{右} + N_{直} + N_{左})$$

即整个环道的通过量 $N_{环}$（单位为辆/h）为：

$$N_{环} = 4(N_{右} + N_{直} + N_{左}) = 2N_A \tag{8.15}$$

同理，对五路相交的环形交叉口，其环道的总通行能力也可参照式（8.15）计算。

8.5.7.2　如果环道上的机动车道数不少于 2 条

如果环道上的机动车道数不少于 2 条，其中有一条为右转车道，其余为绕岛和交织行驶车道。由于右转车不参与交织，则环形交叉口的总通过量 $N_{总}$（单位为辆/h）为：

$$N_{总} = N_{直、左} + N_{右} \tag{8.16}$$

式中　$N_{直、左}$——各交汇道路进口道的直行和左转车通过量，辆/h；

$N_{右}$——各交汇道路进口道的右转车通过量，辆/h。

当交汇道路驶入环道的交通量基本相等，且左右车辆比例基本相同时，则有：

$$N_{直、左} = 2N_A = 2 \cdot \frac{3600}{t_i} \tag{8.17}$$

式中　t_i——直行和左转车辆通过交织断面的车头时距，s。据观测，正常行驶时为 3.6s；机动车高峰时为 3.1s；非机动车高峰时为 3.6~3.9s。

设右转车辆占总交通的百分比为 β_r，则：

$$N_{右} = N_{总} \cdot \beta_r = (N_{直、左} + N_{右})\beta_r$$

解此式得：

$$N_{右} = N_{直、左} \frac{\beta_r}{1-\beta_r} = \frac{7200}{t_i} \times \frac{\beta_r}{1-\beta_r} \tag{8.18}$$

将式（8.17）、式（8.18）代入式（8.16）并整理，得环形交叉口的总通行能力 $N_{总}$ 为：

$$N_{总} = \frac{7200}{t_i(1-\beta_r)} \tag{8.19}$$

8.5.7.3 对 $N_{总}$ 的修正系数

（1）交织段长度影响系数 A。交织段长度的大小对通过量的影响较大，据观测，如以交织段长度等于 30m（环道平均车速为 17km/h）时的通过量为 1，而交织段长度等于 60m（环道平均车速为 20km/h）时的通过量为 1.2，则当交织段长度在 30~60m 之间的交织段长度影响系数为：

$$A = \frac{3l}{2l+30}$$

式中 l——交织段长度，m。

当 l>60m 时，上式计算结果只能作参考。

（2）车辆分布不均影响系数 B。由于环道上车流的不均匀性，应考虑车辆分布不均的影响。根据经验，B=0.75~0.8 为宜。

8.5.7.4 环形交叉口的可能通行能力

$$N_{总} = \frac{7200}{t_1(1-\beta_r)} \cdot \frac{3l}{2l+30} \cdot B \tag{8.20}$$

此式中的系数 A 和 B 是按大型车占 60%、小型车占 30%、挂车占 10%的比例求得的。

8.6 交叉口的立面设计

8.6.1 平面交叉口的纵面线形

平面交叉范围内，两相交公路的纵面宜平缓。纵面线形应满足停车视距的要求，并有利于车辆制动停车，保证机动车的安全性和机动性。平面交叉纵坡过大，上坡方向车辆爬坡困难，使车辆位于交叉口冲突区的时间过长；而下坡方向使车辆行驶速度过高，进入交叉口前减速困难，且频繁制动易导致路面结构破坏，影响路面的使用寿命。纵坡过小，交叉口排水困难。相交道路的纵坡和横坡必须适应行车舒适性和路面排水的要求。

主要公路在交叉范围内的纵坡应在 0.15%~3%的范围内；次要公路紧接交叉的引道部分应以 0.5%~2.0%的上坡通往交叉。此坡段至主要道路的路缘至少 25m。

主要公路在交叉范围内的圆曲线设置超高时，次要公路的纵坡应服从主要公路的横坡。

8.6.2 交叉口立面设计原则

交叉口立面设计（也称竖向设计）是通过调整交叉口范围的行车道、人行道及附近地面等有关各点的设计高程，合理确定各相交道路之间及交叉口和周围建筑物之间共同面的形状，以符合行车舒适、排水迅速和建筑艺术三方面要求。平面交叉的两相交公路共有部分的立面形式及其引道横坡，应根据两相交公路的功能、等级、平纵线形、交通管理方式等因素确定。

交叉口立面设计的一般原则如下：

(1) 相同等级道路相交时，一般维持各自的纵坡不变，而改变它们的横坡度。通常是改变纵坡较小道路的横断面形状，将路脊线（路拱顶点的连线）逐渐向纵坡较大道路的车行道边线移动，使其横断面的横坡度与纵坡较大道路的纵坡一致。

(2) 采用“主路优先”交通管理方式的交叉口，应使主要公路的横断面贯穿交叉，而调整次要公路的纵断面，以适应主要公路的横断面，同时将次要道路双坡横断面逐渐过渡到与主要道路纵坡相一致的单坡横断面，以保证主要道路的交通便利。当调整纵断面有困难时，应同时调整两公路的横断面。

(3) 平面交叉范围内的路面排水应流畅，并以此作为立面设计的主要考虑因素之一。包括隐形岛在内的任何部分路面上不得有积水。设计时至少应有一条道路的纵坡方向背离交叉口，以利于排水。如遇特殊地形，所有道路纵坡方向都向着交叉口时，必须在交叉口内设置雨水口和排水管道，以保证排水要求。

(4) 交叉口范围内布置雨水口时，一条道路的雨水不应流过交叉口的人行横道，或流入另一条道路，也不能使交叉口内产生积水。所以，雨水口应设在人行横道之前或低洼处。

(5) 交叉口立面设计高程应与周围建筑物的地坪高程协调一致。

8.6.3 交叉口立面设计的基本类型

交叉口立面设计的形式，主要取决于交叉范围相交道路的纵坡、横坡及地形。以十字形交叉口为例，按其所处地形及相交道路纵坡方向，可划分为六种基本类型，如图 8.20 所示。

(1) 处于凸形地形上，相交道路的纵坡方向均背离交叉口，如图 8.20 (a) 所示。设计时使交叉口的纵坡与相交道路的纵坡一致，适当调整接近交叉口的路段横坡，让雨水流向交叉口 4 个转角的街沟或路基外排除，交叉口内不需设置雨水口。

(2) 处于凹形地形上，相交道路的纵坡方向都指向交叉口，如图 8.20 (b) 所示。这种形式地面水都向交叉口集中，排水比较困难，应尽量避免。若因地形限制，必须时应设置地下排水管道排水。为防止雨水汇集到交叉口中心，应适当改变相交道路的纵坡，以抬高交叉口中高程，并在转角设置雨水口。最好在相交道路纵坡设计时，将一条主要道路的变坡点设在远离交叉口的地方，保证有一条道路的纵坡方向能背离交叉口。

(3) 处于分水线地形上，有三条道路纵坡方向背离而一条指向交叉口，如图 8.20 (c) 所示。设计时应将纵坡指向交叉口的道路路脊线在交叉口处分为三个方向，相交道路的横断面不变，并在纵坡指向道路的人行横道线外设雨水口，防止雨水流入交叉口内。

(4) 处于谷线地形上，有三条道路纵坡方向指向交叉口而一条背离，如图 8.20 (d) 所示。设计时，与谷线相交的道路进入交叉口之前，在纵断面上产生转折形成过街横沟，不利于行车，应尽量使转折点离交叉口远一些，并在该处插入竖曲线。纵坡指向交叉口的人行横道线外应设置雨水口。

(5) 处于斜坡地形上，相邻两条道路纵坡指向交叉口而另两条背离，如图 8.20 (e) 所示。设计时，相交道路的纵坡均不变，而将两条道路的横坡在进入交叉口前逐渐向相交道路的纵坡方向变化，使交叉口上形成一个单向倾斜面，并在纵坡指向交叉口道路的人行横道线外设置雨水口。

(6) 处于马鞍形地形上，相对两条道路纵坡指向交叉口而另外两条背离，如图 8.20 (f) 所示。设计时，相交道路纵、横坡都可按自然地形在交叉口内适当调整，并在纵坡指向交叉口的道路两侧设置雨水口。

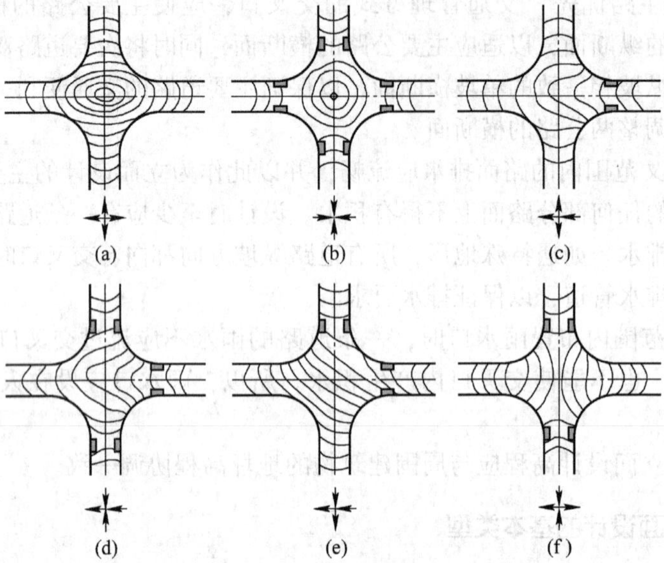

图 8.20　交叉口立面设计的基本形式

(a) 凸形地形；(b) 凹形地形；(c) 分水线地形；(d) 谷线地形；(e) 斜坡地形；(f) 马鞍形地形

以上为几个典型十字形交叉口立面设计形式，对于其他不同形式的交叉口，立面设计的原则相同。另外，立面设计的使用效果与相交道路纵坡方向组合有很大关系，因此，如要获得交叉口理想的立面设计，应在道路纵断面设计时就考虑交叉口立面设计的要求，为其创造良好的条件。

8.6.4　交叉口立面设计方法与步骤

8.6.4.1　收集资料

(1) 测量资料。交叉口的控制标高和控制坐标；收集或实测 1∶500 或 1∶200 地形图，详细标注出附近地坪及建筑物的标高。

(2) 道路资料。相交道路的等级、宽度、半径、纵坡、横坡等平纵横设计或规划的有关资料，以及道路的交叉角。

(3) 交通资料。交通量、交通组成。

(4) 排水资料。区域排水方式，已建或拟建地下、地上排水管渠位置和尺寸。

8.6.4.2　绘制交叉口平面图

在地形图上按比例绘出道路的中心线、车行道、人行道及分隔带、转角曲线和交通岛等。以相交道路的中心线为坐标基线打方格网，方格的大小一般采用 5m×5m 或 10m×10m，并测量出方格点的地面标高。

8.6.4.3 确定交叉口的设计范围

交叉口的设计范围一般为转角圆曲线的切点以外 5~10m（相当于一个方格的距离），主要用于过渡处理，如横坡过渡、标高过渡等的需要。

8.6.4.4 确定立面设计图式和等高距

根据相交道路的等级、纵坡方向、地形情况以及排水要求等，确定所采用的立面设计图式（即图 8.20 所示的各种图式）。根据纵坡度的大小和精度要求选定等高线间距 h，一般 $h=0.02\sim0.10\text{m}$，为便于计算，取偶数为宜。

8.6.4.5 勾绘设计等高线

A 路段上设计等高线的计算与绘制（见图 8.21）

设等高距为 h，则中心线上相邻等高线的水平距离为 $l_i=\dfrac{h}{i_1}$，设置路拱高为 h_1，等高线在行车道边线上沿纵向上坡方向偏移的水平距离 l_2 为：

$$l_2\cdot i_3=\frac{B}{2}\cdot i_2\text{，即 } l_2=\frac{B}{2}\cdot\frac{i_2}{i_3}$$

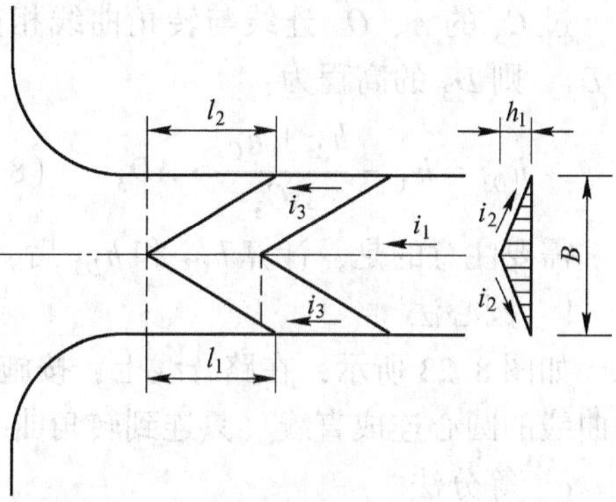

图 8.21 路段等高线的计算与绘制

B 交叉口上设计等高线的计算与绘制

交叉口上设计等高线的计算与绘制时，先选定路脊线，这个步骤既要考虑行车平顺，又要考虑整个交叉口的均衡美观。路脊线通常是对行车轨迹的分界线，即车行道的中心线。在交叉口上，路脊线的交点就是控制标高的位置。交叉口的控制标高应以整个道路系统的立面规划标高为依据，并综合考虑相交道路的纵坡、交叉口周围的地形、路面厚度和建筑物的布置等来确定。在定控制标高时，不宜使相交道路的纵坡相差太大，一般要求差值不大于 0.5%，可能时尽量使纵坡大致相等，以利于立面设计处理。

只有路脊线上的设计标高还不足以反映交叉口的立面形状，只依靠它来勾绘交叉口的等高线比较困难，必须增加一些辅助线，即标高计算线网。

实践证明，交叉口立面设计的关键是正确选择路脊线和标高计算网，如果妥善解决了这两个问题，则各点的标高计算也就迎刃而解了。标高计算线网主要有方格网法、圆心法、等分法和平行线法四种。

a 方格网法

方格网法是在交叉口范围内以相交道路中心线为坐标基线打方格网，测出方格网点上的地面高程，求出其设计高程，并标出相应的施工高度。如图 8.22 所示，方格网法高程计算就是前述已经打了方格的交叉口平面图，该法适用于道路正交的交叉口。

根据脊线交叉点 A 的控制高程 h_A，可逐一推算出某些特征点的设计高程。转角曲线切点横断面上的三点高程为：

$$h_G=h_A-AG\cdot i_1 \tag{8.21}$$

$$h_{E3} = h_G - \frac{B}{2} \cdot i_2 \qquad (8.22)$$

同理，可求得其余 3 个切点横断面上的 3 点高程。

由 E_3 或 F_3 的高程可推算出车行道边线延长线交叉点 C_3 的高程，如不相等取平均值，即：

$$h_{C3} = \frac{(h_{E3} + R \cdot i_1) + (h_{F3} + R \cdot i_1)}{2} \qquad (8.23)$$

过 C_3 的 A、O_3 连线与转角曲线相交于点 D_3，则 D_3 的高程为：

$$h_{D3} = h_A - \frac{h_A + h_{C3}}{AC_3} \cdot AD_3 \qquad (8.24)$$

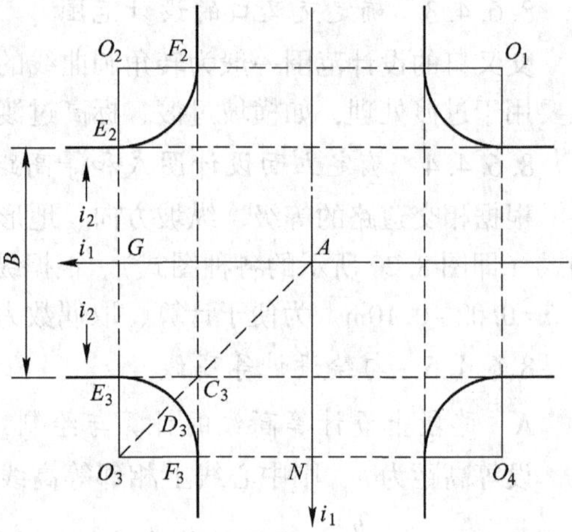

图 8.22　方格网法

需要注意的是，计算 h_{C3} 和 h_{D3} 后，还应检查 AC_3 和 AD_3 的横坡是否满足排水要求。

b　圆心法

如图 8.23 所示，在路脊线上，按施工要求每隔一定距离或等分定出若干点，并与转角曲线的圆心连成直线（只连到转角曲线上），即得到圆心法高程计算线网。

c　等分法

如图 8.24 所示，将路脊线等分为若干份，相应地把转角曲线也等分为相同的份数，连接对应点，即得等分法高程计算线网。

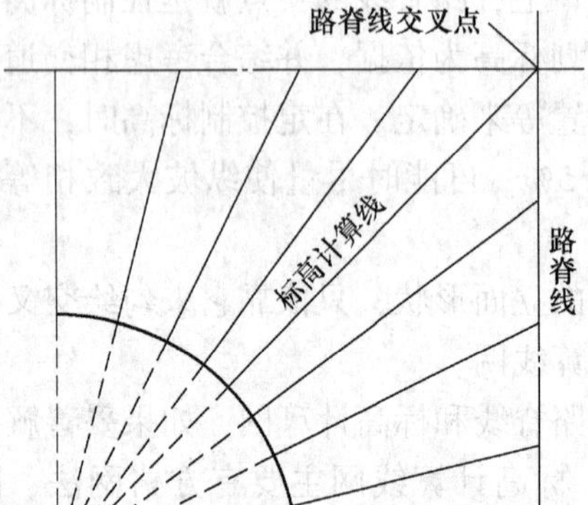

图 8.23　圆心法

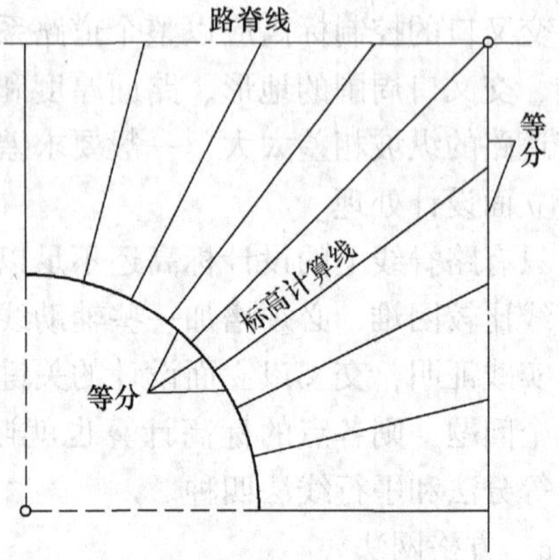

图 8.24　等分法

d　平行线法

如图 8.25 所示，先把路脊线的交叉点与各转角曲线的圆心连成直线，然后按施工要求在路脊线上分出若干点，过这些点作该直线的平行线交于行车道边线，即得到平行线法标高计算线网。

以上 4 种标高计算线网方法中，对于正交的十字形或 T 形交叉口，各种方法都可采用；而对斜交的交叉口宜采用圆心法和等分法。

高程计算线所在的位置就是用于计算该断面路拱设计高程的依据，而标准的路拱横断面是与车辆行驶方向垂直的。如果所定高程计算线位置不与行车方向垂直，那么按路拱方程计算出的高程将不能准确地反映路拱形状。所以，应尽量使高程计算线与路拱横断面的方向一致，同时也要便于计算。为此，推荐采用等分法或圆心法高程计算线网。

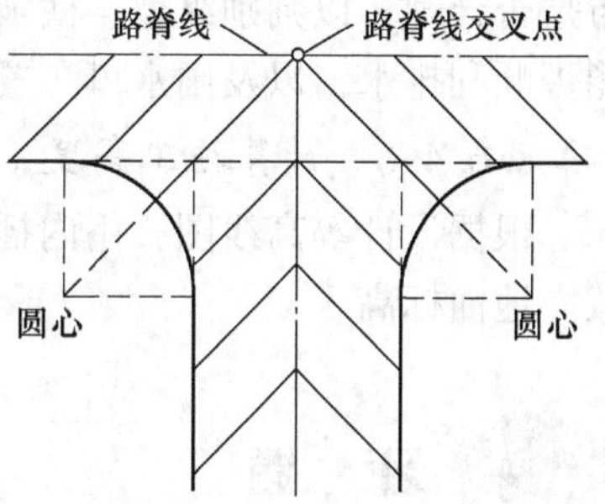

图 8.25 平行线法

C 计算标高计算线上的设计标高

每条标高计算线上标高点的数目可根据路面宽度、施工需要及等高距来确定。对路宽、陡坡、施工精度要求高的，高程点可多些；反之则少些，如图 8.26、图 8.27 所示。

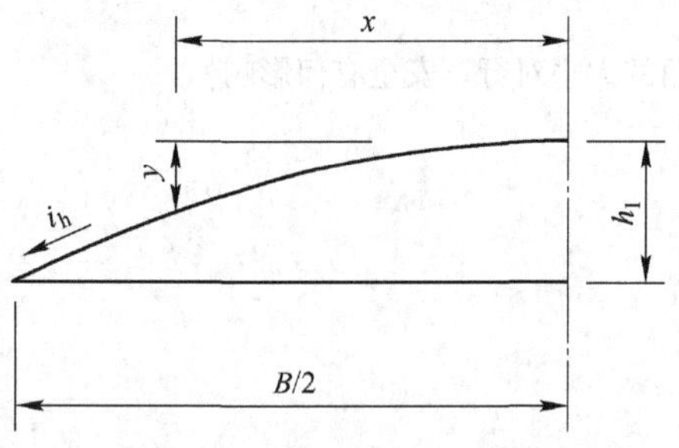

图 8.26 路拱高程计算图

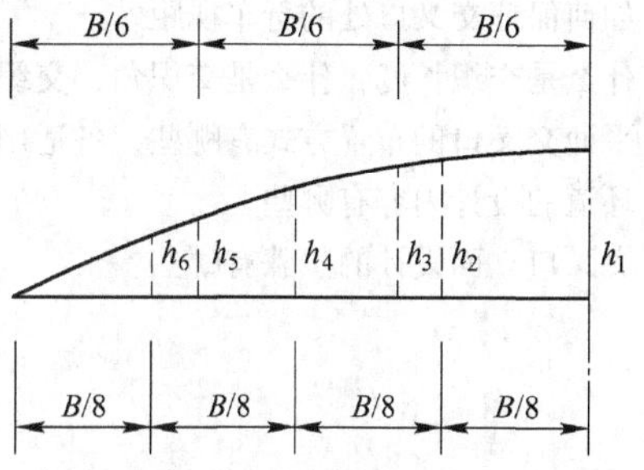

图 8.27 高程点数划分

标高计算线上两端的设计标高可根据特征断面上特征点的标高、相交道路的纵坡及转角曲线的纵坡求得。高程计算线上高程点的方程与所选用的路拱形式有关，当采用直线形路拱时，可根据每条标高计算线上两端的设计标高，采用线性内插法计算；当采用抛物线形路拱时，可用式（8.25）、式（8.26）计算：

宽 14m 以下的次高级路面和中级路面：

$$y = \frac{h_1}{B}x + \frac{2h_1}{B^2}x^2 \tag{8.25}$$

宽 14m 以上的高级路面：

$$y = \frac{h_1}{B}x + \frac{4h_1}{B^3}x^3 \tag{8.26}$$

式中 h_1——高程计算线两端（其中一端在路脊线上）的高差或路拱高度，m，$h_1 = \frac{B}{2}i_h$；

B——车行道宽度，m；

i_h——路拱横坡，%。

综上所述，根据不同的方法再结合所选立面设计图式和等高距 h，把各等高点连接起来，就可获得初步的设计等高线图。但在本步骤中需要注意的是设计等高线图应满足行车平顺和路面排水通畅的要求，一般可以通过调整等高线的疏密（一般中间部分疏一些，而边处密一些），使纵、横坡度变化均匀，调整个别不合适的标高，并合理布置雨水口。检查方法是用三角板或直尺，沿行车方向、横断面方向和任意方向，检查设计等高线的分布是否合理，以判别纵坡、横坡及合成坡度是否满足行车和排水要求。最后检查侧沟纵坡能否顺利排水，以及雨水口布置是否合理。

8.6.4.6　计算施工高度

根据设计等高线图，用内插法求出方格点上的设计标高，则施工高度就等于设计标高减去地面标高。

习　题

8.1　平面交叉口的设计任务有哪些？
8.2　常见的平面交叉口形式有哪些？
8.3　什么是分流点、合流点、冲突点，减小或消除冲突的方法有哪些？
8.4　如何保证交叉口处的行车视距？
8.5　什么是交织长度，什么是交织角，交织长度和交织角的大小对行车安全有何影响？
8.6　平面交叉口的布置方式有哪些，各适用于什么情况？
8.7　环道的设计内容有哪些？
8.8　交叉口立面设计的步骤有哪些？

9 道路立体交叉设计

9.1 概 述

立体交叉（简称立交）是利用跨线构造物使道路与道路（或铁路）在不同高程相互交叉的连接方式。立交是高速道路（高速公路和城市快速路的统称）必不可少的组成部分。

立体交叉可使相交道路各方向车流在不同高程的平面上行驶，消除或减少冲突点；车流可连续稳定地行驶，提高车速和道路的通行能力；控制相交道路车辆的出入，车辆各行其道，互不干扰，保证行车安全和畅通。

立体交叉占地面积大、构造物多、施工复杂、造价高、不易改建。因此，采用立体交叉应根据道路、交通、环境及自然条件，并经计算、经济与环境效益的综合评价分析来慎重确定。

9.1.1 立体交叉的组成

立体交叉通常由跨线构造物、正线、匝道、出入口及变速车道等部分组成，如图 9. 1 所示。

（1）跨线构造物。设于地面以上的跨线桥（上跨式）或设于地面以下的地道（下穿式）。

（2）正线。它是组成立体交叉的主体，指相交道路（含被交道路）的直行车行道，根据相交道路等级，正线可分为主要道路（简称主线）、一般道路或次要道路（简称次线）。

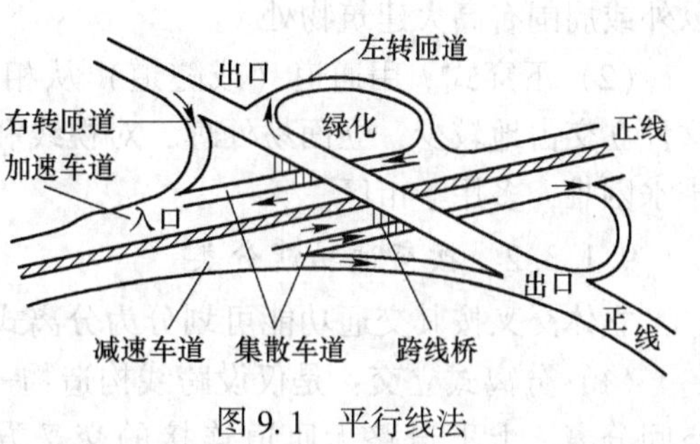

图 9. 1　平行线法

（3）匝道。它是立体交叉的重要组成部分，是指供上下相交道路的转弯车辆行驶的连接道。按其作用可分为右转匝道和左转匝道两类。

（4）出口与入口。由正线驶出进入匝道的道口为出口，由匝道驶入正线的道口为入口。

（5）变速车道。它是在匝道与正线的连接路段，为适应车辆行驶的需要，不影响正线交通所增设的附加车道。它可分为减速车道和加速车道两种，出口端为减速车道，入口端为加速车道。

（6）辅助车道。它是在高速道路立体交叉的分、汇流附近，为使匝道与高速道路车道数平衡和保持正线的基本车道数而在正线外侧设置的附加车道。

（7）匝道的端部。它是指距道两端分别与正线相连接的道口，它包括出入口、变速车道和辅助车道等。

（8）绿化地带。它是在立体交叉范围内，由匝道与正线或匝道与匝道之间所围成的封闭区域，一般用以美化环境的绿化地带，也可布设排水管渠、照明杆柱等设施。

（9）集散道路。在城市附近，为了减少车流进出高速道路的交织和出入口数量，可在高速道路的一侧或两侧设置与其平行且分离的专用道路。

立体交叉的范围，一般是指各相交道路端部变速车道渐变段顶点以内所包含的正线、跨线构造物、匝道和绿化地带等的全部区域。

除以上主要组成部分外，也包括立体交叉范围内的排水系统、照明设备及交通工程设施等。对城市道路立体交叉还应包括人行道、非机动车道和各种管线设施等。对于收费立体交叉也包含收费站、收费广场和服务设施等。

9.1.2　公路立体交叉的设置条件

我国《规范》规定，高速公路与其他公路相交，必须采用立体交叉。一级公路同交通量大的其他公路交叉，宜采用立体交叉。二、三级公路间的交叉，在交通条件需要或有条件的地点，可采用立体交叉。

9.1.3　立体交叉分类

9.1.3.1　按结构物形式分类

立体交叉按相交道路结构物形式可分为上跨式和下穿式两类：

（1）上跨式。用跨线桥从相交道路或其他线性工程上方跨过的交叉方式。这种立交施工方便，造价较低，排水易处理，但占地大，引道较长，跨线桥影响视线，宜用于市区以外或周围有高大建筑物处。

（2）下穿式。用通道（或隧道）从相交道路或其他线性工程下方穿过的交叉方式。这种立交占地较少，立面易处理，对视线和周围景观影响小，但施工期较长，造价较高，排水困难，多用于市区。

9.1.3.2　按交通功能分类

立体交叉按其交通功能可划分为分离式立交和互通式立交两类。

（1）分离式立交：是仅设跨线构造物一座，使相交道路空间分离，上下道路无匝道连接的交叉方式，如图 9.2 所示。这种类型立交结构简单，占地少，造价低，但相交道路的车辆不能转弯行驶。适用于高速道路与铁路或次要道路之间的交叉。

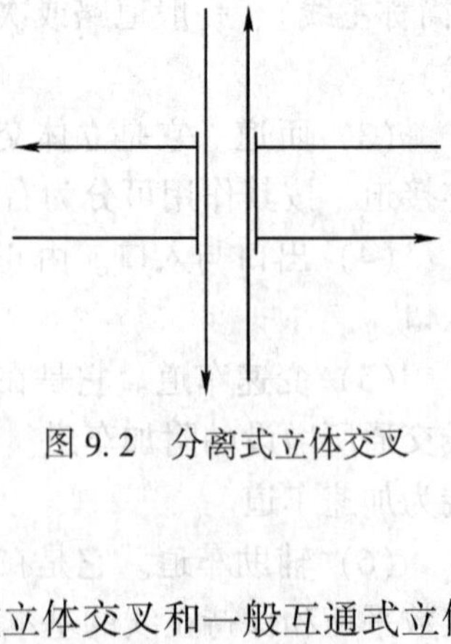

图 9.2　分离式立体交叉

（2）互通式立交：不仅设有跨线构造物使相交道路空间分离，且上下道路之间有相互连通的匝道，以供转弯车辆行驶的交叉方式。这种类型的立交车辆可转弯行驶，全部或部分消灭了冲突点，各方向行车干扰较小，但立交结构复杂，占地多、造价高。

互通式立体交叉按其相交公路的等级可划分为枢纽互通式立体交叉和一般互通式立体

交叉两类。

高速公路间或高速公路与具干线功能的一级公路间或具干线功能的一级公路间的互通式立体交叉，应为枢纽互通式立体交叉。枢纽互通式立体交叉的匝道应具有良好自由流的线形，匝道上不设置收费站，匝道端部不出现穿越冲突。

高速公路、一级公路间及其与其他公路相交的互通式立体交叉应为一般互通式立体交叉，其匝道上可设置收费站，且高速公路出入口以外允许设置平面交叉。

9.2 立体交叉的类型及适用条件

9.2.1 分离式立体交叉

分离式立交是仅设跨线构造物（跨线桥或地道）一座，使相交道路空间分离，上下道路间无匝道连接的交叉方式，如图 9.2 所示。

分离式立体交叉主要适用于直行交通量大，转弯车辆少，可不设置转弯车的交叉处，道路与铁路交叉处等。我国《规范》规定，符合下列条件者应设置分离式立体交叉：

（1）高速公路同其他各级公路交叉，除因交通转换而设置互通式立体交叉外均必须设置分离式立体交叉。

（2）具干线功能的一级公路同其他各级公路的交叉，除因交通转换需要而设互通式立体交叉外，为减少平面交叉，且相交的公路又不能截断时，应采用分离式立体交叉。

（3）二、三、四级公路间的交叉，直行交通量很大或地形条件适宜，且不考虑交通转换时，可设置分离式立体交叉。这种类型立体交叉结构简单，占地少，造价低，但相交道路的车辆不能转弯行驶。

在布置分离式立体交叉时，应使主要道路的纵断面设计高程以保持不变或稍有变化为宜；结合地形条件和工程数量的大小，等级较低的次要道路以采用下穿的形式为宜；应综合考虑排水条件和排水方式，一般尽量不用泵站排水，以采用自流排水为宜，不得已时，公路立交可设蒸发池排水。

9.2.2 互通式立体交叉

互通式立交不仅设有跨线构造物使相互道路空间分离，且上下道路之间有匝道连接，以供转弯车辆行驶的交叉。

互通式立体交叉适用于高速道路和其他各级道路、大城市出入口道路，以及通往重要港口、机场或游览胜地的道路相交处。我国《规范》规定，符合下列条件者应设置互通式立体交叉：

（1）高速公路间及其同一级公路相交处。

（2）高速公路、一级公路同通往县级以上城市、重要的政治或经济中心的主要公路相交处。

（3）高速公路、一级公路同通往重要工矿区、港口、机场、车站和游览胜地等的主要公路相交处。

（4）高速公路同通往重要交通源的公路相交而使该公路成为其支线时。

(5) 两条具干线功能的一级公路相交时。

(6) 一级公路上，当平面交叉的通行能力不能满足需要或出现频繁的交通事故时。

(7) 由于地形或场地条件等原因设置互通式立体交叉的综合效益大于设置平面交叉时。

互通式立体交叉根据交叉处车流迹线的交叉方式和几何形状的不同，又可分为完全互通式、部分互通式和交织型立交三种类型。

9.2.2.1 完全互通式立体交叉

完全互通式立交指相交道路的车流轨迹线全部在空间分离的交叉方式。它是一种比较完善的高级形式立交，匝道数与转弯方向数相等，各转弯方向都有专用匝道，无冲突点，行车安全，通行能力大，但立交占地面积大、造价高，适用于高速道路之间及高速道路与其他高等级道路相交。其代表形式有喇叭形、苜蓿叶形、Y 形、X 形、涡轮形等。

A 喇叭形立体交叉

喇叭形立体交叉是三路立交的代表形式，如图 9.3 所示，它是用一个环形左转匝道（转向约为 270°）和一个半定向左转匝道组成的完全互通式立体交叉。喇叭形立交可分为 A 型和 B 型，经环形左转匝道驶入主线（或正线）为 A 型，驶出时为 B 型。

这种立交除环形匝道除适应车速较低外，其他匝道都能为转弯车辆提供较高速度的半定向运行；只需一座构造物，投资较省；无冲突点和交织，通行能力大，行车安全；造型美观，行车方向容易辨别。适用于高速道路与一般道路相交的 T 形交叉。

布设时应将环形匝道设在交通量小的方向上，主线交通量大时宜采用 A 型，反之可选用 B 型。次线上跨对转弯交通视野有利，下穿时宜斜交或弯穿。

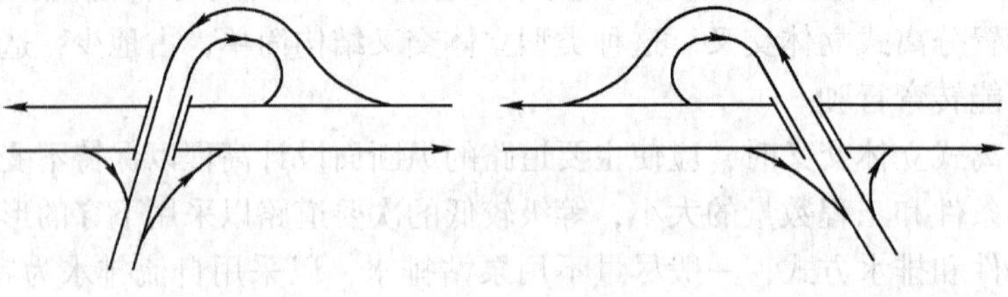

(a) (b)

图 9.3 喇叭形立体交叉

(a) A 型；(b) B 型

B 子叶形立体交叉

子叶形立体交叉是用两个环形匝道来实现车辆左转弯的全互通式立交，如图 9.4 所示。

这种立交只需一座跨线构造物，造价较低，匝道对称布置，造型美观。但由于环形左转匝道半径小，交通运行条件不如喇叭形立交好。子叶形立交的适用性与喇叭形立交相近，多用于苜蓿叶形立交的前布设时以使正线下穿为宜。图 9.4 所示为子叶形立体交叉工程。

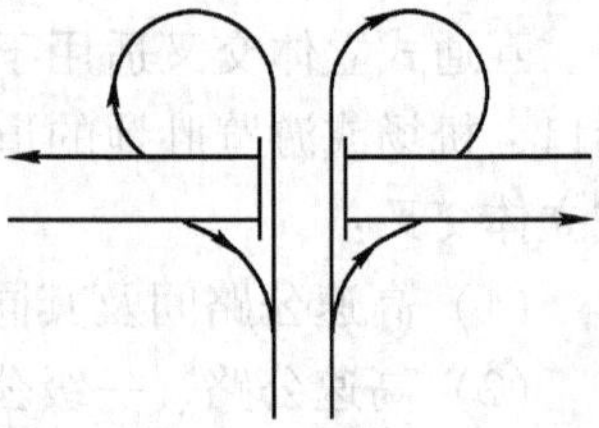

图 9.4 子叶形立体交叉

C Y 形立体交叉

Y 形立体交叉是用定向匝道或半定向匝道来实现车辆左转弯的全互通式立体交叉，相应地可划分定向Y形立交和半定向Y形立交两种。

a 定向Y形立体交叉

定向Y形立体交叉是左转车辆在定向匝道上由一个方向车道的左侧驶出，并由左侧进入另一行车方向车道的立交方式，如图9.5所示。其中图9.5（a）为三处两层式跨线构造物，图9.5（b）为一处三层式跨线构造物。

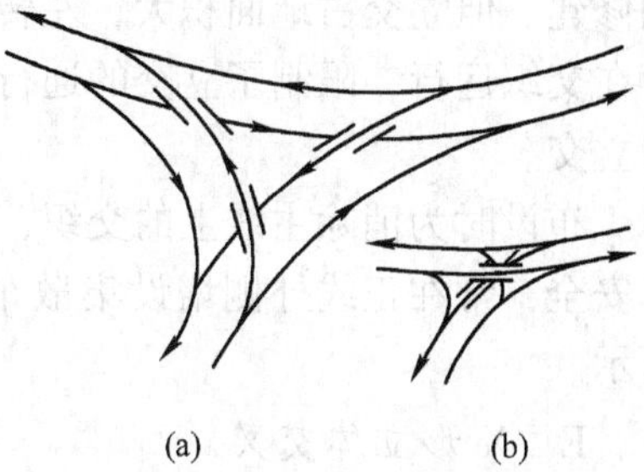

图9.5 定向Y形立体交叉

这种立交能为转弯车辆能提供直接、无阻的定向运行，行车速度高，通行能力大。无交织、无冲突点，行车安全；行车方向明确，路径短捷，运行流畅；正线外侧占地宽度较小，但需要的跨线构造物多，造价较高。适用于各方向交通量都很大的三路互通式立交，特别是正线双向为分离式断面，且相距一定宽度时较为适宜，另外，当正线外侧有障碍物时最为适宜。设计定向Y形立交时，正线在交叉范围内应为双向分离式断面或拉开相当的距离，以满足左转匝道纵坡和桥下净空要求，在正线设计时应充分考虑立交布设的要求。

b 半定向Y形立体交叉

半定向Y形立体交叉是由定向Y形立交演变而来，将定向左转匝道改为半定向匝道，即左转弯车辆由行车道的右侧分离或汇入正线，如图9.6所示。

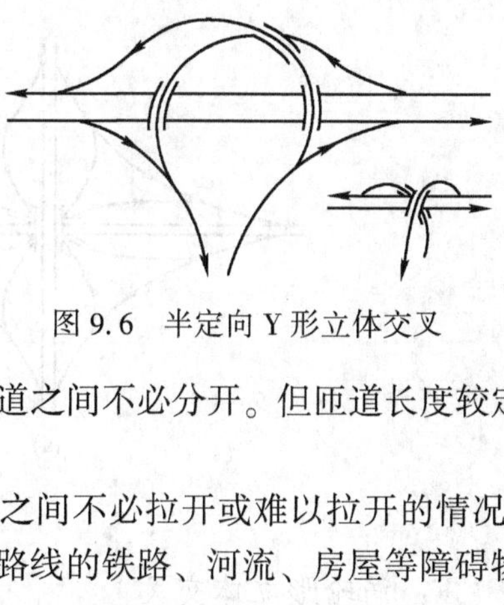
图9.6 半定向Y形立体交叉

这种立交对左转弯车辆能提供较高速度的半定向运行，通行能力较大；各方向运行流畅，方向明确，不会发生错路运行；正线外侧占用土地较少；左转弯车辆由正线右侧分离或汇入，运行方便，正线双向行车道之间不必分开。但匝道长度较定向Y形长；需要跨线构造物多，造价较高。

适用于正线双向交通量相对比较大，且双向行车道之间不必拉开或难以拉开的情况。因正线外侧相对占地较少，更适宜于正线外侧有平行于路线的铁路、河流、房屋等障碍物的情况。

D 苜蓿叶形立体交叉

苜蓿叶形立体交叉是通过四个对称的环形左转匝道来实现各方向左转弯车辆运行的完全互通立交，如图9.7所示，它是四路立交常用的互通式立交形式之一。

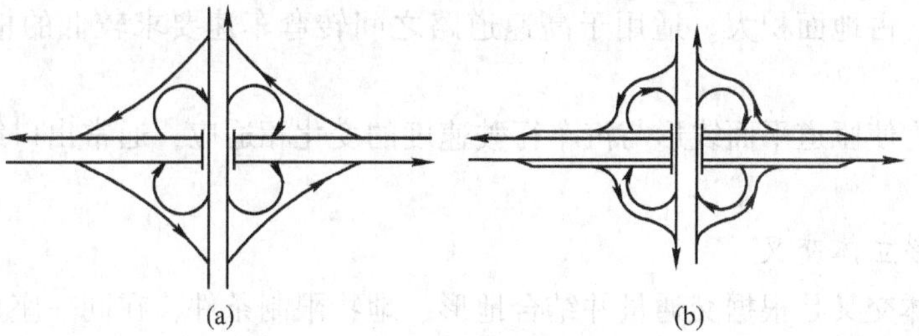

图9.7 苜蓿叶形立体交叉

这种立交各匝道相互独立，无冲突点，交通运行连续而自然，仅需一座构造物，可分期修建。但立交占地面积大，左转绕行距离较长，环形匝道适应车速较低，且跨线桥上下存在交织运行，限制了立交的通行能力。适用于高速道路之间或城市外围的环路上的不收费立交。

布设时为消除主线上的交织，避免双重出口而使标志简化及提高立交的通行能力和行车安全，常在正线外侧增设集散车道，成为带集散车道的苜蓿叶形立交，如图 9.7（b）所示。

E　X 形立体交叉

X 形立体交叉又称半定向式立交，是由 4 条半定向左转匝道组成的高级全互通立交，如图 9.8 所示，其中图 9.8（a）为对向左转匝道对角靠拢布置，图 9.8（b）为对向左转匝道对角拉开布置。

这种立体交叉各方向运行都有专用匝道，自由流畅；单一的出入口，便于车辆运行和简化标志；无冲突点、无交织、行车安全；适应车速高，通行能力大。但层多桥长、造价高、占地面积大。一般多用于高速道路之间，左转等交通量大、车速要求高、通行能力大的枢纽互通式立体交叉。

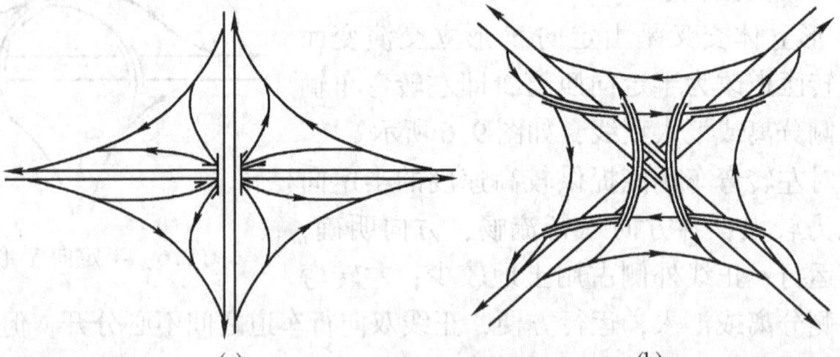

(a)　(b)

图 9.8　X 形立体交叉

F　涡轮形立体交叉

涡轮形立体交叉是由 4 条半定向左转匝道组成的一种高级全互通立交，如图 9.9 所示。

这种立体交叉匝道纵放和缓，适应车速较高；车辆进出正线安全顺畅；无冲突点、无交织，通行能力大。但左转弯车辆绕行距离较长，营运费用较高；需建两层式跨线构造物多，造价较高；占地面积大。适用于高速道路之间转弯车速要求较低的枢纽互通式立体交叉。

布设时，为使匝道平面线形与汽车行驶速度的变化相适应，通常出口线形应比入口线形好。

G　组合形立体交叉

组合形立体交叉是根据交通量并结合地形、地物限制条件，在同一座立交中采用两种或两种以上不同形式的左转匝道组合而成的全互通立体交叉，如图 9.10 所示。图 9.10 为两条半定向左转匝道和两条环形左转匝道组合而成的立交形式。

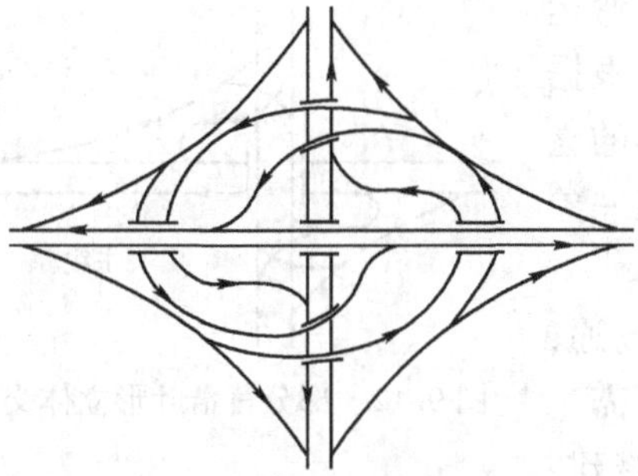

图9.9 涡轮形立体交叉

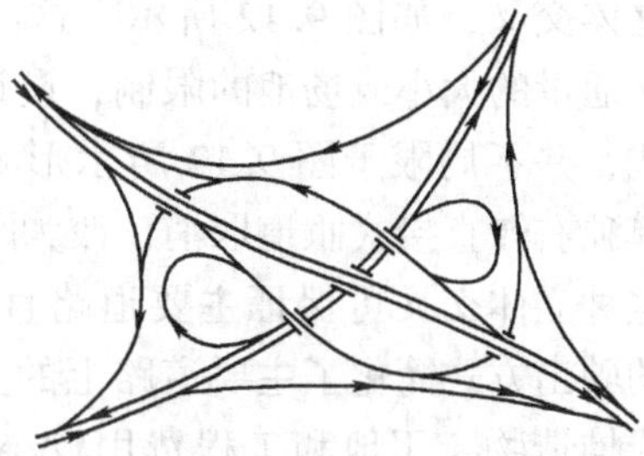

图9.10 组合形立体交叉

这种立体交叉正线双向行车道在立交范围不拉开距离的情况下，左转匝道多为环形和半定向式匝道，组合形式多样；匝道布设与交通量相适应；充分利用地形、地物，因地制宜。适用于一个或两个左转弯交通量小的枢纽互通式立交。

布设时应合理设置环形左转匝道，尽量使结构紧凑，减少占地。

9.2.2.2 部分互通式立体交叉

相交道路的车流轨迹之间至少有一个平面冲突点的立体交叉称为部分互通式立体交叉。这是一种低级的互通式立体交叉，其特点是形式简单，仅需一座跨线构造物，占地小、造价低，但存在平面交叉，对行车干扰大的缺点。一般多用于高速道路与次要道路相交。当个别方向的交通量很小或分期修建时，或者受地形、地物及路网规划等条件限制某个方向不能设匝道时也可采用。布置时应将平面交叉设在次要的道路上。代表形式有菱形立交、部分苜蓿叶形立交等。

A 菱形立体交叉

菱形立体交叉只设右转和左转公用的匝道，使主要道路与次要通路连接，在跨线构造物两侧的次要道路为平面交叉口，如图9.11所示。

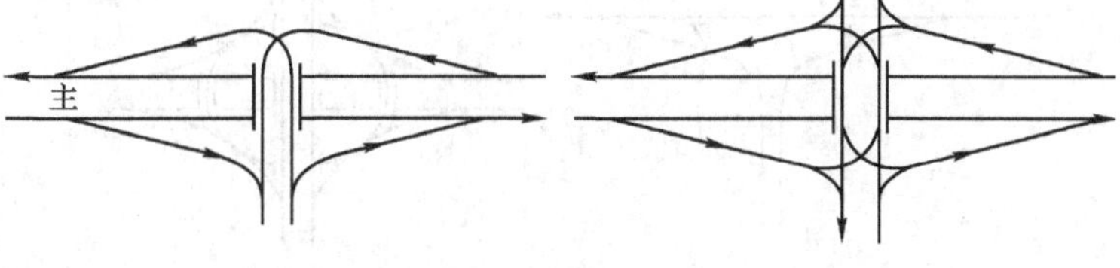

图9.11 菱形立体交叉

这种立体交叉能保证主线直行车辆快速畅通；转弯车辆绕行距离较短；主线上具有高标准的单一进出口，交通标志简单；主线下穿时匝道坡度便于驶出车辆减速和驶入车辆加速；形式简单，仅需一座桥，用地和工程费用小。但次线与匝道连接处为平面交叉，影响了通行能力和行车安全。适用于城市道路的主要道路与次要道路相交且用地困难的情况，而公路上较少采用。

布设时应将平面交叉设在次要道路上。主要道路采用上跨式或下穿式应视地形和排水条件而定，一般以下穿为宜；次要道路上可通过渠化或设置交通信号等措施组织交通。

B 部分苜蓿叶形立体交叉

部分苜蓿叶形立交是相对于全苜蓿叶形立交而言，是在部分左转弯方向不设环形左转匝道，而在次要道路上以平面交叉的方式实现左转弯运行的立体交叉，如图 9.12 所示。这种立体交叉可根据转弯交通量的大小或场地的限制，设计出形式多样的立交形式，并不局限于图 9.12 所示形式。也可将某一象限的单独右转直接式匝道取消，改为平面交叉口。

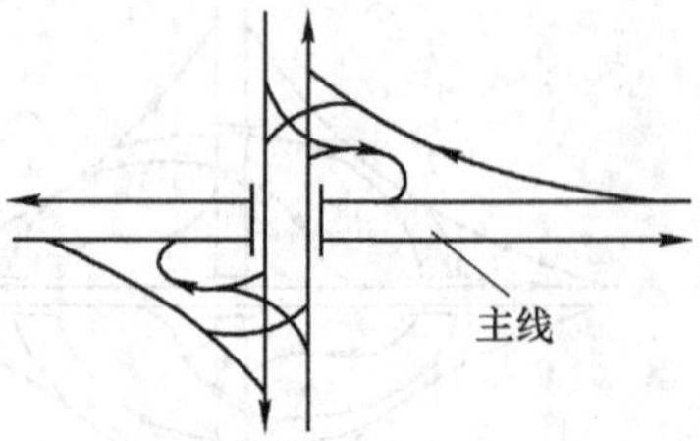

图 9.12　部分苜蓿叶形立体交叉

这种立体交叉可保证主要道路直行车辆快速畅通；单一的驶出方式简化了主要道路上的交通标志；仅需一座跨线构造物，用地和工程费用较小；便于分期修建，远期可扩建为全苜蓿叶形立体交叉。但次要道路上存在平面交叉，影响通行能力和行车安全，且有停车等待和错路运行现象的可能。适用于主要道路与次要道路相交。

布设时应使转弯车辆的出入尽可能少妨碍主要道路的交通，平面交叉口应布设在次要道路上，必要时可在次要道路上组织渠化交通或设置信号控制。当跨线构造物前后有两个连续出口或入口时，宜在主要道路外侧设置集散车道以简化出入口。

9.2.2.3　环形立体交叉

环形立体交叉是主线直通，次线及主线转弯车辆环绕中心岛交织运行的互通式立交，如图 9.13 所示。它是由环形平面交叉发展而来的，为保证主线直行车流快速、通畅，将主线下穿或上跨中心岛。次要道路的直行车流及交叉口的左转弯车流一律绕岛逆时针行驶，车流在环岛内相互交织。

这种立体交叉能保证主线直通，交通组织方便，无冲突点，占地较小，但通行能力受到环境交织能力的限制，车速受到中心岛半径大小的影响，构造物较多，左转车辆绕行距离长。适用于主要道路与一般道路交叉，以用于 5 条及 5 条以上道路相交为宜。

布设时，应让主要道路直通，中心岛可采用圆形、椭圆形或其他形状。图 9.13（a）、（b）、（c）分别为三路、四路和多路交叉。

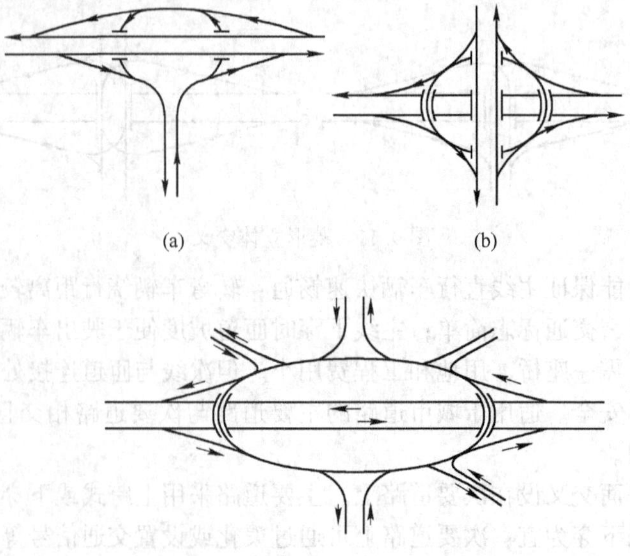

(a)　(b)

(c)

图 9.13　环形立体交叉

9.3 立体交叉的布置

9.3.1 立体交叉位置的确定

确定互通式立体交叉位置时，应综合考虑公路网的现状和规划情况，并设在两相交公路线形指标良好，地形、地质和环境条件有利的位置。与之相连的公路应符合以下条件：

（1）相连接公路在路网中不应低于次要干道或集散路的功能，不应有较大的横向干扰。

（2）通行能力应满足过境和集散交通量的要求。

（3）与主要交通源的连接应短捷。

（4）分配到路网中附近公路的交通量应适当，不应使某些道路或路段负荷过重。

（5）根据路网布局等条件而选定的被沟通的公路，在通行能力和其他方面不能满足需要时，应进行改建设计。

9.3.2 立体交叉形式的选择

立体交叉形式的选择目的，是为了提供行车效率高，安全舒适，适应设计交通量和计算行车速度，满足车辆转弯需要，并与环境相协调的合理立交形式。立交形式选择是否合理，不仅影响立交本身的功能，如通行能力、行车安全和工程经济等，而且与地区整体规划、地方交通的发展及市容环境等都有密切关系。

9.3.2.1 影响立交形式选择的因素

影响立交形式选择的因素很多，归纳起来主要包括道路、交通、自然、环境条件及经济性等方面。道路方面的因素有相交道路的功能、等级、主要技术指标、近远期实施要求、收费要求等；交通方面的因素有现状及远景各个方向的交通量、交通组成、交通空间与时间分布特征等；自然因素包括地形、地质、水文、气象等方面的特征；环境方面的因素有立交周边的土地性质、建筑、设施、文物古迹等的分布情况及环境保护要求等；经济因素主要有立交拟投资额度、土建工程、征地拆迁等经济指标。

9.3.2.2 立交形式选择的基本原则

互通式立交形式的选择，应根据道路、交通条件，结合自然、环境条件综合考虑而定。

互通式立交形式的选择，应遵循下列基本原则：

（1）立交的形式首先取决于相交道路的性质、任务和远景交通量等，应确保行车安全畅通和车流的连续。相交道路等级高时应采用完全互通式立交；交通量大、设计速度高的行车方向要求线形标准高、路线短捷、纵坡平缓；车辆组成复杂时要考虑个别交通特性的需要。在城市道路上，若使机动车、非机动车交通量都很大的车流分离行驶，可采用三层或四层式立交。

（2）选定的立交形式应与所在地的自然环境条件相适应；要充分考虑区域规划；地形地质条件、可能提供的用地范围、周围建筑物及设施分布现状等。在满足交通要求前提下综合分析研究，力求合理利用地形，工程营运经济，与环境相协调，造型美观，结构新颖合理。

(3) 选型应全面考虑近远期结合。既要考虑近期交通要求，减少投资费用，又要考虑远期交通发展需要改建提高的可能。

(4) 选型应从实际出发，有利施工、养护和排水。尽量采用新技术、新工艺、新结构，以提高质量、缩短工期和降低成本。

(5) 选型和总体布置要全面安排、分清主次，考虑平面线形指标和竖向标高的要求。如铁路与道路相交，常以铁路上跨为宜（可减小净空高度）；高速道路与其他道路相交，原则上高速道路不变或少变，其他道路抬高或降低；城市立交以非机动车道不变或少变，有利于行人及自行车通行。

(6) 选型应与定位相结合。立交的形式随所在位置的地形地物及环境条件而异，通常先定位后选形，并使选形与定位结合考虑。

9.3.2.3　立交形式选择的方法

互通式立体交叉选型，应综合考虑相交公路的功能、等级、匝道设计速度、地形、地物、用地条件、交通量、造价及是否设置收费站等因素，见表 9.1。我国《规范》推荐立交选型的主要考虑因素如下。

表 9.1　互通式立体交叉形式的选择

项目 立交形式	设计速度/km · h^{-1}			交叉口总通行能力 /pcu · h^{-1}	占地面积 /m^2
	直行	左转	右转		
定向形立交	80~100	70~80	70~80	13000~15000	8.5~12.5
苜蓿叶形立交	60~80	30~40	30~40	9000~13000	7.0~9.0
部分苜蓿叶形立交	30~80	25~35	30~40	6000~8000	3.5~5.0
菱形立交	30~80	25~35	25~35	5000~7000	2.5~3.5
喇叭形立交	60~80	30~40	30~40	6000~8000	3.5~4.5
子叶形立交	60~80	25~35	25~35	5000~7000	3.0~4.0
环形立交	60~80	25~35	25~35	7000~10000	4.0~4.5

(1) 两条干线或功能类似的高速公路相交时，应采用设计速度较高的能使转弯车流保持良好自由流的各种定向式匝道；非干线公路间的枢纽互通式立体交叉宜用定向式。当左转弯交通量较小时，可采用含设计速度较低的定向式（或半定向式）匝道，或部分环形匝道的涡轮形（或混合式）。

(2) 高速公路与一级公路相交或两条一级公路相交时，可采用混合式。当转弯交通量不大且不致因交织困难而干扰直行车流时，允许在较次要公路的一方设置相邻象限的环形匝道。

(3) 两条一级公路相交时，宜采用有附加右转弯匝道的部分苜蓿叶形、苜蓿叶形、环形或混合式。

(4) 高速公路同一级公路或交通量大的二级公路相交，且设置收费站时，宜采用双喇叭形。

(5) 高速公路与交通量小的二级公路相交时，宜采用在被交公路上设置平面交叉的旁置式单喇叭形、部分苜蓿叶形。匝道上不设收费站时，宜采用菱形。

(6) 一级公路与二、三、四级公路相交，因交通转换而设置互通式立体交叉时，宜采用菱形、部分苜蓿叶形。在特殊情况下，也可采用单象限形。

(7) 因地形有利而设互通式立体交叉时，可采用匝道布置简单的单象限形或菱形。

(8) 路网密度较高的地区，可利用路网结点转换交通时，将某些立体交叉设计成仅为部分交通转换提供往返匝道的非全互通的立体交叉。

9.3.3 立体交叉的间距

9.3.3.1 影响立体交叉间距的因素

确定互通式立体交叉的间距时，主要应考虑交通密度、相邻立交之间的交织段要求、标志和信号布置的要求、驾驶员驾驶顺适的要求、经济上的因素等。相邻立交之间保持合适的间距，能够均匀分散交通，使整体道路和区域交通被各立体交叉均衡、合理分担。间距过大会使交通联系不便；间距过小则又影响高速道路功能的发挥，且使建设投资增加。相邻立交之间要有足够的交织路段，以便在相邻立交出入口之间设置足够的加减速车道。相邻立交之间还应保证足够的距离，设置一系列标志和信号，以便连续不断地告诉驾驶员下一立交出口的到来。另外，相邻立交之间的距离如果过近，特别是在城市道路上，因互通式立交的平面连续变化，纵断面起伏频繁，会对车辆运行、驾驶操作及景观均不利。

9.3.3.2 立体交叉间距的规定

(1) 高速公路上互通式立体交叉的间距。我国《规范》规定，高速公路上互通式立体交叉的间距为：

1) 大城市、重要工业园区附近的平均间距宜为5~10km；其他地区宜为15~25km。

2) 相邻互通式立体交叉的最小间距，不宜小于4km。因路网结构或其他特殊情况限制，经论证相邻互通式立体交叉的间距需适当减小时，加速车道渐变段终点至下一个互通式立体交叉的减速车道渐变段起点间的距离，不应小于1000m；若小于1000m，且经论证而必须设置时，应将两者合并为复合式互通式立体交叉。

3) 相邻互通式立体交叉的间距不宜大于30km；超过时，应设置与主线立体分离的“U形转弯”设施。

(2) 非高速公路互通式立体交叉的最小间距，可参照上述规定执行。条件受限时，经对交织段的通行能力验算后可适当减小间距。

(3) 城市道路上互通式立体交叉间距。我国《城规》规定的两个相邻互通式立体交叉之间最小净距见表9.2。

表 9.2 立交之间最小净距

干道设计速度/km·h^{-1}	80	60	50	40
最小净距/m	1000	900	800	700

(4) 互通式立体交叉与相邻的其他有出入口的设施或隧道之间的距离：

1) 互通式立体交叉与服务区、停车区、公共汽车停靠站之间的距离，应能满足设置出口预告标志的需要；条件受限制时，间距可适当减小，但上一入口终点至下一个出口起点的距离不应小于1000m。

2）隧道出口与前方互通式立体交叉间的距离，应满足设置出口预告标志的需要；条件受限制时，隧道出口至前方互通式立体交叉减速车道渐变段起点的距离不应小于1000m，否则应在隧道入口前或隧道内设置预告标志。

3）互通式立体交叉与前方隧道进口间的距离，应满足设置标志及以后对洞口判断所需的距离。

（5）分离式立体交叉间距。为便于地方交通横穿高速道路，分离式立交间距可小些。我国公路和城市道路设计规范对分离式立交间距没有明确规定。但据国外资料，间距一般为1~1.5km。德国平均间距为700~800m，美国宾州收费高速公路平均间距为1.6km。

9.3.4 立体交叉的设计资料与步骤

9.3.4.1 设计资料

在立体交叉设计之前，应通过实地勘测和调查，收集下列所需设计资料：

（1）自然资料。测绘立交设计范围的1∶500~1∶2000地形图，详细标注建筑物的建筑线、种类、面积、层高、地上及地下各种杆柱和管线；调查并收集用地发展规范、地址钻探、水文、土壤和气候资料；收集立交附近的国家测量控制点和水准点资料等。

（2）交通资料。调查并收集各转弯及直行交通量、交通组成，推算远景交通量，制作交通量流量流向图或表，调查非机动车和行人流量等。

（3）道路资料。调查相关道路的等级、平纵面线形、横断面形式和尺寸；相交道路交角、控制坐标和标高；路面类型及厚度；确定道路净空高度；设计荷载、设计速度及平纵横技术指标等。与铁路交叉时，还应调查铁轨股数、间距、列车通过次数、断道时间、净空和净宽要求等资料。

（4）排水资料。收集立交所在区域的排水系统现状和规则，调查各种管渠的位置、埋深和尺寸等。

（5）文书资料。收集设计任务书，上级主管部门的具体要求、意见及有关文件；有关技术标准和规范等资料。

（6）其他资料。调查取土、弃土和材料来源；施工单位、施工季节、工期、交通组织和安全等方面的资料。

9.3.4.2 设计步骤

一座立体交叉的设计，是通过规划、可行性研究、方案设计到技术设计的全过程。其中，方案设计和技术设计一般可按以下步骤进行：

（1）初拟方案。根据设计要求和地形条件，在地形图或其上覆盖的透明纸上勾绘出各种可能的立交方案。

（2）确定比较方案。对初拟方案进行分析，应考虑线形是否顺适，转弯半径能否满足要求，各层间可否跨越，拆迁是否合理，一般选2~4个比较方案。

（3）确定推荐方案。在地形图上按比例绘出各比较方案，完成初步的平纵设计、桥跨方案和概略工程量计算，做出各方案比较表，全面比较后一般确定1~2个推荐方案。比较时应考虑交通是否流畅安全，各车道的平纵横及其相互配合是否合适，立交桥的结构、布置是否合理，设计和施工难易程度，整体工程的估价，养护营运条件及立交的造型和绿化等。

（4）确定采用方案。对推荐方案视需要做出模型或透视图，征询有关方面的意见，最后定出采用方案。应权衡造价与方案、近期和远期、局部与全局的关系，也采用分期修建的立交方案。

（5）详细测量。对采用方案实地放线并详细测量，进一步收集技术所需的所有资料。

（6）技术设计。完成全部施工图设计和工程预算。

以上(1)~(4)步为初步设计阶段，当可选方案较少或简单明了时可酌减步骤，(5)~(6)步为施工图设计阶段。

9.4 匝道设计

匝道是互通式立交必不可少的组成部分，是供上下相交道路转弯车辆行驶的连接道。匝道设计的合理与否，直接关系到立交枢纽的功能、营运及安全等，因此匝道的合理布置及使用合适的线形非常重要。

9.4.1 匝道组成

在一个互通式立交处车辆运行有两种方式。一种是直通运行，即走原来的路线在交叉处借立交桥跨越过去；另一种是转弯运行，从一条路转弯到另一条路上去，这时就要修建专门的转弯道路，即匝道。匝道是由三部分组成的，如图 9.14 所示。

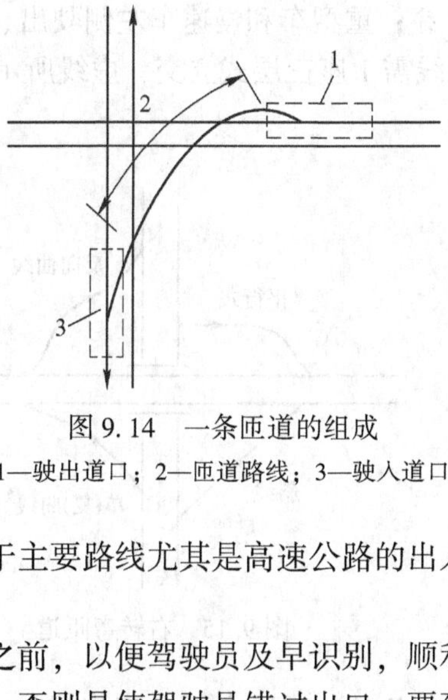

图 9.14 一条匝道的组成

1—驶出道口；2—匝道路线；3—驶入道口

（1）离开原线的驶出道口。

（2）匝道经行的路段。

（3）汇入另一路线的驶入道口。

道口有控制式（如红绿灯），用于次要路线的出入道口；还有不受控制的畅通式，或称为无阻运行式，用于主要路线尤其是高速公路的出入道口。

驶出道口的位置必须明显，最好设置在立交结构物之前，以便驾驶员及早识别，顺利驶出。如果设在立交构造物之后，必须有充分远的距离，否则易使驾驶员错过出口，要到下一个立交处才能驶出。驶出道口则以位于立交构造物之后对行车安全较为有利，驾驶员视野开阔，不受构造物影响，有利于司机汇入主线。

匝道视立交的构造可能是多层的，而且互相穿越，因此匝道不一定全是用土方筑成路基的道路，有时可能是路堑，更可能是高架桥，视具体情况而定。

9.4.2 匝道的基本形式

匝道的形式千变万化，但根据它的基本功能——提供转弯车道及其与正线的关系可划分为如下几种基本类型。

9.4.2.1 *右转弯匝道*

车辆从正线的右侧驶出和直接右转约 90°，到被交道路的右侧驶入，一般不需设跨线构造物，如图 9.15 所示。根据互通式立交的形式和用地等限制条件，右转匝道可以布设单（复）曲线、反向曲线、平行线和斜式等四种。右转匝道属于右出右进的直连式匝道，其特点是形式简单，出入直接，方向明确，线形顺适，行车速度和线形指标较高，行程短、行程安全。

9.4.2.2 左转弯匝道

车辆按右侧通行时，左转弯须转约 90°~270°的角度，穿越对向车道及被交道路，除环形匝道外，至少需要一座跨线构造物。左转匝道遇到的情况十分复杂，其线形千变万化。按匝道布设与相交道路的关系，左转匝道可分为直连式（定向式）、半直连式（半定向式）和间接式等三种类型。

A 直连式（又称定向式或左出左入式）

左转车辆直接从行车道左侧分流驶出，左转约 90°，从被交道路左侧汇入相交车道，如图 9.16 所示。定向式匝道线形简捷，转向明确，长度最短，营运费用低；左转弯自左驶出，没有反向运行，最为自然顺当，线形指标高，适应车速高，通行能力大。但跨线构造物较多；正线及被交道路的对向行车道间均须有足够的间距或设计成不等高以便上跨或下穿；重型车和慢速车左侧驶出、驶入困难且不安全。图 9.16 中 1 线需两座双层式立交，1′线需 1 座三层式立交，虚线所示无实用意义。

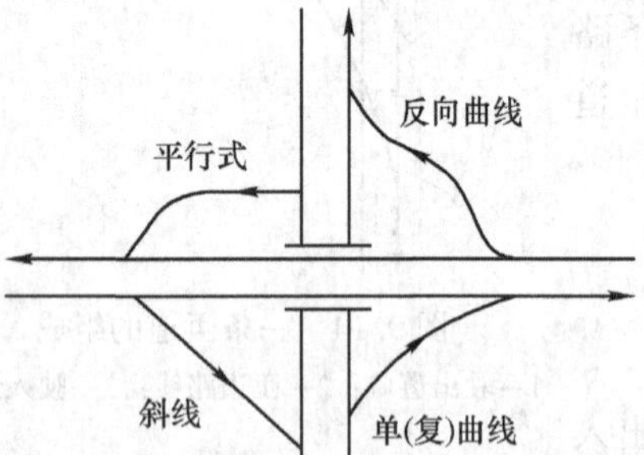

图 9.15 右转弯匝道

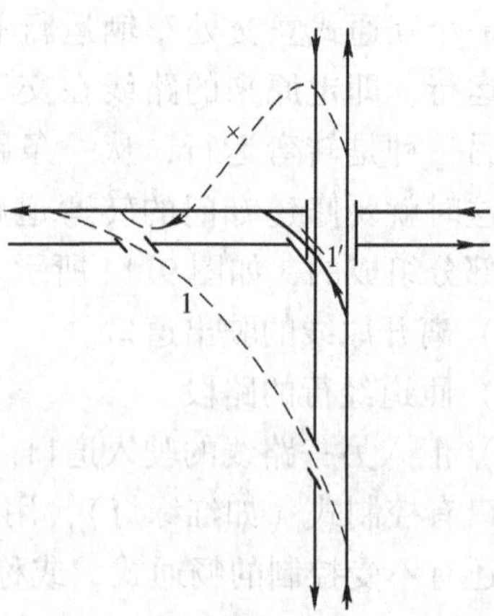

图 9.16 左转弯匝道（左出左入）

B 半直连式（半定向式）

为了克服直连式匝道从左驶出、从左驶入在运行上的缺点，改为从右驶出，或从右驶入的做法。这时车辆为了左转还须作反向的右转运行，但匝道上车辆运行的总方向仍然是向左转弯的，这种匝道称为半直接式或半定向式。按车辆由相交道路的进出方式可分为左出右入式、右出左入式和右出右入式等三种基本形式：

（1）左出右入式。左转车辆从行车道左侧直接分流驶出后左转弯，到被交道路时从右侧汇流驶入，如图 9.17 所示。与左出左入匝道相比，改进了左入的缺点，车辆驶入安全，但仍存在左出的缺点；匝道上车流略有绕行；正线对向行车道间须有足够的间距；跨线构造物较多。图 9.17 示出这种匝道的各种可能做法，图中 2 线和 2′线同跨两个象限，与左出左入相当；3 线过桥以后再左出转弯，可以少建一座构造物。

（2）右出左入式。左转车辆从行车道右侧分流右转驶出，在匝道上左转弯，到被交道路后直接由行车道左侧汇流驶入，如图9.18所示。这种形式的匝道改进了左出的缺点，车辆驶出安全，但仍有左入问题；驶入道路对向行车道间要有足够的间距；其余特征与左出右入匝道相同。当汇入的道路为双车道公路，上下行各只有一个车道且无分隔带，从左汇入和右汇入并没有什么差异时，这种匝道是可以采用的。图中4线和4′线跨越两个象限，同属一种形式。5线形同壶把，故又称为壶把式，由于是右出，因而提供了在交叉构造物之前汇入主线的可能，从而可节省一个跨越线。虚线所示无实用意义。

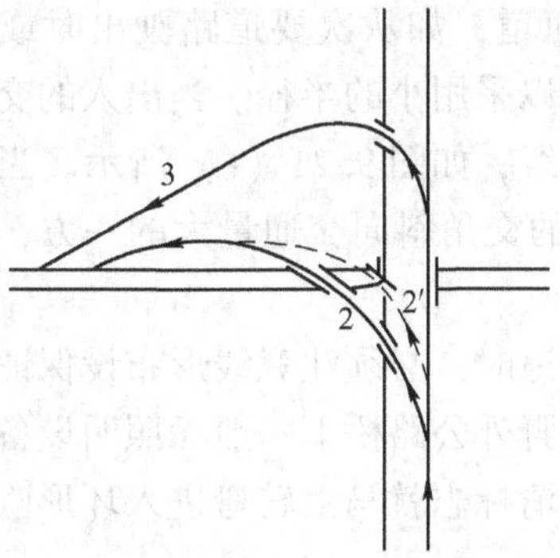

图9.17 左转弯匝道（左出右入）

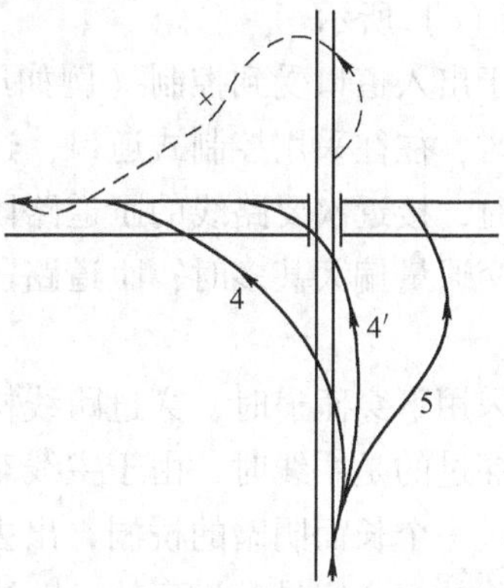

图9.18 左转弯匝道（右出左入）

(3) 右出右入式。左转车辆从行车道右侧分流右转驶出，在匝道上左转弯，到被交道路后由行车道右侧汇流驶入，如图9.19所示。这种形式的匝道消除了左出、左入的缺点，行车安全方便，是较常用的左转匝道形式。但匝道绕行距离最长，跨线构造物也最多。两条高等级公路相交，各条的上下行车道都有两条或两条以上，且该象限的转弯交通量又很大时，可以采用这种形式。图中所示5种形式应视地形、地物及线形等条件而定。其中8线和9线跨线构造物最少，但线形标准最低。

C 间接式（环形匝道）

左转车辆驶过跨线构造物后，从行车道右侧驶出后，不向左转，却反向向右连续转约270°达到左转目的，从被交道路的右侧驶入，如图9.20所示。这种匝道从右侧驶出，从右侧汇入，行车安全；匝道上不需要任何建筑物就可达到左转弯的目的，造价最低；但匝道线形指标低，适应车速低，通行能力小，占地较大，左转车辆绕行距离较长。

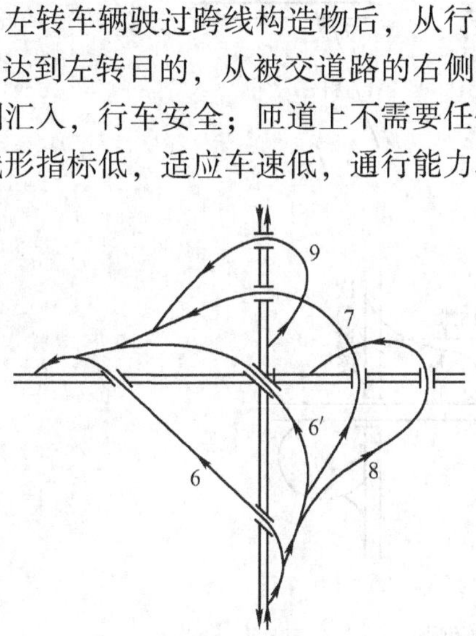

图9.19 左转弯匝道（右出右入）

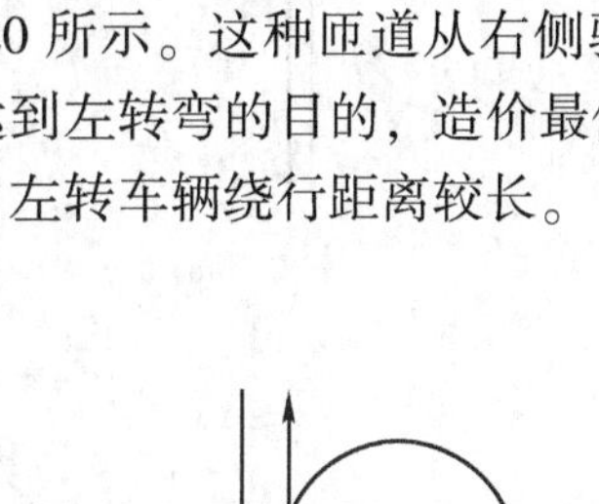

图9.20 左转弯匝道（环形匝道）

环形匝道是苜蓿叶和喇叭形立交的标准匝道。对于出入道口不受控制的、无阻碍运行的环形匝道，其开始曲线应有较大半径切于出口端的外边缘，末尾曲线亦应有较大半径切于入口端的外边缘，中段曲线半径应比首段或末段者为小（或者在两者之间），形成一个卵形或水滴形曲线，如图 9.21（a）所示。如果中段曲线半径大于首段或末段，甚至中段成直线（半径无穷大）形成一个平背曲线，会使车辆多次减速或加速运行，甚至在平背直线段过早地加速，而在达到或超过复合曲线的连接点进入小半径曲线段时失去控制，如图 9.21（d）所示。

对于出入道口受到控制（例如红绿灯）的环形匝道，如从次要道路驶出时或汇入次要道路时，往往采用控制式道口，这时出入的半径可以采用小的半径。当出入的交通量大体相等时，接近次要路线的匝道路段亦垂直于次要路线，如图 9.21（e）所示。当出或入一方的交通量偏大甚多时，匝道路段宜以不小于 75°的交角斜向交通量大的一方，以利车辆运行。

当采用下穿匝道时，穿过跨线构造物进入环圈匝道时，必须注意线形布设保证运行安全。当穿过的是主线时，由于主线车道多、路基宽，野外公路桥下一般无照明设备，高速车辆驶过一个长而阴暗的桥洞，出去后还没来得及看清标志就马上转弯进入环形匝道，是十分危险的，会容易发生事故。改进的做法是：

（1）将直线延伸过桥洞以后相当距离才开始转弯，但这将增加占地面积。

（2）在进入桥洞之前路线就开始转弯，或斜交穿过，这是常用的做法，如图 9.21（b）和（e）所示，这时将会得到线形最顺利流畅、运行最舒适安全的卵形或水滴形匝道。

（3）如果前两个措施有困难，或穿过的路基太宽（车道多），桥洞很长时，就需在桥

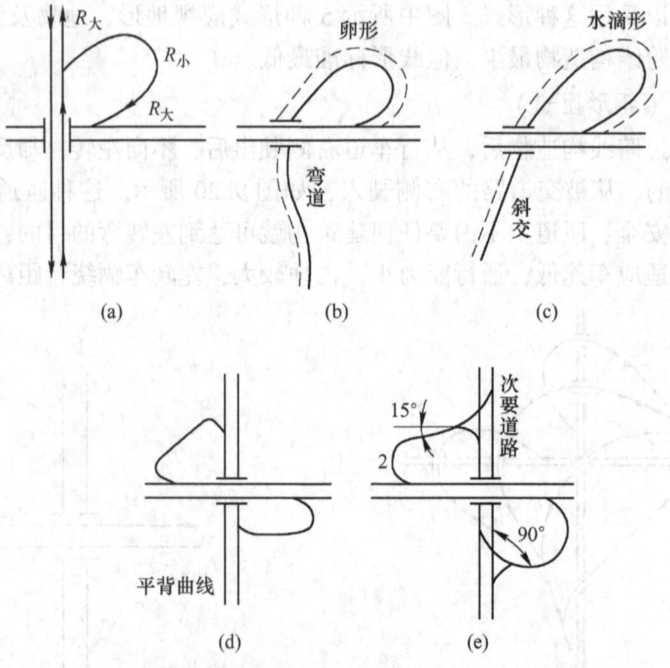

图 9.21　环形匝道布置

洞内设照明，或者将上层跨线桥按车道分离设置，在车道之间的分隔带等处开设天窗(需用透明塑料板等覆盖以防杂物掉落）以供采光。

环形匝道半径太大时占地较多，半径太小时车速受影响，而且车辆在甚小半径连成的复杂的复合曲线上运行较困难。在采用环形匝道的典型的苜蓿叶立交中还存在有交织段，这些都影响这种匝道的运行能力。后者必要时须采取增设集散道的措施以进行改善。

9.4.3 左转匝道的布设特性

上述匝道的基本形式中，右转匝道在不设跨线构造物前提下几乎都采用右出右进的形式，只是在使用中视场地限制条件改变匝道的线形而已。若某一象限未设右转匝道，该立交相交道路上会出现平面交叉口。而左转匝道的基本形式变化多，各种匝道可以单独或相互组合使用，形成千变万化的立体交叉形式。在布设左转匝道时，可根据现场地形、地物及用地限制条件，灵活安排匝道的空间位置与线形。左转匝道布设有两大特性：

（1）任何一个方向左转的车辆，均可在所有象限内完成左转弯运行。如图 9.22 所示，若 *A* 方向来车拟左转到 *B* 方向时，可在四个象限内布置左转匝道。

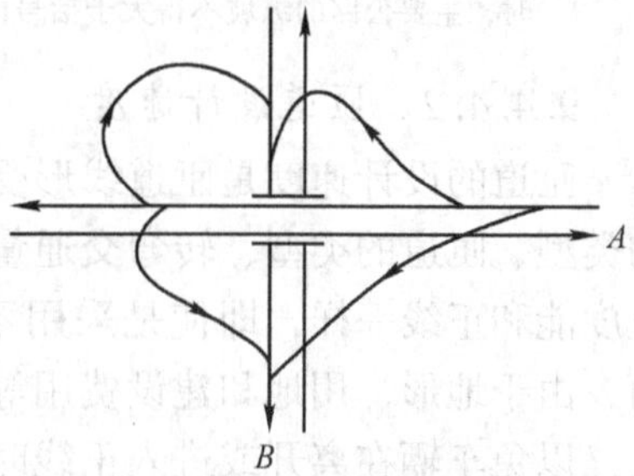

图 9.22 一个方向左转匝道布置

（2）所有行驶方向左转的车辆，均可在部分象限内完成左转弯运行，如图 9.23 所示，图 9.23（a）为一个象限集中布置，图 9.23（b）和（c）分别在两个和三个象限内布置。

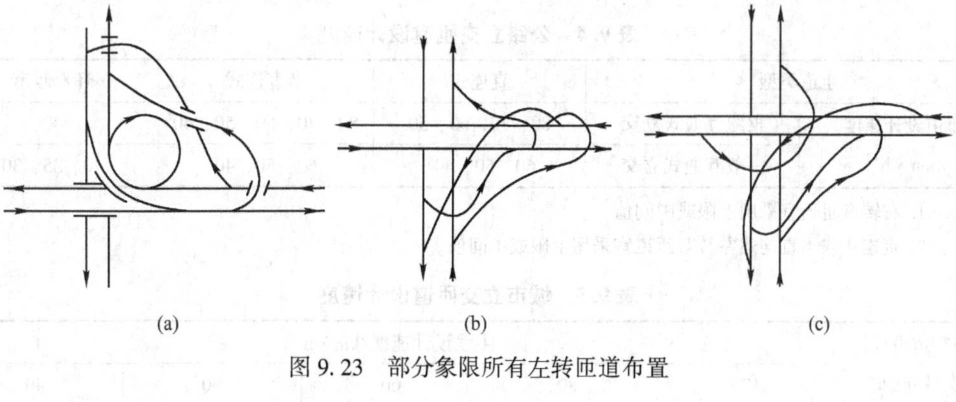

图 9.23 部分象限所有左转匝道布置

9.4.4 匝道的设计依据

匝道设计依据主要有互通式立体交叉的类型及主线的线形指标、匝道设计速度、设计交通量和设计通行能力等。互通式立交的类型是确定匝道设计速度的主要依据，主线的线形指标决定匝道端部设计，匝道的设计速度和设计交通量是确定匝道平纵面线形和横断面几何尺寸的主要依据，而匝道的通行能力则是检验匝道适应交通量的能力。

9.4.4.1 互通式立体交叉范围内主线线形指标

互通式立体交叉范围内，主线形的主要技术指标规定见表 9.3。

表 9.3　互通式立体交叉范围内主线形指标

设计速度/km · h^{-1}			120	100	80	60
最小圆曲线半径/m		一般值	2000	1500	1100	500
		极限值	1500	1000	700	350
最小竖曲线半径/m	凸形	一般值	45000	25000	12000	6000
		极限值	23000	15000	6000	3000
	凹形	一般值	16000	12000	8000	4000
		极限值	12000	8000	4000	2000
最大纵坡/%		一般值	2	2	3	4.5（4）
		最大值	2	2	4（3.5）	5.5（4.5）

注：当主要公路以较大的下坡进入互通式立体交叉，且所接的减速车道为下坡，同时，后随的匝道线形指标较低时，主要公路的纵坡不得大于括号内的值。

9.4.4.2　匝道设计速度

匝道的设计速度是匝道线形受限路段所能保证的最大安全速度。主要根据互通式立交的类型、匝道的类型、转弯交通量的大小及用地和建设费用等条件确定。如果匝道的设计速度能和正线一样，即使是采用不同速度相交道路中较低者，车辆运行也是顺畅的。然而，由于地形、用地和建设费用等限制，匝道的设计速度通常都较正线低，但降低不得过大，以免车辆在离开或进入正线时产生急剧的减速或加速，导致行车危险和不顺畅。期望值以接近主线平均行驶速度为宜。当受用地或其他条件限制时，匝道设计速度可适当降低，一般为主线设计速度的50%~70%。

公路和城市道路互通式立体交叉匝道设计速度的规定分别见表 9.4 和表 9.5。

表 9.4　公路立交匝道设计速度

匝道类型		直连式	半直连式	环形匝道
匝道设计速度 /km · h^{-1}	枢纽互通式立交	80、70、60、50	80、70、60、50、40	40
	一般互通式立交	60、50、40、	60、50、40	40、35、30

注：1. 右转弯匝道宜采用上限或中间值。

2. 直连式或半直连式左转弯匝道宜采用上限或中间值。

表 9.5　城市立交匝道设计速度

被交道设计速度/km · h^{-1}	主线设计速度/km · h^{-1}				
	120	80	60	50	40
80	60~40	50~40	—	—	—
60	50~40	45~35	40~30	—	—
50	—	40~30	35~25	30~20	—
40	—	—	30~20	30~20	25~20

9.4.4.3　设计交通量

匝道设计交通量是确定匝道类型、设计速度、车道数、几何形状、平交或立交及是否分期修建等的基本依据。匝道设计交通量是指远景设计年限的交通量，设计交通量主要根据相交道路的交通量，结合交通调查资料，通过分析预测，推算设计年限末期的年平均日交通量，将匝道单向日交通量换算为设计小时交通量，推算方法与相交道路相同。互通式立体交叉的设计年限一般与高速公路相同，采用20年。交通组成及左、直、右行方向的交通量一般用交通量流向、流量分布图表示。

9.4.4.4 通行能力

匝道的通行能力取决于匝道本身和出入口处的通行能力，以三者之中较小者作为采用值。通常出口和入口处的通行能力与匝道本身通行能力相比甚小，故匝道的通行能力主要受出入口处通行能力的控制，并受主线通行能力、车道数、设计交通量等影响。单车道的最大设计通行能力为1200pcu/h，单车道环形匝道设计通行能力为800~1000pcu/h。

9.4.5 匝道的线形设计标准

9.4.5.1 匝道的平面线形指标

（1）匝道平曲线半径。平曲线半径直接影响匝道的形式、用地、规模、造价及行车的安全性和舒适性。最小半径的大小取决于匝道的设计速度，同时应考虑经济性、安全性和舒适性。表9.6为公路立交匝道圆曲线最小半径，通常应选用大于一般值的半径，当受地形条件或其他特殊情况限制时，方可采用极限值。冰冻积雪地区不得采用极限值。

表9.6 公路立体交叉匝道圆曲线最小半径

匝道设计速度/$km \cdot h^{-1}$		80	70	60	50	40	35	30
匝道圆曲线最小半径/m	一般值	280	210	150	100	60	40	30
	极限值	230	175	120	80	50	35	25

城市道路立交匝道圆曲线最小半径的规定见表9.7。选用时宜采用大于或等于表列超高2%的最小半径，有条件的地方可采用不设超高的最小半径。

表9.7 城市道路立体交叉匝道圆曲线最小半径及平曲线最小长度

匝道设计速度/$km \cdot h^{-1}$	60	50	45	40	35	30	25	20
横向力系数μ	0.18			0.16			0.14	
超高i=6%的最小半径/m	120	80	65	50	40	30	20	15
超高i=4%的最小半径/m	130	90	75	60	45	35	25	20
超高i=2%的最小半径/m	145	100	80	65	50	40	30	20
不设超高的最小半径/m	180	125	100	80	60	45	35	30
平曲线的最小长度/m	100	85	75	65	60	50	40	35

（2）匝道回旋线参数。匝道及其端部曲率变化较大处应设置缓和曲线，缓和曲线应采用回旋线，其参数及长度宜不小于表9.8所列数值，且回旋线长度应不小于超高过渡所需的长度，其参数以$A \leqslant 1.5R$为宜。反向曲线的两个回旋线参数宜相等，不相等时其比值应小于1.5。径向衔接的复曲线，其大小半径之比不应大于1.5，否则应设回旋线。

表 9.8　匝道回旋线参数及长度

匝道设计速度/km · h⁻¹	80	70	60	50	40	35	30
回旋线参数 *A*/m	140	100	70	50	35	30	20
回旋线长度/m	70	60	50	40	35	30	25

9.4.5.2　匝道的纵断面线形指标

（1）匝道最大纵坡。匝道因受上下线标高的限制，为克服高差、节省用地和减少拆迁，并考虑匝道上车速较低，故匝道纵坡一般比正线纵坡大。公路立体交叉匝道的最大纵坡规定见表 9.9。

表 9.9　公路立体交叉匝道最大纵坡

匝道设计速度/km · h⁻¹			80、70	60、50	40、35、30
最大纵坡/%	出口匝道	上坡	3	4	5
		下坡	3	3	4
	入口匝道	上坡	3	3	4
		下坡	3	4	5

匝道最大纵坡，因地形困难或用地紧张时可增大 1%。出口匝道的上坡、入口匝道的下坡路段，在非冰冻积雪地区特殊困难情况下可增加 2%。

城市道路立体交叉匝道的最大纵坡规定见表 9.10。

表 9.10　城市道路立体交叉匝道最大纵坡

匝道设计速度/km · h⁻¹		80	≤60
最大纵坡/%	冰冻地区	4	4
	非冰冻地区	4	5

若机动车与非机动车混行时，考虑非机动车行车要求，其纵坡不宜大于 3%。

（2）匝道竖曲线半径。匝道各设计速度对应的竖曲线最小半径及最小长度规定见表 9.11。

表 9.11　匝道竖曲线的最小半径及长度

匝道设计速度/km · h⁻¹			80	70	60	50	40	35	30
竖曲线最小半径/m	凸形	一般值	4500	3500	2000	1600	900	700	500
		极限值	3000	2000	1400	800	450	350	250
	凹形	一般值	3000	2000	1500	1400	900	700	100
		极限值	2000	1500	1000	700	450	350	300
竖曲线最小长度/m		一般值	100	90	70	60	40	35	30
		最小值	75	60	50	40	35	30	25

9.4.5.3　匝道横断面及加宽

A　匝道横断面

匝道横断面由车道、路缘带、硬路肩和土路肩（城市道路不设）组成，对向分离双车道匝道还包括中央分隔带。

匝道横断面各组成部分的宽度：公路立体交叉车道宽度为3.50m。城市道路立交当设计速度不小于40km/h时车道宽度采用3.75m或4.00m；当设计速度小于40km/h时采用3.50m；城市立交机、非混行的匝道，非机动车车道宽度应视交通量而定。路缘带宽度为0.50m。左侧硬路肩（含路缘带）宽度为1.00m。右侧硬路肩（含路缘带）宽度，设供紧急停车用硬路肩时为2.50m，条件受限制时可采用1.50m，但为对向分隔式双车道时宜采用2.00m；不设供紧急停车用硬路肩时为1.00m。土路肩的宽度为0.75m，条件受限制时，不设路侧护栏者可采用0.50m。中央分隔带的宽度应不小于1.00m。

主线分岔或汇流的多车道匝道，其车道、硬路肩的宽度应与主线相同。匝道的车道、硬路肩宽度与正线不同时，应在匝道范围内设置渐变率为1/20~1/30的过渡段。

匝道横断面类型分为四种，规定如图9.24所示，适用条件为：

（1）交通量小于300pcu/h、匝道长度小于500m时，或交通量等于或大于300pcu/h但小于1200pcu/h、匝道长度小于300m时，应采用Ⅰ型。

（2）交通量小于300pcu/h、匝道长度等于或大于500m时，或交通量等于或大于300pcu/h但小于1200pcu/h、匝道长度等于或大于300m时，应考虑超车之需而采用Ⅱ型。但此时采用单车道出入口。

（3）交通量等于或大于1200pcu/h但小于1500pcu/h时，应采用Ⅱ型。

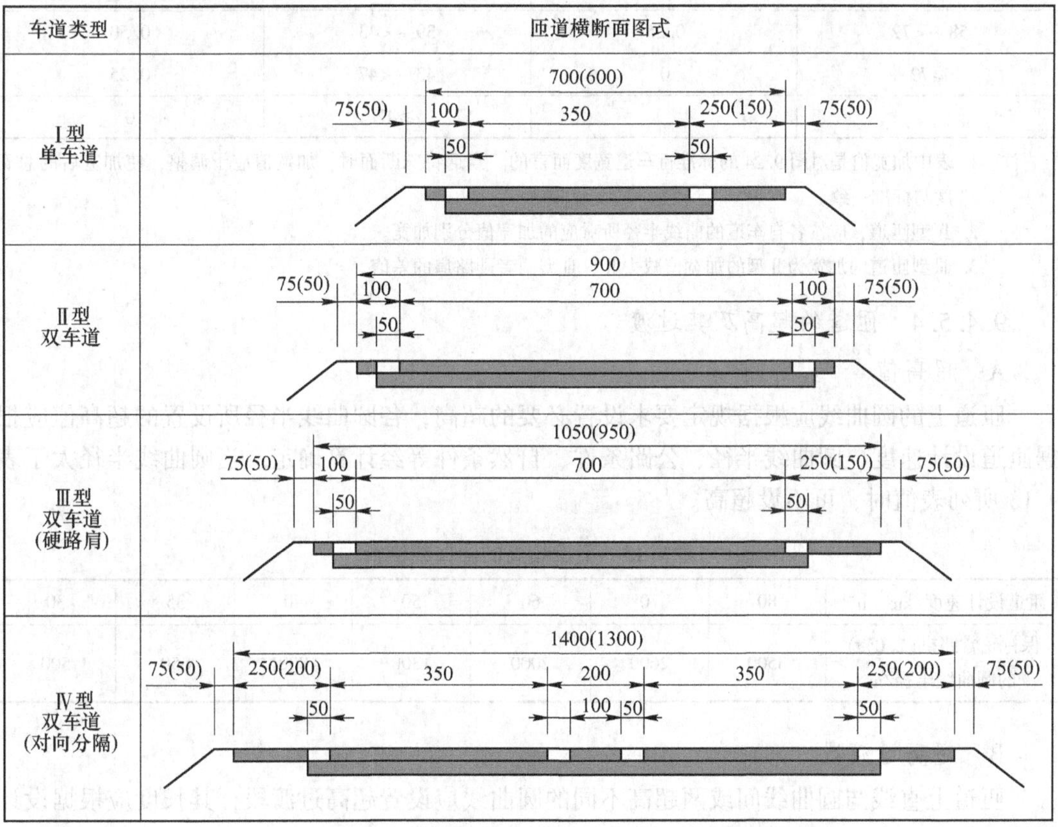

图9.24 匝道横断面类型（单位：cm）

(4) 交通量等于或大于 1500pcu/h 时，应采用Ⅲ型。

(5) 两条对向单车道匝道相依，且平、纵线形一致时，应采用Ⅳ型。当设计速度小于或等于 40km/h，且位于非高速公路一方时，可采用Ⅱ型。

(6) 环形匝道采用单车道匝道，其设计通行能力为 800~1000pcu/h。

B 匝道圆曲线的加宽及其过渡

匝道圆曲线的加宽值，应根据圆曲线半径按表 9.12 所示数值采用。曲线加宽的过渡可按照正线加宽过渡的方式进行。

表 9.12 匝道圆曲线加宽值

单车道匝道（Ⅰ型）		单向双车道或对向双车道匝道（Ⅱ型）	
圆曲线半径/m	加宽值/m	圆曲线半径/m	加宽值/m
25 ~<27	2.00	25 ~<26	2.25
27 ~<29	1.75	26 ~<27	2.00
29 ~<32	1.50	27 ~<29	1.75
32 ~<36	1.25	29 ~<31	1.50
36 ~<42	1.00	31 ~<33	1.25
42 ~<48	0.75	33 ~<36	1.00
48 ~<58	0.50	36 ~<39	0.75
58 ~<72	0.25	39 ~<43	0.50
≥72	0	43 ~<47	0.25
		≥47	0

注：1. 表中加宽值是对图 9.24 的标准行车道宽度而言的。当遇特殊断面时，加宽值应予调整，使加宽后的总宽度与标准一致。

2. Ⅳ型匝道，应按各自车道的曲线半径所对应的加宽值分别加宽。

3. Ⅲ型匝道的加宽为Ⅱ型的加宽值减去Ⅱ、Ⅲ型两者硬路肩的差值。

9.4.5.4 匝道的超高及其过渡

A 超高值

匝道上的圆曲线应根据规定要求设置必要的超高，各圆曲线半径所设置的超高值应根据匝道设计速度、圆曲线半径、公路条件、自然条件等经计算确定。当圆曲线半径大于表 9.13 所列表值时，可不设超高。

表 9.13 不设超高的圆曲线半径

匝道设计速度/km·h^{-1}	80	70	60	50	40	35	30
保持正常路拱(2.0%)的圆曲线半径/m	3500	2600	2000	1300	800	650	500

B 超高过渡段

匝道上直线与圆曲线间或两超高不同的圆曲线应设置超高过渡段，其长度应根据设计速度、横断面类型、旋转轴的位置及超高渐变率等因素确定。

匝道上直线与超高圆曲线之间，或两超高不同的圆曲线之间，应设置超高过渡段。超高过渡段长度应根据设计速度、横断面的类型、旋转轴的位置及渐变率等因素确定。超高过渡段长度计算式与正线相同。匝道超高渐变率规定见表 9. 14。

表 9. 14 匝道超高渐变率

断面类型及旋转位置 匝道设计速度 /km · h^{-1}	单向单车道		单向双车道及非分隔式对向双车道	
	左路缘带外边线	行车道中心线	左路缘带外边线	行车道中心线
80	1/200	1/250	1/150	1/200
70	1/175	1/235	1/135	1/185
60	1/150	1/225	1/125	1/175
50	1/125	1/200	1/100	1/150
≤40	1/100	1/150	1/100	1/150

匝道超高过渡应平顺和缓，不产生扭曲突变。超高过渡方式一般采用以行车道中线或以左侧路缘带外边缘线作为匝道超高的旋转轴，沿超高过渡段逐渐变化，直至达到圆曲线内的全超高。

横坡处于水平状态附近时，其超高渐变率不应小于表 9. 15 的规定。

表 9. 15 匝道最小超高渐变率

断面类型		单向单车道	单向双车道、 非分隔式对向车道
旋转轴位置	行车道中心线	1/800	1/500
	路缘带外边线	1/500	1/300

C 超高设置方式

超高过渡段设置方式视匝道平面线形而定，有回旋线时，超高过渡在回旋线的全长或部分范围内进行；无回旋线时，可将所需过渡段长度的 1/3 ~ 1/2 插入圆曲线，其余设在直线上；两圆曲线径相连接时，可将过渡段的各半分别置于两圆弧内。

9.4.5.5 匝道的视距

互通式立体交叉区域应具有良好的通视条件，保证必要的识别视距和停车视距。

A 识别视距

为使驾驶员及时发现互通式立体交叉的出口，按规定线路驶离，防止误行，保证行车安全，主线上应保证对出口位置的判断视距，该视距称为识别视距。主线分流鼻之前应保证的判断出口所需的识别视距应大于表 9. 16 的规定。条件受限制时，识别视距应大于 1. 25 倍的主线停车视距。当驾驶者需接受的信息较多时，宜采用较大（接近高限）值。

表 9. 16 识别视距

设计速度/km · h^{-1}	120	100	80	60
识别视距/m	350 ~ 460	290 ~ 380	230 ~ 300	170 ~ 240

匝道出口位置应明显，易于识别，宜将出口设置在跨线桥前；当设置在跨线桥后时，

匝道出口至跨线桥的距离不应小于150m。

B 停车视距

单向单车道匝道主要满足停车视距；单向双车道可快、慢车分道行驶，无需考虑超车视距；双向双车道一般应设中间隔离设施，也不存在会车和超车问题。所以，匝道只需满足停车视距要求。匝道全长范围内应具有不小于表9.17规定的停车视距。积雪冰冻地区，应不小于括号内的数值。

表9.17 匝道停车视距

设计速度/km·h^{-1}	80	70	60	50	40	35	30
停车视距/m	110（135）	95（120）	75（100）	65（70）	40（45）	35	30

9.4.6 匝道的线形设计要点

9.4.6.1 匝道平面线形设计

A 匝道平面线形设计要点

（1）从出入口至匝道平面线形紧迫路段的范围内，圆曲线的半径应与变化着的速度相适应。

（2）右转弯匝道和左转弯直连式或半直连式匝道应采用较高的平面指标。

（3）直连式互通式立体交叉中，纵面起伏时凸形竖曲线前后的平面线形应一致，或具备良好的线形诱导。严禁在小半径凸形竖曲线以后紧接反向平曲线。

（4）匝道平面线形指标应与交通量相适应，交通量大的匝道应具有较高的平面线形指标。

（5）应避免不必要的反弯。

B 匝道平面线形布设

匝道平面线形要求应是直线、圆曲线及缓和曲线，但由于匝道通常较短，难以争取到较长直线，故多以曲线为主。

对右转匝道及直连式左转匝道，可采用单曲线或复曲线（双向或多心）、卵形曲线等。若用多心复曲线时，相邻半径之比应满足规范要求，并使两端连接出入口的圆曲线采用较大半径（且出口半径应大于入口半径），中间圆曲线半径可小一些。否则会使车辆多次减速和加速运行，且在中间路段过早加速，到驶入匝道时易失去控制。

对半直连式左转匝道，其平面线形可由反向曲线与单曲线或复曲线组成。反向曲线之间最好不插设直线段而以缓和曲线相连形成S形曲线，并满足S形曲线的有关要求。

对环形左转匝道，最简单的是采用单曲线，它设计简便，但与匝道上车速的变化不适应。最好采用曲率半径由大到小再到大的水滴形或卵形曲线，可满足车速变化要求，但设计计算比较复杂。另外，考虑减少占地和造价，环形匝道通常采用最小半径。

9.4.6.2 匝道纵面线形设计

A 匝道纵面线形设计要点

（1）匝道的纵坡应平缓，并避免不必要的反坡。

（2）匝道同主线相连接的部位，其纵面线形应连续，避免线形的突变。

(3) 出口匝道宜为上坡匝道。

(4) 上坡加速或下坡减速的匝道，应采用较缓纵坡，应避免采用最大纵坡值。

(5) 匝道中设收费站时，邻接收费广场的路段，其纵坡应平缓，不得以较大的下坡紧接收费广场。

(6) 匝道端部纵坡变化处应采用较大半径的竖曲线。匝道中间难以避免反坡时，尤其在其后不远有反向平曲线或匝道分、汇流的情况下，凸形竖曲线应具有较大的半径。

B 匝道纵面线形

纵面线形多受其两端相连接正线的高程、纵坡大小及坡长限制。不同形式的匝道，纵断面的布设会有所差异。

右转匝道纵面线形常由一个以上竖曲线组合而成，但纵坡较小，起伏不大，竖曲线半径较大。左转匝道一般由反向或同向竖曲线组成，反向竖曲线的上端多为凸形，下端多为凹形，中间宜插入直坡段，也可直接连接；同向竖曲线宜加大半径，连成一个竖曲线或复合曲线。

纵坡设计应尽量平缓，最好一次起伏，避免多次变坡。出口处竖曲线半径应尽可能大一些，以便误行或其他原因要倒车时不致造成危险或引起阻塞。入口附近的纵面线形必须有同正线一致的平行区段，以看清正线，安全驶入。

9.4.6.3 匝道平、纵线形组合设计

匝道平、纵线形组合设计的基本要求是使匝道立体线形平顺无扭曲，视野开阔，行车安全舒适，视觉美观，并与正线衔接处及周围环境协调配合。设计的原则和要求与正线基本相同，但应注意进出口处平、纵组合的处理。

在出口处，若是越过凸形竖曲线以下坡驶入匝道时，坡顶之后的平曲线不应突然出现在驾驶员眼前，应将凸形竖曲线加长以增大视距，使驾驶员能及早发现平曲线的起点和方向，并有足够的安全运行时间。在入口处，若由匝道上坡驶入道口时，应使连接道口的匝道（一般长度至少 60m）纵断面与邻近正线基本一致，以保证通视三角区要求。

9.5 端部设计

端部是指匝道两端分别与正线连接的道口，它包括出入口、变速车道及辅助车道等。两端的道口和中间的匝道共同组成一条完整的匝道。从主线出入的道口都应是自由流畅式，而次线上的道口有时则是信号控制的。端部设计的一般原则是出入顺适、安全，线形与正线协调一致，出入口应视认方便，正线与匝道间应能相互通视。

9.5.1 出口与入口设计

9.5.1.1 主线出入口

一般情况下互通式立体交叉的出入口除高速匝道外，应设置在主线行车道的右侧。出口位置应易于识别，一般设在跨线构筑物之前。若在其后时，应与构造物保持 150m 以上的距离。为便于车辆减速，出口最好位于上坡路段。入口应设在主线下坡路段，以利于重型车辆加速。汇流鼻前，匝道与主线间应保持主线 100m 和匝道 60m 的三角形区域内通视无阻，如图 9.25 所示。

主线与匝道分流鼻处，为给误行车辆提供返回的余地，行车道边缘应设置偏置加宽，用圆弧连接主线和匝道的路面边缘，并用路面标线引导行驶方向，如图 9.26 所示。偏置加宽值和分流鼻端圆弧半径规定见表 9.18。分流鼻处的加宽路面收敛到正常路面的过渡长度 z_1 和 z_2，应依据不小于表 9.19 的渐变率计算。

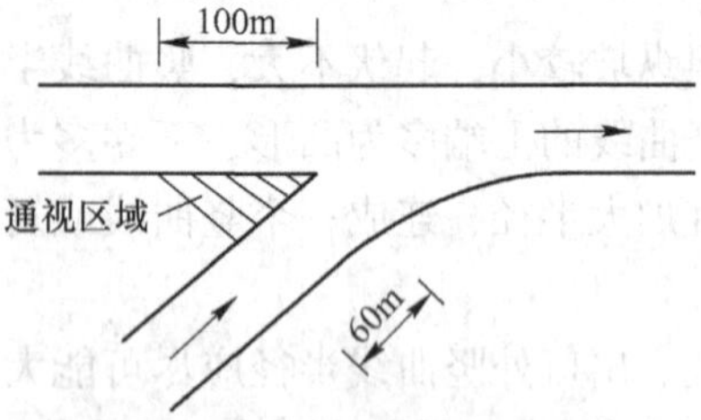

图 9.25 汇流鼻前通视区

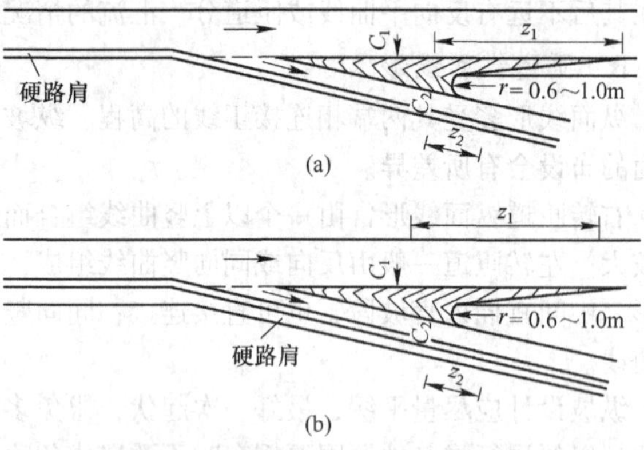

图 9.26 分流处楔形端布置

表 9.18 分流鼻偏置值及鼻端半径

分流方式	主线偏置值 C_1/m	匝道偏置值 C_2/m	鼻端半径 r/m
驶离主线	2.5~3.5	0.6~1.0	0.6~1.0
主线分岔	≥1.8		0.6~1.0

表 9.19 分流鼻端偏置加宽渐变率

设计速度/km·h^{-1}	120	100	80	60	≤40
渐变率/m	1/12	1/11	1/10	1/8	1/7

9.5.1.2 互通式立交的平面交叉口

互通式立交在次线或匝道上可设置平面交叉口。这种平交道口往往决定整个立交通行能力、服务水平和交通安全，设计时应予以充分重视。

在选定互通式立交形式时，应考虑所含平面交叉的必要性和合理性。设计中应将匝道布置在合适的象限内，使冲突点减至尽可能少的程度。对平面交叉应根据交通量、交通组成和行驶速度等作出合理布置，并设置必要的标志、标线、分隔带、交通岛、变速车道、转弯车道等。行人与非机动车道交通对平面交叉影响很大，必要时应采取专辟车道、渠化或立体交叉等措施，与机动车分离行驶。互通式立体交叉中的平面交叉设计应符合平面交叉的有关要求和规范。

9.5.2 变速车道设计

在匝道与正线连接的路段，为适应车辆变速行驶的需要，而不致影响正线交通所设置的附加车道称为变速车道。变速车道包括减速车道和加速车道。车辆由正线驶入匝道时减速所需的附加车道称为减速车道；车辆从匝道驶入正线时加速所需的附加车道为加速车道。

9.5.2.1 变速车道的形式

变速车道一般分为直接式与平行式两种，如图9.27所示。

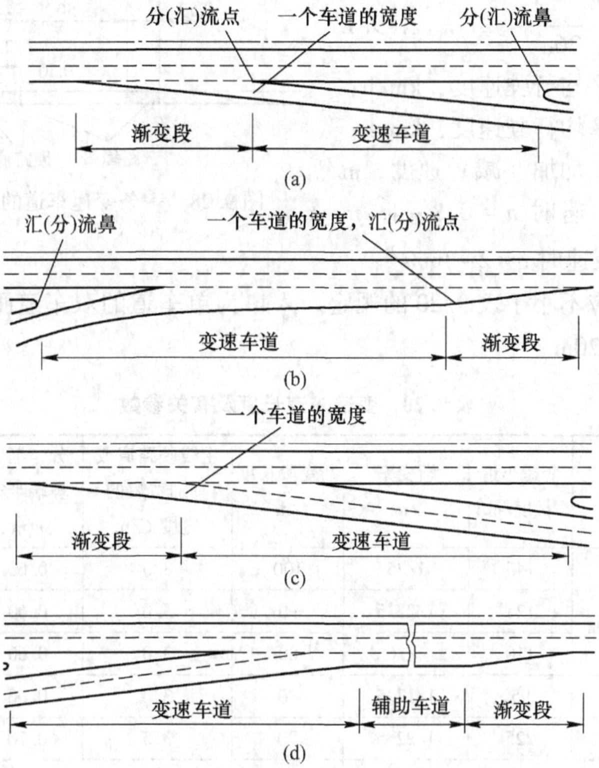

图9.27 变速车道

（a）直接式单车道；（b）平行式单车道；（c）直接式双车道；（d）设辅道直接式双车道

（1）平行式。平行式是在正线外侧平行增设的一条附加车道。其特点是车道划分明确，行车容易辨认，但车辆行驶轨迹呈反向曲线对行车不利。原则上加速车道采用平行式，因加速车道较长，平行式容易布置。平行式变速车道端部应设渐变段与正线连接。

（2）直接式。不设平行路段，由正线斜向渐变加宽，形成一条与匝道连接的附加车道。其特点是线形平顺并与行车轨迹吻合，对行车有利，但起点不易识别。原则上减速车道采用直接式。变速车道为双车道时，加、减速车道均应采用直接式。

主线为左偏并接近圆曲线最小半径的一般值时，其右方的减速车道应为平行式，且应缩短渐变段（将缩短的长度补在平行段上）。减速车道接环形匝道时不宜采用平行式。

9.5.2.2 变速车道的横断面

变速车道横断面的组成与单车道匝道基本相同，由左侧路缘带（与主线车道共用）、行车道、右路肩（含右侧路缘带、硬路肩、土路肩）组成，各组成部分如图9.28所示。城市道路可不设右路肩，但应保留路缘带。

9.5.2.3 变速车道的长度

变速车道长度为加速或减速车道长度与渐变段长度之和。

（1）加、减速车道长度是指渐变段车道宽达一个车道的位置与分流或汇流端之间的距离。其计算式为：

$$L = \frac{V_1^2 - V_2^2}{26a} \qquad (9.1)$$

式中　V_1——正线平均行驶速度，km/h；

V_2——匝道平均行驶速度，km/h；

a——汽车平均加（减）速度，m/s²。加速时 $a = 0.8 \sim 1.2\text{m/s}^2$；减速时 $a = 2 \sim 3\text{m/s}^2$。

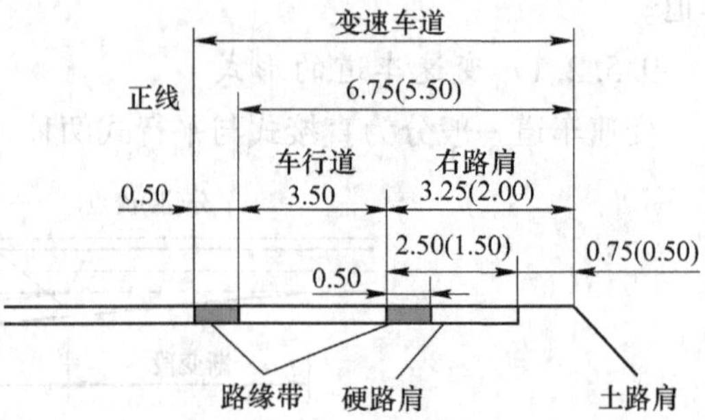

图 9.28　一条变速车道的宽度（单位：m）

变速车道长度应不小于表 9.20 的规定。入口为单车道的双车道匝道，其加速车道的长度应增加 10m 或 20m。

表 9.20　变速车道长度及有关参数

变速车道类别		主线设计速度 /km · h⁻¹	变速车道长度/m	渐变率 /m	渐变段长度 /m	主线硬路肩或其加宽后的宽度 C/m	分、汇流鼻端半径 r/m	分流鼻处匝道左侧硬路肩加宽 C/m
出口	单车道	120	145	1/25	100	3.5	0.60	0.60
出口	单车道	100	125	1/22.5	90	3.0	0.60	0.80
出口	单车道	80	110	1/20	80	3.0	0.60	0.80
出口	单车道	60	95	1/17.5	70	3.0	0.60	0.70
出口	双车道	120	225	1/22.5	90	3.5	0.70	0.70
出口	双车道	100	190	1/20	80	3.0	0.70	0.70
出口	双车道	80	170	1/17.5	70	3.0	0.70	0.90
出口	双车道	60	140	1/15	60	3.0	0.60	0.60
入口	单车道	120	230	— (1/45)	90 (180)	3.5	0.6 (0.55)	
入口	单车道	100	200	— (1/40)	80 (160)	3.0	0.6 (0.75)	
入口	单车道	80	180	— (1/40)	70 (160)	2.5	0.6 (0.75)	
入口	单车道	60	155	— (1/35)	60 (140)	2.5	0.6 (0.70)	
入口	双车道	120	400	— (1/45)	180	3.5	0.63	
入口	双车道	100	350	— (1/40)	160	3.0	0.63	
入口	双车道	80	310	— (1/37.5)	150	2.5	0.67	
入口	双车道	60	270	— (1/35)	140	2.5	0.50	

下坡路段的减速车道和上坡路段的加速车道，其长度应按表 9.21 中的修正系数予以修正。

表 9.21 坡道上变速车道长度的修正系数

主线平均坡度/%	$i \leqslant 2$	$2 < i \leqslant 3$	$3 < i \leqslant 4$	$i > 4$
下坡减速车道修正系数	1.00	1.10	1.20	1.30
上坡加速车道修正系数	1.00	1.20	1.30	1.40

符合下列情况者宜增长变速车道：

1）主线设计速度小于或等于 100km/h，且匝道的线形指标又不高时，宜采用高一个设计速度档次的变速车道长度。

2）主线、匝道的预测交通量接近通行能力，或载重车和大型客车比例较高时。

（2）渐变段长度是指渐变段车道宽度达到一个车道宽度的位置至正线之间的渐变长度。渐变段的长度和渐变率可按表 9.20 查用。表中单车道入口若为直接式时，采用括号内的数值。

城市道路变速车长度按《城规》规定值选用。

9.5.3 辅助车道

在高速公路、一级公路和城市快速路的全长或较长路段内，必须保持一定基本车道数。同时在主线与匝道的分、汇流处必须保持车道数目的平衡，二者之间是通过辅助车道来协调的。

9.5.3.1 基本车道数

基本车道数指一条道路或其某一区段内，根据交通量和通行能力的要求所必需的一定数量的车道数。基本车道数在相当长的路段内不应变动。高速公路相邻的两路段间，一个方向行车道上的基本车道数的变化不得大于 1。

9.5.3.2 车道平衡原则

高速公路上，主线的车流量会因分、汇流的存在而发生变化，分流减少，汇流增大。为适应这种车流量的变化，保证车流畅通和工程经济，在分、汇流处的车道数应保持平衡。车道平衡的原则为：主线与匝道的分、汇流处正线上的车道数应不少于汇流前交汇道路或分流后的分叉道路上所有车道数总和减 1。

分、汇流处应按车道数平衡式（9.2）进行计算，以检验车道数是否平衡，如图 9.29 所示。

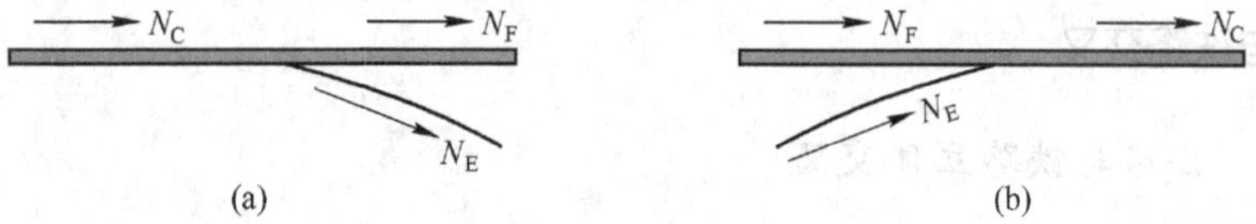

图 9.29 分、汇流处车道数平衡

（a）分流；（b）汇流

$$N_C \geqslant N_F + N_E - 1 \tag{9.2}$$

式中　N_C——分流前或汇流后的正线车道数；

N_F——分流后或汇流前的正线车道数；

N_E——匝道车道数。

9.5.3.3　辅助车道

在分、汇流处，既要保持车道数平衡，又要保持基本车道数，如果二者发生矛盾，可通过在分流点前与汇流点后的正线上增设辅助车道的办法来解决。高速公路保持基本车道连续的路段，当互通式立体交叉的匝道车道数 $N_E>1$ 时，出入口应增设辅助车道，如图 9.30 所示。辅助车道的长度规定见表 9.22。

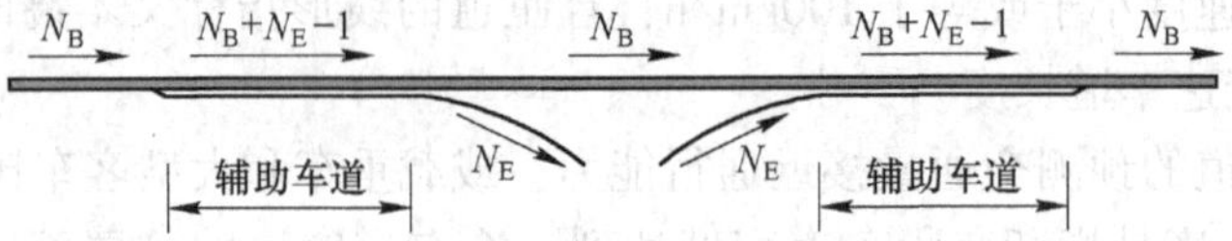

图 9.30　双车道出入口的辅助车道

N_B—基本车道数

表 9.22　辅助车道的长度

主线设计速度/km · h^{-1}		120	100	80
辅助车道长度/m	入口	400	350	300
	出口	300	250	200
渐变段长度/m	入口	180	160	140
	出口	90	80	70

当互通式立体交叉入口与下一个互通式立体交叉出口均设有或其中之一设有辅助车道时，若入口终点至出口起点的距离小于 1000m，则应增长辅助车道而将两者贯通。当交通量大，交织运行比例较高，且增加车道的成本不高时，即使此间距达 2000m，也宜采用贯通的辅助车道。

辅助车道的宽度与主线车道相同，且与主线车道间不设路缘带。辅助车道右侧的硬路肩，其宽度一般与正常路段的主线硬路肩相同；用地或其他条件受限制时可减窄，但不得小于 1.50m。

9.6　道路与铁路、乡村道路、管线交叉

9.6.1　道路与铁路交叉

9.6.1.1　公路与铁路立体交叉

A　设置条件

道路与铁路交叉时，新建项目应首选立体交叉；高速公路、一级公路和城市快速路与铁路交叉，必须设置立体交叉；准高速铁路、路段旅客列车设计速度为 140km/h 的铁路与道路交叉时，也必须设置立体交叉。其他道路与铁路交叉，符合下列情况之一者应设置

立体交叉：

（1）Ⅰ级铁路与公路交叉时。

（2）铁路路段旅客列车设计行车速度大于或等于120km/h的地段与公路交叉时。

（3）铁路与二级公路交叉时。

（4）由于铁路调车作业对公路上行驶的车辆会造成较严重延误时。

（5）受地形等条件限制，采用平面交叉会危及公路行车安全时。

B 公路与铁路立体交叉的平、纵面设计要点

（1）公路与铁路立体交叉宜选在双方线形均为直线的地段，或平、纵线形技术指标高且通视良好的地段。

（2）公路与铁路立体相交，以垂直交叉为宜。必须斜交时，其交叉的锐角应不小于70°；受地形条件或其他特殊情况限制时，应不小于60°。

（3）高速公路、一级公路与铁路交叉，在考虑铁路对立交桥设置要求的同时，其立交位置应符合该路段公路平、纵线形设计总体布局，使线形连续、均衡、顺适，不得在该局部地段降低技术指标。

（4）公路与铁路立体交叉的改建工程，应根据公路网规划确定公路等级、交叉位置等。由于改善交叉角或移位而改线时，其路线的平、纵技术指标不得低于相衔接路段的一般值，更不得采用相应公路等级的最小值。

（5）公路与铁路立体交叉的公路引道范围内，不得设置公路平面交叉。

（6）公路与铁路立体交叉范围内的公路视距要求为：高速公路、一级公路应满足停车视距；二、三、四级公路应满足会车视距。

9.6.1.2 公路与铁路平面交叉

公路与铁路交叉形式的选择应根据公路和铁路的等级、交通量（年客货运量）、安全、经济等因素综合确定。原则上应考虑设置立体交叉。公路与铁路交叉设计年限应同时符合公路规划交通量预测年限、铁路设计年限规定的要求。

公路与铁路平面交叉设计要点：

（1）公路与铁路平面相交，以垂直交叉为宜。必须斜交时，其交叉的锐角应不小于70°；受地形条件或其他特殊情况限制时，应不小于60°。

（2）道口应设置在汽车瞭望视距不小于表9.23规定值的地点。瞭望视距为汽车驾驶者在距道口相当于该级公路停车视距并不小于50m处，能看到两侧铁路上火车的范围。

表9.23 汽车瞭望视距

路段旅客列车设计行车速度/km·h^{-1}	140	120	100	80
汽车瞭望视距/m	470	400	340	270

1）道口不得设置在铁路站场、道岔、桥头、隧道洞口及有调车作业的地段附近。

2）受地形等条件限制汽车在距铁路最外侧钢轨5m处停车后，汽车驾驶者的侧向瞭望视距小于表9.23规定的道口必须设置看守。

（3）道口附近的铁路路线以直线为宜。公路路线宜为直线，道口两侧公路的直线长度，从最外侧钢轨算起，不应小于50m。

（4）道口两侧公路的水平路段长度（不包括竖曲线），从铁路最外侧钢轨外侧算起，不应小于16m。紧接水平路段的公路纵坡，不应大于3%；当受地形条件及其他特殊情况限制时，不得大于5%。对于重车驶向道口一侧的公路下坡路段，紧邻道口水平路段的纵坡不应大于3%。

（5）道口应设置坚固、平整、稳定且易于翻修的铺砌层，其长度应延伸至钢轨以外2.0m。道口两侧公路在距铁路钢轨外侧20m范围内，宜铺筑中级以上路面。道口铺砌宽度和公路引道宽度均不应小于相交公路的路基宽度。

9.6.2 道路与乡村道路交叉

乡村道路是指建在乡村、农场，主要供行人和各种农业运输工具通行的道路。道路与乡村道路交叉的形式、位置、间隔等应根据县级和乡（镇）土地利用总体规划中农业耕作机械需求布设。必要时应结合公路网建设规划，对农业机耕道作调整或归并，以控制建设用地。道路与乡村道路交叉主要为公路与乡村道路交叉。

9.6.2.1 交叉形式

公路与乡村道路交叉可分为平面交叉和立体交叉两种形式。交叉形式根据公路等级、交通量、地形等条件确定。

高速公路与乡村道路交叉必须设置立体交叉；一级公路与乡村道路交叉宜设置立体交叉，即通道或天桥。二、三、四级公路与乡村道路交叉时，一般采用平面交叉。

二级公路与乡村道路的平面交叉应作渠化设计。地形条件有利或公路交通量大时亦可设置立体交叉。二级及其以上公路位于城镇或人口稠密的村落或学校附近时，宜设置专供行人通行的人行通道或人行天桥。

9.6.2.2 公路与乡村道路立体交叉

公路与乡村道路的立体交叉，即通道或天桥，应根据地形与公路纵断面设计等情况而定。平原地区一般以乡村道路下穿主要公路为宜，即采用通道；丘陵区和山区可结合地形和公路纵断面设计，合理确定上跨或下穿方式。当条件适宜时，亦可利用平时无水或流量很小的桥涵作通道，并做相应的工程处理。

（1）通道设计要点：

1）通道的间隔以400m左右为宜。农业机械化程度高的地区间隔宜适当加大。

2）通道的交叉角以垂直为宜。必须斜交时，其交叉的锐角应不小于70°；受地形条件或其他特殊情况限制时，应不小于60°。

3）通道处的乡村道路平面线形宜为直线。其两侧的直线长度应不小于20m。

4）通道处的乡村道路纵面线形应为直坡，宜不大于3%，构造物不得设于凹形竖曲线底部。通道应采用自流排水方式做好排水设计。

5）通道的净空：

净高：	通行拖拉机、畜力车时	≥2.70m
	通行农用汽车时	≥3.20m
净宽：	按交通量和通行农业机械类型选用	≥4.00m
	通道过长或敷设排水渠时	视情况增宽

（2）天桥设计要点：

1）主要公路为路堑地段或地形条件有利时可设置天桥，并以垂直交叉为宜，其主要技术指标可参照四级公路相关标准执行，桥面净宽应不小于4.50m。

2）天桥的车道荷载等级应采用公路——Ⅱ级。为防止超载车辆通行，应设置标志等设施。

3）跨越高速公路、一级公路的天桥，应设防落网。

4）天桥的桥面雨水不得直接排至公路路面。

9.6.2.3 公路与乡村道路平面交叉

平面交叉设计要点：

（1）平面交叉以垂直相交为宜。当必须斜交时，其交叉的锐角应不小于70°；受地形条件或其他特殊情况限制时，应不小于60°。若小于60°，则应对乡村道路进行改线，改线段平、纵技术指标不应低于四级公路的最小值。

（2）交叉处公路两侧的乡村道路直线长度应各不小于20m。

（3）交叉处公路两侧应分别设置不小于10m的水平段。紧接水平段的纵坡不应大于3%，困难地段不应大于6%。

（4）平面交叉处应使驭手或驾驶者在距交叉20m处，能看到两侧二、三级公路相应停车视距并不小于50m范围内的汽车。视线范围内不得有障碍物。

（5）经常有履带耕作机械通行时，交叉范围内的公路路面、路肩应进行加固，且公路路基边缘外侧的乡村道路应各设置不小于10m的加固段。

9.6.3 公路、管线交叉

公路与各种管线交叉的设计要点：

（1）公路与架空送电线路相交，以垂直交叉为宜。必须斜交时，其交叉的锐角应不小于70°；受地形条件或其他特殊情况限制时，应不小于60°。

公路从架空送电线路下穿过时，应从导线最大弧垂与杆塔间通过，并使送电线路导线与公路交叉处的距路面的垂直距离不小于表9.24规定值。

表9.24 架空送电线路导线距路面的最小垂直距离

架空送电线路标称电压/kV	35~110	154~220	330	500
距路面最小垂直距离/m	7.0	8.0	9.0	14.0

架空送电线路导线与路面的垂直距离，应根据最高气温情况或覆冰无风情况求得的最大弧垂和根据最大风速情况或覆冰情况求得的最大风偏进行计算确定。

（2）公路与原油、天然气输送管道相交，以垂直交叉为宜。必须斜交时，其交叉的锐角宜不小于60°；受地形条件或其他特殊情况限制时应不小于45°。

原油、天然气输送管道与高速公路、一级公路相交，应采用穿越方式，埋置地下专用通道；原油、天然气输送管道穿越二级公路、三级公路、四级公路时，应埋置保护套管。

穿越公路的地下专用通道的埋置深度，除应符合石油天然气行业标准的荷载相关规定外，还应符合《公路桥涵设计通用规范》的有关规定，并按所穿越公路的车辆荷载等级进行验算。穿越公路的保护套管其顶面距路面底基层的底面应不小于1.0m。

严禁天然气输送管道利用公路桥梁跨越河流。原油，天然气输送管通穿（跨）越河流时，管道距大桥的距离，不应小于100m；距中桥的距离不应小于50m。

严禁原油、天然气输送管道通过公路隧道。

(3) 各种管线跨越公路的设施，不得侵入公路建筑限界，不得妨碍公路交通安全、损害公路设施，也不得对公路及其设施形成潜在威胁。

习 题

9.1 立体交叉的主要组成部分有哪些？

9.2 常见的完全互通式立交有哪些？

9.3 什么情况宜采用立体交叉，什么情况应采取互通式？

9.4 什么是匝道，匝道有几种布置形式，各适用于什么场合？

9.5 为什么要设置变速车道，有几种形式，适用于什么场合？

9.6 绘出喇叭式立交与带有集散车道的完全苜蓿叶立交行车路线轨迹图并说明此两种立体交叉的特点。

9.7 匝道的平面线形设计中对圆曲线半径与匝道回旋线参数有何设计要求？

9.8 公路与铁路平面交叉设计主要应注意哪些问题？

参考文献

[1] JTG B01—2014，中华人民共和国交通运输部. 公路工程技术标准［S］. 北京：人民交通出版社，2014.

[2] JTG D20—2017，中华人民共和国交通运输部. 公路路线设计规范［S］. 北京：人民交通出版社，2017.

[3] JTG C10—2007，中华人民共和国交通运输部. 公路勘测规范［S］. 北京：人民交通出版社，2007.

[4] JTG/T C10—2007，中华人民共和国交通运输部. 公路勘测细则［S］. 北京：人民交通出版社，2007.

[5] CJJ 37—2012，中华人民共和国交通运输部. 城市道路工程设计规范［S］. 北京：人民交通出版社，2012.

[6] 杨少伟. 道路勘测设计［M］. 北京：人民交通出版社，2009.

[7] 张雨化. 道路勘测设计［M］. 北京：人民交通出版社，1997.

[8] 张金水. 道路勘测与设计［M］. 上海：同济大学出版社，2009.

[9] 张廷楷. 道路路线设计［M］. 上海：同济大学出版社，1996.

[10] 孙家驷. 公路勘测设计［M］. 重庆：重庆大学出版社，2005.

[11] 许娅娅. 测量学［M］. 北京：人民交通出版社，2003.